# 高等院校新闻传播学系列教材

## 编 委 会

顾　问：蒋述卓

主　任：蔡铭泽

成　员：（按姓氏音序排列）

蔡铭泽　董天策　林如鹏

刘家林　曾建雄　曾利斌

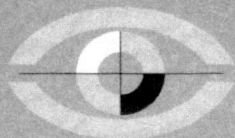

College Journalism &
Communication Series

高等院校新闻传播学系列教材

普通高等教育"十一五"国家级规划教材

A GENERAL HISTORY OF CHINESE
AND WORLD ADVERTISING

# 新编中外广告通史

第三版

刘家林　著

暨南大学出版社
JINAN UNIVERSITY PRESS

中国·广州

图书在版编目（CIP）数据

新编中外广告通史/刘家林著. —3 版. —广州：暨南大学出版社，2011.6
（2025.1 重印）

ISBN 978 - 7 - 81135 - 897 - 1

Ⅰ.①新… Ⅱ.①刘… Ⅲ.①广告—历史—世界 Ⅳ.①F713.8 - 091

中国版本图书馆 CIP 数据核字（2011）第 124422 号

**新编中外广告通史（第三版）**
XINBIAN ZHONGWAI GUANGGAO TONGSHI（DI-SAN BAN）
主　编：靳　妍　副主编：谭伟玉　梁倩雅　罗敏琼
·············································································································

出 版 人：阳　翼
责任编辑：杜小陆　曾鑫华
责任校对：何　力
责任印制：周一丹　郑玉婷

出版发行：暨南大学出版社（511434）
电　　话：总编室（8620）31105261
　　　　　营销部（8620）37331682　37331689
传　　真：（8620）31105289（办公室）　37331684（营销部）
网　　址：http：//www.jnupress.com
排　　版：暨南大学出版社照排中心
印　　刷：广东虎彩云印刷有限公司
开　　本：787mm×960mm　1/16
印　　张：21.5
字　　数：411 千
版　　次：2007 年 7 月第 1 版　2011 年 6 月第 3 版
印　　次：2025 年 1 月第 12 次
定　　价：48.00 元

（暨大版图书如有印装质量问题，请与出版社总编室联系调换）

# 目　录

# 绪　论

我们伟大的祖国是四大发明的故乡。我国的广告事业同样具有悠久的历史，是世界上最早有广告活动的国家之一。如果从商朝（公元前 1562—前 1066 年）算起，我国的广告事业至今已有 3 500 多年的历史了。我国的广告事业史，是一笔丰厚的文化遗产。通过研究中国广告史，穷源溯流，我们当能从中撷取宝贵的经验，汲取丰富的营养，以启迪我们的智慧和灵机，激发我们的创造活力，促进我国当代广告事业的繁荣发展，并作为后人继往开来、发扬光大的借鉴。

中国广告业史是中国文化史的一部分，也是中国经济史、商业史、城市发展史及都市文化史、社会风俗史及民俗学史、人民生活史等学科研究领域的重要组成部分，它也涉及社会学、心理学、宣传学、传播学及行为科学等学科领域。到了现代，广告不仅是一种重要的营销文化，也是街头文化及城市文化学研究的重要对象。

关于我国古代的广告活动，古典文献不足征，正史不载，这就给我们今天系统研究中国广告业史带来了诸多困难，但在浩如烟海的古代野史、笔记、札记、方志和小说、传奇、诗、词、曲，以及反映市俗土风的文人竹枝词等文艺作品中，都有关于广告活动的记载和鲜活生动的描绘，这些都可以作为我们研究的素材，只是需要我们投入大量精力、撒下大网、"上穷碧落下黄泉"地去搜集。

中国广告业史的研究，滥觞于清末，当时著名的白话文提倡者、白话报刊活动家江苏无锡人裘可桴写了一篇《广告文考》，这是我国最早研究广告史的专篇论文。[①] "五四"前后，著名的新闻学家徐宝璜、新闻史学家戈公振，在他们的有关专著中，也开始研究广告学及广告史。直到 1948 年，我国才出现了第一本广告史研究专著，即如来生的《中国广告事业史》（上海新文化社，1948 年版）。尽管该书十分简略，但筚路蓝缕之功不可埋没。20 世纪 80 年代以来，我国台湾及大陆也相继出版了几本有关中国广告史的专著，如樊志育的

---

① 裘可桴. 可桴文存（线装本）. 1946

《中外广告史》（台北三民书局，1989 年版）、陈培爱的《中外广告史》（中国物价出版社，1997 年版）等。这些专著对中国广告史都作了初步的探讨。我们将在前人研究的基础上，作更深入的开掘。

从世界范围来看，广告业现已形成规模巨大的产业，也是方兴未艾、蓬勃发展的朝阳产业。本书在探索中国"两岸三地"（大陆、香港、台湾）广告事业发展史的同时，也对外国广告事业发展史进行了深入的考察，以期达到"贯穿古今、沟通中外"的目的。古语云：他山之石，可以为错。① 世界上发达国家广告业界丰富的经验，以及国外前卫的广告设计理念、科学的广告经营和运作方式、先进的管理模式等，都将作为我们发展中国广告事业的借鉴。

戈公振在《中国报学史》中云："广告为商业发展之史乘，亦即文化进步之记录。"② 广告事业是伴随着商业的产生而产生、伴随着商品交换的发达而发展起来的，它本身就是商业活动的一个重要组成部分，和商业有着不可分割的血肉联系。因此，我们在探讨中国及外国各个时代广告事业的发展史时，也同时把当时的商业发展情况作为研究的参照系。

另外，从经济学的观点来看，广义的社会生产总过程包括商品（产品）的生产、分配、交换（流通）和消费四个环节。在这些环节中，广告都起着重要的作用，如在商品的销售流通环节中，广告起着桥梁及媒介作用；在消费行为中，广告又起着重要的引导及导向作用。因此，在广告史的研究中，对消费行为史及消费文化史的研究，也是其中重要的内容。

---

① 《诗经·小雅·鹤鸣》："他山之石，可以为错。"错：磨刀石。
② 戈公振. 中国报学史. 北京：中国新闻出版社，1985. 180

# 第一章
## 先秦时期的广告活动

**本章要求**

□ 了解广告活动的起源
□ 了解夏、商、周朝的广告活动

# 第一节　夏、商时期的广告活动

## 一、"广告"探源

关于"广告"的定义，《中国大百科全书·经济学》第 1 卷第 250 页"广告"条作了这样的界定："广告（advertisement），利用传播媒介把有关商品、劳务的信息传递给人们的一种方式。""广告一词，源于拉丁文 Advertere，意为注意、诱导等。广告包括'不以经营为目的的广告'和'以经营为目的的广告'两大类。前者包括政府、政党、宗教、文化、社会团体及个人等的公告、声明、启事等；后者包括生产、商业、服务行业等经营者的声明、启事、商品及劳务介绍等。商品广告只是广告的一种，但它在商业经济发达的社会中占有重要的地位。现在，广告一词通常都是指这种以经营为目的的广告。这是广告业经营的主要对象。"以上是"广告"一词的基本内涵。

"广告"一词是外来语，约在 19 世纪末 20 世纪初输入我国。

有不少学者认为："广告"一词源于拉丁文 Advertere，有"吸引人心"、"引起人们的注意"及"诱导"等意思。约在公元 1300 年到 1475 年中古英语时期，演变为英语中 Advertise（广告）一词，其含义是"一个人注意到某种事"，后又演变为"引起别人注意、通告别人某件事"等意思。直到 17 世纪末 18 世纪初，英国开始大规模商业活动时，"广告"一词才开始广泛流行使用。以后从英语转译传入我国。

也有学者认为："广告"一词由日本传入我国。据日本人铃木保良所著《现代广告手册》考证："広告"（广告）一词最早出现于日本明治五年（1872 年），到明治二十年（1887 年）才被公认和流行开来。此前（即 1872 年之前），日语中多用"报告"、"告文"、"布告"、"広白"、"御披露"、"引札"、"告白"、"告案"、"泛告"、"赘告"、"社告"等词以代"広告"（广告）。当时，我国刚刚创刊的《申报》（1872 年 4 月 30 日）等报刊，使用的就是"告白"二字，如《申报》在创刊"第一号"（清同治壬申年三月二十三日，即 1872 年 4 月 30 日）头版头条就刊载《本馆告白》的广告。《本馆告白》之后，接载《本馆条例》，其中有关"告白"刊例的有 3 条，谈的均是"告白"刊载价格。创刊当天报纸的第六"章"（版）后附"告白"4 条，七、八"章"也全为"告白"及带有广告性质的"各货行情"表及船期表。到壬申四月初一出版的《申报》"第五号"，又在头版首载长篇的《招刊告白引》，这是最早的报刊招揽"告白"（广告）的广告。

现在流行的说法认为，我国"广告"一词最早出现于 1907 年（光绪三十二年）10 月 26 日清廷创刊的《政治官报章程》中。该章程对当时各银行和各实业公司通过该报做广告的事宜作了规定："如官办银行、钱局、工艺陈列各所、铁路矿务各公司及经农工商部注册之各实业，均准送报代登广告，酌照东西各国官报广告办法办理。"并设有"广告"栏目。此后，"广告"一词逐渐流行开来。① ——事实上，这一说法是不准确的。

我国人创办的中文报刊上最早出现"广告"一词的是《清议报》。戊戌政变发生后，康、梁流亡日本，梁启超在旅日华侨的资助下创办了《清议报》，发行人为原兴中会横滨分会会长冯镜如。《清议报》于 1898 年（光绪二十四年）12 月 23 日在日本横滨创刊。该刊系旬刊，每月出 3 期。从第一期起，即开始在刊物末页刊登招揽广告的《告白价目》及该刊自己的《本馆告白》。《清议报》在 1899 年（光绪二十五年）4 月 30 日出版的第十三期末特刊出该报自己用日文写的招揽广告的告白《记事扩张卜广告募集》，同时还附载了《广告料》（即广告刊费）。这是我国人办的中文刊物上最早出现"广告"二字。

我国报纸上最早出现"广告"二字的当数《申报》。1901 年（光绪二十七年）10 月 18 日《申报》正张第二版下第四栏就载有一份报纸创刊的广告——《商务日报广告》。此后，这一则正式以"广告"命名的广告接连登了好几天，如 10 月 19 日第三版下（第六栏）、20 日第二版下（第四栏）、21 日《申报附张》第二版上（第三栏）、22 日第三版下（第六栏）、23 日《申报附张》第二版下（第四栏）、24 日第三版下（第六栏）……当时，《申报》共出两张，一张为《正张》，四版、八栏；一张为《申报附张》，也是四版、八栏。共 16 栏中，广告占 11 栏（五版半）。

1901 年（光绪二十七年）10 月 23 日《申报》第二版下（第四栏）又载有一则书局推销书籍的广告——《上洋京口博文书局广告》，也是在该报连载多日。10 月 24 日第三版下（第六栏）、25 日《申报附张》第二版上（第三

---

① 陈培爱. 中外广告史. 北京：中国物价出版社，1997. 43；王多明. 中国广告辞典. 成都：四川大学出版社，1996. 1

栏），一直到 11 月份还在刊登。

1901 年（光绪二十七年）11 月 23 日的《申报》第二版下（第四栏）又载《汉口积庆堂傅庆生广告》；同一天第三版上（第五栏）又载《横滨正金银行上海分行新订章程广告》。这两条广告也是在"申报"上连载多时。

以上大概是我国报纸上最早使用"广告"一词。此后在《申报》上，"广告"、"告白"往往混同使用。相比较而言，"告白"的使用频率仍然高一些。

此后，"广告"一词渐渐在国内报刊上流行起来。如：由上海作新社于 1902 年（光绪二十八年）11 月 9 日创刊的《大陆》杂志，在每期的扉页或插页上，都刊登《作新社新书广告》、《作新社最新出版广告》，专门介绍作新社编译、出版的各类图书。这是国人在国内刊物上最早使用"广告"一词。

最早出现"广告"一词的官方报刊是 1906 年创刊的《商务官报》，而不是 1907 年创刊的《政治官报章程》。1906 年（光绪三十二年），清廷正式成立农工商部。该部成立后，奏请设立官报局，定期出版官报，因此创办了《商务官报》。该报系大型商业刊物，1906 年（光绪三十二年）4 月 28 日创刊，每月出 3 期，每期 40 页，逢五发行。迄于 1911 年（宣统二年）1 月 25 日，总计发行 162 期。①《商务官报》第二期（光绪三十二年四月十五日出版）第 29 页《调查报告》专栏所载"美国商用输出入通法"一文中，作者谈到如何向外国推销货物时说：

> 一曰储养巡游外国卖货之人……二曰多设广告之法，使店与货物之名得闻于外国也。其法：一、登告白于外国之各种商务报纸；二、分布传单；三、预备货物目录及价表……②

《商务官报》在光绪三十二年闰四月初五出版的第四期末页（即第 40 页）开始刊登广告，并登出《告白价目表》云："一页十二元、半页七元，二行二元、封面加倍、长登面议。"同时刊出《本报广告》一则，属征稿启事性质。

到后来，国内一些著名的大型时政刊物也开始使用"广告"一词。如：上海中华书局于 1915 年 1 月 20 日创刊大型时政评论杂志《大中华》（月刊），由梁启超担任主撰。《大中华》一创刊，就在"目次"（目录）后刊登招登广告的告白：

---

① 台湾"故宫博物院"曾将《商务官报》加以影印，汇辑成 6 大册，于 1982 年 1 月出版。

② 《商务官报》合订本第一册第 37 页。

诸君欲求营业发达乎？欲使货物畅销乎？欲令人人咸知宝号价廉物美乎？如其欲之，不可不登最有价值之大中华杂志。宝号如登广告于此，其获益定非浅鲜。兹特辟广告栏以便宝号刊登，以资推广。

## 二、广告活动溯源

在我国，"广告"一词出现虽晚，但广告活动起源甚早。我国的商业广告产生于商代，而非营利性广告、政治广告及公益性广告传播活动比商业广告产生更早，且对商业广告影响巨大。因此，有的学者将我国广告事业史的上限，追溯到夏（公元前2100—前1600年）、商（公元前1600—前1027年）、周（公元前1027年—前770年）三代。如清末著名白话文倡导者裘可桴氏曾用白话文写过一篇《广告文考》，全文如下：

广告文始于何时，二千多年前已经有了。有证据么？有。周朝时候，把广告文写在木板上，挂在人人都看见的地方。那时有句古话，叫做"悬诸象魏"，换一句今话，就是挂在象魏的墙壁上，这是那时官府宣布的公文。每年正月元旦，把本年应该颁行的治法，分门别类，写在木板上，挂在墙壁上，叫人人阅看，挂满十日才撤去。这木板上的文字，就是广告文，并且是极长的公文。

广告文挂在墙壁上，只有十日，不会普及，因又想一个方法，把长文缩成短文。再把短文写在木板上，叫人掮在肩头，手里摇着木铎，一头走，一头喊，巡游四方，务要叫个个人听见，叫个个人惊心动魄。这是短的公文，也是广告文。

以上两种都是官府宣布的广告文。再追溯上去，有商朝的汤诰、盘庚，有夏朝的甘誓、胤征，也都是广告文。广告要有方法，才能达到广告目的，夏商两朝用什么方法广告大众呢？我只能回答他"不知道"。因为故纸堆中，寻不出证据来。

私家著述中，有没有广告文呢？有。你不闻，秦朝吕不韦的《吕氏春秋》、汉朝淮南王（刘）安的《淮南子》，都曾经挂在闹市的（街）面上叫大家阅看，叫大家批评么。这不是广告文是什么？再追溯上去，秦汉以前有没有私家的广告文呢？有。你不见孔子在《易经·系辞传》上说"君子居其室，出其言善，则千里之外应之；出其言不善，则千里之外远之"么！室内人谈话，只要隔一堵墙，墙外人已经不会听见，何况千里之外，怎会有人响应他反对他呢？一定是说话的人，把他所说的话写出来公布，才会有人响应他、反对他。这不是秦汉以前私家的广告文么？总之，做广告文的目的，要叫人人都能看见。①

冯鸿鑫在《广告学》一书中也云：

> 广告究于何时起始，很难查考，大概有文字以后，人类有互助及群众生活以来，像三代的诰誓，战国的令，秦代的制，汉朝的策书、诏书，后魏的露布，以及官署的批、判及各代的碑志，都是利用文字而向大众公告的。商人晓得利用这种通知的力量是非常伟大的，因此利用它作为推销方法，并可达到增加销售数量，就有商业广告的发生。②

以上广告活动也都属于政治广告、社会公益广告性质，对宣达政令、传播政治信息起了很大的作用，也对商业广告的产生、发展有巨大影响。

我国上古时期政治广告、社会公益广告活动最典型的方式主要有："进善之旌"、"诽谤之木"、"敢谏之鼓"与"悬诸象魏"及"振木铎巡于路"等几种。

【"进善之旌"、"诽谤之木"、"敢谏之鼓"】　据古籍记载，上古的开明的统治者，如尧舜等为了搜集信息、尊重舆论、倾听人民群众的呼声，往往在"五达之道"或"通都大邑"，设置"进善之旌"、"诽谤之木"、"敢谏之鼓"。所谓"进善之旌"，即悬挂旌旗，作为进言的标志；"诽谤之木"，指树立华表之类为标志，让人民群众在其下进"诽谤"之言，或将意见写在木牍上；"敢谏之鼓"，指进言之前，击鼓以警众，引起人们的注意。

西汉著名的政论家贾谊在《陈政事疏》中云：上古之时，"及太子既冠成人，免于保傅之严，则有记过之史、彻膳之宰、进善之旌、诽谤之木、敢谏之鼓、瞽史诵诗、工诵箴谏、大夫进谋、士传民语。习与智长，故切而不愧；化与心成，故中道若性"③。颜师古注曰："进善言者，立于旌下。"《史记·孝文本纪》中也有这样的记载："上曰：'古之治天下，朝有进善之旌、诽谤之

---

① 裘可桴. 可桴文存（线装本）. 1946
② 冯鸿鑫. 广告学. 北京：中华书局，1948
③ 汉书·贾谊传

木'……"另外，"进善之旌"或叫"建善之旌"、"告善之旌"。《初学记》政理部引《尸子》曰："尧有建善之旌。"《管子·桓公问篇》则曰："舜有告善之旌。"

关于"诽谤之木"，《汉书·贾谊传》颜师古注曰："讥恶事者，书之于木。"远古时代"诽谤木"的形制究竟是什么样子呢？崔豹《古今注·问答释义》记载："程雅问曰：'尧设诽谤之木，何也？'答曰：'今之华表木也。'以横木交柱头，状若花也，形似桔槔，大路交衢悉施焉。或谓之表木，以表王者纳谏也，亦以表识衢路也。"《史记·孝文本纪》（上）注释中对"诽谤之木"也有详细考证。看来，"华表"就是古代的"诽谤之木"，人民群众可以在其下向统治者建言或提意见。以后，它又演化为指示方向的路标。再到后来，便成了宫门外的一种装饰物了，一般用汉白玉雕刻而成，其柱身都雕刻着精美的蟠龙流云纹饰；柱的上部横贯着一块云形长石片，一头大、一头小，格外美观。另据蒋良骐《东华录》卷一记载，清朝在入关前的努尔哈赤时期，也曾于天命五年（1620 年）六月"树二木于门外，有欲诉者，书而悬之木，览其颠末而按问焉。"这也是"诽谤木"的遗风。

关于"敢谏之鼓"，古书记载大同小异。《吕氏春秋·自知》篇云："尧有欲谏之鼓，舜有诽谤之木。"《淮南子·主术训》则云："尧置敢谏之鼓，舜立诽谤之木。"《淮南子·记论》又云："禹为号曰：教寡人以道者击鼓。"《管子·桓公问》篇也记载："舜有告善之旌而主不蔽也，禹有谏鼓于朝而备讥唉。"尹知章注："讥，问也；唉，惊问。"后世历代朝廷在宫阙外设置的"登闻鼓"就是上古"谏鼓"的遗制。[①] 人民群众遭受冤屈，若有司不理，可以直赴公堂门口，击鼓申冤，以引起注意，扩大影响。

【"悬诸象魏"】 "象魏"：上古天子、诸侯宫门外的建筑物，又称阙、观，因其巍然而高，故又叫"魏阙"、"象魏"，是古代张榜公布法令的地方。据《左传》哀公三年记载："夏五月辛卯，司铎火……季桓子至，御公立于象魏之外……命藏《象魏》，曰：'旧章不可亡也。'"晋代杜预集解："《周礼》，正月县（悬）教令之法于象魏，使万民观之，故谓其书为《象魏》。"现代著名史学家吕思勉云："魏，阙名；象，乃刑典之名。'象'悬于'魏'，因称'魏'为'象魏'，古有之矣。"又云："'象'之始当为刑象，盖画刑人之状，以怖其民，《尧典》所谓'象以典刑'也。其后律法浸繁，文字之用亦广，则变而悬律文。《周官》所谓治象、教象、政象、刑象也。《周官》六官，其存

---

① 宋昌斌. 漫话"登闻鼓". 文史知识, 1985 (12)：72

者五，惟《春官》无悬象之事，其余皆有之。"① 由此观之，"悬诸象魏"，即统治者往往把有关国家政教、法令的图像或条文，悬挂在"阙下"，以广泛告知于人民群众。后世的统治者，也往往把告示、公告之类文书，张贴在城门口两旁，以便出入城门的人们观看。这是"悬诸象魏"古风的流亚。

【"振木铎巡于路"】 "铎"，"铃"；"木铎"，即木舌的铃。古代施行、宣传政教法令时用之。据《尚书·胤征》记载："每岁孟春，遒人以木铎徇于路。"汉代孔安国传曰："遒人，宣令之官；木铎，金铃木舌，所以振文教。""徇"在古代有"巡行"、"巡视"，以及"当众宣令"、"巡行示众"诸义。又据《周礼·天官·小宰》记载："正岁，……徇以木铎。"汉代郑玄注："正岁，谓夏之正月也，得四时之正，以出教令者，审也。古者，将有新令，必以木铎以警众，使明听也。木铎，木舌也。文事奋木铎，武事奋金铎。"《汉书·食货志（上）》也云："行人振木铎徇于路。"以上所谓"遒人"、"行人"均系指商、周时期政府派到各地宣达政令的官员。他们坐着轻便的小车（即"軨轩"，因此又叫"軨轩使者"），一边摇着木铃铛（"木铎"），以引起人们的注意，一边宣讲教令。商、周之际的这些"軨轩使者"除宣传政教、法令外，还在春、秋二季，出巡列邦，摇着木铎，采风问俗，把搜集到的歌谣"上诸太史"。刘歆《与扬雄书》记载："三代、周、秦轩车使者，遒人使者，以岁八月巡路，求代语童谣歌戏"（附载于《方言》及《古文苑》）。《汉书·食货志》也记载："孟春之月，……行人振木铎徇于路，以采诗，献之太师，比其音律，以闻于天子。"《诗经》就是当时使者以"振木铎"的方式采风问俗的成果，是当时诗歌、谣谚的集中，也是各地社会情况的真实反映。古代统治者通过它，往往可以知道各地的民情风俗，作为政治的借鉴和参考，所谓"人主可坐一室而周知四海、士大夫可诵三百而知国政"。

这种振木铎以警众、宣传政教的方法，一直到汉代还流行。据《汉书》记载："文帝时，山东吏布诏令，民虽老羸残疾，莫不扶杖而听之。"

以上都是古代比较典型的政治广告方式。

## 三、"商"、"商人"及商业广告活动的起源

【"殷人重贾"与"商人"溯源】 在我国，自古以来就有"殷人重贾"的说法。"殷人"就是"商人"。"商人"这一名称便起源于商朝，商业及商

---

① 吕思勉. 吕思勉读史札记（上册）. 上海：上海古籍出版社，1982. 334～335

业广告活动也起源于商朝。

夏、商、周及春秋时期是我国的奴隶制时代。

早在夏族建国之时,商族就已开始了他们的活动。据文献记载,在成汤以前的所谓"先公"时代(即从契至汤,共 14 代),商族曾经在黄河中下游地区八迁其居:契居蕃,一迁;昭明居砥石,二迁;昭明又迁商,三迁;相土又迁泰山下,四迁;相土复归商丘,五迁;殷侯(上甲微)迁于殷,六迁;殷侯复归商丘,七迁;汤始居亳,八迁。① 以上八迁所在地大体不出河南、河北、山东三省之外,即今河南、河北、山东等省交界一带地方。经过"八迁",商族逐渐强盛起来。而到成汤迁亳(山东曹县)之时,随着夏族势力的衰落,商族四处征伐,灭了许多小国,最后灭夏桀,取代了夏族的统治地位,建立了我国历史上第二个奴隶制国家。此后,从成汤灭夏到盘庚迁殷的所谓"先王"时代,历代商王又曾五迁其都,最后才定都今河南安阳小屯,即"殷墟"。"殷墟"是商朝后期的王都,是我国奴隶制发展到全盛时期的政治、经济、军事和文化中心。直到帝辛被周族所灭,商王朝共经历了 600 年左右(公元前 1600—前 1027 年)的时间。整个商王朝的历史,是我国灿烂的青铜器文化逐渐发展到高峰的历史。

在商代,由于以农业为主的社会经济的大发展,以及畜牧业、渔猎业的大发展,推动了手工业的兴盛和繁荣。如铜的冶炼及铸造,形成了很大规模,技术精湛,制造出成套的礼器及大量的青铜武器;陶瓷业也有了很大的发展,工艺复杂;酿造业格外兴盛,特别是酒酿造业的发达,几乎形成了严重的社会问题。后来的周人骂殷人:"惟荒腆于酒"(《周书·酒诰》),殷人自己也说:"我用沈酗于酒,用乱败厥德于下……"(《商书·微子》)这说明殷商民族好酒成风。殷的亡国,"酗酒"未尝不是原因之一。以至今天传世的青铜器,仍以酒器为多;甲骨文中有关酒名、酒具、酒事的字也特别多。酿酒要消耗大量的"黍"、"禾"等粮食,这也反证了当时农业的发达。此外,商代诸如玉、骨、角、牙、蚌、蚕丝等制作作坊也大量出现。

由于手工业的发达,引起了商品生产的出现,同时也带来了商业的繁荣。特别是货币(海贝币)、铜贝币的出现,标志着商业活动的繁兴。以后,因为商代统治者十分重视商业贸易活动,又由于大规模的夯土城墙的修筑、早期"城市"的出现,进一步推动了商业活动的发展,使商业活动由不太稳定的"集市"型商业活动转变为大规模的稳定型的"城市"商业,从而使商业更进

① 王国维. 说自契至于汤八迁. 王国维遗书(第二册). 观堂集林卷九(影印版). 上海:上海古籍出版社,1983

一步从农业、手工业中游离出来，形成一门独立的行业。与此同时，也使一些人从社会上独立出来，专门从事买卖、组织产品交换，成为社会生活中一种经常性的、人所公认的职业——商人。

"商人"这一名词究竟是怎么来的呢？吴晗在《从商品生产想到中国商人起源》一文中认为："商人"这一名词出于商朝的人。契封于"商"，"商"是地名，后转化为部落名，再转化为朝代名。"商人"善于经商，故从事商业的人也叫"商人"。到周朝，商遗民仍然保持了善于经商的传统，"武王伐纣，取得胜利以后，周虽然取得了统治权，但东方殷人的实力并未被完全摧毁。控制的办法是分而治之，派兵镇压。把殷的中心河内地区分为三国：邶封给纣子武庚，鄘以武王弟管叔为尹，卫以武王弟蔡叔为尹，叫做三监。管、蔡二叔是统率周的军事力量，镇压殷民、监视武庚的。到武王死，成王幼小，周公执政，管、蔡二叔和武庚联兵反叛。周公东征平定，建立洛阳为镇压东方的军事中心，叫做成周。把殷民迁到洛阳"。"殷遗民被强迫集中到洛阳，周人叫他们顽民，经常被召集训话，不许乱说乱动，过着被监视的生活。殷遗民是周民的一部分，但却被另眼相看。他们既无政治权利，又失去了土地，怎么过日子呢？只好东跑西跑做买卖。这一行业周的贵族不屑做，庶民要种地不能做，而又为社会所需要，日子久了，商业成为殷遗民的主要行业了。"所以，"商人（做生意的人）出于商人（殷遗民）"[①]。

**【王亥仆牛】** 据《尚书·周书·酒诰》记载：殷人往往在每年"农功既毕"之时，"肇牵车牛远服贾，用孝养厥父母"。汉代孔安国传："农功既毕，始牵车牛，载其所有，求易所无，远行贾卖，用其所得珍异，孝养其父母。"《尚书》的这句话本是西周王室勉励商朝遗民的，但也从侧面说明殷人经商是有其悠久的传统的。

"殷人重贾"的最典型的例子是王亥"仆牛"经商。据史乘记载，殷人的先祖之一王亥（甲骨文中就有"高祖王亥"的记载），就是一位著名的商人，他曾发明牛车。后来，他从河南商丘出发，驾着牛车，用帛和牛当货币，在部落间做买卖。他曾用牛车装载货物到"有易"国（"有易"当在大河之北，或在易水左右，即今河北易县一带）做买卖，被"有易"国人掠夺杀害。后来，他的儿子"上甲微"攻灭"有易"，成为商初的一位中兴之主。从商丘到"有易"，迢迢千里，可见王亥经商活动的范围是很广的。

对殷人早期的这一段历史，《史记·殷本纪》有简要的记载："冥卒，子

① 吴晗. 灯下集. 北京：三联书店，1960. 1~2

振立（《索引》：《系本》作'核'）。振卒，子微立。"据近人王国维《殷卜辞中所见先公先王考》一文考证，《史记·殷本纪》中的"振"即"王亥"。又据《山海经·大荒东经》第十四卷记载："王亥托于有易、河伯仆牛。有易杀王亥，取仆牛。"郭璞《山海经》注引古本《竹书纪年》云："殷王子亥宾于有易而淫焉。有易之君绵臣杀而放之。是故殷主上甲微假师于河伯，以伐有易，灭之，遂杀其君绵臣也。"《楚辞·天问》亦云："该（即"亥"）秉季（"季"乃"亥"之父）德，厥父是臧。胡终毙于有扈（"有扈"即"有易"），牧夫牛羊？"

对王亥"服牛"经商的史实，近人王国维在《殷卜辞中所见先公先王考·王亥》一文中进行了详赡的考证：

"卜辞多记祭王亥事……王亥之名及其事迹，非徒见于《山海经》、《竹书》，周秦间人著书，多能道之。《吕览·勿躬篇》：'王冰作服牛。'案：篆文'冰'作'仌'，与'亥'字相似。'王仌'亦'王亥'之讹。《世本·作篇》：'胲作服牛'，其证也。'服牛'者即《大荒东经》之'仆牛'。古'服'、'仆'同音……'朴（仆）牛'亦即'服牛'……盖古之有天下者，其先皆有大功德于天下……王亥祀典之隆，亦以其为制作之圣人，非徒以其为先祖。"①

"仆（一作"朴"）牛"义同"服牛"，即"驾驭、驭使牛及牛车"的意思。王亥"服牛"经商是古代商业史、交通史上的一件大事。由于牛车的发明和应用、牛车能负重致远，使大规模的商业贸易活动及长途贩运成为现实，从而极大地促进了物资交流和商品流通，推动了商业贸易事业的发展。

正因为王亥有这样大的功业，所以他的子孙——后来的商代君臣，在祭祀他时，仪式格外隆重，供品尤为丰厚，牺牲用牛有时多达300头，这在殷墟发掘的卜辞上都有详细记录，《殷卜辞中所见先公先王考·王亥》一文言之凿凿。直到清末，牛车还是商业运输的重要工具之一。据徐珂编撰《清稗类钞》第五册"农商类""赴蒙商贩"条记载："赴蒙商贩皆以牛车载货赴库伦、科布多二城，辄连数百辆为一行，昼则放牛，夜始行路。一人可御十车，铎声琅琅，远闻数十里。御者皆蒙人，暇则唱歌。"② 当年王亥到有易经商，也许类似这样的情景。

① 王国维．殷卜辞中所见先公先王考．王国维遗书（第二册）．观堂集林卷九（影印版）．上海：上海古籍出版社，1983

② 徐珂．清稗类钞（第五册）．北京：中华书局，1984．2338

【"商"——中国最早的广告乐器】 由于商业活动的日益频繁及商业的日渐发达，最早的商业广告活动便在商代应运而生了。我国著名的古文史研究专家、先秦史专家、楚辞研究专家姜亮夫对商朝之"商"得名的由来，曾"结合古史、古文字学、先秦古籍、东方民习"等几方面进行综合研究，经过缜密精详的考证，终于有了一个惊人的发现。他在其力作《殷商辩名》一文下篇"说商"中认为："商"为一种乐器，是商代商人经商时，为广招徕而使用的一种广告"响器"。后因以为族名、地名乃至于国名。姜氏先从古文字学的角度，就"商"字的甲骨文、金文形体，进行深入的分析。他认为：

"商"字古文见于甲、金文中者，大体不出下列诸形：

禹（藏九二）　禹（前三·二一）　六（前二一·三）　禹禹（同上）　禹（铁三七·三）

又金文竟卣作禹，亦有作禹者。

凡此诸形，结构皆分为三部分：一为▽若Ψ；二为丨；三为内若囧。古文字凡以Ψ形冠顶者皆即训为大萧之言之省，皆以表其物能鸣善歌，如凤鸣高冈，龙吟天池，皆歌吷语昂。妾、童亦以幼小能歌冠以Ψ。又如音、章等字，皆乐之含义也。故亦以Ψ冠之。男女歌喉之美，分言之，则在生物指喉头，在无生物指作声之管状体。其下之内与囧，则为共鸣器，在生物或指人造物之可鸣者。余旅北京及西安时，则颇与其民间最常见之乐器。如"锁拉"（昭人音变和"撒拉"，其声则不甚悦耳。有时直似长声之哭，当即古所谓之商声），询之故老，皆以为中土最古乐器之一，多为叫卖小贩或货郎担所用，因断知商汤一族为当时商行为集团，故古义得引申为赏，为商量、商议、商讨等，无不为贸易行为之引申。商汤时期，殷人商行人已极盛，"牵车服贾"，"日中交易"，汤告示诸子文中亦不少言"贸迁化居"之书，则商丘，为商贾集团之民。此虽结集成文，固非向壁虚构之义矣。

紧接着，姜氏又从史料记载及社会学、民俗学的角度进行考察，进一步断定：

"商"为一种乐器，盖无可议。考之近世，凡市卖多以高音器作呼唤，至今犹然。历代帝京及风土记中，亦复不少。今吾土卖麦芽糖者敲铁器，形如半环，卖油酥糖者则敲小锣，上海市入夜卖馄饨者，敲一竹筒，开封市入夜卖蕃芋、红萝卜者亦敲竹筒，成都、昆明等地小食店则菜熟以铁勺击锅边，西安则卖杂货者吹锁拉，犹存古风矣。故商者，行商所用以叫卖之具，余于此则信而不疑。大体古帝王之感生，传说者多为发明某种便民物质器用之集团，如有巢、燧人固不必论，伏羲以日神兼为婚姻之祖。轩辕为造车之始。尧为陶唐，此乃治陶之始（尧音与窑同，从三土者，烧窑中层叠之陶坯义）。舜为耕器之祖，后稷为农先（可能即神农之分化）。则契集团为贸易成熟之始，其聚居地为行商之社，因而以此社之所事为其族名或地名。①

# 第二节　周代及春秋战国时期的广告活动

## 一、西周时期的商业及广告活动

公元前 1027 年正月，兴起于陕西黄土高原上，居住在泾水、渭水流域一带的周族，在其杰出首领周武王的统率下，联合西方、南方各部族的军队，东渡黄河，陈兵牧野（"牧野"在今河南汲县北，是当时商朝都城的郊外）。他们乘商纣的军队已开赴前线，正在同"东夷"（"东夷"是我国商朝末年，江、淮之间及东南一带逐渐兴盛强大起来的少数民族）作战而来不及调回之机，一举攻克了商都朝歌，从而结束了商王朝近 600 年的统治（公元前 1600—前 1027 年）的历史，建立了周王朝。

周族姬姓，崛起于西方，素来重视农业，以农为本，后以农立国。《史记·周本纪》及《诗·大雅·生民》篇对周初历史述之颇详。到周文王时，纣尚未亡，但灭亡之端兆已见。周文王得吕望（即姜尚，姜太公）辅佐，国势日强。文王以后是武王。武王在吕望辅佐下，一举灭商。又，武王有弟曰"叔旦"，又称"周公旦"。周公旦辅佐武王伐纣成功。武王死后，周公又辅佐成王，平管、蔡之乱，并建立了以洛阳为镇压东方的军事中心，叫做"成周"，把原殷民迁到洛阳。《尚书·周书·多士》"成周既成，迁殷顽民"说的就是这件事。周公是

---

① 姜亮夫. 古史学论文集. 上海：上海古籍出版社，1996

周王朝的开国元勋，相传周代一切典章制度都是他一手奠定和制作的。

到西周末年、春秋前夕，周王朝的统治已经腐败，公元前771年，当周幽王与褒姒饮酒作乐时，戎、狄来进攻，攻入镐京，周幽王被杀于骊山，统治三百多年的西周王朝灭亡。

周幽王死后，诸侯把太子宜臼推出来为天子，这就是周平王。周平王上台后，见镐京附近和关中地区戎、狄势力太大，镐京残破，已无法继续在这里统治下去，便在公元前770年迁出关中，到洛邑（今洛阳附近）建立国都。此后的周王朝便称为"东周"。

西周时期，随着分封制的推行和社会经济的发展，使自夏、商以来便已存在的城郭都邑，到这时又有了新的发展。西周的都城，最大的是王都镐京和洛邑。镐京在今陕西西安西南，包括沣水中游两岸的丰城和镐城两座古城。这是周文王与武王灭商前经营多年的都城。在周平王东迁洛邑以前，镐京（包括丰城、镐城）一直是西周王朝的首都，是当时政治、经济和文化中心，被称为"宗周"。

洛邑在今河南洛阳，它包括王城与成周，是周公旦东征平定武庚和"管、蔡之乱"后，为加强对广大东方地区的控制而兴建的东都。其中，建于瀍水以东的叫"成周"、瀍水以西叫"王城"。公元前771年西周沦亡后，周平王又迁都于此，这里便一直是东周的王都。

除王都以外，西周时期各地诸侯、卿大夫的都邑大量产生，其数量也比商代显著增多。据记载，周代有大小诸侯国1 800多个（见《汉书·贾山传》）。各诸侯国和卿大夫在受封采邑后，也纷纷在其领地内建立国都和城邑，其中著名的有齐之营丘（临淄）、鲁之曲阜、晋之曲沃、燕之蓟、宋之商丘等。由于城郭都邑的发展及农业、手工业的发展，进一步推动了商品经济的发展，使当时的商业更加活跃起来，广告活动也随之兴起。当时的国都，都专门辟有"市"，且具一定的规模。《周礼·考工记》记载："匠人营国，……左祖右社，面朝后市"（匠人营建国都，规定国都建筑前面为朝廷，后面为市集、市场）。邑居之地也常设有"市"，《管子·乘马》云："方六里命之曰暴，五暴命之曰部，五部命之曰聚，聚者有市，无市则民乏。"邑以外之市，则在田野之间，据《公羊传》"宣公十五年"何休"解诂"论列"井田制"的好处时云："五曰通财货，因井田以为市，故俗语曰市井。"《孟子·公孙丑下》也有"有贱丈夫焉，必求垄断而登之，以左右望而罔（网）市利"的记载。这是"垄断"一词的语源。"垄"古义指田界、田塍，也指田野间的高丘。商人站在横断而高的田垄上，"左右占望，见市有利，网罗而取之"，恨不得把所有买卖的好处一网打尽，独占市利。再者，登高所见必远，也易于做广告，他（商人）

可以站在高处，一边大声吆喝，一边展示商品，招徕买者，买者也易于看到、听到他的宣传。这说明古代商人做广告的手法是很高明的。

西周时的商业活动可分为两类：一类是官府经营的商业，是当时商业活动的主体。当时周天子、诸侯与卿大夫，他们在所在的王城及都邑，都有官府掌握的商业市场，由官府派官吏及其商贾奴隶，根据最高统治者——周天子及各"封建"领主的需要，从事牛马、丝帛、珍宝、兵器、日用品，以及"人民"（奴隶）的买卖。他们经营的宗旨，一方面是为满足王室及贵族领主的需求服务，另一方面则是为了营利。这些主管工商的官吏均由官府给予俸禄，而从事劳作及具体商业活动的奴隶，也均为官奴。他们生产产品、经营商品都是为官府服务的，故曰"工商食官"。手工业生产和商业主要由官府控制着。另一类则是民间的商业活动。这种商业活动在当时所占比重不大，它包括一般庶民自带货物买卖于市，有时是农民物物交换，也包括肩挑背负的贩夫贩妇的买卖，以及坐居于肆而进行交易的商贾。这些民间的商业活动在《周礼·地官》中均有详细记载，如《周礼·地官·司市》云："大市，日昃（昃 zè：太阳偏西之时——引者注）而市，百族为主；朝市，朝时而市，商贾为主；夕市，夕时而市，贩夫贩妇为主。"《周礼·天官·大宰》记"大宰之职"有一条是："以九职任万民，……六曰商贾，阜通货贿。"《考工记》中亦云："通四方之珍异以资之，谓之商旅。"这些人都是官府商业以外以经商为业的民间商人。

**【西周广告活动方式种种】**　《周礼·地官·司市》有"以陈肆辨物而平市"的记载。汉代郑玄注："陈，犹列也；辨物，物异肆也。肆异则市平。"《周礼》这句话的意思是：将档次不同、美恶精粗各异的各类商品，分别摆放在不同的摊肆，以免互相混杂，以次充优，以利于人们在购买时辨别与比较。这样就能做到市场公平、价格合理。"陈肆辨物"是典型的商品陈列式广告。《周礼·地官·司市》又记载："司市……以量度成贾（同"价"）而征陟（同"卖"）"；"市之群吏平肆，展（整也）成（平也）奠（定也）贾（同"价"），上旌于思次（市亭也）以令市。"这句话的意思是：管理市场的小官吏，负责整顿、平抑物价，并将定下的物价写在旗幡上，悬挂在市场管理机构——市亭上，使买者能清清楚楚地看到，并有所征信而不疑。这是史籍中最早的物价广告记载。另外，古代诗歌等文字作品中也有有关广告活动的描述。如《诗·卫风·氓》记载："氓之蚩蚩，抱布贸丝。"这是对当时农人们以物易物交易方式的生动写照，也是著名的实物广告的例证。（一说："布"为钱币。《诗·卫风·氓》毛传曰："布，币也。"《庄子·山木》："赤子之布寡矣。"郭象注："布，谓财帛也。"而汉代桓宽《盐铁论·错币第四》云："古者市朝无刀币，各以其所有易所无，抱布贸丝而已"，已将"布帛"）屈原《天问》中也记载："师望在肆，昌何识？鼓刀扬声，后何喜？"这四句的意思是：姜太公吕望本是个肉店伙计，他每天在朝歌（商都）集市上卖牛肉，文王何以知道他？他操起屠刀、高声叫卖之时，说了些什么话，令文王那么高兴？又，《楚辞·离骚》也云："吕望之鼓刀兮，遭周文而得举。"王逸注："鼓，鸣也。"谭戒甫释文："所谓鼓刀，即敲击扬声而歌之意。"可见，"鼓刀"即"用刀敲击、拍打肉案而发出声响"之意；"鼓刀扬声"即一边以刀拍打肉案、一边扬声而歌，以广招徕。这是音响广告和叫卖广告的结合。

周代由于商业活动的普遍开展，货币作为流通媒介的重要职能更加显示出来。当时的主要货币仍同商代一样，以贝币为主要货币，并以"朋"为计算单位。这些贝币多为海币，也有极少数是用铜仿制的。与此同时，"铜"也开始被做成货币使用，一般以"锊"（lüè）或"锾"（huán）作为计量单位，这成为后来金属铸币的前身。又由于商业活动的发达，便引起西周统治者对市场管理的重视，据《周礼·地官·司市》等篇记载，当时对市场有专门的规划，市中又有若干市、巷，派有不同的官吏负责管理。其中，掌管各种货物的供求及管理买卖双方交易活动如质剂、书契、度量衡器的有"质人"（《周礼·地官·质人》），掌管"政令"及市场管理条令和负责陈列货物的有"胥师"、"肆长"（《周礼·地官·胥师》、《肆长》），主管物价的有"贾（价）师"（《周礼·地官·贾师》），负责市场治安的有"司虣（暴）"（《周礼·地官·司虣》），负责巡查市场的有"司稽"（《周礼·地官·司稽》），掌管货物检查（检查是否有违禁物品流入市场）及查验出入门关之"传"（通行证）、符节、玺印的有"司关"、"司门"（《周礼·地官·司关》、《司门》）等。市场的最高官员叫"司市"（见《周礼·地官·司市》卷十四），他负责整个市场的行政和治安。此外，还有各种"胥"一类的下层小吏。这说明，西周王朝及各诸侯国都的市场管理已达到相当完备的程度。

在西周时期，市场还设有专门负责征收商业税的管理人员叫"廛人"、"司关"。《周礼·地官·廛人》云："廛人掌敛市絘布（布：钱也——引者注）、緫布、质布、廛布，而入于泉（钱）府。"《周礼·天官·大宰》"九赋"中，第七项就是所谓"关市之赋"，包括"市税"和"关税"。其中，"市税"又有很多种，如货物税（"緫布"）、市场房屋税（"絘布"）、交易税（"质布"）、货栈仓库税（"廛布"）等。这些市税均由"廛人"征收。"关税"则由"司关"征稽，"凡货不出于关者，举其货，罚其人"（《周礼·地官·司关》）。至于当时的具体税率，文献无征，已不可详考了。

## 二、春秋、战国时期的商业及广告活动

公元前770年（周平王元年），被几家诸侯拥立起来的周平王，迫于都城镐京残破、犬戎侵逼的形势，只得放弃其祖先经营三百多年之久的宗周故地，在从远地赶来勤王的晋、卫、秦、郑等诸侯的护送下，迁都于伊、洛流域的东都洛邑（今河南洛阳一带）。平王东迁是周王朝由盛而衰的分水岭。历史上，将此前的周王朝称为"西周"，此后的周王朝称为"东周"。东周前后延续了五百多年的漫长时期。"东周"依其政治形势的发展、嬗变，又分为前后两个时期：前期自平王东迁到魏、赵、韩三家分晋，即公元前770—前403年叫"春秋"；后期自三家分晋到秦始皇统一全中国，即公元前403—前221年叫"战国"。

夏、商、西周、春秋时期是我国的奴隶制时代。到了春秋中晚期（公元前7世纪中叶至公元前5世纪中叶），奴隶制走向瓦解，封建制开始兴起。

周王室在东迁以后，其地位一落千丈，逐渐没落。周天子名为"共主"，其实号令不行，徒具虚名。特别是到了春秋后期，诸侯渐渐尾大不掉，权力重心下移，"王纲解纽"，天下大乱；分封政体逐渐瓦解，诸侯之间为争夺土地、人民，互相攻伐，战争频仍。与此同时，各大诸侯国的卿大夫阶层崛起，开始以咄咄逼人之势威胁公室。各大国的卿大夫中的强者日欲凌驾于公室之上并取而代之，开始争权夺利，逐君、弑君，从昔日"礼、乐、征、伐自诸侯出"的政治格局一变为"礼、乐、征、伐自大夫出"。公室卑微，政在"私门"。有的诸侯国被卿大夫完全篡夺或瓜分了政权，"田氏代齐"和"三家分晋"便是典型。至此，春秋时期结束，转入战国时期。

战国历史的帷幕一拉开，就出现群雄并峙的局面：韩、赵、魏（原三晋）崛起于中原，东齐由姜姓变成田氏，秦、楚、燕分别巩固于西陲、南国和北疆，形成了七国争雄、互相兼并的态势。而这时的周王朝却比春秋时期更加衰微。顾炎武《日知录》卷十三"周末风俗"条中指出：

> 春秋时，犹尊礼重信，而七国则绝不言礼与信矣；春秋时犹宗周王，而七国则绝不言王矣；春秋时犹严祭祀、重聘享，而七国则绝无其事矣；春秋时犹论宗姓氏族，而七国则不闻矣。

群雄争逐的目的是想吞并天下，代周天子之位，成王者之业，其主要手段是战争。直至公元前221年，秦灭六国统一中国。

春秋战国时期是我国历史上最早发生剧烈变动的时期，也是我国古代规模最大、历时最长、成效最为显著的一次社会变革。无论在政治、经济领域，还是在思想文化领域，都出现了沧桑之变。当时列国纷争，竞争激烈。这种竞争，加快了各国改革的步伐，促进了社会的进步，推动了历史的发展。春秋战国时期生产力得到了长足的发展，特别是春秋后期及战国时期，在农业生产领域，铁器与牛耕的使用，提供了新的劳动工具、劳动手段和技术条件，大大提高了生产力。这样就使生产规模和劳动组织形式随之发生深刻的革命性的变化。战国以前，人们用以耕作的工具是木耒、石锄等木石器械，间或有少量的青铜器。战国时期由于铁器和牛耕的运用，使更大面积的农田耕作及大面积的开垦荒地成为可能。与此同时，随着生产力的提高，社会对手工业、商业的需求进一步扩大，促使手工业、商业进一步发展。当时的手工业包括个体经营的小手工业和官营手工业。个体手工业在当时普遍存在，已有车工、皮革工、陶工、冶金工、木工等，统称曰"百工'。他们把产品放在"肆"上出售，形成"百工居肆"（《论语·子张》篇）的局面。官营手工业作坊则由各国封建政府直接经营，已有相当大的规模。"据《考工记》所述，木工分七部，金工分六部，皮革工分五部，设色工分五部，刮磨（玉石）工分五部，陶工分二部，分工是比较细密的"，这自然推动了工艺技术的提高。[①] 负责官府手工业生产、经营、管理的官吏叫"工师"，工师的助手叫"丞"或"佐"，其下又有"百工"。可见其组织也很完备。

在商业方面，一些诸侯为了活跃本国经济，增强经济实力，以便赢得争霸战争的胜利，都积极扶助、支持、发展本国的商业，对商业活动采取保护和鼓励的政策。如齐桓公实行"通货积财、富国强兵，与俗同好恶"的政策（《史记·管晏列传》），晋文公采取"轻关易道、通商宽农"的措施（《国语·晋语四》），鲁国执政臧文公和郑国执政子产，也都注意保护、优惠商人。春秋末年，郑桓公也和商人订立盟约，规定商人不得反叛政府，政府也不干涉阻碍商人的贸易活动（《左传》昭公十六年）。卫国在遭狄人入侵又重新复国后，也采取了"通商惠工"的政策。这样，使得工商业在春秋战国之交获得了空前的大发展，商人的地位也日渐提高，独立的工商业者群也迅速成长起来。民间自由经营的商人日益增多，《国语·齐语》记载当时商人情况时说：中小商人"负任担荷，服牛辂马，以周四方。以其所有，易其所无，市贱鬻贵，旦暮从事于此"。与此同时，也出现了不少的大商人，最著名的有范蠡、子贡（姓端木名赐）、白圭（名丹）等。另外，春秋战国时期的商业贸易活动有一

---

① 杨宽. 战国史. 上海：上海人民出版社，1957

个很大的特点，即尽管当时各国间经常发生战争，但这并没有完全妨碍各国间商人的商品交换及商业贸易活动，各诸侯国之间常有商贾往来从事贸易。例如，晋国的商人到楚国做生意，将楚之象牙、皮革、鸟羽、旄牛、杞梓木材等货物运回晋国贩卖（见《左传》僖公二十三年、襄公二十六年）。郑国的商人最为活跃，其足迹遍于齐、楚、晋、周之间。据《左传》记载：有一次，秦军偷袭郑国，经过滑国的时候，被到周做生意的郑国商人弦高碰上了。弦高路遇秦师，急中生智，当机立断，矫郑伯之命，"以乘韦先、牛十二犒师"。秦军以为郑国早有准备，只好灭滑而还（时在公元前627年，详见《左传》僖公三十三年）。《左传》又记载：晋楚邲之战中，晋国将领荀·被楚国俘虏，正在楚国经商的郑国贾人打算把他夹带在贩运的棉衣中偷运出境；已经准备好了，楚国却释放荀·回国。后来郑贾人到晋国做买卖，荀·很感激他，殷勤款待；郑贾人过意不去，又转到齐国做买卖去了（《左传》成公三年）。从这两个故事看来，郑国商人西到周、北到晋、南到楚、东到齐，经商活动的范围相当广。

随着商业的发展，作为商品交换中心的城市也大量兴起。以前，一些诸侯国的都城和卿大夫的城邑，都具有自给自足的自然经济性质，其作用侧重于政治、军事中心方面。此时，为了便于商人贸易，也都兴建起有相当规模的商品交换及贸易的市场。如楚国郢都有"蒲胥之市"（《左传》宣公十四年），郑国都城新郑有专门进行牲畜买卖的"羊肆"（《左传》襄公三十年），鲁国也有进行牲畜买卖的马肆（《左传》昭公二十九年），晋国的都城绛（今山西侯马）也是富商云集之地。汉代汉宣帝时桓宽《盐铁论·通有》篇追述战国时的大城市云："燕之涿（今河北涿县——引者注，下同）、蓟（今北京市），赵之邯郸（今河北邯郸），魏之温（今河南温县）、轵（今河南济源），韩之荥阳（今河南荥阳），齐之临淄（今山东淄博），楚之宛（今河南南阳）、陈（今河南淮阳），郑之阳翟（今河南禹县），三川之二周［秦庄襄王元年（公元前249年）灭二周（西周、东周之都城）而置三川郡］，富冠海内，皆为天下名都。"以上国都中，以齐国都城临淄（今山东淄博）规模最大，商业最为繁荣。《史记·苏秦列传》中纵横家苏秦形容说："临淄之中七万户，臣窃度之，不下户三男子，三七二十一万，不待发于远县，而临淄之卒，固已二十一万矣。临淄甚富而实，其民无不吹竽鼓瑟、弹琴击筑、斗鸡走狗、六博蹋鞠者。临淄之塗车毂击、人肩摩，连衽成帷，举袂成幕，挥汗成雨，家殷人足，志气高扬。"楚国的国都鄢郢（今湖北宜城）也是著名的商业中心。桓谭《新论·遣非》记载："楚之郢都，车毂击、民肩摩，市路相排突，号为朝衣鲜而暮衣弊"（引自《太平御览》卷七七六）。这些记载虽不免夸大其词，但也多少反映了大都市繁华的景象。在这些城市中，"百工居肆"，店铺如林，其中有"鬻金者之所"（《吕氏春秋·去宥篇》）、有"酤酒者"（《韩非子·外储说右上》）、有卖履的（《韩非子·外储说左上》）、有"卖骏马者"（《战国策·燕策二》苏代语）、有卖兔的所谓"积兔满市"（《吕氏春秋·慎势篇》）、有杀狗的"狗屠"（《史记·刺客列传》中"聂政传"、"荆轲传"）、有卖卜的（《战国策·齐策一》）、有"卖浆者"（《史记·魏公子列传》），还有卖茅草的所谓"贩茅者"[《韩非子·内储说》（下）]，等等。

商品交换的发达也促进了货币经济的发展，金属铸币（主要是铜币）大量产生，广泛流通，主要有四种：布币（"布"即"镈"的假借字。"镈"本是一种农具，如今之"铲"状。"布"如铲形，故名。流通于"三晋"韩、赵、魏一带）、刀币（形状像刀，流通于齐、赵、燕一带）、圆形圆孔铜钱（流通于周、秦一带。方孔铜钱出现较迟）和铜贝（俗称"鬼脸钱"或"蚁鼻钱"，流通于楚一带）。另外，战国时期的楚国还铸造一种方形的金币，即将每块正方形金币划分为十六个小方格，以便于分割；每小块上还铸印有"郢爰"或"陈爰"二字，或单印一"郢"字。每大块金币重约半斤，合今250克左右。宋代刚出土时，称之为"印子金"、"金饼"。

**【"矛"、"盾"广告——凸现商品优点】**　与商业繁荣相辅相成的是广告活动的发达。

《韩非子·难一》、《难势》两篇都记载：有一个楚国人在市场上出售矛和盾。他先举起盾来夸耀说："我的盾最坚固，什么武器也戳不穿它！"接着又拿着矛来称赞说："我的矛最犀利，什么东西都能刺穿！"旁观的人问他："拿你的矛戳你的盾，那结果又怎么样呢？"这个楚国人张口结舌，无言以对。这就是人们熟知的成语"自相矛盾"的语源，后来常常被哲学家和逻辑学家们引用，说明语言、行动前后自相抵触的现象，即"矛盾律"。不过，人们往往忽略了它在广告史上的重要意义，即通过叫卖宣传来推销商品，而且在叫卖时把自己商品的优点、特长尽量加以显示、凸现，甚至于夸张，给顾客留下深刻的印象，从而刺激人们的购买欲望。

**【"悬帜甚高"——最早的幌子和标志广告】**　《韩非子·外储说右上》篇还曾记载一则"狗猛酒酸"的寓言，云："宋人有酤（卖）酒者，升概既平，遇客甚谨，为酒甚美，悬帜甚高，著然不售，酒酸。怪其故，问其所知。问长者杨倩，倩曰：'汝狗猛耶？'曰：'狗猛则酒何故而不售？'曰：'人畏焉。或令孺子怀钱挈壶瓮而往酤（买），而狗迓而龁之，此酒所以酸而不售也.'"同样记载,《晏子春秋》卷三《内篇问上第三》"景公问治国何患　晏子对以社鼠猛狗"第9条云:"人有酤酒者,为器甚洁清,置表甚长,而酒不售,问之里人其故,里人云:'公狗之猛……'"

从这两段记载可知战国时代的酒家已高高挂起旗幡"帜"、"表"来招引顾客,这是我国最早出现的"标志"、"标记"广告。这种招引顾客的旗帜到唐宋时称为"望子",后来又称为"幌子"。唐、宋及后来的诗人词客往往在诗词中提到它,或称为青旌、青帘、酒旌、酒帘、酒旗、彩帜等。

**【"悬牛首于门"——标记广告】**　《晏子春秋》卷六《内篇杂下第六》"灵公禁妇人为丈夫饰不止　晏子请先内勿服"第一条下云:"灵公好妇人而丈夫饰者,国人尽服之,公使吏禁之。……晏子对曰:'君使服之于内,而禁之于外,犹悬牛首于门,而卖马肉于内也……'"《吕氏春秋·审分览》高诱注也有"里谚所谓悬牛头而卖马脯"的记载。

**【伯乐相马——名人效应】**　春秋战国时期商人做广告,已很讲究技巧和心理效应。《战国策·燕策二》记载:"苏代为燕说齐,未见齐王,先说淳于髡曰:'人有卖骏马者,比(比:连也,"接连"之意——引者注。下同)三旦立市,人莫之知,往见伯乐,曰:臣有骏马,欲卖之,比三旦立于市,人莫与言。愿子还(还:"环也"、"旋也"、"围着看"之意)而视之,去而顾之(临离开时,还要多次回头看,做依依不舍、依恋状),臣请献一朝之贾(价)。伯乐乃还而视之,去而顾之,一旦而马价十倍。"马还是那匹马,伯乐未"相"之前,接连三天,无人问津;伯乐一"相"之后,马价顿增十倍,一朝便脱手。伯乐是相马专家,请伯乐来做广告,影响大,可信度高,效果必然不错。这是利用专家权威、名人效应来做广告宣传的最早记载。"还而视之,去而顾之",这也是最早的"表演性"广告。其实,伯乐也是最早的"托儿",这也是最早请名人做"托"的记载。

**【"物勒工名"——商标广告的萌芽和滥觞】**　战国时期,在列国改革变法的推动下,小农经济日益繁荣。与小农经济紧密结合在一起的农村家庭手工业得到了很大发展,并成为一种最普遍的手工业生产形式。此外,在当时的大、中、小城市中,也存在和活跃着一大批个体经营的小手工业者。到了战国中、晚期,城市中还出现了拥有巨资及大量劳动力的大工商主手工业者。他们服务的对象主要是农民及城市居民,他们的产品与民生息息相关,都是人民群众的日常生活用品,其生产及出售往往采取前店铺后作坊的形式。为了对购买者、消费者负责，也为了竞争及扩大影响、提高知名度，他们往往在自己生产的产品上标明制造者的地址和姓名。这反映了我国古代商品生产者最早的品牌意识和商标意识。例如，在已经出土的战国时期及秦汉时期的大量陶器（包括陶豆、陶壶、陶鼎、陶罐、陶釜、陶盆、瓦、井圈等）上，都有铭文记载。这些铭文又叫"陶文"，一般用玺印、戳记的方式打在器物的泥坯上显眼的地方，然后烧制而成。也有的用刀、锥刻画在泥坯上，然后烧制而成。这说明商品生产促使生产者要对产品负责，所以就要在陶器上印或刻上制陶者的名字。此即所谓"物勒工名，以考其诚"（《礼记·月令》篇）。"因此，陶文内容大都程式化，主要为陶工的籍贯、姓氏，有的还冠以监造或督造者的名字、司职地点和年份，也有的附缀以产品的名称。"① 如：当时齐国都城临淄城、廓内外，官、私营的手工制陶业非常发达，现出土的大量齐陶上一般都有"×里×"或"×鄙×邑×里×"，即"某鄙某邑某里某"制造之意的铭文。现出土的秦国都城咸阳一带私营陶器作坊生产的陶器上，也大都有个人印记，注明"咸阳如硕"、"咸阳成申"等，或"咸（阳）×里×"（即"咸阳某里某人"制造）等制作人的名字。② 工匠名字多以一字为常见。长沙湖桥楚墓出土的漆耳环、漆奁等漆器上，也都有"某里某"的刻画文字。

除私营手工业外，传统的官营及官府手工业在战国时期手工业中，始终占有重要地位。与私营手工业的服务对象主要是农民及城市居民不同，官营手工业主要供应官府及统治阶级所需，为官府和统治阶级提供奢侈品和军需品，故产品质量一般要求很高。官营手工业的经营管理比较严格，工艺制造及工匠技艺也更高超。当时每个生产部门的产品都采取"造者"（直接从事生产的工匠）、"主造者"（一般称"工师"，即主管人员）、"监造者"（是中央和郡的高级行政长官）三级负责制。因此，当时的官营手工业作坊生产的产品，都要"物勒工官"，即在产品上刻或铸上"造者"的姓名，同时再注明"工师"或"监造者"。现在出土的战国手工业品中，有不少都是这样的，如当时三晋、秦等国官府手工业作坊生产的戈、戟、剑、矛等青铜兵器上，都铸、刻有"监造者"、"工师"、"工匠"的名字。据专家考证，"秦国'物勒工官'的题铭制度创立于商鞅变法"时期。各种兵器上题铭内容最完整的，往往有"纪年、督造者、官署、工官、工匠"；"最简略的如剑、矛、弩等，仅题官署或地名"。③ 在长沙出土的楚国漆器上，也是这样。这种情况一直到汉代还是如

---

① 孙敬明. 齐陶新探. 古文字研究，1986（第14辑）

② 文物，1976（10）：12，31

③ 张占民. 秦兵器题铭考释. 古文字研究，1986（第14辑）

此，如出土文物中，汉代遗存下来的手工业品上，也多著工匠姓名及监造官员姓名。①

以上诸多例子说明，无论"物勒工名"，还是"物勒工官"，都反映出产品制造者的负责精神和品牌意识，具有原始商标雏形的性质。

**【悬赏广告——商鞅"徙木赏金"，取信于民】**　公元前 356 年（秦孝公六年），秦孝公任命商鞅为左庶长，准备实行变法。商鞅把法令拟定齐全后，还未刊布，为了取信于民，便"立木为信"，在国都雍的市井南门竖起三丈长的木头，悬出赏格：有能把木头搬到北门的赏十金。民众皆觉奇怪，无人敢搬。于是他又规定：有能搬走的，赏五十金。有一个人果然搬走了，商鞅马上兑现，就给他五十金，以示讲求信用，说话算数，言出必行，终于把法令颁布下来。

又据《史记·吕不韦列传》、汉代桓谭《新论·本造》篇、王充《论衡·自纪》篇等文献记载：战国晚期，秦国丞相吕不韦组织他的门客著书立说，完成八览、六论、十二纪，共二十多万言。他认为该书具备天地万物古今之情事，便称之为《吕氏春秋》，将该书（简牍）刊布在咸阳城门口，旁边还挂着布告，声称：能增、省一字者，立赏千金（"能增省一字者予千金"）。这一下可热闹了，城门口顿时挤满了人，人头攒动，议论纷纷。尽管这一笔赏金分外诱人，但这是吕不韦的大作，谁敢妄加增删？吕不韦的目的，不过是利用广告活动，扩大影响，造成轰动效应罢了。

① 罗振玉. 贞松堂集古遗文卷十三、十五、十六

# 第二章
## 秦、汉至隋、唐时期的广告事业

**本章要求**

- □ 了解秦汉时期商业的发展状况及广告活动
- □ 了解隋唐时期商业的繁荣及"草市"的兴起
- □ 唐代广告活动的发展

# 第一节　秦、汉时代的商业及广告活动

## 一、秦代的改革及商业的恢复繁荣

秦、汉时期包括秦代、西汉和东汉，前后计四百多年（公元前221—公元189年或公元220年）。①

公元前221年（秦始皇二十六年），秦始皇灭六国，建立了统一的封建中央集权的秦王朝。秦王朝统治时间很短，从统一全国到灭亡，仅仅存在了15年时间（公元前221—前207年）。但秦重视商业却有其悠久的传统。早在公元前383年（秦献公二年），秦国将国都从雍迁到关中东部的栎（yuè）阳时，商业就比较发达。栎阳在今陕西临潼栎阳镇武家屯附近。这里原是东西往来的必经之地，经济发达，"东通三晋，亦多大贾"（《史记·货殖列传》）。公元前378年（秦献公七年），秦又在栎阳"初行为市"（《史记·秦始皇本纪》），即设立市场和统管市场的官吏，鼓励从事商业活动。这时的"市"与奴隶制时代的"市"性质已有所不同，它是封建经济发展的结果；商人也不同于原来"工商食官"制度下处于奴隶地位的"贾人"，而是城市居民的一部分。"初行为市"意味着秦国政府正式承认商人具有自由民的独立地位，并正式为封建的商业经济发展提供合法的经营场所。到公元前359年（秦孝公三年），秦用商鞅，实行变法、改革。商鞅变法时，虽然实行了"事本而禁末"的政策，但仍然有限制地发展商业。他"禁末"的目的不是要完全取消"末业"（工商业），而是为了防止农业劳动力大量流失到商业领域。商鞅为了促进商业的发展，把"平权衡、正度量、调轻重"（《战国策·秦策三》）列为变法的重要内容之一。正因为秦国历来重视商业，发展经济，使它在战国末期由一个经济落后的西鄙弱国，一跃而成为经济上最为发达的强国，为最后消灭其他割据政权，准备了雄厚的物质基础。

秦始皇统一中国以后，长期以来的战争结束，农业和手工业生产由恢复而

---

① 东汉名义上存在到公元220年，即汉献帝延康元年。实际上汉献帝先为董卓傀儡，后为曹操傀儡。

走向发展，商业又迅速活跃起来。与此同时，秦始皇采取了一系列加强中央集权及集中统一的重大举措。这些措施的实施，不仅有利于政治、经济的统一，也有利于商业的发展。如始皇二十六年，在统一天下之初，就开始在全国范围内统一度量衡。这项工作是由秦始皇颁下诏令、右丞相隗状和左丞相王绾负责实行的。诏令曰："廿六年，皇帝尽并兼天下诸侯，黔首大安，立号为皇帝，乃诏丞相状、绾：法度量则不壹、歉（嫌）疑者，皆明壹之"（《愙斋集古录》第二十四册《秦始皇廿六年权文》）。这条诏令，都刻在较大的权或量器等法定标准器上。由于秦王朝全部废除了旧有的度量衡制度，重新制定了法定的标准度量衡，使长度、容量、重量都有了统一标准，对商业的发展、商品交换的便利，起了极其重要的作用。

在统一度量衡的同时，秦王朝又采取了"车同轨、书同文字"的措施（《史记·秦始皇本纪》）。车轨定为六尺宽，使各地的车道宽窄统一，直接有利于各种物资及商品的运输和交流。另外，秦始皇还下令开辟"驰道"、修筑"直道"；整饬水运，开掘渠道。所有这些，都有助于发展水、陆交通，便利商业的发展。在文字方面，用简化了的字体"小篆"作为标准字体，通令全国使用，这无疑也有利于商业的发展。因商业上的来往常常需要文书契约，如果没有统一文字，商业契约活动必然要受到影响。

为了进一步发展商业，秦始皇又废除了原六国的货币，建立了统一的新币制，规定货币分为二等："黄金以溢（镒）为名，上币；铜钱质如周钱，文曰半两，重如其文。而珠玉、龟、贝、银、锡之属，为器饰宝藏，不为币"《汉书·食货志》（下）。这段话的意思是：以黄金为"上币"，单位是"镒"，一镒即二十两；以圆形方孔的铜钱为"下币"，单位是"半两"。黄金大概只用于大额款项的支付，日常交易一般用"半两"铜钱。秦统一货币后，克服了过去币制不一和换算的困难，为各地的商品交换及人们的日常交易活动提供了极大的便利。自秦代创用圆形方孔铜钱以后，这种铸币形态一直长期沿用下来，成了我国封建社会中的主要流通货币。

秦统一之时，分全国为36个郡，后又增辟为46郡，"每郡之下，又设县若干。郡、县治所，都是一个地区的政治中心，也是一个地区的经济中心及商业中心"。这样，就使战国时期的一些"旧城市又恢复了昔日的繁荣，新的城市也陆续出现"①，如阳翟、陶、云阳、临邛等。尤其首都咸阳，不仅是全国的政治中心，也是商业中心，呈现出"市张列肆"的繁荣景象（《华阳国志》

---

① 张传玺. 秦汉问题研究. 北京：北京大学出版社，1995

卷三《蜀志》)。始皇二十六年，"徙天下豪富于咸阳十二万户"①，推动了商品经济的发展。秦都咸阳的"市"，就目前所知，有"咸阳市"(《史记·李斯列传》)、"直市"(《长安志》)、"平市"(黄家沟秦墓陶罐上印记)、"奴市"(《汉书·王莽传》)、"军市"(《商君书·垦令》)等。秦的两个故都雍、栎阳，此时虽已不是政治中心了，但手工业及商业仍很发达。

【"婴价"——秦代的物价广告】　1975 年底，在湖北省云梦县睡虎地 11 号秦墓中，出土了一大批 (1 100 余枚) 秦始皇时期的竹简。这是我国第一次出土秦代竹简。在此之前，上有战国竹简的发现，下有两汉、魏、晋竹木简的发现，唯独没有秦简。因此，这次秦简的出土，正好填补了这一空白。这批竹简是用隶体所书，内容极其丰富，是研究秦史难得的第一手资料，其中有专门记载"关市"情况的，是研究秦代 (包括秦始皇以前和秦始皇时期) 经济史、商业史及广告史的宝贵资料。

早在秦昭襄王二十九年，秦便攻占了楚郢都，设置南郡。云梦、安陆一带为南郡辖地。云梦秦简《秦律·金布律》规定："有买及买 (卖) 殹 (也)，各婴其贾 (价)。小物不能各一钱者，勿婴。""婴"有"系"、"悬挂"之意。依此规定，商品价值一钱以上者，均应悬挂价格牌于商品之上，以防商人"妄为贵贱"。这也说明当时商品是有统一的官价的。这种制度，一方面有利于官署监督物价，另一方面也方便买者购物，带有广告性质。② 此与《周礼·地官·司市》："上旌于思次以令市"属同一广告类型。到了汉代，"婴价"这种标示商品价格的方式仍被采用，称之为"题署物"，并成为一种重要的商业制度。

## 二、汉代的商业及广告活动

汉代 (公元前 206—公元 220 年) 分西汉、东汉两个时期，前后四百多年。

汉初由栎阳迁都长安。

整个汉代的工商业都是非常兴盛的。《史记·货殖列传》云："汉兴，海内为一，开关梁，弛山泽之禁，是以富商大贾周流天下，交易之物莫不通，得其所欲"，促进了商业的发展。同时，汉代承袭秦始皇"徙天下豪富于咸阳"

---

① 司马迁．史记·秦始皇·三辅黄图卷一 (丛书集成本)．上海：商务印书馆，1936
② 中华书局．云梦秦简研究．北京：中华书局，1981

的措施，继续实行"徙豪杰诸侯强族于京师"的政策（《史记·货殖列传》），"内实京师，外消奸猾"。《汉书·地理志》也记载："汉兴，立都长安，徙齐诸田，楚昭、屈、景及诸功臣家于长陵。后世世徙吏二千石、高资富人及豪杰并家之家于诸陵。"这样，长安诸陵从外地迁来了大量的豪富巨室及诸侯贵族之家，使得诸陵邑，特别是五陵地区成为人口稠密、经济繁荣的商业城镇。[①]而长安作为西汉一朝政治、经济、文化的中心和当时的国际大都会，更是商业繁荣、人口众多。据《汉书·地理志》记载，长安有 8 万户，人口 246 200 人。面积 36 平方公里，是当时罗马城的 3 倍。现代一些学者认为，《汉书·地理志》记载的人口数字可能是征收租税的基本人口数字。若按每户实际人口 5 人计算，当在 40 万人左右，若再加上皇族、驻军等特权阶层和各官署大量的刑徒及奴婢等人数，长安实际人口当在 50 万左右，形成了广阔的、深具潜力的消费市场，为商业的发达提供了坚实的基础。

汉代长安之"市"众多，文献中经常提到的有"长安九市"，而且每个市的规模都比先秦时代大得多。据《三辅黄图》卷二"长安九市"条引《庙记》云："长安市有九，各方二百六十六步。六市在道西，三市在道东。凡四里为一市。"据《长安志》卷五列举，"九市"当指四市（指东、西、南、北四市）、柳市、直市、交门市、孝里市、交道亭市等九处。这些市，有的设在城内，有的设在城外。此外，还有一些特别的"市"。《太平御览》卷八二六引《三辅黄图》云：西汉末年的"汉元始四年，起明堂、辟雍长安城南，北为会市，但列槐树数百行为队，无墙屋，诸生朔望会此市，各持其郡所出货物，及经书传记、笙磬器物，相与买卖，雍容揖让，或议论槐下。"[②] 这就是有名的"槐市"。可见"槐市"因是在"槐树"下交易而得名，主要是为了便利太学的学生而设置的。每逢"朔"（初一）、"望"（十五），太学生们便将各自本郡的土特产及书籍、笙磬乐器之类，作为商品"相与买卖"。且买卖双方"雍容揖让"，客客气气，气氛融洽；"或议论槐下"，非常关心时政，这是典型的儒商风度。"槐市"是我国最早的书市及儒商市场。另外，汉代的"军市"也很兴旺，《史记·冯唐传》载："臣大父言，李牧为赵将居边，军市之租皆自用飨士，……今臣窃闻魏尚为云中守，其军市租尽以飨士卒。"司马贞"索引"云："谓军中立市，市有税。税即租也。"《汉书·胡建传》又载胡建为"守军正丞"（长安驻军南、北军官名），"时监军御史为奸，穿北

---

① "五陵"包括高祖长陵、惠帝安陵、景帝阳陵、武帝茂陵和昭帝平陵。各在今陕西兴平、泾阳及咸阳一带地方。

② 陈直．三辅黄图校正．西安：陕西人民出版社，1982

军垒垣以为贾区"。颜师古注："坐卖曰贾，为卖物之区也。区者，小室之名，若今小庵屋之类耳。"这说明首都长安驻军中也有经商活动。

到了东汉时期，其都城洛阳的商业也很繁荣。《太平御览》卷一九一引陆机《洛阳记》云：洛阳有"三市"，"金市在大城西，南市在大城南，马市在大城东"。

两汉除长安、洛阳等地商业兴旺发达外，其他一些大都市如邯郸、临淄、陶、宛、颍川、南阳、江陵、成都等也莫不如此。经商求富已成为一种社会风气，故当时民谚云："用贫求富，农不如工，工不如商；刺绣文不如倚市门"（《史记·货殖列传》）。以上情况，到汉武帝中期实行重农抑商、强本逐末，对商人采取一系列制裁政策以后才有所变化。即便如此，武帝时期的商业仍有一定程度的发展。

我国是一个有悠久历史的农业古国，自古以来，重视农业，把农业作为"本"；贱视工商业，把工商业称为"末"。为了发展农业生产，防止大量的农业劳动力"背本趋末"，流失到工商业经营的领域中；同时，也为了尽量避免商业资本对国家政权机构的腐蚀，以及防止商品经济所带来的奢侈、腐化的生活方式对整个社会风气的败坏，我国历朝以来都实行"抑末务本"、"重农抑商"的政策。早在秦孝公启用商鞅实行变法时，就规定："戮力本业，耕织致粟帛多者复其身；事末利及怠而贫者，举以为收孥"（《史记·商君列传》）。到秦始皇时，更把商贾和罪犯同等看待，商人社会地位很低。汉代继续"抑商"，汉高祖时曾命令商人不准衣绸佩剑，不准骑马乘车，子弟不准做官，不得购买土地，等等。孝惠、高后之时才"复弛商贾之禁"（《史记·平准书》），但商人子弟仍不许做官为吏，也不能占有土地。到武帝时，在实行盐铁官营、酒类专卖，以及"均输"（调剂物资）、"平准"（平抑物价）政策，发展国家官营工商业的同时，严厉打击富商大贾、"豪强兼并之家"的经济势力。武帝时还曾实行"算缗"和"告缗"。"算缗"是向大商人、大高利贷者征收财产税和所得税，"告缗"是鼓励知情人揭发那些对自己财产、收入隐藏不报或呈报不实的商人。如果情况属实，则没收其全部财产，并戍边一年。这一措施，既打击了富商大贾，同时也增加了国家的财政收入。

"重农抑商"可以说是历代封建王朝的一项传统政策，直至封建末期仍未改变。但是，政策归政策，实际是实际，历代有识之士仍然对工商业在整个社会经济发展中的重要作用有充分的认识，如曹魏及西晋时期的傅玄就曾说过："夫商贾者，所以伸盈虚而获天地之利，通有无而壹四海之财，其人可甚贱，而其业不可废。"① 因此，尽管历代都提倡"重农抑商"，但历代的工商业还是有不同程度的发展。

**【漆器铭文——我国古代原始形态的商标】** 我国古代的漆器工艺在汉代达到了鼎盛时期。"我国有悠久历史的髹漆工艺，进入汉代，在造型和髹饰方面，都多有创新。华美而轻巧适用的漆器，已经取代了过去青铜器的地位。从出土漆器的品类、数量、分布地域和工艺的精湛等各个角度，都可说明我国古代漆器在汉代达到鼎盛时期，直到后来它被瓷器所取代为止。"② 20 世纪 70 年代以来，湖南长沙马王堆、扬州甘泉山等地的秦、汉墓中，相继出土了大量精美绝伦的汉代漆器。这些漆器以饮食器和妆奁器为主，也有髹漆的兵器、乐器和杂用器。有不少漆器上面都烙有戳记、漆书文字或铭文。如：湖北江陵凤凰山 70 号墓出土的一件漆盂上，用锥、针之类工具刻有"廿六年左工"铭文，说明它是秦国官府作坊的产品。长沙马王堆、湖北凤凰山等地汉墓出土的漆器上，凡汉文、景帝时期的漆器上，则多见"成市草（造）"、"成市饱（麴）"、"市府草（造）"等烙印戳记。由此可判明它们产自蜀郡成都市府作坊。安徽阜阳双鼓堆汝阴侯墓出土的漆器上则烙有"女（汝）阴"戳记，并有用针或锥刻画的"女（汝）阴"年号、司造官吏和制造工匠姓名、器物名称、尺寸、容量等内容的铭文，表明这些器物是汝阴侯府自设漆工作坊的产品。20 世纪 70 年代发掘的湖北云梦县秦汉墓中大量汉代漆器中，在许多漆器上面也都有烙印、锥针刻或漆书的文字。如，标记产地的有"咸亭"、"许市"、"郑亭"、"市"、"亭"和"阴里"、"左里"、"路里"、"中乡"、"陬里"等字样。其中，标记"咸亭"烙印者最多。咸、许、郑分别是咸阳、许县、新郑的省文。带有这些标记的产品（包括只标"市"、"亭"印的产品），都应是该地市府管辖的官营漆器作坊的产品。③

在马王堆汉墓出土的大多数漆器上都有隶书"軑侯家"、"君幸酒"、"君幸食"等吉祥语，有的还有"石"、"四斗"、"二斗"、"一斗"、"一升"、"九升"的容量标志。在云梦大坟头出土的汉初漆器上，还烙有"素"、"上"、"包（麴）"、"告（造）"等字样的戳记，这是把各道工序工匠的名字也都烙上了。直到西汉后期，工官所造漆器铭文里也屡见素工、造工等工人名称。如元始三年耳杯铭文是：

---

① 傅玄. 检商贾. 全上古三代秦汉三国六朝文
② 高炜. 汉代漆器的发现与研究. 中国社会科学院考古所编. 新中国的考古发现和研究. 北京：文物出版社，1984. 473
③ 俞伟超. 汉代的"亭""市"陶文. 文物，1963（2）

元始三年，广汉郡工官造乘髹洴（彤）画木黄耳杯，容一升十六仑，素工昌、髹工立、上工阶、铜耳黄涂工常、画工方、洴工平、清工匡、造工忠造，护工卒史恽、守长音、丞冯、掾林、守令史谭主。

这段铭文里有器具的制造时间、地点、容量，治坯工人和各种漆工名字及监造官。漆器所烙带"素"、"草"、"饱"等字样的市印，表示这些工序都是在市吏监督下完成的，或是经过市吏检验的，以示确保质量，同时也有宣传意味及广告性质。

将以上漆器铭文综合起来看，商标的基本要素便都具备了。漆器铭文可说是我国古代最为原始的商标形态。这也说明我国古代商人很早就有品牌意识。①

**【美女当垆——明星广告的滥觞】**　　西汉时期，在武帝天汉三年以前，民营酒店很多，可以自由出售酒类。天汉三年春"初榷酒酤"，实行酒类由国家专卖（《汉书·武帝纪》），私人就不得随便卖酒了。

据《史记·司马相如列传》记载：卓文君随司马相如私奔到成都后，无以为生，不久便同返临邛（今四川邛崃），开了一家小酒店。由于卓文君长得好看，司马相如便让她"当垆"卖酒，以吸引顾客，而自己则穿上"犊鼻裤"（如今之围裙。一说，如今之短裤头。皆贱者所服）主内。故卓文君的父亲卓王孙深以为耻。梁代吴均《西京杂记》也记有司马相如与卓文君之情事：

> 司马相如初与卓文君还成都，居贫愁懑，以所著鹔鹴裘（大雁羽毛做的裘衣——引者注。下同）就世人阳昌贳（赊欠）酒，与文君为欢。既而文君抱颈而泣曰："我平生富足，今乃以衣裘贳酒！"遂相与谋于成都卖酒。……文君姣好，眉色如望远山，脸际常若芙蓉，肌肤柔滑如脂。十七而寡，为人放诞风流，故悦长卿之才而越礼焉。

这种利用美人做广告，采取"色诱"方式以吸引顾客的手法，为后来历代酒店所仿效。东汉时人辛延年在《羽林郎》（见《玉台新咏》）一诗中

---

① 高炜．汉代漆器的发现与研究．中国社会科学院考古所编．新中国的考古发现和研究．北京：文物出版社，1984

写道：

> 昔有霍家奴，姓冯名子都。
> 依倚将军势，调笑酒家胡。
> 胡姬年十五，春日独当垆。
> 长裙连理带，广袖合欢襦。
> 头上蓝田玉，耳后大秦珠。
> 两鬟何窈窕，一世良所无。
> 一鬟五百万，两鬟千万余。
> ……

这家酒店也是雇用盛妆的美女来招徕顾客。

又，《世说新语》中也有用美女做酒店女招待的记载："阮公邻家妇有美色，当垆酤酒。阮与王安丰常从妇饮，阮醉，便眠其妇侧。"这说的是晋代的事情。

唐代大诗人李白则把当垆美人形诸歌咏，其著名的《金陵酒肆留别》云："风吹柳花满店香，吴姬压酒劝客尝。金陵子弟来相送，欲行不行各尽觞。"

**【汉代的音响广告和标志广告】**　反映周代生活的《诗·周颂·有瞽》有"箫管备举"一句。汉代郑玄笺注曰："箫，编小竹管，如今（指汉代——引者注）卖饧者所吹也。管如篪，并而吹之。"《周礼·春官·小师》云："小师掌教鼓……箫、管、弦、歌。"郑玄也注云："管，如今卖饧饧所吹者。"从郑玄这两段注文中，可见汉代卖饴糖者以吹箫、管做广告。这两条记载弥足珍贵。

《后汉书·方术传·费长房》云："费长房者，汝南人也，曾为市掾。市中有老翁卖药，悬一壶于肆头。"后代药铺常用葫芦（壶）作为标志。

**【东汉画像砖上反映的汉代市场形制及广告活动】**　画像砖大多出土于东汉时期的墓葬中，一般镶嵌在墓室或墓道两壁半腰，是墓室中的艺术装饰品。发掘出来后，为我们研究汉代社会风俗习惯、生活情景及生产情况提供了许多具体、形象的实物资料。

汉代的四川，农业、手工业发达，商业繁荣。从四川地区已出土的不少东汉时期画像砖中，可以看出当时该地区市场形制及商业繁荣的景象。例如，从广汉县出土的《市井》画像砖上，可以看出当时市场的部分场面：画像砖左边绘有门垣（即"阛阓"），门垣上有隶书题署"东市门"三字。门内侧的灶上有釜甑等炊具，一人正在灶前操作，并回首向他人呼应，应是在招揽顾客。砖的中间上下共有6人，各在进行交易：货主正在高声向买者炫耀商品之好，买卖双方似正在讨价还价。形象生动，呼之欲出。砖的右边为市楼，楼内二人若宾主相对而坐，其中一人冠服，踞席而坐，当是管理市场的官吏。市楼上有隶书题记"市偻（楼）"二字，楼顶悬一市鼓。

四川新繁县、彭县及成都西郊土桥出土的《市井》画像砖则对该地市场情形描绘得更为全面：整个市场平面略呈方形，周围有市墙围绕。围墙三面设门，每门又有三个出入口。这就是古代所谓的"阛阓"之制（崔豹《古今注》云："市墙曰阛，市门曰阓"）。整个市场用十字形的"隧"（即人行通道）分隔成四大部分，即列肆。列肆中，人物繁多，神态各异，人们正在进行交易：有的手提货物叫卖、有的坐地摆摊行贩、有的置案售物、有的设帐为店，……吆喝声、讨价还价声，隐然可闻。由两条"隧"纵横相交而形成的大十字的中心，建有重檐市楼一座。市楼下，正中开门；楼上则悬一大鼓。从楼下上楼，有楼梯可供登爬。这就进一步印证了古籍中有关市肆的记载。汉代各地市肆都有由政府委派的官吏管理。管理市肆的官吏名"市令"、"市长"或"丞"。列肆中心设立官署，称"市楼"或"旗亭"。今本《三辅黄图》卷二"长安九市"条云："市楼皆重屋，又曰旗亭"，"有令署以察商贾货财买卖贸易之事。三辅都尉掌之。"因此，市楼是市肆中最高大显著的建筑。东汉张衡《西京赋》描写当时长安市肆情景说："郭开九市，通阛带阓；旗亭五重，俯察百隧。周制大胥，今也惟尉……"由于市楼高大，站在上面可以观察并监视"市"内各隧的活动。市楼还悬鼓，击之以开闭市门。楼下则坐着市署官吏。市署官吏除令、长、丞之外，还有"市啬夫"，负责市场内的治安管理。市署还有对市中的某些商品实行监制、收纳市租及负责市井度、量、衡的检验等项职权。参之四川汉墓出土的诸多《市井》画像砖，可见张衡的《西京赋》、班固的《西都赋》对长安市场的描绘，以及左思《蜀都赋》对成都市场的描述，当为不虚。①

【"零丁"——汉代的寻人招贴】 清代顾张思《土风录》卷二"贴招子"条记载云："高士奇《天禄识余》云：《齐谐记》有失儿女零丁。……《后汉书》戴良有失父零丁。零丁，今之寻人招子也。"无独有偶，清代方濬

---

① 刘志远. 汉代市井考. 说东汉市井图像砖. 文物, 1973（3）；刘志远, 余德章, 刘文杰. 四川汉代图像砖与汉代社会. 北京：文物出版社, 1983；王世襄. 中国古代漆工杂述. 文物, 1979（3）

师《蕉轩随录·续录》将戴良的失父"零丁"寻人招贴全文记载下来："戴良字文谊，《失父零丁》曰：'敬白诸路行者，敢告重罪。自为积恶致灾，交天固我。今月七日失阿爹，念此酷毒，良可痛伤。当以重币赠用相偿，请为诸君说事状：我父躯体与众异，脊背伛偻卷如戴，唇吻参差不相值，此其庶形何能备。请复重陈其面目：鸱头鹄颈獏狗眼，眼泪鼻涕相追逐，吻中含纳无牙齿，食不能嚼左右蹉，似西域骆驼。请复重形骸：为人虽长甚细材，面目芒芒如死灰，眼眶白陷如米羹杯。'按：零丁即今之招贴也。"①

**【汉代皇帝求贤之政治广告】**　汉高帝十一年（公元前196年）下求贤诏，声言"贤士大夫有肯从我游者，吾能尊显之"，因而布告天下。

西汉文帝二年（公元前178年）十一月，汉文帝诏诸侯王公卿郡守"举贤良方正，能直言敢谏者，以匡朕之不逮"（见《史记·孝文纪》）。

西汉武帝元封五年（公元前106年）四月，武帝"（因）名臣文武欲尽，诏曰：盖有非常之功，必待非常之人。故马或奔踶而致千里，士或有负俗之累而立功名。夫泛驾之马、跅弛之士亦在御之而已。其令州郡察吏民有茂材异等，可为将相及使绝国者"（见《汉书·武帝纪》）。

# 第二节　魏、晋、南北朝及隋、唐时期的广告活动

## 一、魏晋南北朝时期的商业和广告活动

魏晋南北朝时期（公元220—589年），前后历时近370年。

东汉末年，经过黄巾大起义的沉重打击，东汉政权已经名存实亡。在镇压黄巾起义的过程中，各地出现了不少割据一方的军阀。不久，形成南北分裂，魏、蜀、吴三国鼎立的局面。其中，魏（公元220—265年）共46年，蜀（公元221—263年，亡于魏）共43年，吴（公元222—280年，亡于西晋）共59年。三国时期，各个军阀集团互相征伐，中国社会经济遭到严重破坏。

---

① 方濬师. 蕉轩随录. 北京：中华书局，1995. 221

土地荒芜，无数人民死于战乱，人口锐减，"商业活动和私人手工业在一个时期内几乎陷于停顿"。一直到晋代，"自然经济基本上占统治地位"①。尽管三国时期的商品生产及流通没有两汉尤其是西汉发达，但三国的首都还是比较繁荣的，这从左思《三都赋》中可以反映出来。

到了两晋南北朝时期，我国仍处于一个动荡、分裂的时代。两晋指西晋（公元265—316年，共51年）和东晋（公元317—420年，共104年）。公元265年，司马氏从曹魏手中夺得政权，建立了西晋王朝；公元280年又灭吴，结束三国割据的局面，统一了中国。但西晋的统一为时短暂，到公元316年便被北方少数民族贵族集团灭亡。西晋灭亡后，中国又陷入一个长期分裂、战争频仍的时期。在南方，建立了东晋王朝；东晋之后，又先后出现了宋、齐、梁、陈四朝，史称"南朝"。在北方，则进入了"五胡十六国"的大乱时期，最后，十六国被北魏统一；北魏后来又分裂为东魏和西魏，再以后，东魏和西魏又分别被北齐和北周所取代，史称"北朝"。两晋南北朝历时324年（公元265—589年）。

两晋南北朝时期尽管南北对峙，战乱频仍，但经济及商业仍有一定程度的发展。在南方，自西晋末年"永嘉之乱"（亦即"永嘉南渡"）后，北方人民为逃避战乱，大量向江南一带迁徙，形成中国历史上规模最大的移民潮，使南方人口大增，促进了经济的繁荣。南方的建康（今南京市）一直是东晋及南朝历代（宋、齐、梁、陈）的首都，政治、经济、文化及商业的中心，也是江南第一大都会。到梁都时，建康有户28万余，若以平均每户5口人计算，可达140多万人口，城市规模相当庞大。城内设有4个大市，其中，"建康大市，孙权所立；建康东市，同时立；建康北市，永安（公元304年——引者注）中立；秣陵斗场市，隆安（公元397—401年——引者注）中发乐营人交易，因成市也"②。史称当时建康"人物本盛，小人率多商贩，君子资于官禄，市廛列肆，埒于二京（"二京"指汉时的长安和洛阳——引者注）"③。此外，京口、山阴、寿春、襄阳、江陵、成都、番禺（今广州市，古属广州南海郡）等地，也都是经济比较繁荣的城市。在北方，这一时期在北方人民大量南迁的同时，我国周边的少数民族人民也大量内迁，涌入中原，形成了北方各民族的大融合。特别是北魏建立后，迅速占领中原地区，并于公元439年统一我国北方。到孝文帝（公元471—499年在位）时，进行改革，由平城（今山西大

---

① 唐长孺．魏晋南北朝隋唐史三论．武汉：武汉大学出版社，1993．39～40

② 山谦之．丹阳记．太平御览卷八二七

③ 隋书·地理志下

同）迁都洛阳（公元 494 年），并对洛阳城进行大规模修复，"京师东西二十里，南北十五里，户十万九千余"①。景明年间（公元 500—503 年），洛阳城实行"坊"、"里"制度，修筑"三百二十三坊"、"二百二十里"（见《魏书·世宗纪》）。这有利于城市治安和管理。当时，洛阳城内外有三大市：洛阳城东有"小市"，"小市"附近有殖货里、孝敬里等商业区。洛阳城西，"出西阳门外四里御道南，有'洛阳大市'，周回八里。……市东有通商、达货二里，里内之人，尽皆工巧，屠贩为生，资财巨万。……市南有调音、乐律二里，里内之人，丝竹讴歌，天下妙伎出焉。……市西有延酤、治觞二里，里内之人多酿酒为业。……市北有慈孝、奉终二里，里内之人以卖棺椁为业，货轜车为事。……别有阜财、金肆二里，富人在焉。凡此十里，多诸工商货殖之民，千金比屋，层楼对出；重门启扇，阁道交通，迭相临望。金银锦绣，奴婢缇衣，五味八珍，仆隶毕口"②。洛阳城南有"四通市"，"民间谓永桥市"，是当时的国际贸易市场。它的附近，"伊洛之间、夹御道，东有四夷馆，……自葱岭以西，至于大秦，百国千城，莫不款附；商胡贩客，日奔塞下；……是以附化之民，万有余家，……天下难得之货，咸悉在焉"③。

可惜好景不长，北魏分裂后，曾称雄一时的北方名都洛阳又遭到了惨重的破坏。

**【善用口碑做广告的刘白堕】**　一种好商品，除质量是关键外，还要善于利用人们的口头宣传做广告。口头宣传一般比较直接，现身说法，一传十、十传百，品牌不胫而走，名扬天下。北魏著名散文家杨衒之在《洛阳伽蓝记·法云寺》生动地记载当时著名的洛阳大市云："市西有延酤、治觞二里。里内之人多醞酒为业。河东人刘白堕善能酿酒。季夏六月，时暑赫晞，以罂贮酒，暴于日中；经一旬，其酒味不动，饮之香美，醉而经月不醒。京师朝贵，多出郡登藩（出郡：出任州郡的官职；登藩：往封地就职、赴任——引者注），远相饷遗，踰于千里。以其远至，号曰'鹤觞'，亦名'骑驴酒'。永熙年（北魏孝武帝元脩年号——引者注）中，南青州刺史毛鸿宾赍酒之藩，路逢贼盗，饮之即醉，皆被擒获，因此复名'擒奸酒'。游侠语曰：'不畏张弓拔刀，唯畏白堕春醪。'"先把自己的酒叫"鹤觞酒"、"骑驴酒"，继而再称"擒奸酒"，刘白堕真可谓善用口碑做广告了。

①　杨衒之. 洛阳伽蓝记卷五
②　杨衒之. 洛阳伽蓝记卷四·法云寺
③　杨衒之. 洛阳伽蓝记卷三

**【声讨罪恶及"虚张功捷"的"露布"】**　　这一时期的政治广告及社会广告中，最为重要的是"露布"。"露布"分两种形式：一种是在出师讨伐时，用来暴露、宣布、声讨敌人罪恶的文书，属"军书"性质，也叫"檄文"。一般将文字书写在一尺多长的木板上，其特点是："露布不封，播诸视听"（刘勰《文心雕龙·檄移》），"所以名露布者，谓不封检，露而宣布，欲四方速知"（《封氏闻见记》）。据南北朝宋、齐时期，刘勰在《文心雕龙·檄移》篇中考证："檄"这种文体源于上古三代的"誓"，"暨乎战国，始称为檄"；到了汉末及魏晋南北朝时期已很流行了，著名的檄文有隗嚣《移檄告郡国》、陈琳《为袁绍檄豫州》、钟会《檄蜀将吏士民》、桓温《檄胡文》等。"露布"的另一种形式是"捷报"。一般将文字书写在"长缣"（长幅的绢帛）上。据宋代王谠《唐语林》云：

　　露布，捷书之别名也。诸军破贼，则以帛书建诸竿上，兵部谓之露布。盖自汉以来有其名。所以露布者，谓不封检，露而宣布，欲四方之速闻也。亦谓之露板。魏晋奏事，云有警急，辄露版插羽，是也。宋时沈璞为盱眙太守，与臧质固拒魏军；军退，质谓璞城主，使自上露板。后魏韩显宗大破齐军，不作露布，高祖怪而问之，对曰："顷间诸将获贼二三驴马，皆为露布，臣每哂之。近虽仰凭威灵，得摧丑竖，斩擒不多，脱复高曳长缣，虚张功捷，尤而效之，其罪弥甚。所以敛毫卷帛，解上而已。"然则露布、露板，古今通名也。隋文帝诏太常卿奇章公撰宣露布仪。开皇九年平陈，元帅晋王以驲上露布，兵部请依新礼，集百官及四方客使于朝堂，内史令称有诏，在位者皆拜，宣露布讫，蹈舞者三，又拜，郡县皆同。唐因其礼。然露布大抵皆张皇国威，广谈帝德，动逾数千字，其能体要不烦者，鲜矣！①

南宋洪迈《容斋随笔》卷十亦云："用兵获胜，则上功状于朝，谓之露布。……自魏晋以来有之。"②

---

①　王谠. 唐语林卷八. 上海：上海古籍出版社，1978. 268
②　洪迈. 容斋随笔卷十. 上海：上海古籍出版社，1978

## 二、隋、唐时期的商业和广告活动

隋唐时期是我国封建社会由鼎盛而逐渐走向衰落的时期。这一时期从隋朝建立至后周灭亡（公元 581—960 年），共计 380 年。

公元 581 年，北周的外戚杨坚废掉周帝自立，国号"隋"，定都长安。公元 589 年，隋南下灭陈，统一全国。隋朝末年，广大人民群众不堪炀帝的残暴统治，纷纷揭竿而起，隋政权在农民起义军的打击下趋于瓦解。公元 618 年 3 月，江都兵变，炀帝被杀，隋亡。隋代仅存 37 年。

隋大业十三年（公元 617 年）七月，隋太原留守李渊乘势而起，起兵反隋，在晋阳（今山西太原）正式建立政权，自称大将军，开府置官，攻占长安，翌年称帝，改国号"唐"，年号"武德"。旋镇压农民起义军，统一天下。一直到天祐四年（公元 907 年）四月，朱全忠篡唐，国号"梁"，改元"开平"，都开封，唐亡。唐代前后共计 290 年。

唐以后，又形成"五代十国"的分裂局面，直至 960 年结束，前后计 50 余年。

由于隋朝统一了南北，国内环境得到相对的安定，于是生产得以恢复和发展。特别是公元 605 年，隋炀帝下令开凿大运河，使之成为沟通南北交通的大动脉，促进了南北物资、经济的交流。较之前代，隋时商业得到了恢复和进一步的发展，城市经济较为繁荣。隋代西京长安既是全国的政治中心，又是全国最大的商业中心。城内设东、西两市，东市名"都会"，西市名"利人"，这是长安的工商业区，麇集国内外商人，开有几千家店铺。

除首都外，东都洛阳的商业也极为繁盛。该城位于黄河与大运河干流通济渠的会合点，也是全国水、陆交通中心。《隋书·炀帝纪》记载："（大业元年三月），徙天下富商大贾数万家于东京（洛阳）。"这是秦汉"徙商"政策的继承。又命"河北诸郡送工艺户陪东都，三千余家"，"江南诸州……六千余家"（杜宝《大业杂记》）。大批工商业者的迁居洛阳，大大促进了洛阳城市经济及商业的繁荣。洛阳设有东、南、北三市，东市又叫"丰都"市、南市又叫"大同"市、北市又叫"通远"市。三市规模都很大，其中，丰都市周围八里，"通门十二，其内一百二十行，三千余肆。甍宇齐平，四望一如，榆柳交阴，通渠相注。市四壁有四百余店，重檐延阁，互相掩映，招致商旅，珍奇山积"（杜宝《大业杂记》）；通远市周围六里，濒临运河干流通济渠，停泊在这里的"郡国舟船舳舻万计"。洛阳不仅是国内著名商业大都市，而且也是国际贸易的重要据点，胡商纷至沓来。为了"招商引资"，隋炀帝甚至弄虚作假。据《资治通鉴》卷一八一记载："诸蕃请入丰都市交易，帝许之。先命整饰店肆，檐宇如一，盛设帷帐，珍货充积，人物华盛，卖菜者亦藉以龙须席。胡客或过酒食店，悉令邀延就座，醉饱而散，不取其值。给之曰：中国丰饶，酒食例不取值。胡客皆惊叹。其黠者颇觉之，见以缯帛缠树，曰：中国亦有贫者，衣不盖形，何如以此物与之，缠树何为？市人惭不能答。"这从另一方面看，洛阳的商业繁荣可见一斑。

除长安、洛阳外，剑南的蜀郡，江南的荆州、豫章（今江西南昌市）、宣州（今安徽省宣城县），江浙一带的吴郡、会稽（今浙江绍兴）、毗陵（今江苏常州）、余杭等地，也都是当时商业发达的中等城市。另外，隋代的对外贸易也很发达，主要通过水、陆两条途径进行。在陆路，西域各国多到张掖（今甘肃张掖）与中国互市，炀帝令裴矩掌管其事。裴矩曾著《西域图记》三卷，详记该地的山川、风俗、物产。海路方面，在广州、扬州等州设置"市舶司（使）"，管理外来商舶，并准许与外商互市，同时向外商征稽商税，曰"纳舶脚"。"市舶司"遂成为唐、宋、元时代市舶管理制度的先驱。

**【现存中国古代最早的广告实物】**　在 20 世纪初，新疆吐峪沟（吐鲁番）遗址出土了一张隋初时期高昌国延昌卅四年（公元 594 年）的告白残纸，纸上写有"……自官私……延昌卅四年甲寅，……家有恶狗，行人慎之"等字样。[①] 这是我国现存最古老的广告实物。欧洲汉学家斯坦因、马伯乐认为此残纸是中国古代最早的印刷物。有人据此而认为此残纸也是我国最早的印刷广告。我国历史学者经过考证，则认为此残纸片上文字系·氏高昌国时期毛笔楷书，因系民家张贴于户外之告白，不必大量印制。

**【"散写诏书"——传单广告的始作俑者】**　隋文帝为统一江南，便大举伐陈。在大军出发前，他曾下令散写诏书 30 万张，揭露陈后主罪恶，对陈展开强大政治宣传攻势，以瓦解其民心、军心。据《资治通鉴》卷一七六·陈纪十记载：开皇八年（陈后主祯明二年、588 年）"送玺书，暴帝（陈后主）二十恶，下令散写诏书三十万张，遍谕江外。"次年，隋一举灭陈。

唐朝从公元 618 年建立起，到公元 756 年唐玄宗天宝末年，在这 138 年的时间里，唐代的社会经济一直走上升发展的道路。中经唐太宗的"贞观之治"（贞观年间，即公元 627—649 年），直到唐玄宗的"开元盛世"（开元年间，即公元 713—741 年），我国的封建社会经济终于发展到鼎盛时期。

---

①　陈国灿. 斯坦因所获吐蕃文书研究（图一）. 武汉：武汉大学出版社

唐朝的京城长安有一百多万人口，是当时全国最大的城市，也是当时世界最大的城市。它东西长9 550米，南北宽8 470米，周长30余公里，全城面积达84平方公里。全城通南北的街道共11条，通东西的街道共14条。这南北11条、东西14条街道纵横交错，区划出众多的坊、里。各坊、里四周各围以墙垣，方方正正、整整齐齐地排列着，形成"百千家似围棋局，十二街如种菜畦"（白居易《登观音台望城》）的城市格局，成为中国古代里坊制封闭式形制的典范。

长安城的整个建筑又是以宫城和皇城为基准的。宫城和皇城坐北朝南，其南面城门朱雀门前有一条笔直宽阔的纵向大街——朱雀门街，当时叫"天街"。"天街"从北边的朱雀门，直通到南边的明德门，是整个长安城的中轴线。以朱雀门大街为界，整个长安城分为两个城区。官吏住东城，百姓住西城；东城区归万年县管辖，西城区为长安县管辖。在东城、西城众多的里、坊中，辟有两个商业中心：东城有"东市"、西城有"西市"。"万年领街（朱雀门大街）东五十四坊及东市，长安领街（朱雀门大街）西五十四坊及西市。"[1] 东、西二市各占两坊之地，各"方600步（"一步"为5尺，或1.67米——引者注），四面各开两门"，"两市的位置都在两坊的中央"。[2] 东、西两市商贾云集，店肆栉比，有好几千家。长安城居民都依靠两个市场的供应。宋代宋敏求《长安志》云：东市"市内货财二百二十行，四方珍奇，皆所积集"。西市"市内店肆，如东市之制。长安县所领四万余户，比万年为多（东市属万年县所领）。浮寄流寓，不可胜计"（宋敏求《长安志》卷八"东市"条，卷十"西市"条）。两市之外，每个坊里也有店肆或行商，如最繁华的地方东城的崇仁坊，车马喧阗，通夜灯火通明，其附近还有所谓"风流薮泽"的平康坊。

唐代的洛阳在显庆二年（公元658年1月）起作为东都，以后和长安成为东、西两都，是唐代历史发展的重要场所。唐初以长安为首都，以洛阳为行宫。自唐太宗李世民起，洛阳先后被称为洛阳宫、东都、东京等。皇帝们经常到洛阳居住，特别是高宗（李治）、武则天、中宗（李显）、玄宗（李隆基）、昭宗（李晔）、哀宗（李柷）6个皇帝都先后移都洛阳，历时40余年，其中以武则天、李隆基在洛阳住得最久，各有十余年。所以，开元盛世之际，洛阳的地位与长安并重。

唐代洛阳的宫城、皇城在整个城的西北角。整个城区又以洛水为界，分成

① 徐松. 唐两京城坊考·西京卷二. 北京：中华书局，1985. 35

② ［日］平冈武夫. 长安与洛阳. 西安：陕西人民出版社，1957. 11

南北两部分。唐代洛阳城市经济空前繁荣，洛阳城设有三市，即南市、西市、北市。"南市"隋称"丰都市"，也称东市，在洛河以南偏东，居二坊之地，贞观九年（公元635年）缩小了半坊。因为地处洛河之南，改称南市。据清代徐松《唐两京城坊考》（张穆校补）考证："南市，隋曰丰都市，东西南北居二坊之地，其内一百二十行，三千余肆，四壁有四百余店，货贿山积。贞观九年，促半坊。《通鉴》：李密以孟让为总管，让夜帅步骑三千人入东都外郭，烧丰都市……""按：丰都市，隋之东市，唐以其在洛水南，故曰南市。"①

"西市"隋称"大同市"，在城的西南部，唐时迁于固本坊，改称西市。徐松《唐两京城坊考》（张穆校补）云："定鼎门街之第三街，即厚载门第一街，从南第一曰西市（《河南志》引韦述《记》曰：厚载门第一街，街西本固本坊，又改西市）。""按：唐以隋之东市为南市，故不置东市，而于隋南市之西置西市。"②

"北市"隋称"通远市"，在洛河以北，故称"北市"，唐显庆中迁于临德坊。徐松《唐两京城坊考》（张穆校补）考证："东城之东，……第一曰景行坊。次北北市（本临德坊，显庆中立为北市）。《广异记》：张仁宣幼时贫乏，恒在东都北市寓居"；"隋北市曰通远，见《通鉴》注，盖亦自通远移于此也。"

隋、唐之际，随着整个经济重心的逐渐南移，江南及四川一带的都市日见兴盛繁荣。除长安、洛阳两京以外，唐代最著名的商业都市还有扬州和成都。扬州位于水、陆商路的交汇处，对内对外的贸易都集合在这里。"安史之乱后，它又是盐铁转运使的驻在地，总汇东南财赋，各道节度使和京中百官，也多派人置邸店贸易。"③《容斋随笔》卷九记载："唐世盐铁转运使在扬州，尽斡利权，判官多至数十人，商贾如织，故谚称'扬一益二'，谓天下之盛，扬为一，而蜀次之也。"实际上，成都"江山之秀，罗锦之丽，管弦歌舞之多，伎巧百工之富，……扬不足以侔其半"（《资治通鉴》卷二五九）。

除以上大都市外，江南的苏州、杭州，也是中唐以后新兴的大都市。长江中游的繁盛都市则有荆州、鄂州，岭南最大的都市是广州，福建的泉州则是著名的国际大商港。

上列唐代的都市到五代时，大体继续存在着，有的则渐趋衰落，如长安、洛阳两京。五代中，梁、晋、汉、周都以汴梁（今开封）为首都，又使之成

---

① 徐松. 唐两京城坊考·东京·外廓城卷五. 北京：中华书局，1985. 160
② 徐松. 唐两京城坊考·东京·外廓城卷五. 北京：中华书局，1985. 170
③ 童书业. 中国手工业商业发展史. 济南：齐鲁书社，1981. 123

为当时最大的商业都市。

以上，我们从大的方面、粗线条地考察了一下隋唐时代都市商品经济繁荣的一般情况。下面，让我们再深入地研究一下隋唐"市"的发展、变化的具体情况。唐代法令，对"市"有特别规定，据《唐会要》卷八十六《市》记载："景龙元年十一月敕：诸非州县之所，不得置市"（州县治所才能置"市"）；"其市当以午时击鼓二百下，而众大会；日入前七刻击钲三百下，散。散州县领务少处，不欲设钲鼓，听之"（"市"的启闭有一定时间限制）；"车驾行幸处，即于顿侧立市，官差一人权检校市事"；"两京市诸行，自有正铺者，不得于铺前更造偏铺，各听用寻常一样偏厢"；"诸行以滥物交易者，没官"；"诸在市及人众中相惊动，令扰乱者，杖八十"。准许设市的地方，置有"市令"等官管理。到唐代后期，这些规定都有很大改变。

由于商业的繁荣发展，到中唐以后，大都市中坊、市严格区分的旧制逐渐被打破。以前的历朝历代，都实行严格的"坊"、"市"制度。"坊"（或称"里"）是居民住宅区，"市"是商业区，"坊"和"市"分开设置，各自周围围以围墙，严禁商人在坊间开设店铺。中唐以后，随着商品经济的发展，商人逐步突破市制的约束，到坊间开设店铺。据《唐阙文》卷下《王居士神丹》、《北里志·王团儿》诸篇记载：京师延春坊有卖金银珠玉者、宣阳坊有彩缬铺、升平坊门旁有胡人鬻饼之铺。又据《刘宾客嘉话录》记载：中唐著名的理财家刘晏五更"入朝时寒，中路见卖炊饼之处，热气腾辉，使人买之，以袍袖包裙帽底啖之，且谓同列曰：'美不可言，美不可言。'"以上诸例说明，中唐以后，在住宅区及街边开店设铺，从事商业经营活动，已是寻常之事，说明交易场所已越出"市"外，向住宅区发展，极大方便了市民。

唐初，城市里普遍实行"宵禁"，如唐代长安城平时夜夜禁夜。傍晚鼓声一响，行人都得赶回家中。禁卫军兵负责巡视查处犯禁夜行之人，因而唐代有"六街鼓歇行人绝，九衢茫茫空有月"的诗句。唯独到了正月十五日的"上元节"（元宵节），皇帝才特许开禁三天。那时大街小巷灯火通明、张灯结彩，全城男女竞相奔走，去观看各式各样的花灯。唐代初期，不仅实行宵禁，连燃烛张灯也有限制。但随着城乡商品交换的日趋频繁及市场的日益繁荣兴盛，中唐以后，在一些城市中出现了"夜市"。尤其在南方，更为突出。连京城长安也有"夜市"，《唐会要》卷八十六《市》记载："开成五年（公元840年——引者注）十二月敕：京夜市，宜令禁断。"实际并未禁断。

与此同时，除大都市的"市"及州县正式的"市"之外，中唐以后，在河津渡口及来往要路边，又出现了许多"草市"。"草市"即非正式的"市"，亦即民间自发的、"经常性的非官方市场"。早在东晋南朝的建康城外，就出现了不少的"草市"。① 中唐以后。"草市"规模扩大，更加繁荣。与都市"大市"相比，"草市"别有一番热闹景象，属集贸市场性质。正如唐长孺先生所云：

> 草市原本是自发产生的，并不设置官吏，当它发展到一定程度，官府便置镇管理，有的最终转化为州县治所；除了津渡要口之处的草市以外，唐代还兴起了与产地相关的专业草市，如药市、蚕市、鱼市、橘市之类，这是新的发展。②

唐代商业的繁荣，也带来了广告事业的发展。

**【我国最早的灯饰广告】**　唐代繁荣的"夜市"带来了灯饰广告的兴起。中唐时期，有不少诗人吟咏"夜市"，其中，以王建《夜看扬州市》一首最为著名：

> 夜市千灯照碧云，
> 高楼红袖客纷纷；
> 如今不似时（一作"升"）平日，
> 犹自笙歌彻晓闻。③

王建（公元768—830年），字仲初，唐颍川人。大历年进士，曾从军塞上，官至陕州司马。他的诗作多写当时社会风俗，其描写当时市集的名诗除《夜看扬州市》外，还有《汴路即事》描写"草市"情况：

> 千里河烟直，青槐夹岸长，
> 天涯同此路，人语各殊方。
> 草市迎江货，津桥税海商，
> 回看故宫柳，憔悴不成行。④

---

① 唐长孺. 魏晋南北朝隋唐史三论. 武汉：武汉大学出版社，1993. 133
② 唐长孺. 魏晋南北朝隋唐史三论. 武汉：武汉大学出版社，1993. 318
③ 全唐诗（第九册）. 北京：中华书局，1960. 3430
④ 全唐诗（第九册）. 北京：中华书局，1960. 3390

其《江馆》诗中也有"客亭临小市，灯火夜妆明"的诗句。①

苏州也有夜市，杜荀鹤《送人游吴》诗（见《唐风集》卷上）云："君到姑苏见，人家尽枕河，……夜市卖菱藕，春船载绮罗。"广州也有夜市，张籍《送郑尚书出镇南海》诗云："蛮声喧夜市"②。大都市之外，中小城市、甚至乡村市集也有夜市。"夜市"在唐人诗作中屡见吟咏。

**【唐代长安西市及广告大王窦】**　　长安西市是个商业繁荣之地，各种店铺鳞次栉比，其中有一大商人窦，开着一家"窦家店"。他尤其善于经营，他开的窦家店生意特别红火。据《太平广记》卷二四三记载：窦早年靠种榆树苗赚了不少钱。他又以这些钱作本钱做生意，雇人收集破麻鞋，洗干净，晒干。又雇人收集废弃的碎瓦砾，最后雇佣工人将麻鞋条、瓦砾"日夜加功烂捣"，和上槐子油靛，制成一万多条长三尺、直径三寸的"法烛"。等到"六月，京城大雨"，家家户户缺柴烧时，窦高价出售这些"法烛"，供人作柴烧，"与薪功倍，又获无穷之利"。有了这一笔钱，窦便筹划开店。他见长安西市有十几亩低洼地积水很多，"为旗亭之内众秽所聚"，他便以三万钱的低价购入。这片低洼地俗名"小海池"，填起来很费工。窦便围绕小海池，开了六七个卖煎饼的小铺子，再在洼地中间竖一靶子，挂起旗幡，大做广告，说："谁能用瓦砾击中靶子，就给谁煎饼吃！"西市周围的儿童们都跑来用瓦砾片击靶，不一月，这个"小海池"便被儿童用瓦片填平了。窦这才"造店二十间，当其要害，日收利数千，甚获其要"。清人徐松著、清人张穆校补的《唐两京城坊考·西京·外廓城》卷四也对此事有详细记载：

> 次南西市（隋日利人……）。南北尽两坊之地，市内有西市局（市内店肆如东市之制。长安县所领四万余户，比万年为多，浮寄流寓，不可胜计）、市署、平准局、衣肆、鞦辔行、秤行、窦家店（《乾膜子》："窦乂西市买油靛数石，雇庄人执爨，佣人轧破麻鞋，制为法烛鬻之，获无穷之利。先是西市秤行之南，有十余亩坳下潜污之地，目日小海池，为旗亭之内众秽所聚。窦乂遂求买之，其主不测，又酬钱三万，即获之。于其中立标，悬幡子，绕地设六七铺，制造煎饼及粠子。召小儿掷瓦砾击其幡，中者以煎饼粠子啗。不逾月，两街小儿竞往，计万万，所掷瓦砾已满地矣。遂经度造店二十间，当

---

① 全唐诗（第九册）．北京：中华书局，1960．3420～3421
② 全唐诗卷三八四．张籍．北京：中华书局，1960

其要害，日收利数千，甚获其要。店今存焉，号为窦家店"）、张家
楼（《会昌解颐录》："西市有食店张家楼"）、景先宅（《霍小玉传》：
"小玉往往私令侍婢潜卖箧中服玩之物，多托于西市寄附铺侯景先家
货卖"）……①

**【唐代小商小贩及其广告活动】**　唐代小商贩或在街巷中叫卖，或在市中
售卖。倒如长安西市中有专卖"钱贯"的（"钱贯"即专门用来穿钱的绳
子），据《太平广记》卷四十二"贺知章"条，引《原化记》云："贺知章，
西京宣平坊有宅，对门有小板门，常见一老人乘驴出入其间……询问里巷，皆
云是西市卖钱贯王老，更无他业。"也有在长安"东市卖生药黄氏子家"（见
《太平广记》卷八十五"击竹子"引《野客闲话》）。大梁市场上，有卖"皂
荚"者（见《太平广记》卷八十五"逆旅客"条）。四川成都有以木制老鼠
为商标专卖鼠药的，据《太平广记》卷八十五"李客"条记载："李客者，不
言其名。尝披蓑戴笠，系一布囊，在城中卖杀鼠药，以一木鼠（为）记。"

还有人卖药时耍弄刀枪，以广招徕。《太平广记》卷八十五"蜀城卖药
人"条记载：成都"市内有一人弄刀枪卖药"。这是典型的表演广告。

岭南之人及苏、杭一带人，喜爱色彩鲜艳、款式新颖之巾，称"语儿
巾"，意思是：小儿看见了，也会咿哑学语索要。元稹诗中云："贡兼蛟女绢，
俗重语儿巾"，自注："南方去京华绝远，冠冕不到，惟海路稍通。吴中商肆
多榜云：'此有语儿巾子'。"（元稹《和乐天送客游岭南》）写在商店招贴上
的这类广告语言，能逗引顾客的购买欲望。

**【刘禹锡笔下的集市广告活动】**　唐代著名的文学家刘禹锡在参与叔文集
团改革失败后，被贬朗州（今湖南常德）司马。元和二年（公元807年），他
曾写过一篇著名的散文《观市》，② 其中写道：

> 肇下令之日，布市籍者咸至，夹轨道而分次焉。其左右前后，班
> 间错跱，如在阛之制。其列题区榜揭价，名物参外夷之货。马牛有
> 牵，私属有闲。在中筥者，织文及素焉；在几阁者，雕彤及质焉；在
> 筐者，白黑巨细焉。业于饔者，列饔饩、陈饼饵而苾然；业于酒
> 者，举酒旗、涤杯盂而泽然；鼓刀之人，设高俎、解豕羊而赫然。华

---

① 徐松．唐两京城坊考·西京·外廓城卷四．北京：中华书局，1985．117～118
② 刘宾客文集（下册）卷三十（"四部丛刊本"）

实之毛，畋渔之生，交蜚走错，水陆群状。

这一段生动地描绘了沅州（今湖南黔阳一带）西南一个新开张集贸市场的热闹情景：集市上陈列着大牌子——"榜"，榜上标明货物价格。有的商贩把织锦和生绢放在打开盖的箱笼里，陈列出来，让顾客挑选；有的把精琢细磨的首饰之类的工艺品放在搁板上，任人观看、选购。在方形或圆形的盛物竹器里，摆放着"白黑巨细"的各种土特产。卖熟食的小商贩，把热气腾腾的饼饵高高叠起，发出阵阵诱人的香味；卖酒的店家，酒旗高挑、杯盘光亮；肉铺的伙计"鼓刀"作声，以广招徕，"解豕羊而赫然"；毛皮、活鲜，"交飞走错，水陆群状"，不胜枚举……

**【唐代的招工广告】**　唐代有的商人还贴出招佣的"纸榜子"，类似今天的招贴式招工广告。据唐人李公佐（约公元770—850年）写的著名传奇小说《谢小娥传》中记载：谢小娥为了报杀父杀夫之仇，女扮男装，"为男子服，佣保于江湖间。岁余，至浔阳郡（唐郡名，也称江州，州治在今江西九江——引者注），见竹户上有纸榜子云：‘召佣者’。小娥乃应召诣门……"（"竹户"：竹门。"纸榜子"：招贴）

**【唐代最早出现的戏剧演出海报】**　我国的戏剧艺术，到唐代有了很大的发展，并出现了固定的演出场所——戏台（寺庙演出时的"庙台"）。同时，"其他市井间里演出则出现了‘勾栏’"，① 也出现了做宣传用的戏剧海报。明人张宁《唐人勾栏图》一诗，② 为我们提供了这方面的宝贵资料：

君不闻：天宝年中乐声伎，歌舞排场逞新戏。教坊门外揭牌名，锦绣勾栏如鼎沸。初看散末起家门，衣袖郎当骨格存；咬文嚼字澜翻舌，勾引春风入座温……

从"教坊门外揭牌名"看，"教坊"当指民间表演机构，不是朝廷里的教坊，而是官称的民称化，如唐代的"和尚教坊"一类；"牌名"指戏码；"揭"者，张也，有张挂、张贴的意思，也即公布、宣传之意。这类演出当为商业行为，这类广告活动也属商业性质。

---

① 段玉明. 中国市井文化与传统曲艺. 长春：吉林教育出版社，1992. 139
② 张宁. 方洲文集卷六

**【唐代的图画广告】**　据宋人王谠撰《唐语林》一书记载："江淮贾人，有积米以待踊贵。画图为人：持米一斗，货钱一千，以悬于市。扬州留后徐粲杖杀之。"①　这段记载又见于《唐国史补》卷中。看来，这个"江淮贾人"是个米商。他囤积居奇，想乘机抬高物价，便画一个人、手持标记着用一千钱才能买到的一斗米，意在说明日后米价将贵，怂恿赶快购买，故意煽起顾客的恐慌心理，以乘机哄抬米价，牟取暴利。因此之故，"扬州留后徐粲"将其杖杀。

**【唐代僧侣的"唱卖"活动】**　唐、五代时期，佛教极为盛行，各地寺院林立。这些大大小小的佛寺，一般都拥有大量财物。财物（包括金钱和实物）来源主要是所谓"布施"。这些布施中，有的是大官僚、大地主为了"祈福"，而大量施舍给寺院的财物；有的是普通百姓在宗教迷信的麻醉下，也把自己的财物奉送寺院；有的是寺院向老百姓放高利贷重利盘剥得来。寺院通过不同途径、使用各种手段聚敛来的财物，都被纳入寺库。唐代各地佛寺中的"常住库"、"无尽藏"，以及后来的"长生库"，都是这样的寺库。这些寺库中的大量财物，包括钱、粮、布帛等，除了主要用来消费及继续放债、盘剥生利外，其中一部分衣物等日用品，有时便拿出来"分卖"以牟利。在唐代寺院里，有所谓"分卖"衣物的制度，而且相当盛行。"分卖"时要唱出所卖物品的名目。所卖物品主要是衣着之类，所以又叫"唱卖"、"唱衣"、"估唱"等。在敦煌遗书中，就可以找到不少关于"唱衣"的史料。其中，又有不少"唱衣"得"布"的记载（布，指货币，不是"布料"之"布"）。如北京图书馆藏敦煌写本成字 96 号《目连救母变文》背面所记就很详细。②　僧侣们边唱边卖，其内容不外乎衣物的样式、质料、价格及质量等，想必十分动听、吸引人，具有广告意味。

**【"酒旗"入诗——一种特殊的文化现象】**　酒旗是我国古代酒家所用以招徕酒客的一种招幌：或高挑如旗、迎风招展，或以布缀竿，悬于门首，成为酒文化的一个重要组成部分。酒旗又称"酒帘"、"酒旌"、"酒旆"、"酒幔"、"酒标"、"青帜"、"青帘"、"青旗"等。后来又叫"酒家望子"，《广韵·盐韵》注云："帘，青帘，酒家望子。"宋代洪迈《容斋随笔》"酒肆酒望"条

①　王谠．唐语林卷二．上海：上海古籍出版社，1978．44

②　张永言．关于一件唐代的"唱衣历"．敦煌吐鲁番文化研究．兰州：甘肃人民出版社，1983

亦云："今都城与郡县酒务及凡鬻酒之肆，皆揭大帘于外，以青白布数幅为之……唐人多咏于诗。然其制盖自古而然。"

在唐诗中，可屡屡见到不少著名诗人吟咏"酒旗"的名篇杰作，成为一种特殊的文化现象，如：

张籍《江南曲》："长干午日沽春酒，高高酒旗悬江口。"

刘禹锡《堤上行》："酒旗相望大隄头，隄下连樯隄上楼；日暮行人争渡急，桨声咿轧满中流。"

又《杨柳枝词九首》，其中一首云："城外春风吹酒旗，行人挥袂日西时。"

杜牧《江南春绝句》："千里莺啼绿映红，水村山郭酒旗风。"

又《入茶山下题水口草市绝句》："依溪侵岭多高树，夸酒书旗有小楼。"

《送沈处士赴苏州李中丞招以诗送行》："酒旗夸酒美。"

段成式《折杨柳》之六："只向江南并塞北，酒旗相伴惹行人。"

陆龟蒙《怀宛陵旧游》："陵阳佳地昔年游，谢朓青山李白楼。惟有日斜溪上思，酒旗风影落春流。"（宛陵：安徽宣城县。宣城有谢朓楼、有李白游过的敬亭山）

皮日休有一篇专门咏"酒旗"的诗，对古代酒旗的形制、颜色作了更具体、更生动的描绘，其《酒旗》诗云："青帜阔数尺，悬于往来道。多为风所飏，时见酒名号。拂拂野桥幽，翻翻江市好。双眸复何事，终竟望君老。"

酒旗又叫"酒旆"。

杜牧《代人寄远》（六言诗）："河桥酒旆风软，候馆梅花雪娇。宛陵楼上瞪目，我郎何处情饶？"

酒旗又叫"青旗"、"青帘"。

元稹《和乐天重题别东楼》诗："唤客潜挥远红袖，卖垆高挂小青旗。"

白居易《杭州春望》诗云："红袖织绫夸柿蒂，青旗酤酒趁梨花。"（作者自注："其俗酿酒，趁梨花时熟，号为'梨花春'"）

刘禹锡《鱼腹江中》："风樯好住贪程去，斜日青帘背酒家。"

郑谷《旅寓洛南村舍》："白鸟窥鱼网，青帘认酒家。"

酒旗又叫"酒幔"、"幌"、"帜"。

王建《宫前早春》诗："酒幔高楼一百家，宫前杨柳寺前花。内园分得温汤水，二月中旬已进瓜。"

陆龟蒙《和袭美初冬偶作》："小垆低幌还遮掩，酒滴灰香似去年。"

酒旗又叫"彩帜"。

韦应物《酒肆行》诗云："豪家沽酒长安陌，一旦起楼高百尺。碧流玲珑含春风，银题彩帜邀上客。"

"酒旗"加上"胡姬当垆"曾是唐代酒家一道亮丽的风景线，曾激发过多少诗人的诗兴和浪漫情怀！

**【唐代的一种特殊广告——科举放榜】**　我国科举制度萌芽于隋代，至唐高祖武德年间始渐形成［唐武德四年（公元622年）三月，诏曰："择善任能，救民之要术；推贤进士，奉上之良规……"］。我国的科举制度，其基本特点是：以进士科为主，定期考试，平等竞争，择优录取，奠定了我国文官制度选拔人才的基础，因此受到历朝的高度重视。

唐代会试二月"放榜"，可谓盛况空前。"金榜"张贴于礼部南院，只书写及第人姓名，供人观看。还有一种"榜"，先书主司衔，后书同榜姓名、籍贯，汇集一册，用素绫为轴，上贴金花，四处传阅，称为"金花帖子"或"榜帖"。与此同时，新科进士及第后，即用泥金书帖向家乡亲友报喜，谓之"喜信"，于是亲朋好友四处奔走相告，共同欢庆。新科进士之名，很快便传遍天下。刘禹锡《寄刘侍郎放榜》诗云："礼闱新榜动长安，九陌人人立马看；一日声名遍天下，满城桃李属春官。"①

至清代时，殿试结束后，由读卷大臣阅卷、皇帝钦定名次，然后行"传胪礼"。所谓"传胪礼"，是由传胪官在太和殿宣布新进士名单。典礼结束后，礼部尚书手捧黄榜，承以云盘，由校尉等以黄伞鼓吹引导送出太和中门，将殿试黄榜张挂于东长安门外的长安街上。在清末还在报纸上公布。

清光绪三十一年（1905年）八月，清廷宣布："停科举以广学校"，"推广学堂必先停科举，自丙午科为始，所有乡会试一律停止，各省岁科考试亦即停止。"② 从此，这种特殊的广告形式绝迹。

---

① 刘禹锡. 寄刘侍郎放榜诗. 全唐诗. 北京：中华书局，1960
② 清帝谕立停科举以广学校. 光绪政要（第27册）卷三十一，57~59

# 第三章
## 宋、元时期的广告事业

**本章要求**

□ 了解两宋时期商业的高度繁荣

□ 了解两宋广告事业的空前发达、重要形式（行商、坐贾广告）

□ 了解元代的广告活动（著名叫卖广告、包装广告实物等）

# 第一节　两宋时代商业的繁荣及广告事业的发达

## 一、两宋时代商业的高度繁荣

两宋时代历时三百多年（公元960—1279年，共319年）。

公元960年，赵匡胤代后周称帝，建都汴京（今开封），至靖康元年（1126年）冬，金兵大举入侵、攻陷开封，史称"北宋"。次年（建炎元年，即1127年），金兵虏徽、钦二帝北去，中原沦陷。高宗赵构继位于南京（应天府）。建炎三年（1129年），升杭州府为临安府。绍兴八年（1138年）正式定都临安。至1279年，南宋为元所灭，史称"南宋"。

两宋时期，是我国封建社会时期城市经济及商业经济最为发达的时期。由于生产的发展、经济的繁荣，带来了人口的剧增。据宋史专家考证：

> 与前代相比，两汉人口最高达5 000多万，唐开元之际的人口6 000万上下，这些人口创造了汉唐盛世。宋代自宋仁宗时候起，户数即超过1 200万，已经与唐相等，并超过了汉代；到宋徽宗年间，户数超过2 000万，每户以5口计算已超过了1亿，远远超过汉唐，几乎为汉唐的两倍……显然可见，宋代人口的增长与生产的发展有着密切的关系。①

宋代由于农业生产及手工业的全面的、前所未有的大发展，带来了宋代城市经济的繁荣、商品交换的发展和商业的空前发达。

宋代城市，如北宋首都汴京和南宋都城临安，都发展成为拥有百万人口的大都市。汴京是汴河、黄河等河流的交汇处，为漕运中心。四面八方的物资都集中到这里，才能养活百万人口。从孟元老《梦华录序》中，即可看到汴京当年的繁华：

---

① 邓广铭，漆侠. 两宋政治经济问题. 上海：知识出版社，1988. 121

太平日久，人物繁阜，垂髫之童，但习鼓舞，班白之老，不识干戈。时节相次，各有观赏，灯宵月夕，雪际花时，乞巧登高，教池游苑。举目则青楼画阁，绣户珠帘，雕车竞驻于天街，宝马争驰于御路，金翠耀目，罗绮飘香。新声巧笑于柳陌花衢，按管调弦于茶坊酒肆。八荒争凑，万国咸通。集四海之珍奇，皆归市易；会寰区之异味，悉在庖厨。花光满路，何限春游；箫鼓喧空，几家夜宴。伎巧则惊人耳目，侈奢则长人精神。①

临安即杭州，位于汴河的南端，与钱塘江连接，交通发达，经济繁庶。宋朝南渡后的杭州成为当时政治、经济的中心。陆游《老学庵笔记》卷八云："大驾初驻跸临安，故都（东京——引者注）及四方士民商贾辐凑。又创立官府，扁（匾）榜一新。"到南宋末年，临安府的户籍有户 39 万、口 124 万，繁华超过了北宋汴京。

杭州附近的苏州，以及江北的扬州等，也都是当时相当繁华的都市。其中扬州在唐代即为国内著名大都市，素有"扬一益二"（"益"指成都府）的说法。到了宋代，扬州虽不及唐代时的繁盛，但仍是漕运之枢纽、粮盐中转之要地，仍为东南一大都会。

在长江流域，自扬州溯江而上至镇江府、江宁府，这是南宋长江下游的两个重要城市。在长江中游有鄂州、江陵等城市，尤其鄂州（今武昌），"武昌十万家，落日紫烟低"（姜夔《白石道人诗集·春日书怀》），是华中重镇。南宋陆游《入蜀记》（1170 年）记载：鄂州（武昌）"贾船客舫不可胜计，衔尾不绝者数里，自京口以西皆不及。李太白《赠江夏韦太守》诗云：万舸此中来，连帆过扬州。盖此郡自唐为冲要之地"；"市邑雄富，列肆繁错。城外南市亦数里。虽钱塘、建康不能过，隐然一大都会也"②。而武昌城外的南市，更是规模宏大。据南宋范成大《吴船录》（1177 年）记载："辛巳晨，出大江，午至鄂渚，泊鹦鹉（洲）前、南市堤下。南市在城外，沿江数万家，廛闬甚盛，列肆如栉，酒墟楼栏尤壮丽，外郡未见其比。盖川广荆襄淮浙贸迁之会，货物之至者，无不售，且不问多少，一日可尽，其盛壮如此。"连武昌附近的杨罗镇也物产丰饶，《入蜀记》记载："二十一日……晚泊杨罗洑，大隄

---

① 孟元老等. 东京梦华录（外四种）. 上海：上海古典文学出版社，1956. 1
② 陆游. 入蜀记卷四（"知不足斋"丛书本）. 13

高柳居民稠众，鱼贱如土，百钱可饱二十口，又皆巨鱼，欲觅小鱼饲猫不可得。"①

在洞庭湖与长江汇合处有岳州（今岳阳）。在岳州之南、湘江之滨则有潭州（今长沙），也为荆湖南路一大都会。

在沿海一带，"京东路的密州板桥镇、两浙路的明州、福建路的泉州和广南东路的广州，是宋代对外贸易的几大港口。除此以外，海州、温州、福州等也是沿海重要城市"②。

**【突破"阛阓"的限制】**　随着城市人口的剧增、城市规模的大发展，必然带来商业的繁荣和市肆的空前繁盛。又由于市肆的繁盛，便引起了城市建设格局的大变化。在隋唐及隋唐以前的城市建设格局里，"坊"与"市"是分开的。"坊"为城市居民居住区，而"市"则是店铺集中的商业区。因而城市的商业贸易和商品交换活动，只能在划定的市区范围内进行。但是，到了宋代，"随着城市人口的增长、商业的日益繁盛和店铺的不断增加，坊市制度显然难以原封不动地维持下去了"③。这样，"坊"与"市"之间的隔离状态终被打破，"市"便冲破了"阛阓"的局限，即在街衢大道以及坊巷之内，到处都可以开设店铺。这是我国商业史上一个划时代的变革。"坊市格局的打破，各行各业在城市各区自由地开设（店肆）经营，深刻说明了宋代城市的发展。"④

**【消费市场的宏阔】**　由于"市"突破了"阛阓"的限制，城市就容纳了更多的手工业作坊和商铺。这些行业，有的是手工业作坊，有的是商铺，有的是手工业作坊和商铺合二为一（前店后作坊）。这些都属于城市中生产性行业。另外，由于城市人口剧增，特别像汴京、临安这类大城市，逐渐成为广大的消费场所，各种服务性的行业，亦即"第三产业"大量产生，诸如酒楼、饭铺、茶馆、浴堂、瓦舍勾栏及各种劳务服务等，比比皆是。服务性行业大大多于或超过了生产性行业。汴京、临安商业的空前繁荣及消费市场的宏伟阔大，令人惊叹。如《东京梦华录》记载汴京云："东华门外，市井最盛，盖禁中买卖在此。凡饮食、时新花果、鱼虾鳖蟹、鹌兔脯腊、金玉珍玩衣着，无非天下之奇。其品味若数十分，客要一二十味下酒，随索目下便有之。其岁时果

---

①　陆游．入蜀记卷四（"知不足斋"丛书本）．11
②　邓广铭，漆侠．两宋政治经济问题．上海；知识出版社，1988．184
③　邓广铭，漆侠．两宋政治经济问题．上海；知识出版社，1988．185
④　邓广铭，漆侠．两宋政治经济问题．上海；知识出版社，1988．185

瓜、蔬茹新上市，并茄瓠之类，新出每对可直三五十千，诸阁分争以贵价取之”；御街廊下，也准“市人买卖其间”；每天成千上万头猪被赶入城市中肉市待宰，每日消耗的“鱼数千担”；“夜市”往往直到三更，市场“每一交易，动即千万，骇人闻见”；众多的游艺场所中，有一个“瓦子”“可容数千人”；运送货物的大车，得用“骡或驴二十余匹”拉之，下坡则用“牛五七头拽之”；相国寺的斋会餐，“虽三五百份，莫不咄嗟而办”。连烧饼铺也动辄一家“五十余炉”。总之，汴京“其阔略大量，天下无之也。以其人烟浩穰，添十数万众不加多，减之不觉少。所谓“花阵酒池，香山药海。别有幽坊小巷、燕馆歌楼，举之万数，不欲繁碎”。①

南宋临安的繁华不让于汴梁。据《都城纪胜》、《西湖老人繁盛录》、《梦梁录》、《武林旧事》等书记载：临安人口“城内外不下数十万户、百十万口”；每日耗米，“不下一二千余石”，酒店菜谱菜肴名目达三四百种之多。整个杭州，“名物康阜，过京师十倍”，真个是“销金锅儿”。② 更有甚者，以米粮为例：临安既为国都所在，四方辐凑，米粮消耗巨大，骇人听闻。《癸辛杂识》云：“杭城除有米之家，仰籴而食者凡十六七万人，人以二升计之，非三四千石不可以支一日之用，而南北二厢不与焉，客旅往来又不与焉。”《武林旧事》亦云：“杭谚有之，杭州人一日吃三十丈木头。以三十万家为率，大约每十家吃擂槌一分，合而计之，则三十丈矣。”③ 所谓“日吃木头三十丈”，即指宋代舂米用木杵（擂槌），杭州舂米每日木杵磨损变短，总计之竟达30丈，听起来真令人咋舌。

又由于商业的发达，使得国家商税、酒税、盐铁税等税收大增，开拓了国家财源。宋代商税分“过税”和“住税”两大类。二者之税率据《宋史》一八六卷记载：“行者赍货谓之过税，每千钱算二十；居者市鬻谓之住税，每千钱算三十。大致如此。”由此可见，“过税”是向从事长途贩运的行商征收的。行商沿途经过税务，按其货价的2%收税，为“过税”。开设店铺的商人在当地出售货物，由该地税务按货价的3%收税，即“住税”。茶、盐等类特殊商品，既纳“过税”，又纳“住税”。总之，“宋代城市经济远超过了汉唐”。④

---

① 孟元老等．东京梦华录（外四种）．上海：上海古典文学出版社，1956
② 孟元老等．东京梦华录（外四种）．上海：上海古典文学出版社，1956
③ 上二则，俱见《万历钱塘县志外纪》所引。
④ 邓广铭，漆侠．两宋政治经济问题．上海：知识出版社，1988．188

## 二、两宋时代广告事业的发达、兴旺

宋代商业的发达、商品及商业竞争的激烈，促进了广告事业的空前繁荣，而发达的广告业又进一步促进了商业的繁荣。它们二者互为因果。在宋元人的不少著作中，都对当时空前繁盛的商业及广告活动作了生动的记载，留下了非常丰富的资料。其中最为著名的如南宋孟元老的《东京梦华录》，专门追记北宋都城汴梁的繁华，灌圃耐得翁的《都城纪胜》、西湖老人的《西湖老人繁胜录》、吴自牧的《梦粱录》和周密的《武林旧事》等则描述了当时行在临安的繁荣。① 此外，在宋、元人的野史笔记及诗、词、曲中，以及宋元话本、明人拟话本里，也可以找到非常丰富的广告史资料。

宋代的广告活动千姿百态，各出巧思，花样翻新，争奇斗胜，是我国古代广告事业的鼎盛时期。

我国自古以来便有"行商"、"坐贾"的说法。"行商"主要指走街串巷的小商小贩，他们的广告活动主要以叫卖广告、响器广告、表演及演示广告等为主；"坐贾"主要指储货坐卖的店家，他们的广告活动主要以店面装饰、装潢广告、招幌广告等为主。因此，从大的方面划分，宋代广告也可分为店铺广告和行商广告两大类。宋代店铺广告主要包括装饰装潢广告、招幌及标记图案广告等"物象广告"与策划一些大型的广告活动等。宋代行商广告主要是小商小贩的沿街叫卖广告，或响器广告等，即所谓"市声广告"。

## 三、店铺广告种种

**【"彩楼欢门"——酒楼、食店、茶肆的装饰及装潢广告】**　在两宋的城市商业中，最兴盛的行业是饮食业、娱乐业及服务行业等。无论汴梁，还是临安，各式酒楼、茶坊、食店、瓦舍和妓院等散布于大街小巷。先说酒楼，大型酒楼称为"正店"，造酒兼卖酒，同时还出售佐酒食品，菜肴甚佳，生意兴隆。北宋末年，东京有正店72家，其规模大者高达三层，屋宇雄伟，富丽堂皇；小酒店称为"脚店"，比比皆是，宋仁宗时就多达300家以上。

一般"酒肆门首，排设权子及栀子灯等，盖因五代时（后周）郭高祖游幸汴京，茶楼酒肆，俱如此装饰，故至今店家仿效成俗也"②。高档酒店多为

① 孟元老等．东京梦华录（外四种）．上海：上海古典文学出版社，1956
② 梦粱录卷十六·酒肆

装饰豪华的酒楼，如汴京的酒店，"门首皆缚（札）彩楼欢门"；"九桥门街市酒店，彩楼相对，绣旆相招，掩翳天日"。① 又如，临安一家酒店"店门首彩画欢门，设红绿杈子、绯绿廉幕，贴金红纱栀子灯，装饰厅院廊庑，花木森茂，酒店潇洒"。进门去是数十步的廊庑，南北两厢都是小酒阁儿，坐席稳便；"向晚灯火荧煌，上下相照，浓妆妓女数十，聚于主廊……以待酒客呼唤"。②《清明上河图》上也有一家孙姓开的"正店"，门前也是高结欢门，装点得十分体面。至于小酒店，一般"挂草葫芦、银马杓、银大碗，亦有挂银里直卖牌（银招牌——引者注）"等特色标志广告。而其设备则比较简单，"多竹栅布幕"，光顾这类小酒店的一般是下层市民，进来喝酒"谓之'打碗头'，只三两碗便行"。③

如遇年节，酒楼装饰更为别致新颖。"中秋节前，诸店皆卖新酒，重新结络门面彩楼花头，画竿醉仙锦旆"；"九月重阳，都下赏菊，……酒家皆以菊花缚（扎）成洞户"。④

宋人饮茶风气颇盛，"世俗客至则啜茶，去则啜汤"（宋·朱彧《萍州可谈》卷一）。上自官府，下至闾里，"莫之或废"（《南窗纪谈》）。《梦粱录》记临安茶肆云："汴京熟食店，张挂名画，所以勾引观者，留连食客。今杭城茶肆亦如之，插四时花、挂名人画，装点店面。四时卖奇茶异汤，冬月添卖七宝擂茶、馓子、葱茶，或卖盐豉汤，暑天添卖雪泡梅花酒，或缩脾饮暑药之属。向绍兴年间，卖梅花酒之肆，以鼓乐吹《梅花引》曲破卖（零卖）之，用银盂杓盏子，亦如酒肆论一角二角。今之茶肆，列花架，安顿奇松异桧等物于其上，装饰店面，敲打响盏歌卖……"⑤ 给茶客营造一个优雅的消费环境。

为了招揽顾客，有些店家更是不惜花费工本，标新立异。东京界身北巷口的宋家生药铺，两壁都挂满了李成所画的山水。李成系北宋具有"前无古人"之称的山水画家，时评为"山水第一手"。其画世传为宝，却被装饰到药铺壁上，这确实是高品位的艺术广告。至于"食店"（餐馆）的广告，也有其特色。"大凡食店，大者谓之'分茶'"，有米饭，也有面食，兼营南北风味的菜肴。"有瓠羹店，门前以枋木及花样杈结缚如山棚，下挂成边猪羊，相间三二十边。近里门面窗户，皆朱绿装饰，谓之'欢门'。"而"跑堂"的服务员更是手艺高超，其端菜的本事可叹为观止，神乎其技了："行菜者（跑堂——引

---

① 孟元老等. 东京梦华录卷二·酒楼. 上海：上海古典文学出版社，1956

② ③ 梦粱录卷十六·酒肆

④ 孟元老等. 东京梦华录卷八·重阳. 上海：上海古典文学出版社，1956. 50~51

⑤ 梦粱录卷十六·茶肆

者注）左手又三碗，右臂自手至肩驮叠约二十碗，散下尽合各人呼索，不容差错。"① 这实际上是典型的表演广告。

由于酒店、食肆装饰华丽，"百物具备"，招待又极为周到亲切，甚至连达官贵人也借酒楼宴客。据欧阳修《归田录》记载：宋真宗时，太子（即后来的宋仁宗）的老师鲁宗道，"其居在宋城外，俗谓之'浴堂巷'。有酒肆在其侧，号仁和，酒有名于京师。公往往易服微行，饮于其中"。有一次，宋真宗急着要召见鲁宗道，有事问他。宫使到鲁家门上，鲁宗道却不在家。过了好一会，他才从仁和酒店喝完酒回来。一到宫中，皇帝问他："你为什么私下随便到酒店喝酒啊？"鲁宗道回答说："臣家贫无器皿，酒肆百物具备，宾至如归。适有乡里亲客自远来，遂与之饮。然臣既易服，市人亦无识臣者……"皇帝也未责怪他。

**【从标记、幌子广告到商标广告】**　两宋两京有的铺户只需在门前挂个"花栲栲儿"（《志诚张主管》）、"松柯儿"（《西山一窟鬼》）一类的物件，人们见了便知道那是做胭脂绒线生意或卖村酒的所在。这类物件不独为识别标志，实际已发展成为商标了，是商品质量和信誉的化身。宋代话本《志诚张主管》中写道：张胜生计发生困难。他妈妈让他将屋上挂着的一个包包取下来，打开看时，是"花栲栲儿"。他妈妈对他说："你如今依先做这道路，习爷的生意，卖些胭脂绒线。"张胜便在门前"挂着花栲栲为记"，开起了胭脂绒线铺。所谓"花栲栲"，又作"栲栲"，它是用竹篾或柳条编制而成的圆形盛物器具，也用来盛放针头线脑之类的东西。以"花栲栲"这一圆形盛物器作商标，是由于张胜的父亲善于经营，已使张家的"花栲栲"不同凡响，创出了牌子，并有了很大的号召力。宋代吴曾《能改斋漫录》卷一"事始"类"浴处挂壶于门"条也有相似情形的记载：

"今所在浴处，必挂壶于门，或不知其始。按：《周礼》挈壶氏，掌挈壶以令军井。郑司农注曰：'谓为军穿井，井成，挈壶悬其上，令军中士众皆望见，知此下有井。壶所以盛饮，故以壶表井。'又别注曰：'挈，读如挈发之挈。壶，盛水器也。'乃知俚俗所为，亦有所本。"②

一个简单的标记广告，居然有这样深远的历史渊源。

古代酒店，多以酒旗作标志，但也有"挂瓶瓢、标帚秆"为标记者。据南宋洪迈《容斋随笔》卷十六"酒肆旗望"条记载云：

---

① 孟元老等. 东京梦华录卷四·食肆. 上海：上海古典文学出版社，1956. 27
② 吴曾. 能改斋漫录·事始类·浴处挂壶于门. 上海：上海古籍出版社，1979

今都城与郡县酒务（掌管酒类专卖及征收酒税的官署——引者注），及凡鬻酒之肆，皆揭大帘于外，以青白布数幅为之；微者随其高卑小大。村店或挂瓶瓢、标帚竿，唐人多咏于诗。然其制盖自古以然矣。《韩非子》云："宋人有酤酒者，斗概甚平，遇客甚谨，为酒甚美，悬帜甚高，而酒不售，遂至于酸。"所谓悬帜者此也。①

另外，"酒幌"这种古老的酒家惯用的广告手段，到宋代又有了新的发展。有人统计，著名古典小说《水浒传》里写了宋代 60 多家酒店，单是其招幌就有酒旗、酒望、酒帘、酒筛、招旗、草帚等不同名目，"不仅使人望而知为酒家，还大体可区别出它的档次"。②

此外，宋代手工艺人往往在制品上加上字号，以广招徕。这些字号也往往带有商标性质，表明这些手工艺人特别注意创造具有自己特色的商品标记和商品信誉。例如：话本《碾玉观音》（《京本通俗小说》卷十）中，咸安郡王的"碾玉待诏"崔宁，往往在所造玉观音底下碾上"崔宁造"字样。宋话本《白娘子永镇雷峰塔》（《警世通言》卷二十三）中的许宣，因遇雨，在三桥街向开生药铺的李将仕借把伞用。店中老陈遵照主人之命，将伞递给许宣，再三嘱咐道："小乙官，这伞是'清湖八字桥老实舒家'做的，八十四骨、紫竹柄的好伞，不曾有一些儿破，将去休坏了！仔细！仔细！"市民对名牌产品的推崇于此可见一斑。话本《勘皮靴单证二郎神》（《醒世恒言》卷十三）记三都捉事使臣冉贵，根据藏在皮靴蓝布衬底里的一张上面写有"宣和三年三月五日铺户任一郎造"字样的纸条，找着了铺户任一郎，把皮靴交给他辨认。任一郎仔细一看，说道："告观察，这靴儿委是男女做的。却有一个缘故。我家开下铺时，……家里都有一本坐簿（存根），上面明写着'某年某月某府中差某干办来定制定造'。就是皮靴里面也有一条纸条儿，字号与坐簿上一般的。""只消割开这靴，取出纸条儿来看，便知端的。"这种以名字为标记，或以名字命名的商标，在宋代极为普遍。有的成为店铺名称，如《梦粱录》卷十三"铺席"条中记载的就有一两百家，诸如：陈家彩帛铺、舒家纸札铺、童家柏烛铺、凌家刷牙铺、孔家头巾铺、徐茂之家扇子铺、徐官人幞头铺、钮家腰带铺、张家铁器铺、张古老胭脂铺、戚百乙郎颜色铺、三不欺药铺、仲家光牌铺、香家云梯丝鞋铺、李官人双行解毒丸、朱家裱褙铺、尹家文字铺、陈妈妈

---

① 洪迈. 容斋随笔卷十六. 上海：上海古籍出版社，1978. 408
② 曲彦斌. 古今招幌. 百科知识，1995（11）

泥面具风药铺、保和大师乌梅药铺、戚家犀皮铺、彭家温州漆器铺、归家花朵铺、周家折揲扇铺、陈家画团扇铺……张择端《清明上河图》中店铺的商标，也有"刘家上色沉檀栋香"、"赵太丞家"、"杨家应症"等。

南宋时，不少著名的小吃，也以人名为商标，闻名遐迩。如，宋代袁褧《枫窗小牍》所记：

> 旧京工伎，固多奇妙，即烹煮盘案，亦复擅名。如王楼梅花包子……之类，皆声称于时，若南迁，湖上鱼羹宋五嫂、羊肉李七儿、奶房王家、血肚羹宋小巴之类，皆当行不数者。宋五嫂，余家苍头嫂也。每过湖上，时进肆慰谈，亦他乡寒故也，悲夫！

人民群众对这些名牌商标也往往情有独钟，"大抵都下买物，多趋有名之家"[①]。就连宫廷宴饮，也常取之于宫外的这些名小吃店。据《诗话总龟》中记载，宋真宗曾派人到酒店沽酒宴饮群臣。《邵氏闻见后录》也记载了宋仁宗从东京饮食店中买食品菜肴赐宴群臣的事。南宋高宗亦常从临安饮食店中购买肴馔，如《枫窗小牍》记他从宋五嫂的鱼店中买鱼羹，《西湖游览志余》也记他常派人买"李婆婆杂菜羹、贺四酪面脏、三猪胰胡饼、戈家甜食"等。

**【招牌广告】**　利用文字进行宣传，是店铺广告的又一特色。两宋一般铺席，店铺门前都立着或挂着招牌，如话本《宋四公大闹禁魂张》中描写道："只见汴河岸上，有个馒头店。店前有一个妇女，玉井栏手巾勒着腰，叫道：'客长，吃馒头点心去'。门前牌儿上写着：本行侯家上等馒头点心……"话本《碾玉观音》里的几家店铺也都挂着招牌，如："璩家装裱古今字画"、"行在崔待诏碾玉生活"等等。

陆游《老学庵笔记》卷八记载："大驾初驻跸临安，故都及四方士民商贾辐辏，又创立官府，扁（匾）缨一新。好事者取以为对曰：'钤辖诸道进奏院，详定一司敕令所'、'王防御契圣眼科，陆官人遇仙风药'、'干湿脚气四斤丸，偏正头风一字散'、'三朝御里陈忠翊，四世儒医陆太丞'、'东京石朝议女婿，乐驻泊乐铺西蜀'、'费先生外甥，寇保义卦肆'，如此凡数十联，不能尽记。"这些大部分是药铺的招牌广告。

就连卖卦、扶乩的也有"招牌"广告。话本《陈从善梅岭使浑家》（见《古今小说》卷二十）记载："巡检算还酒饭钱，再上马而去，见一草舍，乃是卖卦

---

①　都城纪胜·食店．94

的，在梅岭下，招牌上写：'杨殿干请仙下笔，吉凶有准，祸福无差。'……"

**【我国最早的铜版印刷广告及印刷广告的流行】**   今上海博物馆收藏的北宋时代（公元960—1127年）济南刘家功夫针铺雕刻铜版广告一块，约4寸×4寸。铜版上部横刻的是"济南刘家功夫针铺" 8个字。铜版中间刻有"白兔儿为记"的商标，是一幅白兔捣药图，图两旁分两行竖刻"认门前白兔儿为记"字样。铜版下方分数短行、竖刻如下文字："收买上等钢条，造功夫细针，不误宅院使用。客转为贩，别有加饶。请记白。"这是对产品（功夫针）的用料、质量、制作方法和代销优惠条件所作的说明，介绍得翔实具体，又简明扼要。全部广告词只用了28个字，是一则图文并茂的广告佳作。这个铜版既可用来印制广告传单及招贴，又可用来印制包装纸，也可当产品说明书，一举数得。广告专家评价："从这个商标图记显示，九百多年前中国商人已有相当现代化的经营手法"；"据估计，此一商标铜版要比欧洲行会的商标印记还早了二百年"①。

为了扩大影响，商家还利用印刷技术，使自己的商品家喻户晓。洪迈《夷坚志》中记载有临安专门推销"治暑泄药"的药方广告，其文曰："暑毒在脾，湿气连脚。不泄则痢，不痢则虐。独炼雄黄，蒸面和药。甘草作汤，服之安药。别作治疗，医家大错。"这样的广告词，显然是揣摩了人们暑期心理后才精心撰写的。从广告词本身看，四字一句，读起来朗朗上口，简单扼要，重点突出。全部广告词仅40个字，便把"治暑泄药"的特色、成分、制作方法及病家服用时应注意的问题，都交代得一清二楚，不愧为广告词中的上乘之作。宋话本《宋四公大闹禁魂张》中，侯兴光婆问赵正吃什么药，赵正顺口答道："平江府提刑散的药，名唤做'百病安丸'。妇女家八般头风，胎前产后，脾血气病，都好服。"身为盗贼的赵正，能够把此药的性能记得如此烂熟，是因为印在纸上的药方随药奉送，它能迅速传播开来，深入人心。②

**【宋代书铺广告及书籍广告】**   宋代印刷业的高度发达，促进了文化的传播，也促进了印刷广告的发展。宋代大量出现的书铺及书籍广告是一种特殊的广告形式，它是一种文化广告，对促进文化的发展、推动文化的传播，同样起了很大的作用。据印刷史专家考证：书铺、书坊广告及书籍广告在宋代便产生了。宋代雕版书中，一般都有"刊语"或"牌子"，多刻在目录或序文后，内

① 樊志育．中外广告史．台北：台北三民书局，1989．20
② 伊永文．宋元的商标与广告．文史知识，1994（2）

容为告诉读者书坊字号、刻书年月、地点，与现代书籍的版权页相似。另外，有些"刊语"或"牌子"还带有广告宣传性质，或宣传自己的刻本"精加校证"、"的无差错"，或宣传其书如何周全、如何有用，或刊出新书预告，以引起读者之购买欲望。如《抱朴子内篇》卷二十一后"刊语"云："旧日东京大相国寺东荣六郎家，见寄居临安府中瓦南街东开印刷经史书籍铺。今将京师旧本抱朴子内篇校正刊行，的无一字差讹，请四方收书好事君子幸赐藻鉴。绍兴壬申岁六月旦日。"①

又如南宋杭州沈二郎"经坊"（专刻佛经的坊肆）的印刷广告云："本铺将古本《莲经》（指《妙法莲华经》——引者注），一一点句，请名师校正重刊。选拣道山场抄造细白上等纸札，志诚印造。见住杭州大街棚前南钞库相对沈二郎经坊新雕印行。望四远主顾，寻认本铺牌额，请赎。谨白。"（清·丁申《武林藏书录》卷末）② 这则广告强调该书特点是请名师校正过，且标点句读，并选用细白上等纸张印造。

现代的书籍，一般都有封面，旧社会喜欢请大官名流或书法家题署，借以抬高作者的身价，但在北宋时期出版的书籍是没有封面的，一般书名题署在卷端，或刻在版心，每卷书名都用双行大字。直到13世纪末的南宋末年，我国书籍才出现了封面，使人一拿到书，就能看到醒目的书名，这是中国书籍印本史上的一大进步。与此同时，又出现了带图的书名页，这更是图书史上的创举。这样的封面，不仅醒目，而且美观、吸引人，也起到了广告宣传作用。从元朝开始，有些书籍的作者往往把自身的画像刻印在自己的著作上。到明代，又有不少文学家把自己的肖像冠在自著诗文集的卷首。这些方式都起到了自我介绍及广告宣传的作用。

**【"诸库迎煮"、"鼓吹"仪仗——大型广告活动的策划】** 南宋首都临安府城内外酒库（"酒库"为制造并发卖酒的机构），每年清明前开煮，都要举行仪式：以酒样品呈送"临安府点检所""伺候点呈"，然后将"酒引"（酒类专卖许可证）迎回。这也是每年一次的盛大集会，各酒库都抓住这一机会大做广告："至期侵晨，各库排列整肃，前往州府教场，伺候点呈。首以三丈余高白布写'某库选到有名高手酒匠，酿造一色上等拟辣无比高酒，呈中第一'，谓之'布牌'，以大长竹（竿）挂起，三五人扶之而行。次以大鼓及乐官数辈，后以所呈样酒数担，次八仙道人、诸行社队，如鱼儿活担、糖糕、面

① 张秀民. 中国印刷史. 上海：上海人民出版社，1989. 172
② 张秀民. 中国印刷史. 上海：上海人民出版社，1989. 182

食、诸般市食、车架、异桧奇松、赌钱行、渔父、出猎、台阁等社。又有小女童子，执琴瑟；妓家伏役婆嫂，乔妆艳体浪儿，手擎花篮、精巧笼仗……后十余辈，著红大衣，带卓时髻，名之'行首'，各雇赁银鞍闹妆马匹，借倩宅院及诸司人家虞候押番，及唤集闲仆浪子引马随逐。"接着，各库将州府赏的"彩帛钱会银碗，令人肩驮于马前，以为荣耀"。"各库迎'引'（酒类专酿、专卖许可证——引者注）出大街，直至鹅鸭桥北酒库，或俞家园都钱库，纳牌放散。"这一天，"诸酒肆结彩欢门。游人随处品尝，追欢买笑，倍于常时"①。这里，既有"鼓吹"，又有仪仗，无疑是一次大型的商品展销会、广告宣传大游行，所以诸酒库、酒行都踊跃参加，连酒肆也不例外。

## 四、行商广告种种

【小商小贩千奇百怪的叫卖、唱卖广告和响器广告】 《梦粱录》记南宋杭州清晨"天晓诸人出市"，小商小贩"侵晨行贩"，"异品菜蔬"、"时新果子"、酒醋海鲜，"填塞街市"。商贩们走街穿巷，"吟叫百端，如汴京气象，殊可人意"。②宋代学者高承在其所撰《事物纪原》一书中也云："京师凡卖一物，必有声音，其吟哦俱不同。"

杭州夜市上，"五间楼前大街坐铺中瓦前，有带（戴）三朵花点茶㶶㶶，敲响盏、掇头儿拍板。大街上游玩人看了，无不哂笑"。还有小贩"唱曲儿卖糖"；"更有瑜石车子卖糖糜乳糕浇，亦俱曾经喧唤，皆效京师叫声"；"又有沿街头盘叫卖姜豉、膘皮捆子……"；"又有担架子卖香辣罐肺、香辣素粉羹、腊肉……等，各有叫声"；"更有叫'时运来时，买庄田、取（娶）老婆'卖卦者"；"亦有卖卦人盘街叫卖，如顶盘担架卖市食，至三更不绝"（《梦粱录》卷十三《夜市》）。此外，还有专卖小儿玩具、食品的小贩，"沿街叫卖小儿诸般食件"，"及小儿戏耍家事儿，如戏剧糖果之类"（《梦粱录》卷十三《诸色杂货（卖）》）。

两宋京师里卖熟食的小商贩则更善于标新立异，别出心裁做广告。据宋人庄绰（季裕）《鸡肋编》卷上记载："食物中有'馓子'，又名'环饼'，或曰即古之'寒具'也。京师凡卖熟食者，必为诡异标表语言，然后所售益广。尝有货环饼者，不言何物，但长叹曰：'亏便亏我也！'谓价廉不称耳。绍圣中，昭慈被废，居瑶华宫。而其人每至宫前，必置担太息大言。遂为开封府捕

---

① 梦粱录卷二·诸库迎煮. 149
② 梦粱录卷十二·天晓诸人出市. 242

而究之，无他，犹断杖一百罪。自是改曰：'待我放下歇则个。'人莫不笑之，而买者增多。"①

宋代杭州人特别爱花，皇帝赐花、宫廷及民间赏花，妇女簪花、戴花；逢年过节，"城内外家家供养"花（《西湖老人繁胜录·端午节》），花的消费量极大，种花、养花、卖花成了一个很大的产业。《梦粱录》中记载卖花人"叫卖"、"唱卖"的地方很多，如："四时有扑（古代一种促销方式——引者注）带朵花，亦有卖成窠时花、插瓶把花、柏桂、罗汉叶；春扑带朵桃花、四香、瑞香、木香等花；夏扑金灯花、茉莉、葵花、榴花、栀子花；秋则扑茉莉花、兰花、木樨、秋茶花；冬则扑木春花、梅花、瑞香、兰花、水仙花、腊梅花，更有罗帛脱蜡像生四时小枝花朵（"像生"花即用绢、蜡等材料人工制作的花——引者注），沿街市吟叫扑卖"（"扑卖"为古代一种带赌博性质的促销方式）。② 又例如：暮春之月，"卖花者以马头竹篮盛之，歌叫于市，买者纷然。当此之时，雕梁燕语，绮槛莺啼，静院明轩，溶溶洩洩，对景行乐，未易以一言尽也"。五月初五端午节，"家家买桃、柳、葵、榴、蒲叶、伏道，又并市茭、粽、五色水搂、时果、五色瘟纸，当门供养。自隔宿及五更，沿门喝卖声，满街不绝"。

**【叫卖广告的艺术化】**　由于两宋小商小贩的叫卖声千奇百怪、种种色色，十分动听，当时的艺人们便将叫卖声作艺术处理，谱曲吟唱，在瓦舍勾栏中作为节目表演。《都城纪胜·瓦舍众伎》记载："叫声，自京师起撰，因市井诸色歌吟卖物之声，采合宫调而成也。"人民群众也往往将叫卖声艺术化，吟唱以自娱，《梦粱录》卷二十《妓乐》记载："今街市与宅院，往往效京师叫声，以市井诸色歌叫卖物之声，采合宫商成其词也。"文学史上著名的宋词、元曲中，不少的词牌、曲牌，如《货郎儿》、《卖花声》、《叫声》等，都是采纳了叫卖市声，经过艺术加工而成。

**【装饰广告】**　南宋的小商小贩们也都善做装饰广告，"杭城风俗，凡百货卖饮食之人，多是装饰车盖担儿，盘盒器皿新洁精巧，以炫耀人耳目，盖学汴京气象。及因高宗南渡后，常宣唤买市，所以不敢苟简，食味也不敢草率也"。③ 元夕之夜，杭州卖时令小吃、糖果点心的小贩，"皆用镂豁装花盘架车

---

① 庄绰．鸡肋编（卷上）．北京：中华书局，1983．7
② 梦粱录卷十三·诸色杂货（卖）．245；梦粱录卷二·暮春．151；梦粱录卷三·五月．157
③ 梦粱录卷十八·民俗．281

儿，簇插飞蛾红灯彩澥，歌叫喧阗。幕次往往使之吟叫，倍酬其直（值）"。①

**【响器广告与口头广告的结合——宋代收买杂、旧货的"常卖"】** 宋代收买杂、旧货的小贩叫"常卖"，因其在走街串巷收买旧货时，口中常喊"常卖！""常卖！"手里摇着"惊闺"（一种响器），因此之故，人们也叫这种小贩为"常卖"。赵彦卫《云麓漫钞》记载："朱勔之父朱冲者，吴中常卖人。方言：以微细物博易于乡市中，自唱曰：'常卖'。"② 这大概是"常卖"得名之由来。又，话本《勘皮靴单证二郎神》中云："冉贵却装了一条杂货担，手执着一个玲珑珰郎的东西，叫做个'惊闺'，一路摇着。……只听得叫声：'卖货！过来！'冉贵听得叫，回头看时，却是一个后生妇人。便道：'告小娘子，叫小人有甚事！'妇人道：'你是收买杂货，却有一件东西在此，胡乱卖几文与小厮买嘴吃，你用得也用不得？'冉贵道：'告小娘子，小人这个担儿，有名叫做'百纳仓'，无有不收的。你且把出来看看。'"③ 可见此种"常卖"行业和小贩，相当于旧社会城市里"收旧货"的，他们专以向人家收购旧、杂货，然后转售为生。

**【货郎担与有名的广告响器——"惊闺"】** 现代的百货商店起源于早期的"杂货店"，而杂货店的前身则是"货郎担"。货郎担是古老的商业形式，他们贩卖针线脂粉等，使用一种卖货工具以做广告。这种卖货工具上有小鼓和小铜锣，持其柄摇之，则锣鼓齐响，以代唤卖。这种广告响器古时称之为"惊闺"，意思是使声音达于闺阁。以后管贩卖人也叫"惊闺"，俗称"货郎"。《滇事纪略》中有清代吴三桂之妾陈圆圆为江南"陈惊闺"之女的记载，说明陈圆圆出生于江南小贩之家。货郎担主要供应针线脂粉等与妇女有关的日用小百货商品，串街走巷，沿门负贩，深入里巷、胡同及广大农村。以后由于赶集、设摊和扩大经营，定居开店，终致发展形成以后的杂货店、百货店。

**【善做广告的染匠】** 南宋洪迈《夷坚志·乙志》卷十五"诸般染铺"条云：

> 王锡文在京师（指临安，即今杭州——引者注），见一人推小

---

① 武林旧事卷二·元夕. 371
② 赵彦卫. 云麓漫钞卷七. 上海：上海古典文学出版社, 1957. 101
③ 庞德新. 宋代两京市民生活. 香港：香港龙门书店, 1974. 112～113

车，车上有甏，其外有花门，立小牓："诸般染铺"，架上挂杂色缯十数条。人窥其甏，但贮浊汁斗许。或授以尺绢，曰："欲染青。"受而投之，少顷取出，则成青绢矣。又以尺纱欲染茜，亦投于中，及取出，成茜纱矣。他或黄，或赤，或黑，或白，以丹为碧，以紫为绛，从所索求，应之如响，而斗水未曾竭。视所染色，皆明洁精好，如练肆经日所为者，竟无人能测其何术。①

这个染匠手艺高明，且善于做广告。他像玩魔术一样，"推小车，车上有甏……"，故弄玄虚，意在招徕顾客。

**【画图之中见广告】**　我国古代有创作风俗画的优良传统，从汉代的画像砖到隋唐的壁画，及宋、元、明、清的墨笔画，都有不少反映当时商业活动及世俗风情的名作出现。如宋代苏汉臣绘《货郎图》、南宋李嵩绘《货郎图》就是这方面的代表作。李嵩《货郎图》中所画为南宋流行的货郎担：担上装满儿童们喜欢的各种玩具，货郎本身头上、腰间也插满这些小物件，六个小孩童正围绕货郎担欣喜笑闹，二小童各拈小钱争买。老货郎手摇拨浪鼓，招邀小主顾。

明人也绘有《货郎图》，画面上，一货郎以车代担，车箱内陈放着各种生活用品，车架上插着和挂着各种玩具，于是吸引了儿童们。他们围绕货郎欢呼雀跃，不愿离开。

清代金尊年也有一幅彩绘的《货郎图》，图中货郎也是挑着一担玩具：担子前后两个竹笼里放的是琳琅满目的玩具，竹笼外插着的、竹竿上悬吊着的也都是玩具，林林总总，煞是好看，招引得儿童们伸手讨要。

这同一题材，在不同时代有不同的表现手法，但生动传神的特色却是相同的，它们那属于陈列、展示及招摇广告的性质也是相同的。

**【啼号叫卖入宋诗】**　宋代著名诗人、"苏门四学士"之一的张耒曾写过一首诗，对冬天"绕街呼卖"饼儿的卖饼儿寄予深切的同情，其诗题曰："北邻卖饼儿，每五鼓未旦即绕街呼卖，虽大寒烈风不废，而时略不少差也。因做诗，且有所警，以示秬、秸。"诗云："城头月落霜如雪，楼头五更声欲绝。捧盘出户歌一声，市楼东西人未行。北风吹衣射我饼，不忧衣单忧饼冷。业无高卑志当坚，男儿有求安得闲？"秬、秸是张耒的两个儿子。"北风……"两

---

① 洪迈. 夷坚志·乙志卷十五. 北京：中华书局，1981. 310

句写卖饼儿的心情，和白居易《卖炭翁》诗中"可怜身上衣正单，心忧炭贱愿天寒"是同一寓意。"业无高卑……"两句是借此规诫自己的两个儿子，做人应有自食其力的能力，不可做游手好闲的寄生者。①

宋人诗词中，常有写杭州卖花声的，如陆游在其名作《临安春雨初霁》中就有"小楼一夜听春雨，深巷明朝卖杏花"的诗句，隐含卖花人叫卖的声音。陆游的朋友王罙（季夷）《夜行船》词也云："小窗人静，春在卖花声里"（《绝妙好词》卷二），其词意境与陆诗相近。宋遗老陈著《本堂集》卷三十一也有一首七古，题为《夜梦在旧京，忽闻卖花声，有感至于恸哭，觉而泪流满枕上，因趁笔记之》。由以上例子，"可见卖花声是临安的本地风光"。②

南宋诗人范成大也曾以叫卖声为题材，写了不少的名篇，如《自晨至午，起居饮食，皆以墙外人物之声为节，戏书四绝》中有一绝云："菜市喧时窗透明，饼师叫后药煎成；闲居日出都无事，惟有开门扫地声。"他又有一首诗，诗前序云："墙外卖药者九年无一日不过，吟唱之声甚适。雪中呼问之，家有十口，一日不出即饥寒矣。"诗云："十口啼号责望深，宁望安稳坐毡针？长鸣大咤欺风雪，不是甘心是苦心！"对小商小贩艰难的生计表示了深切的同情。他还有好几首诗，也是写叫卖声的，如《元夕四首》之一云："尚爱乡音醒病耳，隔墙时有卖饧声。"（原注："谓唱卖'乌腻糖'者。"）［饧（táng）：麦芽糖。］范成大在另一首诗中又自注云："乌腻糖，即白饧，俗言能去乌腻。"由此可见，"乌"不关颜色；"乌腻糖"乃是一种白色麦芽糖。卖饧者的"唱卖"声，撩拨起诗人的乡思。此外，《雪中闻墙外鬻鱼菜者求售之声甚苦，有感三绝》对大雪天"啼号"叫卖的菜贩也深致同情。《夜坐有感》："静夜家家闭户眠，满城风雨骤寒天。号呼卖卜谁家子，想欠明朝籴米钱！"深夜"号呼卖卜"者，也受到诗人的关注。

## 五、其他形形色色的广告活动

**【苏东坡为人作广告诗】**　据宋人庄绰（季裕）《鸡肋编》卷上记载：苏东坡于宋绍圣四年（1097 年，苏时年 62 岁）被贬海南岛儋州时，应邻居——一位卖馓子的老妇人之请，为她写过一首著名的广告诗：

---

① 金性尧．宋诗三百首．上海：上海古籍出版社，1992
② 钱钟书．宋诗选注．北京：人民文学出版社，1979．206

纤手搓来玉色匀，碧油煎出嫩黄深。

夜来春睡知轻重？压匾（扁）佳人缠臂金。

寥寥数语，便把馓子的色、香、味、形诸般特色描写得淋漓尽致，使人一看就产生好感，的确是古代广告词之佳作。①

**【苏轼笔下的广告记载】**　苏轼《东坡志林》卷一第十一则中，在回忆故人轶闻趣事时，曾提及唱卖水果的小贩，云："吾故人黎錞，字希声，治春秋有家法，欧阳文忠公喜之。然为人质木迟缓，刘贡父戏之为'黎檬子'，以谓指其德，不知果木中真有是也。一日联骑出，闻市人有唱是果鬻之者，大笑，几落马。今吾谪海南，所居有此，霜实累累。然二君皆入鬼录，坐念故友之风味，岂复可见？……"②

《东坡志林》卷二也记载了一个故卖关子、善玩广告噱头的卖方道人："绍圣二年五月九日，都下有道人，坐相国寺，卖诸禁方。緘题其一曰：'卖赌钱不输方。'少年有博者，以千金得之。归，发视其方，曰：'但止乞头'（乞头，旧时约人聚赌，从中抽取头钱，曰乞头，或曰抽头——后注）。道人亦善鬻术矣。"③

**【文艺演出广告】**　在宋元时代，广告还广泛运用于勾栏瓦舍的文艺演出之中，出现了文艺演出及剧场广告。如宋代的"说书"、元代的杂剧等，在演出之前都要悬挂、张贴"纸榜子"。我国"说书"及说唱艺术，源远流长。在唐代有所谓"俗讲"，在宋代则有"说话"、"话本"。特别是在宋代，由于商品经济的发达、城市的繁华富庶，形成了市民阶层。为满足市民阶层的文化娱乐消费需求，勾栏、瓦舍中便有了许多以"说话"为生的演员（"说话人"）。这些"说话"演员为了吸引听众，也往往用"招牌"做广告。这"招牌"相当于现代的戏剧、歌舞演出海报。《水浒传》第51回《插翅虎枷打白秀英》云："（秀英）参拜四方，拈起锣棒，如撒豆般点动。拍下一声界方，念了四句七言诗，……那白秀英道：'今日秀英招牌上明写着这场话本，是一段风流蕴藉的格范。唤做《豫章城双渐赶苏卿》。'说了开话又唱，唱了又说。合棚价喝彩不绝。"可见，为招揽听众，说书人不仅在剧目"招牌"上写上剧目，还要加上介绍内容的"风流蕴藉"的广告词。又如，洪迈《夷坚志》中记载：

---

① 庄绰. 鸡肋编卷上. 北京：中华书局，1983. 7
② 苏轼. 东坡志林卷一. 上海：华东师范大学出版社，1983. 11～12
③ 苏轼. 东坡志林卷二. 上海：华东师范大学出版社，1983. 65

"四人同出嘉会门外茶肆中坐，见幅纸用绯帖尾云：'今晚讲说《汉书》'。"这也是将所演出的题目写在"招子"上。

另外，宋代的"说话本"就是说故事。说话人开讲时，先要招揽听众。他们便以"银字样"管乐器鼓吹起来，以吸引听众。这实际上也是一种广告行为。因此之故，当时的"说话"、"小说"又被称为"银字儿"。①

**【公益广告】** 《东京梦华录》卷三"天晓诸人入市"条载北宋汴京云："每日交五更，诸寺院行者打铁牌子或木鱼循门报晓，亦各分地方，日间求化。诸趋朝入市之人，闻此而起。"又据《梦粱录》卷十三"天晓诸人出市"条记载南宋临安亦云："每日交四更，诸山寺观已鸣钟，庵舍行者头陀，打铁板儿或木鱼儿沿街报晓，各分地方，若晴则曰'天色晴明'，或报'大参'，或报'四参'，或报'常朝'，或言'后殿坐'；阴则曰'天色阴晦'；雨则言'雨'。盖报令诸百官听公上番虞候上名卫兵等人，及诸司上番人知之，赶趁往诸处服役耳。虽风雨霜雪，不敢缺此。"

直到后代，这种形式的公益广告活动还存在。旧社会，杭州风俗，每年阴历十二月初一起，"每晚必有人以木板相击，周走而呼，其词曰：'奉宪传谕，寒冬腊月，楼上楼下，灶前灶后，鸡钟焙笼，一街两岸，家家户户，火烛小心'。此呼者为本里地保，大街小巷，无不遍及。每五日，向各家收米少许，谓之收平安米，或予以钱亦可。此法原于清初之徇火令，此即所谓徇火也"。"杭城多火患"，冬日风高物燥，"容易惹火，故日申儆之"。②

**【榜——宋代一种重要的政治广告形式】** "榜"的本义是指木片、木板，后引申为写了字的木牌也叫"榜"，再引申为公开张贴的文书、告示也叫"榜"。在宋代，通常用"榜"来公布法令和某些急需向公众宣布的诏书、奏章和赏功罚罪等方面的事情。在非常时期，也用"榜"来通告战讯及人民群众关心的军国大事。"榜"一般都张贴在过往群众较多的内外城门口、市镇的商业繁华区及交通要道处。这也是当时一种重要的新闻传播手段。"在北宋时期首都开封，则多数张贴在皇城的东西垛楼和宣德楼外。上自皇帝及省寺、监司等部门，下至开封府及开封府属下的四厢都巡检衙门，都经常有榜'揭之通衢'。其以皇帝名义发布的则称为皇榜。""大部分的榜是用笔书写的，也有

---

① 滕维雅．论宋代话本小说的起源．新建设，58，(9)：58
② 钟毓龙．说杭州．杭州；杭州人民出版社，1983．339

一部分是用雕版印刷的。"①

　　北宋末年，在金兵兵临开封城下及徽、钦二帝被掳前后那一段时期，"榜"这种政治广告形式被频繁采用。据我国台湾地区新闻史学者根据《三朝北盟会编》、《靖康要录》、《续资治通鉴》、《宋史》等书所做统计，在金兵两次围攻开封的不到一年半的时间里（即从钦宗靖康元年一月一日至靖康二年四月二十四日），朝廷各部门共在开封城内出榜130余次。② 这些"榜文"，向人民群众提供了大量的有关金兵包围开封，以钦宗为人质，拼命掠夺、搜括民财，迫使宋廷签订城下之盟等方面的信息。③

　　到了元代，还有人以"榜"为斗争武器，喊冤叫屈，以造成广泛的社会影响。明初文学家高启在其《凫藻集·书博鸡者事》一文中，写元代袁州路一个"任气好斗"的"博鸡者"（以斗鸡作赌博的人），为人打抱不平，到大街上喊冤，并"连楮（纸）为巨幅，广二丈，大书一'屈'字，以两竿夹揭之，走诉行御史台。台臣弗为理。乃与其徒日张'屈'字游金陵市中。台臣惭，追受其牒（状子），为复守官而黜臧使者"。

# 第二节　元代的商业及广告业

## 一、元代的商业

　　蒙古族的孛尔只斤·铁木真于公元1206年建立了蒙古政权，并被尊称为"成吉思汗"（公元1206—1227年在位），即元太祖。此后，成吉思汗及其继承者们不仅先后灭西夏（1227年）、灭金（1234年）及南宋（1279年），又以铁骑横扫欧、亚两洲。窝阔台汗（公元1186—1241年，元太宗）打败了斡罗斯（今俄罗斯），前锋直至今波兰、匈牙利等国，于是建立了钦察汗、察哈台汗、窝阔台汗、伊尔汗四大汗国。武功之盛，震烁古今。

　　1264年，忽必烈（1215—1294年，元世祖）迁都燕京（后称大都，今北

① 方汉奇．中国新闻事业通史（第一卷）．北京：中国人民大学出版社，1992．95
② 朱传誉．宋代新闻史．台北：台湾商务印书馆，1967．130，140
③ 方汉奇．中国新闻事业通史（第一卷）．北京：中国人民大学出版社，1992．95~98

京）。1271（至元八年）定国号为"元"。1279 年灭南宋。元朝从 1271 年正式建立，到 1368 年灭亡，前后计 97 年。

从总的情况来看，元代的工商业是比宋代落后的。史学家童书业认为："宋代手工业与商业的发展，本已准备了资本主义萌芽的条件（虽然在当时还没有资本主义萌芽的现象），如果没有元朝的进入和统治，中国资本主义萌芽，可能要提前一二百年。元朝的进入和统治阻碍了这种发展，使得中国的封建经济停滞下来，甚至倒退。"他进一步分析认为："因为蒙古本是个落后的游牧部族，尚处于原始社会末期到阶级社会的过渡阶段中，这类部族原是习惯于破坏和掠夺的。他们对于中国手工业的破坏和掠夺，主要表现在两个方面：第一，他们破坏了原有的手工业，俘虏和掠夺工匠，以发展他们部族性的贵族性的手工业……第二，蒙古统治者使已获得相当自由的手工业工人重新沦于奴隶或半奴隶的地位。"① 手工业生产既然遭到破坏，商业的发展就必然受到影响，特别是国内汉族民间的商业受到限制，"但蒙元朝廷、贵族和西域商人所经营的商业，则有畸形的发展"，② 特别是大都、杭州等城市，商业仍很繁荣。与此同时，也带来了广告事业一定程度的发展。

大都是元代北方最大的商业中心，全国各地以及外国的许多商品、货物都集中到这里。大都城内有两个主要商业区：一个在城市中心的钟、鼓楼周围，另一个在城市西郊顺承门内的"羊市角头"（或称"羊角市"）。③ 在钟、鼓楼周围分布着段子（绸缎）市、皮帽市、帽子市、鹅鸭市、珠子市、沙剌（珠宝）市、铁器市、米市、面市等。羊角市则有羊市、马市、骆驼市等。除了商业区的店铺外，还有不少大小商贩，穿街走巷，贩卖各种物品："贩夫逐微末，泥巷穿幽深，负戴日呼叫，百种闻异音。"④

据《元史》《食货志》记载：当时管理大都商业市场的机构叫做"大都宣课提举司"，秩从五品，比警巡院和大兴、宛平两县的地位都要高。提举司之下，各市分设"提领"或"大使"。

另外，元代的民间海外贸易也是很发达的。元末南京有名的大财主沈万三，就是做海外贸易（当时叫"通番"）这一行起家的。14 世纪，东南沿海一带的民间海外贸易相当发达，"海贾"们所到的地方有琉球、柬埔寨、印度尼西亚、朝鲜、日本等处，贩运的商品有香料、药材、象牙、犀角等。"正因

---

① 童书业. 中国手工业商业发展史. 济南：齐鲁书社，1981. 187～189

② 童书业. 中国手工业商业发展史. 济南：齐鲁书社，1981. 192

③ "角头"系蒙古语音译，意为"东南西北往来人烟凑集之处"，通常指市集所在之地。见《朴通事谚解》卷上注。元代杂剧中也有此词。

④ 胡肋. 京华杂兴诗. 纯白斋类稿卷二

为 14 世纪已经有了频繁的民间对外贸易，沿海人民具备了航海的知识技能和通商的经验的积累，这样，就为 15 世纪上半期的郑和七下西洋那样规模巨大的商船队打下了基础。"①

## 二、元代广告活动

**【著名的叫卖广告】**　元代《逞风流王焕百花亭杂剧》第三折写王焕仿效洛阳一带贩卖干、鲜果品小贩的叫卖声云：

> 查梨条卖也！查梨条卖也！……这果是家园制造，道地收来也！有福州府甜津津、香喷喷、红馥馥带浆儿新剥的园眼荔枝也！有平江路酸溜溜、凉荫荫、美甘甘连叶儿整下的黄橙绿桔也！有松阳县软柔柔、白璞璞、蜜煎煎、带粉儿压匾（扁）的凝霜柿饼也！有婺州府脆松松、鲜润润、明晃晃拌糖儿捏就的龙缠枣头也！有蜜和成、糖制就、细切的新建姜丝也！有日晒皱、风吹干、去壳的高邮菱米也！有黑的黑、红的红、魏郡收来的指头大的瓜子也！有酸不酸、甜不甜、宣城贩到的得法软梨条！②……

这一段叫卖声成篇大套、抑扬顿挫，用了一连串的叠音词，将各种风味干、鲜果品的特色，形容得淋漓尽致。沿街吟唱，饶有风趣，能迅速勾起人们的购买欲望。这条著名广告也历来为历史研究学者、社会风俗史家及文学史家所称引。③

**【响器广告及招贴广告】**　元代人熊梦祥所著《析津志》是最早一部专记北京地方史地、方物的著作，也载有不少有关元代广告事业的材料。其记大都小商小贩广告活动时云："街市蒸做面糕、诸蒸饼者，五更早起，以铜锣敲击，时而为之。及有以黄米做枣糕，多至二三升米做一团，徐而切破，秤斤两而卖之。若蒸造者，以长木竿用大木权撑住，于当街悬挂花馒头为（幌）子。小经纪者，以蒲盒就其家市之，上顶于头上，敲木鱼而货之。"④

①　吴晗．灯下集．元代的民间海外贸易．北京：三联书店，1960．6～7
②　臧晋叔．元曲选（"四部备要"本）．上海：上海中华书局
③　钱钟书．管锥编（第一册）．北京：中华书局，1986．362
④　熊梦祥．析津志辑佚·风俗．北京：北京古籍出版社，1983．207

河北石家庄上京村毗卢寺，始建于唐天宝年间，元代重修。大殿中四壁画满壁画，分为上、中、下三层，描绘的是天堂、人间、地狱三种题材，其中人间类壁画局部描绘的是"往古九流百家一切街市"，画面里一位货郎挑担手摇货郎鼓、一小贩敲响器售卖货物。另有一泥水匠：左手拿瓦刀，右手拿镘子，相互敲击，发出声响，以引人注意而出卖劳务。

此外，还有的小商贩、小店家利用招贴、文字广告来做宣传。如，近年来，考古学家曾在内蒙古阿拉善盟发掘出了一批元代文书，其中有一份竹纸墨书的招贴广告，其纸面长25.8厘米，宽9.8厘米，全文为"谨请贤良：制造诸般品味、簿海馒头饰妆，请君来日试尝。伏望仁兄早降。今月初六至初八。小可人马二"①。这是一则高明的推销饮馔的招贴广告。广告者将顾客恭维为"贤良"，称之曰"仁兄"，显得很亲切。又限定日子是"今月初六至初八"，这可能是该店开张之日，也可能是该店优惠时限，具有"悬念"意味，使人产生光顾兴趣。

**【店铺门面装饰及装潢广告】**　《析津志》记载元大都"酒槽坊"（酿酒作坊兼卖酒）的门面装饰广告云："酒槽坊，门首多画四公子：春申君、孟尝君、平原君、信陵君。以红漆阑干护之，上仍盖巧细升斗，若宫室之状；两旁大壁，并画车马、驺从、伞仗俱全。又间画汉钟离、唐吕洞宾为门额。正门前起立金字牌，如山子样，三层，云'黄公垆'。夏月多载大块冰，入于大长石枧中，用此消冰之水酿酒，槽中水泥尺深。"② 这样富丽堂皇的艺术性广告形式，不由人不驻足观望，加深印象。

**【元大都标记及商标广告的盛行】**　《析津志》"风俗"类记元代医家标记广告云："市中医小儿者，门首以木刻板作小儿，儿在锦鲛中若方相模样为标榜。又有稳婆收生之家，门首以大红纸糊篾筐大鞋一双为记，专治妇人胎前产后以（一）应病症，并有通血之药。而生产之家，门悬草圈，上系以红帛，则诸人不相往来。"其又记元代兽医之家标记广告云："医兽之家，门首地位上以大木刻作壶瓶状，长可一丈，以代赭石红之。……灌药之所，门之前画大马为记。"就连剃头匠亦有标记："官大街上作朝南半披屋，或斜或正，于下卖四时生果、蔬菜、剃头、卜算、碓房磨，俱在此下。剃头者以彩色画牙齿为记。"就连一些专门店铺的日常用具、器具等，也都含有广告意味，如，"磨

---

① 伊永文. 宋元的商标与广告. 文史知识，1994（2）
② 熊梦祥. 析津志辑佚·风俗. 北京：北京古籍出版社，1983. 202

（房）则以土为贮面之渠。如果、菜以荆筐为之，以代竹。酒以木作长桶盛之
担送，名酒梢"。①

**【文艺演出广告及剧场广告】**　　元代杂剧盛极一时。杂剧演出前，"瓦子"
（游艺场）里的"勾栏"（戏场）都要事先"挂招子"、"纸榜"及"花招儿"
做广告宣传。这些名目都是当时戏剧海报的别称。元杂剧本身就有不少有关剧
场广告活动的记载，如：《宦门子弟错立身》中第四出《桂枝香》"白"曰：
"侵早已挂了招子"；该剧第十二出云："〔生……看招子介〕〔白〕：且入茶馆
里问个端的"；《蓝采和》第一折"白"曰："昨日贴出花招儿去"，等等。

元代诗人杜仁杰曾写过一首曲子，叫〔般涉调·耍孩儿〕《庄家不识勾
栏》，生动传神地描写了当时一个农家到城里"勾栏"看戏的情景：

"〔耍孩儿〕：风调雨顺民安乐，都不似俺庄家快活。……来到城中买些纸
火（纸火：拜神用的纸钱香烛等物——引者注）。正打街头过，见吊着个花碌
碌的纸榜（纸榜：演出广告），不似那闹攘攘人多。

〔六煞〕见一个人手撑着椽做的门，高声叫：'请！请！'，道：'迟来的满
了无处停坐'。说道：'前截儿院本《调风月》，背后幺末敷演《刘耍和》'。
高声叫：'赶散易得，难得的妆哈'。"②

这段杂剧表演的剧情是：庄家人农闲时到城里买拜神用的纸钱香烛等物，
从街头经过时，看到"勾栏"门口张挂出"花碌碌"的演出广告。还看到
"勾栏"门口有人"撑着椽做的门"高声大叫招揽看客曰："请！请！迟来的
恐怕就没地方坐了！"故意制造紧张气氛。接着又喊道："前一段戏演成套院
本《调风月》，后一段戏演杂剧幺末《刘耍和》。赶散场的散乐容易看到，而
像这样人人喝彩的精彩演出却难逢！"可见，这家"勾栏"是把吆喝广告与文
字广告结合起来进行，想必效果一定不错。

此外，元代杂剧演出前挂的"招子"一般是彩色的，所以又叫"花招
儿"，或叫"花碌碌纸榜"，上面不仅写着戏名，也有演员的名字，所以杂剧
《错立身》中延寿马看了"招子"后，便知道王金榜在"作场"　　（作
场：表演）。

---

① 熊梦祥. 析津志辑佚·风俗. 北京：北京古籍出版社，1983. 206～207
② "前截儿院本《调风月》，背后幺末敷演《刘耍和》"句中，"院本"：金、元时，以滑稽歌舞
为主的戏剧，由于是由"行院"伶人演唱的底本，故称"院本"；"幺末"：元杂剧之别称；"敷演"：
表演。"赶散易得，难得的妆哈"句中，"赶散"：赶散场的散乐（散乐指由小戏班演出的小戏）。以上
四句都是勾栏看门人故作夸耀之辞、宣传自己戏班做的戏好。

**【元代的书籍广告及我国最早的征稿广告】** 雕版印刷术为广告的风行提供了便利的物质条件，从而进一步扩大了广告的影响。而书肆及书商在印刷广告方面占有很大的优势，他们往往把自家书肆及所出书籍的广告刻在书籍的目录或序文之后，甚至附于书中，以做宣传。这种方式的书籍、书坊广告，早在宋代就很流行，到了元代仍然不衰。如元代余氏勤德堂书坊所出版的《十八史略》：封面中间为二行八大字的书名《古今通要十八史略》，大字书名旁还附有两行带广告性的小字，右边为"通略之书行世久矣，惜其太简，读者憾焉"，左边为"是编详略得宜，诚便后学，以梓与世共之"。广告词把世面上流行的"通略之书"的弊端及自己书坊所出《十八史略》的优长、特色，十分简明扼要地表达出来，非常适合读书人的口味。

此外，《天一阁藏本》类书中，有孙存吾编、虞集校选、元代至元二年（1336 年）雕版印刷的《元诗》。该书附有一则征诗广告，原文共四行云：

> 本堂今求名公诗篇，随得即刊，难以人品齿爵为序。
> 四方吟坛多友，幸勿责其错综之编。
> 倘有佳章，毋惜附示，庶无沧海遗珠之叹云。
> 李氏建安书堂谨咨。①

这是目前所能见到的古代征稿广告中最早的一例。到了明代，这类书籍广告更为流行。

**【元代"裹贴"——我国最早的纸包装广告实物】** 我国是造纸术的故乡。早在西汉时期，我国劳动人民就发明了造纸术，开始以丝絮和麻类纤维为原料造纸。到了公元 105 年的东汉时期，宦官、桂阳（今湖南耒阳）人蔡伦总结前人经验，改进造纸术，以树皮等植物纤维为原料，制成了植物纤维纸。《东观汉纪》卷二十、范晔《后汉书》卷七十八《宦者传》、晋代张华《博物志》、董巴《舆服志》、盛弘《荆州记》等书都有蔡伦发明纸的记载。以后，蔡伦被奉为纸神，受到历代造纸工人的祭祀。

纸一发明，便被用来作为物品包装材料。早在西汉时期，我国就开始用纸来包装物品，是世界上最早有纸包装的国家。1990 年在敦煌的汉悬泉置遗址中，甘肃考古工作者发掘出大批西汉简牍，与之相伴而出的还有若干纸片，其中有一张一尺见方大点的纸，其上书有"巨杨左利上缣皂五匹"九字。

---

① 张秀民. 中国印刷史. 上海：上海人民出版社，1989. 325

"巨杨"，即"钜阳邑"，古地名，汉代属汝南郡汝阴县地，即今安徽省阜阳县北。"左利"，系人名。"皁"，黑色；"缣皁"，即黑色的缣。全文意思是：钜阳邑的左利上交黑色缣五匹。历史工作者认为："在弄明文字本意后就不难判断，这是一张五匹丝织物的包装纸，其时代在西汉，这或许是迄今所见的中国最早的包装纸"，[①] 也当是世界上最早出现的包装纸了。历史研究工作者进一步考证："敦煌悬泉置是两汉通西域大道上的重要驿站，淮河流域住民上纳的缣，转输到这里，只能理解为通过官府或军队带来的可能性。至于这类文字纸，……其文字只在于说明物品来历、性质，并不具宣传自己、广为招徕顾客的招贴广告性质。"[②]

然而，到了宋代，由于商品经济十分活跃，商家为了广泛宣传自己的产品，招徕顾客，便将纸和雕版印刷术结合起来，在包装纸上印上广告词，这就是所谓"裹贴纸"的出现。顾名思义，"裹贴"之"裹"有"包装"意、"贴"有"招贴"意；"裹贴纸"既有商品包装功能，又含有招贴广告内容，一举两得。宋代城市商品经济特别发达，商家店铺销售商品均需消耗大量"裹贴"，于是出现了专门生产、制作这种"裹贴"的作坊，叫"裹贴作"。如南宋人吴自牧《梦粱录》卷十二"团行"条记载临安城中的团行时云："其他工役之人，或名为'作分'者"，在所列众多"作"坊中，其中即有"裹贴作"。

到了元代，"裹贴"仍然盛行。20 世纪初的 1906 年至 1907 年间，德国皇家普鲁士吐鲁番考察队，在我国吐鲁番木头沟的伯孜克里克佛窟中检得一片印字纸片。纸片已残，但其上所印 5 行文字却较完整，为雕版印刷印成。5 行文字之外有双线外框，长、宽均为 9 厘米。其印刷文字为："信实徐铺，打造南柜佛金诸般金箔，不误使用，住杭州官巷，在崔家巷口开铺"字样。

1980 年，吐鲁番文管所又在伯孜克里克佛窟清理残渣垃圾时，又清出了与上纸相近似的木刻印板文字纸片二件，其中一件纸形比较完整，也带有双线边框的文字 5 行。方框内文字为："□□□家打造南无佛金诸般金箔，见（现）住杭州泰和楼大街南，坐西面东开铺，□□辨认，不误主顾使用。"方框及文字斜印在一白纸的中间。印版文字方框之外，有明显的折叠痕，显示出该纸曾包过某种物品。

以上这两张"裹贴纸"上的文字，简单明了，却传播了不少有关商家、商品的信息：首先是宣传自己的铺子是"打造南柜佛金、诸般金箔"的铺家，讲求"信实"；其次，标明开铺地点，一"住杭州官巷，在崔家巷口"，一

"住杭州泰和楼大街"；再次，作出"不误主顾使用"的承诺，希望得到顾客的信任。"从这些共同特点看，印文具有介绍本铺经营项目、开铺地点、宣传自己有讲求'信实'、不误主顾使用的声誉。由此不难推断，这二件纸片是为推销所打造金箔的一种经营广告。"有关专家经过详细考证，认定此"二纸只能是元朝至元十五年以后的包装纸"，是我国现存最早的印刷包装广告实物。"对于研究我国城市商品经济发展的轨迹，它则是绝无仅有的稀世之宝。"①

此外，据新华社报道，湖南省文物考古工作者在沅陵县发掘的一座元代墓葬中，也发现了两张印有广告词的商品包装纸。该包装纸一尺余见方，系质地较好的黄毛边纸，正面及背面印有清晰的图案和花边。其上印刷文字为："潭州升平坊内白塔街大尼寺相对住，危家（店铺名）自烧洗无比鲜红紫艳上等银朱（一种发亮的好硃砂）、水花二朱（硃砂的一个品种）、雌黄；坚实匙筋（一种调油漆的工具），买者请将油漆试验，便见颜色与众不同。四方主顾，请认清面首红字高牌为记。"这是元代 1306 年以前长沙城（潭州）一家油漆店的印刷包装广告。②

由上可见，印刷包装广告在元代极为兴盛。

---

① 陈国灿．吐鲁番出土元代杭州"裹贴纸"浅析．武汉大学学报，1995（5）
② 中外广告史略（中国广告实务大全）第十二章

# 第四章
## 明、清时期的广告事业

**本章要求**

- □ 了解明代南京、北京地区的商业情况
- □ 了解明代的广告形式
- □ 了解清代北京地区，江南一带（苏、扬、杭州）及武汉、成都地区，广东、福建一带各具特色的广告方式

# 第一节　明代的商业及广告事业

## 一、明代的商业

公元 1368 年（明洪武元年）正月，朱元璋推翻元朝统治，称帝于应天（今南京市）。八月初，以应天为南京，元大都改称北平府。洪武三年（1370年）四月，朱元璋封第四子朱棣为燕王。直至洪武十三年（1380 年）正月，朱棣才来到燕王的驻地北平。洪武三十一年（1398 年），朱元璋死，其孙建文帝朱允炆继位。由于建文帝对藩王问题处理不当，燕王朱棣在第二年，即建文元年（1399 年），便乘机起兵于北平，发动所谓"靖难之役"，于建文四年（1402 年）攻下南京，夺取帝位，是为明成祖永乐皇帝。永乐皇帝以"靖难"得帝位，又惧他人仿效，乃收诸王兵权。收兵权之后，又恐尾大不掉，因此有迁都北平之意。同时，为了控制北方，打击割据漠北的蒙古封建地方势力，这也是明成祖迁都北平的又一重要原因。永乐元年（1403 年），当其即位之初，即改北平为北京（北平府改称顺天府），"北京"之名由此始。四年（1406年），开始动工营建宫殿；九年（1411 年），开运河、兴漕运，解决北京粮食问题；十九年（1421 年）正月，宫殿落成，正式从南京迁都北京。从此，明朝政治中心北移，南京遂降为陪都。

公元 1644 年（明崇祯十七年、清顺治元年），李自成攻破北京，明朝灭亡。明朝共历 16 帝，前后统治达 277 年。

明代南京和北京的商业都是很发达的。

南京是我国历史上典型的政治都市。六朝以来，十次为国都，共约 450年。尤其朱元璋定都南京后，南京成为全国政治、经济、文化的中心，也是商业中心。到洪武末年，据史料记载，南京人口约 60 万。明成祖把京城迁到北京以后，南京人口一度锐减。不过到了清初顺治年间，不仅恢复旧观，后来甚至超过百万。

明朝初年，朱元璋下令把全国近两万户豪富迁到南京来，一方面是为了加强对他们的控制，另一方面则是借以充实首都的财富，发展经济。据史书记载，南京三分之一的城墙，都是由浙江吴兴大富豪沈万三家捐资修筑的。当时，南京的商业和手工业都很兴盛，在都城内外有十几个大市集，买卖各种生活用品及生产资料。如，江东门外有粮食及六畜市场，仪凤门外有竹木市场，清凉门外分布着布匹、绸缎、茶叶、盐和纸张等货栈。在城内，则另有内桥、北门桥、大中桥和三山街等市集，分别出售牲口、鸡、鹅、鱼、菜和鲜果等。此外，还专门建造了十几座客店和酒楼，接待全国各地来的客商。在手工业方面，明代的南京拥有织造、印刷、造船和建筑等四大手工业行当。在全城人口中，所谓"匠户"（世袭手工业工人）就有 45 000 多家。明人谢肇淛在《五杂俎》卷三地部一中记载云："金陵秦淮（河）一带，夹岸楼阁，中流箫鼓，日夜不绝，盖其繁华佳丽，自六朝以来已然矣。""金陵街道极宽广，虽九轨可容。近来生齿渐繁，民居日密，稍稍侵官道以为廛肆，此亦必然之势也。"

永乐十九年（1421 年），明成祖自南京迁都北京，北京又成为首都，是全国政治、经济、文化的中心。到明孝宗时（公元 1488—1505 年），北京人口达到 66 万。及至万历朝（公元 1573—1619 年），便发展到百万左右（谈迁《北游录·纪闻（上）》）。明成祖以后，运河南北畅通，这样，沿长江、运河两岸的一些城市也繁荣起来，加上各布政司所在地，便出现了苏州、杭州、松江、福州、广州、武汉、南昌、成都、重庆、开封、济南、临清、大同等 30 多个大工商业都市。

总体看来，明代的农业、手工业的生产水平是很发达的，几乎超过了过去的历史年代。在此基础上，社会经济日益繁荣，市镇兴起，商业发达。到嘉靖、万历年间，在封建经济内部、在沿江沿海经济发达地区的一些行业中，已出现了资本主义生产关系的萌芽，如纺织、矿冶、酿造、制糖、造纸、陶瓷、造船等诸多行业中，都出现了大规模的手工业作坊，雇佣能自由出卖劳动力的工人从事生产。手工业的发达，进一步推动了商品经济的发展，也进一步促进了广告业的发展和繁荣。

## 二、明代的广告业

**【明代店铺的招牌、招幌及招贴等广告】** 明朝商家都很重视商店的招牌、招幌，善于利用招牌、招幌来做广告宣传。中国历史博物馆藏有常熟翁氏旧藏的明人画《南都繁会图卷》，描绘出明代后期南京城市商业经济繁荣的景况。该画原签署《明人画南都繁会景物图卷》，绢本设色，全图横长 350 厘米，纵高 44 厘米，尾署"实父仇英制"五字。仇英（？—1552 年）系明代著名画家，字实父，号十洲，江苏太仓人，居苏州，与沈周、文征明、唐寅并称"明四家"。图卷画面上的南市街至北市街，为著名的商业市场，街巷纵横，店铺林立。琳琅满目、各具特色的招牌、招幌，一个接一个。据统计，画面上的幌子、招牌有 109 种之多。各种招幌争奇斗胜，最为醒目的有"天之美禄"、"东西两洋货物俱全"、"西北两口皮货发寄"、"兑换金珠"、"万源号通商银钱出入公平"、"京式靴鞋店"、"极品宫带"、"川广杂货"等。其中，尤为引人注目的两面"东西两洋货物俱全"的冲天招牌，反映了明代后期对外贸易的活跃。"图卷上的闹市中，有人戴着眼镜，大概也是这时输入中国的舶来品，'走海倭子进宝'以及图卷上牵着狮子、捧着珊瑚的外国人，都反映了当时日本商人以及西洋商人带着礼品来中国进行贡舶贸易的情景。"① 这些招牌、招幌一般都是用布做成的布帘，最长者达数丈，迎风飘拂，使街上摩肩接踵的市民，目不暇接。有人认为："这幅图画，就广告而言，堪称是明代大都会广告的一次大展览。"②

　　除用布帘作大幅招幌外，明清时南京、北京的一般商店，还有一种特殊的招牌，大都竖于柜台正中的尽头，靠墙的一面，漆金牌子，黑漆底子上写着四个泥金大字，用以表示其行业，名曰"青龙牌"，又叫"站牌"。如，药店一般是"杏林春色"，酒店往往是"太白遗风"之类。早年南京城南繁华中心的三山街一带，有些著名的绸布店如"天福"、"庚大"、"协大祥"等，他们的青龙牌差不多都是"七襄曜彩"。而如徐源记等老茶叶店则是"卢陆停车"，或"玉树含英"；酒业大王"老万全"则是"太白遗风"，也有的酒家则用"飞觞醉月"，或"香溢壶觞"；"椿和"老酱园与其同业则是"调和鼎鼐"，或"瓮分百二"；有名的大南货店"萃奇"则是"山海珍奇"；板鸭店都是"家凫精品"；钱店、米铺有的用"钱谷流通"，有的用"裕课通商"；张泰和、王泰和等老药铺，往往用"天地同春"或"寿域同登"；名鞋店"三聚"则用的是"圯桥进履"等。大抵每一行业的青龙牌，都来源于与该行业有关的典故。青龙牌除必须用典精当贴切外，字面还得典雅富丽，例如一些大银号的青龙牌往往是"珠光宝气"、"金碧辉煌"等，绸缎店的青龙牌多是"世掌丝纶"之类，帽子店往往用"冠冕堂皇"四字，等等。

　　历代以来，酒店是最善于用招幌来进行广告宣传的，明代的酒店也不例外。明代的大酒店都有制作考究的酒帘、酒旗，随风飘动、摇曳。酒帘一般都悬挂在高处，好让顾客在很远的地方就能看见，故又称"酒望子"。财力大的酒店，往往在门前竖起一根粗壮的旗杆，专门用来悬挂长长的酒帘，如《水浒传》中描写的蒋门神那样，在"檐前立着望竿，上面挂着一个酒望子，写

---

① 渝洲．"南都繁会图卷"反映的明后期海外贸易．平准学刊，1987（第三辑上册）

② 王春瑜．明清史散论．上海：上海东方出版中心，1996．136

着四个大字：河阳风月"。另外，蒋门神在"快活林"霸占来的大酒店绿油油栏杆上，也插着两把销金酒旗，旗上分别写着五个金色大字："醉里乾坤大"、"壶中日月长"。广告词写得对仗工整，意味深长，确是不可多得的酒类广告。连小市镇上的酒店，也往往挂个小酒幌，以广招徕，并在上面写上精心构思的广告词，如《水浒传》里景阳冈上那个小酒店门前，一面幌子高挑，上书"三碗不过冈"。仅仅五字，就把酒客勾引得馋涎欲滴了。有一家小饭馆还在"粉壁上写着'零沽美酒'四字"，"招牌上写着'家常便饭'"（清水道人《禅真逸史》第九回）。

　　除酒店外，卖其他日用杂货的店铺也很善于利用招牌、幌子及招贴来宣传自己的商品，如明代无名氏作的《如梦录》一书中记载：明代开封有的鞋铺以铁鞋作幌，表明所售之鞋之坚固耐穿，直至后代"汴中仍存此风"。① 有些木匠铺往往在粉壁上涂上字号，鲜明抢眼，有一家写的是"江西张仰亭精造坚固小木家火，不误主顾"（《醒世恒言》卷二十）。杭州附近塘栖镇上一家铁铺门前，"贴一张大字道：本店不打一概屠宰刀器"（见小说《生绡剪》第十三回）。人心向善，顾客一看招贴，必然深信店主是菩萨心肠，慈悲为怀，不杀生，积德行善，所售铁器自然货真价实。这不失为古代商家善于利用顾客心理来做广告的一个典型例证。就连招兵的，也会用招幌来做宣传，如佚名的剧作《白兔记·投军》有谓："左右的，与我扯起招军旗，叫街坊上民庶，三百六十行做买卖的，愿投军者，旗下报名。"

　　**【明代小商小贩的叫卖广告和响器广告等广告活动】**　　明朝时走街串巷的小商小贩，为了扩大商品的影响，所采用的广告形式也是多种多样的。其中最常见的仍是吆喝和唱卖广告。时人小说《生绡剪》中第十一回描写苏州阊门外吊桥河下一个卖老鼠药者，地摊上摆上三四十个老鼠"招头"，口中高声大叫："赛狸猫，老鼠药。大的吃了跳三跳，小的闻闻儿就跌倒了！"通俗风趣、形象生动，三言两语就把老鼠药的威力表达出来了。

　　明代江苏吴江人史玄撰《旧京遗事》也曾记载当时北京小商小贩的唱卖活动云："京城五月，辐凑佳蔬名果，随声唱卖，听唱一声而辨其何物品者、何人担市也。唱卖哦，旧有四句，比叶成诗，巡城者加之以杖。于今惟卖哦者一声，而他物重叠，其词不只一句。盖此以曼声为招，彼以感耳而引。岂市之变端亦随俗为迁徙耶。"又云："京城三月时桃花初出，满街唱卖，其声艳羡。

---

　　① 孙宪易. 如梦录. 郑州：中州古籍出版社，1984. 38，62

数日花谢将阑，则曼声长哀，致情于不堪经久，燕赵悲歌之习也。"①

至于响器广告，在明代也是形形色色，花样繁多。《祥符县志》卷九"市集"、"行货"记明、清开封小商贩用响器做广告活动情况时云：

> 有摇小鼓，两旁自击，卖簪珥、女笄、胭脂、胡粉之属者；有鳞砌铁叶，进退有声，磨镜洗剪刀者；有摇郎当，卖彩线绣金者；有小旗招展，携巾箱卖零星绘帛者；有阁阁柝声，执杓卖油者；有拍小铜钹，卖豆沫者；有驱骊辘小车卖蒸羊者；有煮豆入酒肆，撒豆胡床，以求卖者；有挑卖团圆饼、薄夜（即馒头）、牢丸（即汤圆）、毕罗（即馍馍）、寒具（即馓子）、萧家馄饨、庚家粽子，如古人食品之妙者；有肩挑卖各种瓜果菜者；有入夜击小钲卖饧者；有悬便面于担易新者；有求残金笺扇等器熔出金者；有买肆中柜底土，及掏市沟刷街泥以搜遗钱银屑者；又有攒花于筐，灿然锦色，卖与人种植者。往来梭织，莫可殚记（明、清时之"祥符县"即今之开封市）。

明末清初人撰《如梦录》"小市纪"第八也记载明、清开封小市上常有"惊闺"、"惊绣"两种广告响器。孔宪易校注云：惊闺，"二寸余长方铁板八片，缀以皮条，手提摇之，声联络作响，所以惊闺中妇女也"；惊绣，"形如小播鼗鼓，卖花线所执者"。②"鼗"，音 táo。"播鼗鼓"，一种长柄的摇鼓，俗称拨浪鼓或货郎鼓。在古代本是一种乐器。《周礼·春官·小师》："掌教鼓、鼗、柷、敔、埙、箫、管、弦、歌。"郑玄注："鼗如鼓而小，持其柄摇之，旁耳还自击。"

**【文化广告及雕版印刷广告的流行】**　明代由于雕版印刷业的发展，促进了文化艺术的传播，书商尤为活跃。当时的书坊，往往和儒生、士大夫合作，出版了大量的"文编"、"文选"之类的书籍。从 18 世纪前期著作《儒林外史》中，就可以看到当时知识分子们为书坊选文的情况，如第十三回"蘧駪夫求贤问业"："（蘧駪夫）那日从街上走过，见一个新书店里贴着一张整红纸的报贴，上写到：'本坊敦请处州马纯上先生精选三科乡会墨程，凡有同门录及硃卷赐顾者，幸认嘉兴府大街文海楼书坊不误。'"这是一则书坊广告。文人们为书坊选文是有报酬的，如第十四回马二先生对差人说："我的束脩其实

---

① 史玄. 旧京遗事. 北京：北京古籍出版社，1986. 23
② 孙宪易. 如梦录. 郑州：中州古籍出版社，1984

只得一百两银子。"第十八回匡超人在文瀚楼选文，则只有二两银子。第二十八回诸葛佑请萧金铉选文，则拿出二三百两银子，租了房子，雇了七八个刻字匠，边选边刻。这都是封建时代文人的商业行为。

与此同时，又由于社会对各种书籍需求量不断增大，从而进一步促进了雕版印刷业的发展，使其在雕版印刷规模、质量上都有了很大提高，各种派别和风格的雕版印刷应运而生。各地书商及印刷业经营者为了推销书籍，以及为了在激烈竞争中处于有利地位、提高知名度及宣传自己，往往利用各类书籍的插图及首尾来做广告，以此来推销自己印刷的各类书籍。这类书籍广告一般叫"牌子"①。如：弘治戊午年（1498 年）刊本《奇妙全相西厢记》的书尾即刊有出版商金台岳家书铺的广告文字：

> ……本坊谨依经书重写绘图，参订编次大字本，唱与图合，使寓于客邸，行于舟中，闲游坐客，得此一览始终，歌唱了然，爽人心意。

明汲古阁刻陶南村《辍耕录》书首也刻有一则广告：

> 元末陶南村诸书，向来脍炙人口，惜隐沦不传，海内博雅君子辄秘而密娱，不啻和璧隋珠矣！近有云间刻版，诠次颠倒，吴郡抄本，字虫鲁鱼，几失本来面目。不佞广搜博访，购得国初原刻，特恳汲古阁先生严加订正，以付剞劂，真九成之完璧，艺苑之胜事也。《说郛》、《会要》随有续刻。
> 　　监官黄之义君宣甫谨识

汲古阁的这条广告宽约 5 厘米、高约 9 厘米，刻在该书的封皮上，起到了很好的宣传作用。

从历史上考察，在书籍上刻印相关书籍广告的做法始于宋代，据近代学者叶德辉所著《书林清话》卷六《宋刻书之牌记》条云："宋人刻书，于书之首尾或序后、目录后，往往刻一墨图记及牌记，其牌记亦谓之墨围，以其外墨栏环之也。又谓之碑牌，以其形式如碑也。元明以后，书坊刻书多效之。"② 这类牌记的作用，除做广告宣传外，还可以使后人对这部书的版本及流传情况增

---

① 李一泯. 广告·文学·文明. 文艺报, 1985 - 12 - 07
② 叶德辉. 书林清话. 北京：北京古籍出版社, 1957

加一些了解。

**【明代公益广告】**　　明朝的历代皇帝，每年年初，都要颁布劝农勤耕的谕旨，着令广为宣传。每个皇帝的说辞都不尽相同，却大同小异，从二月到十一月的农事活动及注意事项都说到了。据明代沈榜《宛署杂记》第一卷"日"字《宣谕》条记载：

（明朝）祖制：（每年）朔旦，文书房请旨传宣谕一道，顺天府府尹率宛（宛平）、大（大兴）二县知县自会极门领出，府首领一员捧之前，至承天门桥南，召两县耆老面谕之。月一行，著为令。语随时易。惟正月、十二月，以农事未兴，无之。其初，盖重农意，欲其自畿内布之天下也。乃嘉、隆末，畿民困散，不及时至，则雇市井无赖充之，名曰倒包。里长闾阎，无复知德意者。而且以称病，甚或有以代役持其短，而宣谕遂浸失其初矣。邈迩小民，其谁知之！先年宣谕，语多无考，谨录其存者如左（下）：

正德十二年：二月，说与百姓每（们）：春气发生，都要宜时栽种桑枣。三月，说与百姓每：勤谨务农，都着上紧耕种。四月，说与百姓每：田苗发生，都着上紧耘锄。五月，说与百姓每：农忙时月，不要懒惰废业。六月，说与百姓每：田苗发生时节，都着上紧耘锄。七月，说与百姓每：勤谨务农，不许早眠晏起。八月，说与百姓每：生理艰难，凡事务要节俭。九月（缺）

正德十四年：二月，说与百姓每：各务农业，不要游荡赌博。三月，说与百姓每：趁时耕种，不要懒惰农业。四月，说与百姓每：都要种桑养蚕，不许闲了。五月，说与百姓每：谨守法度，不要教唆词讼。六月，说与百姓每：盗贼生发，务要协力擒捕。七月，说与百姓每：互相觉察，不许窝藏贼盗。八月，说与百姓每：田禾成熟，都要及时收敛。九月，说与百姓每：收了田都要撙节积蓄。十月，说与百姓每：天气向寒，都要上紧种麦。十一月，说与百姓每：遵守法度，不许为非。

正德十五年：二月，说与百姓每：如今天气和暖，都要趁时务农。三月，说与百姓每：勤谨务农，都要上紧耕种。四月，说与百姓每：农忙时月，不许懒惰废业。五月，说与百姓每：不许纵放头畜，作践田禾。六月，说与百姓每：各守本分，纳粮当差，不要误了。七月，说与百姓每：田苗发生时节，着上紧耘锄。八月，说与百姓每：

田禾成熟，都要及时收敛。闰八月，说与百姓每：柴米艰难，都撙节度日。九月，说与百姓每：田禾成熟，都要及时收敛。十月，说与百姓每：各守本分，纳粮当差，不要误了。十一月，说与百姓每：撙节用度，不许妄费财物。

嘉靖三年：二月，说与百姓每：依时务农，不许游惰失业。三月，说与百姓每：都要孝顺父母，不许缺了奉养。四月，说与百姓每：不许纵放头畜，作践田禾。五月，说与百姓每：耕田都要牛力，不许私自杀宰。六月，说与百姓每：不许假充内外势要，诓骗财物。七月，说与百姓每：遵守朝廷教令，不要违犯。八月，说与百姓每：都要省俭，不要大破小用。九月，说与百姓每：谨守法度，不许教唆词讼。十月，说与百姓每：桥梁道路，都要依时修理。十一月，罢。①

**【插草标卖女——充满血泪的特殊广告】**　明代山东济南一带的贫苦人家，每逢荒年暴月，往往插草标卖儿鬻女。临清一带的人贩子认草标而"收购"人口，然后倒卖出去，从中牟取暴利。明代王象春所写竹枝词《济南百咏》中《鬻女》词云："委巷低门立小鬟，青衫竖草惨愁颜。惯收瘦马临清客，鬓发成云又卖还。"（原注："济城民贫，素有鬻女之俗。至乙卯、丙辰之灾，排门竖草，渍面求售，……临清客子每至，则鲜衣盛从，一人而收罗数百，畜以射利……"）②

# 第二节　清代商业的繁荣及广告事业
# 的蓬勃发展

## 一、清代商业的繁荣

清朝是我国东北的一个少数民族——满族的统治者入关统治全中国的时

---

① 沈榜. 宛署杂记. 北京：北京古籍出版社，1983

② 雷梦水. 中华竹枝词（第六册）. 北京：北京古籍出版社，1997. 2423

期。满族是祖国多民族大家庭中一个重要组成部分，长期以来居住生息在我国东北长白山、黑龙江、松花江流域一带。其远祖在古代叫肃慎，魏晋南北朝时叫挹娄、勿吉，隋唐时叫靺鞨，金初称完颜部。及至明代，叫建州女真。明万历十六年，即1588年，女真族的杰出领袖努尔哈赤统一了女真各部，后又建立了"后金"政权，和明王朝中央相对抗。1626年努尔哈赤死后，由其第八子皇太极继汗位，于1636年称帝，并废"金"国号，改为"大清"，又改族名"女真"为"满洲"。1643年，皇太极暴病亡故，由其6岁之子福临继位。福临在其叔父多尔衮等的辅佐下，改元顺治。1644年，福临入关，定都北京，逐步统一中国。直至1911年，清朝统治被孙中山领导的资产阶级革命所推翻，前后历时268年。

整个清代的社会经济，与明代相比，又有了很大的发展。这从人口的发展上就可以看出来。明代人口一直在五六千万之间徘徊。到乾隆二十九年（1764年），中国人口增加到205 591 017人。不到两百年时间，人口几乎增加了三倍半。到道光二十一年（1841年），全国人口达到413 457 311人。过去我们说中国有4亿人口，指的就是这个时期的数字。①

清代的工商业，是从康熙年间逐渐恢复和发展起来的。清代前期的工商业，比起明代来，更集中在江南及东南一带，包括长江流域及运河流域一带。长江流域的著名大都市有武昌、南京等，以及东南地区著名工商业中心城市苏州、杭州。运河流域也有许多著名的商业都市，最著名的是扬州。扬州是两淮盐商汇集之地。盐商极富，使扬州成为清代前期最大的盐业和商业都市。至于华南的都市，以沿海地区为盛，如广州、福州等，都因对外贸易的繁盛而日趋发达。

除了大都市外，县一级镇市在清代也发展起来，差不多无县无镇。有的镇市甚至超过了府治，与省会城市齐名，出现了"四大聚"和"四大镇"的说法。所谓"四大聚"，清代刘献廷（继庄）《广阳杂记》卷四云："天下有四聚：北则京师，南则佛山，东则苏州，西则汉口。"② "四聚"之中有两聚是大镇市。所谓"四大镇"是指河南朱仙镇（属开封县）、江西景德镇（属浮梁县）、湖北汉口镇（属夏口县）、广东佛山镇（属南海县）。这些大镇，人数都达数十万之多。

北方最大的都市，当然就是当时的京师北京，其商业的繁盛，超过了明代。西南的成都，手工业及商业也非常繁荣。

总的来看，"康熙、雍正年间，是清代商业和都市的恢复期；乾隆年间，

---

① 郑天挺．清史简述，1～3
② 刘献廷．广阳杂记．北京：中华书局，1957

是清代商业和都市的发展期；嘉庆、道光年间，是清代国内商业由盛转衰期；鸦片战争以后，则是外国资本主义商业的侵入期了"。① 正是在这样的商业大背景下，我国清代的广告业呈现出多姿多彩、精彩纷呈的局面。又由于各地自然条件及地理环境的不同、风俗习惯及人文环境的差异，以及商品经济发展的不平衡，又使得各地的广告活动及广告事业各出机杼，形式多样，各具特色，从而形成了各地特殊的商业广告文化。

## 二、清代各地广告业的蓬勃发展

### 1. 北京地区的广告活动

明、清两代，北京作为全国的政治中心，前后近 500 年之久（明永乐十九年，即公元 1421—1911 年）。北京地区的广告活动在漫长的发展过程中，形成了鲜明的特色。

**【清代北京店铺装饰、装潢广告及形形色色的招牌广告、标志广告】**　刻意装饰、装潢店铺的门面及厅堂是清代北京规模较大、财力雄厚店铺的主要广告形式。《道光都门纪略》中写道："京师最尚繁华，市廛铺户，装饰富甲天下，如大栅栏、珠宝市、西河沿、琉璃厂之银楼缎号，以及茶叶铺、靴铺，皆雕梁画栋，金碧辉煌，令人目迷五色。"清代佚名著《燕京杂记》卷五亦云："京师市店素讲局面，雕红刻翠，锦窗绣户，招牌至有高三丈者。夜则燃灯数十。纱笼角灯照耀如同白日。其在东西四牌楼及正阳门大栅栏者，尤为卓越。中有茶叶店高甍巨桷，细槅宏窗，刻以人物，铺以黄金，绚云映月，洵是伟观。总之，母钱或百万或千万，俱用为修饰之具。茶叶则贷于茶客（茶商），（茶商）亦视其店之局面，华丽者即无母钱存贮，亦信而不疑，倘局面黯淡，虽栈积千万亦不敢贷矣。金玉其外，败絮其中，所由来也。"② 这样看来，有了好的铺面，不仅可以招徕顾客，还可以凭它显示财力雄厚，取信于人，即便空手贷货，人家也深信不疑。

一般店铺，尤其重视"招幌"，即招牌广告和标识广告。清代朱彝尊《日下旧闻》卷三十八云："都城市肆初开，必盛张鼓乐，户结彩缯。贺者持果核堆盘，围以屏风祀神。正阳门东西街招牌，有高三丈余者，泥金杀粉，或以斑竹镶之，又或镂刻金牛、白羊、黑驴诸形象，以为标识。酒肆则横扁（匾）

---

① 童书业. 中国手工业商业发展史. 济南：齐鲁书社，1981. 325
② 佚名. 燕京杂记. 北京：北京古籍出版社，1986

连楹，其余或悬木罂，或悬锡盏，缀以流苏。"清代夏仁虎撰《旧京琐记·市肆》云："旧日都门市肆亦颇留心广告之术，特极幼稚耳。如黑猴公之帽铺，柜上踞一大黑猴。雷万春之鹿角胶，门上挂大鹿角。某扇铺之檐际悬一大扇。皆是引人注意。他若刀剪铺之王麻子、眼药铺之马应龙则转相仿效，各不下数十字，互称老铺，争执可噱。"① 徐珂《清稗类钞》也云："市招商店悬牌于门以为标识广招徕者曰市招，俗呼招牌，大抵专用字，有参以满、蒙、回、藏文者，有用字兼绘形者，更有不用字、不绘形，直揭其物于门外，或以象形之物代之，以其人多不识字也，如卖酒者悬酒一壶，卖炭者悬炭一支，而面店则悬纸条，鱼店则悬木鱼，俗所谓幌子者是也。"②

清人李光庭（河北宝坻人）在其笔记《乡言解颐》卷四"物部"上《市肆十事》中，记北京及河北宝坻一带市肆招牌、幌子时亦云："士必待招而后往者，重席珍也。客必待召而后来者，拉主顾也。善贾者招之以实货，招之以虚名，招之以坐落、门面、字号，而总不若招牌之醒目也。"接着作者以诗咏招牌及幌子云：

> "京都第一"几家标，不入吾门客待招。大字冲天名赫赫，长旆拖地意摇摇。登云凫舄何须琢（曩游楚市，见有琢鞋招牌），印板龙文总用雕。
> 却笑琵琶悬半截，知音谁识尾同焦（乐器铺挂半截琵琶作招牌）。③

北京还有的大铺子，往往在当街的门旁树立一个木制的大招牌，高过于房，宽有 3 尺，黑地金字，写着所售货物的名称。《燕京杂记》上说"招牌有高至三丈者"，说的就是这种大型招牌。这种招牌又叫"冲天招牌"，其目的是引人注目，以广招徕，便于来往行人从远处就能看见。对于"冲天招牌"的具体形制及设置，李一氓曾有详细考证：

> 关于冲天招牌，现在是很生疏了。那是用两片长条石，深埋地下，露出地面的两石之间则夹竖一个很长很长的黑漆金字招牌。石条有洞，可以把招牌栓紧，一般直立在店铺当中的街上，很高很高，意在使人老远就能看见这家大店所在。清代乾隆年间的《圆明园内铺

---

① 夏仁虎. 旧京琐记·市肆. 北京：北京古籍出版社，1986. 102
② 徐珂. 清稗类钞·农商类. 北京：中华书局，1984. 2283
③ 李光庭. 乡言解颐. 北京：中华书局，1982

面牌幌则例》还规定，冲天招牌顶上要雕装元宝或如意，真是很阔气，很神气了。①

有些店铺还用其他方法打招牌，《续都门趣话》云："从前京师澡堂，率于门首粉墙上署一联云：'金鸡未唱汤先热，红日东升客满堂'。千篇一律，几无人敢易一字。"连蒙馆（学堂）也打招牌，《燕京杂记》云："京师蒙馆外有招榜，大书一'学'字，旁书'秋爽来学'四小字。来学必以秋爽，不知何义。友人对以'冬季讽经'。京师寺外必大书此四字，以此为对，亦甚有趣。"②

店铺除以上广告方式外，还有的铺家用"水牌"（或叫"粉牌"）做广告。清人李光庭著《乡言解颐》卷四"物部"上"水牌"条记载："水牌，便于浮记之物也，粉地朱丝，罩以油，便于涂洗。……若京师酒肆、饭庄、戏庄，以载肴馔，以纪日期，习以为常。"③ 酒肆、饭庄用"水牌"写菜肴食品名称、价格，店铺则以之报告商品品种，戏院以之报告剧目及节目安排，寺庙用来记斋期……"水牌"用途是很广泛的。"水牌"一般用木板做成，并加以油漆、白底、朱栏、黑字，非常清晰醒目。使用起来也很便捷，可经常改换内容，不要了，一洗或一抹便了事，可反复使用。

【招牌之顶冒】　　商家之所以如此重视招牌广告，是因为招牌是一种无形资产，它能给商家带来很好的经济效益。著名的招牌，实际上也就是著名的商标，它往往和优质的商品联系在一起，和顾客的认同感、信任感联系在一起。因此之故，一些著名的招牌往往被人模仿或假冒。如，北京老字号"王麻子刀剪店"，原是由一个王姓山西人于清顺治八年（1651 年）创办的，由于所卖刀剪质量好，深受顾客的青睐。清嘉庆二十一年（1816 年），这家刀剪店正式挂出"三代王麻子"的招牌。从此，以"三代王麻子"作为显著商标，并在刀、剪上刻上"王麻子"三字，成为刀剪业中的名牌货，时人有"南有张小泉，北有王麻子"的口碑。以后，模仿之人渐多，出现了以"汪麻子"、"旺麻子"、"老王麻子"、"老老王麻子"、"真王麻子"等为招牌的刀剪店。但质量最好的，仍是开在宣外大街菜市口的"三代王麻子"。"而外省多有冒之者，所悬市招，犹大出矢（誓）言，言'近有假冒者，男盗女娼'云云，而

---

① 李一氓. 广告·文学·文明. 文艺报, 1985 – 12 – 07

② 佚名. 燕京杂记. 北京：北京古籍出版社, 1986. 133

③ 李光庭. 乡音解颐. 北京：中华书局, 1982. 70

不知其实自道也。"① 又据徐珂《清稗类钞》第五册"农商类""京师药铺"条记载:"东安门内有卖灵宝如意丹者,定价不二,先与银,乃付丹。每以纹银之重量若干,易丹如其数,钱则每百易丹一钱。治病神效,故人争市之。屋仅一廛,悬额为'青囊一卷',其人以此起家,传数代矣。由是争相仿效,或书'清囊一卷',或'诚囊一卷',或'菁囊一卷',或'精囊一卷',以此相混攘利,而不知其意义不通也。一巷之中,殆有数十家,门面宏敞,点缀鲜明。客至,殷勤延坐,奉茶奉烟,先与丹而后付值,银不必纹、钱不必定,而丹不甚佳⋯⋯"清人阮葵生《茶馀客话》卷十八"著名市肆"条也记载:"京师市肆扁(匾)榜,标识百出。一家擅名,必有数家假借,希影响以窃之。有集成联句者,曰'立道堂诚意高香',曰'修德居细心坚烛';曰'冬季讽经',曰'秋爽来学';曰'堂',曰'学';曰'四世马公道膏药',曰'三代王麻子金针';曰'甘露斋祖传狗皮膏',曰'香雪堂神效乌须药'"等等。② 由此看来,清代北京地区假冒著名招牌的现象还是很普遍的。

**【招牌之字数】** 清代北京地区招幌匾额形式多种多样,清末人"闲园鞠农"(蔡绳格)所著《燕市商标邺录》统计,③ 北京匾额、牌幌样式有上千种,并分为一字、二字、三字、四字、五字、六字式等几大类。其中,用得最多、最普遍的是四字式牌幌。也有招幌、牌匾用字长达二十多个者,如:

"脱衣认号,临行看箱;公文财物,交明柜上;如若不交,失物不管。"(澡堂牌幌)

"德爱堂沈家,祖传七代小儿七珍丹。只此一家,并无二处。"(药店冲天招牌)

"同春堂自置川、广、闽、浙各省地道生熟药材"、"同春堂遵古(法)炮炙饮剂咀片诸般应症丸散膏丹。"(药店冲天招牌)

**【清代北京小商小贩的叫卖广告】** 叫卖广告属"市声广告"这一大类。所谓"市声广告"主要包括吆喝及唱卖广告和响器广告。吆喝及唱卖广告是小商小贩及手艺人主要的广告手段。清代北京地区的小商小贩及手艺人种类繁多,据张大都编《燕市贾贩琐录》统计,共有 500 种之多。该书对这近 500

① 徐珂. 清稗类钞. 北京:中华书局,1984. 2298
② 阮葵生. 茶馀客话(下册). 北京:中华书局,1959. 548
③ 蔡绳格. 燕京商标邺录. 张次溪编. 中国史迹风土丛书(线装本). 东莞:东莞张氏拜堂校印,1943

种小商小贩及手艺人都作了详细记载。① 这么多的贾贩及手艺人，他们几乎都各有自己的叫卖方式。清代佚名（从书内内容看，作者当系清嘉庆后河北顺德人，曾寓居京师）《燕京杂记》云：

> 京师（北京）荷担卖物者，每曼声婉转动人听闻，有发数十字而不知其卖何物者。该书又记载："呼卖物者，高唱入云，旁观唤买，殊不听闻，惟以掌虚复其耳无不闻者。"②

当时北京一带悠扬动听的叫卖广告，今人已难以听到其声韵了。但从清人的笔记及有关研究民俗学的著作中，仍可寻觅到一些片断的记载。如，清光绪年间富察、敦崇著《燕京岁时记》记载："京师伏暑以后，则寒贱之子担冰叫卖曰：'冰胡（核）儿'"，"七月中旬则菱芡已登，沿街叫卖曰：'老鸡头，才下河！'"记述了北京街头小贩盛夏卖"冰核（音胡）"、"菱芡"（菱角和芡实，芡实又叫"鸡头"）的吆喝声。吆喝广告一般都简短高亢。"卖什么吆喝什么"，直截了当地把所卖物品喊出来就行了。唱卖广告则不然，它要将吆喝声艺术化，抑扬顿挫、节奏鲜明，有的还合辙押韵、悠扬动听。清光绪年间人蔡绳格（自署"闲园鞠农"）编著的《一岁货声》（钞本）记载了北京地区大量的唱卖声，其中记卖小吃及鲜果的小贩云：

> 五月中卖桃的唱曰：樱桃嘴的桃呕嗷喧啊……（文后小点不是略号，而是"重其音，像其长声与余韵"，下同）
> 卖硬面饽饽的唱曰：硬面唵，饽啊饽……
> 卖花生的唱曰：脆瓢儿的落花生啊，芝麻酱的一个味来，抓半儿空的——多给。
> 卖晚香玉的唱曰：嗳……十朵、花啊晚香啊，晚香的玉来，一个大钱十五朵。
> 七月卖枣的唱曰：枣儿来，糖的渍哒喽，尝一个再买来。哎，一个光板喽。
> 十月卖海棠的唱曰：秋的来红海棠来，没有虫儿来；黑的来糖枣儿，没有核来。又曰：栗子味的白薯来，是栗子味的白薯来……

---

① 张大都. 燕市贾贩琐录. 张次溪编. 中国史迹风土丛书（线装本）. 东莞：东莞张氏拜堂校印，1943
② 佚名. 燕京杂记. 北京：北京古籍出版社，1986. 131

　　粥铺卖粥的唱曰：喝粥咧，喝粥咧，十里香喝热的咧。炸了一个焦咧，烹了一个脆咧，脆咧焦咧，像个小粮船的咧，好大的个儿咧。锅炒的果咧，油又香咧，面又白咧，扔在锅里飘起来哩，白又胖哩，胖又白咧，赛过烧鹅的咧，一个大的油炸的果咧。水饭咧，豆儿多咧，子田原汤儿绿豆的粥咧。①

　　这些满带京味儿的吆喝及唱卖广告，都极富地方韵味。

　　有的小商贩的叫卖声长篇大套。北平俗曲《杂银嵌换钱》中描述清代北京一个收杂货的小商贩，能把所要收买的一百多种旧货名称，"比叶成诗"，一口气都吆喝出来，其词曰：

　　杂银换钱，有那破坛子、烂罐子，马勺和盖垫，还有那酒漏子、酒壶、雨衣、褐衫，鸟枪和腰刀、撒带、号箭，有那夹剪和法马（砝码）、戥子、算盘，有那使不着的旧秤、天平和钱盘，还有那厨房里的油裙，打破了的鼓板、拔破的铙钹、法衣、偏衫，有那脚凳子、供器、桌围、帐幔，有那道士木鱼、鱼鼓、简板，有那打卦的竿子、算命的铁板，铜盆和衣架，使不着的案板、桌椅和板凳，摆坏了的佛龛，有那杉槁木垛、买卖人儿的扁担，有那车上煞绳、打牛的皮鞭，木匠的铁锯、铁匠的风扇，有那裱糊匠的刀尺、画匠的图传，锡匠的砧剪、棚匠的席竿，有那厨房的刀勺、庄家人的锄镰、瓦匠的瓦刀，还有铁锹、安不着的门框、竹筒子、炕沿，有那古铜玩器、字帖手卷，这些个东西，都拿来换钱。旧靴子、旧袜子、旧褂子、旧帽子、旧袍子、旧罩子、凉席子、马褥子、套裤、口袋、破裤子、银簪子、铜镯子，待客使不得的火锅子，破灯笼、烂罩子，员外戴不着的扎巾子、胰子盒、手炉，待客使不得的锡壶子、金冠子和银扇子、吊破了的纱灯、旧钿子，蒜罐子、醋坛子，打破了的雨伞、竹帘子、破铺陈、乱毡子，裁缝赚下的破湾子，破琵琶、烂弦子、胡琴、星儿、托盘子、蜡阡子、灯坠子，剃头使不得的那破柜子、破纱橱、烂箱子、使不得的酒篓、小缸子、旧盆子、烂桶子，使不得的荷缸、小罐子、小刀子、手帕尖上的铜卡子、简妆子、镜架子，阿哥们穿不着的马褂子、平口子、旧袋子、烂条子、荷包、顺带子，旧剪子、坏簪子、奶奶们带不着的耳环子，铁钉子、铁镊子、灯台、香炉、蜡夹

---

　　① 李家瑞．北平风俗类征·岁时．北京：商务印书馆，1937

子，铜钮子、潮银子、宣卷、使不着的旧棉子、花棒槌、叉头子，小阿哥们玩的皮猴子、零绸子、碎缎子、姑娘们打带子剩下的绒辫子、马鞍子、透抽鞍、摔胸、肚带、錬金镫、扯手、鞦辔共嚼环，这些个东西全都要，拿将出来看一看。①

清末"闲园鞠农"（蔡绳格）《燕市货声》记载了北京地区各种各样小贩的吆喝声有好几百种，真可谓"燕市货声"之集大成。② 其中，有的小贩为吸引人，往往别出心裁，如"有人卖盆，则学老鹳打架，先叫早，后争窝，末像群鸦对谈，嬉笑怒骂中有解和意。无不笑者"（见《燕市货声》）。

**【响器广告】**　除吆喝及唱卖广告外，北京地区的"响器"广告也是花样繁多，或敲打、或吹奏、或摇晃，发出特殊的音响来招惹人注意。这些"响器"都是些特殊的广告道具，人们往往称之为"代声"。各行各业的小商贩及手艺人都有自己的"代声"，而且各有各的韵律、音调。据清道光年间笔记《韵鹤轩杂著》中记载："百工杂技，荷担上街。每持器作声，各为记号。修脚者所摇折叠凳，曰'对君坐'；剃头担所持响鼓，曰'唤头'；医家所摇铜铁圈，曰'虎撑'；星家所敲小铜锣，曰'报君知'；磨镜者所持铁片，曰'惊闺'；锡匠所持铁器，曰'闹街'；卖油者所鸣小锣，曰'厨房晓'；卖食者所敲小木梆，曰'击馋'；卖闺房杂货者所摇，曰'唤娇娘'；卖耍货者所持，曰'引孩儿'。"又据《民社北平指南》记载：剃头匠"打唤头"，"唤头"者，"以铁为之，形如巨镊，其声'╇九儿，╈九儿'"；锔（修补）碗的肩担一挑子，挑子一端一小铜锣，铜锣之两面各悬一小铁锤，随行随摇动，其声为"叮╈九兀，勋╈九兀，"；钉鞋的用铁锤敲打铁器，其声"力九儿，╈九儿"；还有"卖冰者，以二铜盏叠之作响以为号，故谓之冰盏。今卖果食者亦用冰盏"；③"有荷两筐击小鼓以收物者，谓之'打鼓'，交错于道，鼓音不绝"④。更多的时候，是吆喝广告与响器广告结合起来，李家瑞《北平风俗类征·职业》记载了不少卖杂货的货郎一边打着响器，一边"满街叫唤"的例子。

---

① 李家瑞.北平风俗类征·器用.北京：商务印书馆，1937. 270
② 蔡绳格.燕市货声.张次溪辑.京津风土丛书（线装本），1937
③ 佚名.燕京杂记.北京：北京古籍出版社，1986. 19
④ 佚名.燕京杂记.北京：北京古籍出版社，1986. 120

**【从清人竹枝词里看清代北京广告】** "竹枝词者，古以记风俗之转移，表人情之好尚也。"①《清代北京竹枝词》（十三种，北京古籍出版社，1982 年版），搜集了不少清代文人写的竹枝词，从中可以看到早年北京地区风俗人情及地方风物的形形色色，其中，也不乏广告活动的生动描述，如：

净香居主人（杨米人）《都门竹枝词》记北京冷饮店云："三月街头早卖冰"。冷饮店伙计"挥罢小旗摇'响竹'"（驱蝇帚，名曰"响竹"）。六月酷暑，冷饮店往往"天棚高搭院中间，到地帘垂绿竹斑。冷布作窗纱作幕，堆盆真个有冰山"。卖冷饮的小贩则走街串巷，"冰盏丁东响满街，玫瑰香露浸酸梅"；"卖酪人来冷透牙，沿街大块叫'西瓜'。晚凉一盏冰梅水，胜似卢同七碗茶"。东四牌楼一带，卖衣服的商贩则"提衣高唱乱如麻"。

还有专拾"厕筹"（上厕所代纸用的木片）的人："马勃牛溲与竹头，从无弃物委渠沟。提筐在背沿街走，更有人来拾厕筹。"

小酒店、饭馆有其特殊的广告方式，往往"铁勺敲得连声响"。卖小吃的以叫卖广告为主，"'切糕'、'鬼腿'闹喳喳"，"'凉果'、'楂糕'聒耳多，'吊炉烧饼''艾窝窝'；'叉子火烧'刚买得，又听'硬面'叫'饽饽'"。

杨静亭《都门杂咏》中《行医》一首记医家广告云："满墙贴报博声名，'世代专门'写得清。怂恿亲朋送匾额，封条也挂御医生。"《厂甸》一首记厂甸一带摊贩广告云："新开厂甸值新春，玩好图书百货陈。裘马翩翩贵公子，往往多是读书人。"看来，集市摊贩主要以陈列广告为主。李静山《增补都门杂咏》"市廛门"中《琉璃厂》一首咏琉璃厂的陈列广告云："画舫书林列市齐，游人到此都眼迷。最难古董分真假，商鼎周尊任品题。"古玩铺则"唐宋元明件件陈，满墙字画尽名人"。估衣摊："裙衫袍褂列成行，布帐高支夏月凉。急事临身多绕路，怕听争问买衣裳。"《镊子张》、《王麻子》二首则生动记载了店家假冒名牌做广告宣传的活动，如《镊子张》："锤剪刀锥百炼钢，打磨厂内货精良；教人何处分真假，处处招牌镊子张。"《王麻子》："刀店传名本姓王，两边更有'万'同'汪'；诸公拭目分明认，头上三横看莫慌。"

"兰陵忧患生"所作的《京华百二竹枝词》中记卖杂货小贩的叫卖广告活动云："叫卖出奇声彻霄，街头客店任逍遥；'胡梳坠什捎家走，十个铜元捡样挑'。"原注："有一提包卖胡梳零件者，声音极高，几入云际，店门一唤，旅客尽惊。且其唤卖数句，确有腔板，此词末二句，即其口中叫卖语也。可谓奇绝，可谓特别。"又记清末照相馆广告手法云："明镜中嵌半身像，门前高

---

① 杨静亭．都门杂咏·序．杨米人著．清代北京竹枝词（十三种）．北京：北京古籍出版社，1982

挂任人观；各家都有当行物，花界名流大老官。"原注："照相盛行，各馆林立。门前高挂放大像镜，或为政界伟人，或为花丛名伎，任人观览，以广招徕。"

街道卖小吃的小商贩，如卖杏仁茶、冰汤、甜浆粥、水饺、硬面饽饽的等等，也以叫卖为主。何耳《燕台竹枝词》中《硬面饽饽》一首云："硬黄如纸脆还轻，炉火匀时'不托'成；深夜谁家和面起？冲风唤卖一声声。"（"不托"即"馎饦"，古代一种面食）

佚名《都门竹枝词》记戏园招贴广告云："某日某园演某班，红黄条子贴通衢；太平锣鼓滩黄调，更有三堂'什不闲'。"学秋氏《续都门竹枝词》记茶馆、酒店广告云："茶坊酒肆列通衢，飞舞龙蛇贴壁间。"又记药铺招牌广告云："回回三代狗皮膏，祖像招牌树得高；冬夏桥头长供奉，子孙买卖不辞劳。"又，"鹿角招牌系世传，乌须妙药果通仙。老鳏老宦寻'仁寿'（到仁寿堂药店买药——引者注），暂把黄金买少年。"

佚名《燕台口号一百首》则记载了北京街头奇特的招幌广告及特殊的广告方式："幌子高低店铺排，蒲包三两作招牌；更寻纸架当门立，小匾茅房挂大街。"原注："当铺及油店俱悬锡球于门首，名'幌子'。卖槟榔者点蒲包，又当街挂'茅房在内'一小匾，并设草纸架。"

2. 扬州、苏州及杭州一带地区的广告活动

清代有几部具有特色的著名笔记，如清人李斗的《扬州画舫录》[1]，专记清乾隆时期扬州地区的社会经济文化情况，文字隽永清丽。李斗字艾塘，又字北有，江苏仪征县人，著有《永报堂集》33 卷，其中即有《扬州画舫录》18 卷。《扬州画舫录》对乾隆年间的广告活动有比较丰富的记载。清人顾禄的《桐桥倚棹录》中《市廛》、《舟楫》、《工作》诸卷，[2] 对清代苏州虎丘山塘一带市廛、手工业和精美的工艺品等，都有生动的描述，反映出苏州当时的繁荣景象。顾禄还写有《清嘉录》[3]，专记清代苏州一带民情风俗，"岁时节物，市肆好尚"，都是我们研究清代广告史的重要资料。

**【"借联匾新异"，故弄玄虚，以广招徕】** 李斗《扬州画舫录》卷七第 11 条记载：扬州城有一"宰夫杨氏，工宰肉。得炙肉之法，谓之熏烧。肆中额云：'丝竹何如。'人皆不得其解。或以'虽无丝竹管弦之盛'语解之，谓

---

① 李斗. 扬州画舫录十八卷. 北京：中华书局，1960

② 顾禄. 桐桥倚棹录. 上海：上海古籍出版社，1980

③ 顾禄. 清嘉录. 台北：台湾商务印书馆，1976

其意在觞咏。或以'丝不如竹，竹不如肉'语解之，谓其意在于肉。然市井屠沽，每借联扁（匾）新异，足以致远。是皆可以不解解之也"①。这是用"模糊语言"做广告宣传的典型例子。

**【茶肆中的小物件，也有广告意味】** 《扬州画舫录》卷七记载："（扬州）明月楼茶肆在二钓桥南，南岸外为二道沟，中皆淮水。逢潮汐则江水兼之，肆中茶取于是，饮者往来不绝。人声喧阗，杂以笼养鸟声，隔席相语，恒以眼为耳。"② 茶肆养鸟鸣叫，为的是宣扬情调、烘托气氛，使茶客流连。

**【香料铺善抓时机做广告】** 《扬州画舫录》卷九记载："天下香料，莫如扬州'戴春林'为上，'张元书'次之。迁地遂不能为良，水土所宜，人力莫能强也。江晥香署山东巡抚时，为乡试监临，以千金与元书制造香料，作汉瓦奎璧等形，凡乡试诸生，人给一枚，今元书家依其例为之，称为'状元香'。"又载："（扬州）名肆，如伍少西毡铺匾额'伍少西家'四字，为江宁杨纪军名法者所书，戴春林香铺'戴春林家'四字，传为董香光所书云。"③ 匾额也请名家题写，无非是为了借名人效应，以广宣传而已。

**【书场"门悬市招"做广告，即海报广告】** 《扬州画舫录》卷九记载："大东门书场在董子祠坡儿下厕房旁，四面团座，中设书台。门悬书招，上三字横写，为评话人姓名。下四字直写，曰：开讲书词。屋主与评话人以单双日相替敛钱，钱至一千者为名工。各门街巷皆有之。"④

**【别开生面而又奇妙的"烟戏"广告】** 《扬州画舫录》卷十一记述烟草零售商匡某采用特殊的广告手段——"烟戏"来推销他的水烟："匡子驾小艇游湖上，以卖水烟为生，有奇技，每自吸十数口不吐，移时冉冉如线，渐引渐出，色纯白，盘旋空际，复茸茸如髯，色转绿。微如远山，风来势变，隐隐如神仙鹤犬状。须眉衣服，皮革羽毛，无不毕现。久之色深黑，作山雨欲来状。忽然风生烟散。时人谓之匡烟。遂自榜其船曰'烟艇'。"⑤ 用表演吐烟圈（"烟戏"）来勾起人们的好奇心，以吸引顾客。

---

① 李斗．扬州画舫录．北京：中华书局，1960．165
② 李斗．扬州画舫录．北京：中华书局，1960．165
③ 李斗．扬州画舫录．北京：中华书局，1960．194～195
④ 李斗．扬州画舫录．北京：中华书局，1960．207
⑤ 李斗．扬州画舫录．北京：中华书局，1960．259

**【"提篮鸣锣唱卖"的卖糖小贩】** 《扬州画舫录》卷十一记载:"'大观楼'者,糖名也。以紫竹作担,列糖于上。糖修三寸,周亦三寸,中裹盐脂豆馅之类,贵至十数钱一枚。其伪者则价廉不中食矣。又有提篮鸣锣唱卖糖官人、糖宝塔、糖龟儿诸色者,味不甚佳,足供小儿之弄。或置竹钉数十于竹筒中,其端一赤而余皆黑,以钱贯之。适中赤者则得糖,否则负。口中唤唱,音节入古。"① 从上面这段记载可以看出卖糖小贩主要有 3 种广告方式:一是"鸣锣唱卖",或直接"口中唤唱,音节入古";二是利用糖的造型来吸引儿童,如大件叫"大观楼",用紫竹作架,列糖于上,小件有糖官人、糖宝塔、糖龟儿诸色;三是采用赌博方式来推销——"适中赤者则得糖,否则负"。

**【"肩担卖食之辈","竞尚妆饰",以为广告】** 《扬州画舫录》卷十一记载:"清明前后,肩担卖食之辈,类皆俊秀少年,竞尚妆饰,每着藕兰布衫,反纫钩边,缺其衽,谓之琵琶衿。裤缝错伍取窄,谓之棋盘裆。草帽插花,蒲鞋染腊(蜡)。卖豆腐脑、茯苓糕(者),唤声柔雅,渺渺可听。又,夏月有卖洋糖豌豆、秋月有卖芋头芋苗子者。皆本色市夫也。"②

**【"绘图鸣金炫售"宠物的小贩】** 《扬州画舫录》卷十一记载:"北人宋二,貌魁梧,色黝黑,嗜酒,好与禽兽伍,禽兽亦乐与之狎。得一奇异之物,置大桶中,绘图鸣金炫售,以为日奉酒钱。一日奇货尽,以犬纳桶中,炫售如故,见者嘲之,谓之'宋犬'。"③

**【清代江南一带酒帘样式】** 《扬州画舫录》卷十三《桥西录》记载:"跨虹阁在虹桥爪,是地先为酒铺,迨丁丑后改官园,契归黄氏,仍令园丁卖酒为业。联云:地偏山水秀(刘禹锡)、酒绿河桥春(李正封)。阁外日揭帘,夜悬灯,帘以青白布数幅为之,下端裁为燕尾,上端夹板灯,上贴一酒字。土酒如通州雪酒、泰州枯、陈老枯、高邮木瓜、五加皮、宝应乔家白,皆为名品……"④除酒帘外,江南一带市招也有其特色。乾隆年间,苏州画家徐杨绘有一幅《盛世滋生图》卷。图中共画有 230 余家店铺,涉及 50 多个行业,几乎每家都有市招。

① 李斗.扬州画舫录.北京:中华书局,1960.262
② 李斗.扬州画舫录.北京:中华书局,1960.262~263
③ 李斗.扬州画舫录.北京:中华书局,1960.265
④ 李斗.扬州画舫录.北京:中华书局,1960.293

**【苏州酒楼菜谱——著名的菜肴广告】** 《桐桥倚棹录》卷十"市廛"
条记述苏州虎丘山塘一带有著名酒楼 3 家：斟酌桥旁"三山馆"、引善桥旁
"山景园"、塔影桥畔"李家馆"。其中，三山馆历史"最久，创于国初"，
"旧名'白堤老店'"，"所卖满汉大菜及汤炒小吃则有：烧小猪、哈儿巴肉、
烧肉、烧鸭、烧鸡、烧肝、红炖肉、荑香肉、木犀肉、口蘑肉、金银肉、高丽
肉、东坡肉、香菜肉、果子肉、麻酥肉、火夹肉、白切肉、白片肉、酒闷蹄、
硝盐蹄、风鱼蹄、绉纱蹄、燠火蹄、蜜炙火蹄、葱椒火蹄、酱蹄、大油圆、炸
圆子、溜圆子、拌圆子、上三鲜、汤三鲜、炒三鲜、小炒、燠火腿、燠火爪、
炸排骨、炸紫盖、炸八块、炸里脊、炸肠、爆肚、汤爆肚、醋溜肚、芥辣肚、
烩肚丝、片肚、十丝大菜、鱼翅三丝、汤三丝、拌三丝、黄芽三丝、清炖鸡、
黄焖鸡、麻酥鸡、口蘑鸡、溜渗鸡、片火鸡、火夹鸡、海参鸡、芥辣鸡、白片
鸡、手撕鸡、风鱼鸡、滑鸡片、鸡尾掮、炖鸭、火夹鸭、海参鸭、八宝鸭、黄
焖鸭、风鱼鸭、口麻鸭、香菜鸭、京冬菜鸭、胡葱鸭、鸭羹、汤野鸭、酱汁野
鸭、炒野鸡、醋溜鱼、爆参鱼、参糟鱼、煎糟鱼、豆豉鱼、炒鱼片、炖江鲝、
煎江鲝、炖鲫鱼、汤鲫鱼、剥皮黄鱼、汤黄鱼、煎黄鱼、汤着甲、黄焖着甲、
斑鱼汤、蟹粉汤、炒蟹斑、汤蟹斑、鱼翅蟹粉，鱼翅肉丝、清汤鱼翅、烩鱼
翅、黄焖鱼翅、拌鱼翅、炒鱼翅、烩鱼肚、烩海参、十景海参、蝴蝶海参、炒
海参、拌海参、烩鸭掌、炒鸭掌、拌鸭掌、炒腰子、炒虾仁、炒虾腰、拆炖、
炖吊子、黄菜、溜卞蛋、芙蓉蛋、金银蛋、蛋膏、烩口蘑、炒口蘑、蘑菇汤、
烩带丝、荑肉、汤素、炒素、鸭腐、鸡粥、什锦豆腐、炒肫乾、炸肫肝、烂煐
脚鱼、出骨脚鱼，生爆脚鱼、炸面筋、拌胡菜、口蘑细汤。点心则有：八宝
饭、水饺子、烧卖、馒头、包子、清汤面、卤子面、清油饼、夹油饼、合子
饼、葱花饼、馅儿饼、家常饼、荷叶饼、荷叶卷蒸、薄饼、片儿汤、饽饽、拉
糕、扁豆糕、蜜橙糕、米丰糕、寿桃、韭合、春卷、油饺等，不可胜记。"①
这一段关于菜肴、点心的记载，总计菜肴名称近 150 种，小吃面点也近 30 种，
是目前所发现史料记载中品种最多、最全的菜谱，也是研究我国烹饪史及饮食
文化史的珍贵资料。只有李斗《扬州画舫录》卷四《新城北录》中记载的
"满汉全席"的菜谱大概可与《桐桥倚棹录》的这份菜谱媲美。②

**【苏州小商小贩"拦门吟卖"，"宛转堪听"】** 据《桐桥倚棹录》记载，
苏州虎丘山塘一带，商业繁华，手工业发达，店铺、作坊鳞次栉比，尤其所卖

① 顾禄. 桐桥倚棹录. 上海：上海古籍出版社，1980. 143～145
② 李斗. 扬州画舫录卷四. 北京：中华书局，1960. 106

小手工艺品，精美绝伦。如有卖葵扇的、有卖琉璃灯的、有卖绢人的、有卖画的，有制作紫竹器的、有制作竹刻的、有做棕榈蝇拂的、有做"象生绒花"的、有做精美逼真"塑真"（泥人）的、有做"耍货"（用纸、泥、竹木为材料制作的儿童玩具）的、有做"影戏洋画"的、有做"竹夫人"的，等等（《桐桥倚棹录》卷十"市廛"、卷十一"工作"）。小商小贩则络绎于街头巷尾，其中，卖丝线、丝带者，"筐篚携至渡僧桥、月城内一带，拦地叫卖"（《桐桥倚棹录》卷十）。卖花"贩儿"，"成群入市，拦门吟卖，紫韵红腔，宛转堪听。吴城（苏州——引者注）大家小户妇女，多喜簪花，特歌伎船娘尤一日不可缺耳。有等日供于门以为晓妆之助者，计月论值，俗呼'包花'"，而"供花皆折枝，便人插胆瓶盂钵之玩"（《桐桥倚棹录》卷十二）。徐珂《清稗类钞》"农商类""苏女卖花"条也云："苏州花圃，皆在阊门外之山塘。吴俗，附郭农家多莳花为业，千红万紫，弥望成畦。清晨，由女郎挈小筠篮入城唤卖。昔人谓金陵卖菜佣亦带六朝烟水气，而吴中卖花女郎，天趣古欢，风姿别具，亦当求诸寻常脂粉之外。上海亦有之，则率为移居之苏人，赁地而自种自卖者也。"① 又，江南一带，时鲜颇多，其中，有卖菱角者，于"七八月间，菱船往来山塘河中叫卖。其整采买者，散于各处水果行，鬻于贩客"。时人作《竹枝词》咏之曰："忽讶棹歌沿绿水，柳阴深处卖菱船"，② 人称"卖时新"③。

**【清代苏州"陆稿荐"——故神其说以广招徕】**　徐珂《清稗类钞》记载："苏有陆稿荐熟肉店。苏州熟肉店所售为猪、鱼、鸡、鸭之已熟者，其市招无一非陆稿荐。相传陆氏之先设肆吴阊，有丐者日必来食肉，不名一钱，主人弗责偿也。后且寄宿店庑，亦不以为嫌。丐无长物，惟一稿荐（草席——引者注），一日，忽弃之而去。久之，店偶乏薪，析荐以代，则燔炙之时，香闻数十里，因以驰名。继此凡营是业者，即非陆姓，亦假托其名以冀增重于时。"④

**【杭州冰鲜行雇人鸣锣卖鱼】**　徐珂《清稗类钞》"农商类""三十六行"条云："三十六行者，种种职业也。就其分工而约计之，曰三十六行，倍之，则为七十二行；十之，则为三百六十行，皆就成数而言，俗为之一一指定分配

---

① 徐珂．清稗类钞（第五册）．北京：中华书局，1984．2263
② 顾禄．桐桥倚棹录．上海：上海古籍出版社，1980
③ 顾禄．清嘉录（第五册）．台北：台湾商务印书馆，1976．3
④ 徐珂．清稗类钞（第五册）．北京：中华书局，1984．2313

者，罔也。至三百六十行之称，则见于宋田汝成《游览志余》，谓杭州三百六十行，各有市语也。"① 杭州众多的"市语"中，有的非常特别。清人范祖述《杭俗遗风》记载："杭州之江鱼船来自宁波等海口，路途天热，鱼皆藏于冰内，无论何时到地，江干设有冰鲜行，雇人肩挑大锣一面，其一头挂大灯笼一盏，号冰鲜行字号，遍行城厢内外上下段各路。如到船一只则敲锣两下、两只三下，通知各行贩前往贩卖。去者先于市中买筹，每根五百文，然后持筹往船上取鱼。其中贵贱以鱼之多寡合算，鲥鱼、鳓鱼、鲳鱼、乌贼等皆从此冰船而来。三四月起，夏至后绝迹矣。先前以白昼鸣锣犯禁，后乃禀明大宪，则当官敲矣。"②

**【杭州及其他地区的"仿单"广告】**　一般商品，总会有包装纸，纸上印有商品说明，名曰"仿单"。有人收藏了几张清代的旧仿单，如：

（1）杭州老三泰琴弦店："祖传李世英按律法制太古琴弦、缠弦，各式名弦，一应俱全，发客。老铺历百余年，并无分出。凡士商赐顾者，请认杭省回回堂下首，积善坊巷口老三泰图记，庶不致误。"

（2）北京桂林轩脂粉铺："桂林轩监制金花宫脂、西洋干脂，小儿点痘，活血解毒；妇人点唇，滋润鲜艳，妙难尽述。寓京都前门内棋盘街路东，香雪堂北隔壁。赐顾请详认墨字招牌便是。红字套冰梅蓝花边。"

（3）徽州胡开文墨店："苍佩室墨赞：珍称墨宝，驰誉艺林。苍佩之宝，触目球琳。元霜质栗，紫云老沉。延珪而后，此其嗣音。泼纵似海，惜本如金。龙宾十二，助尔文心。道光丁酉春秋，春叔孙日萱书于海阳书院之求寡过斋。"

（4）扬州卢葵生漆器店（漆砚）："其砚全以沙漆，制法得宜，方能传久下墨。创自先祖，迄今一百十余年，并无他人仿制。近有市卖者假冒，不得其法，未能漆沙经久，倘蒙鉴赏，必须认明砚记图章、住址不误。住扬州钞关门埂子街达士巷南首古榆书屋卢氏。"③

3. 武汉、成都地区的广告活动

**【商业繁荣的武汉三镇】**　武汉三镇（武昌、汉口、汉阳），襟江带汉，

① 徐珂. 清稗类钞（第五册）. 北京：中华书局，1984. 2289

② 范祖述. 杭俗遗风. 王锡琪辑. 小方壶斋舆地丛钞（第六帙第二册）. 上海：上海著易堂印行，1985

③ 李一氓. 广告·文学·文明. 文艺报，1985－12－07

交通便利，"东达吴会，西通巴蜀"，素有"九省通衢"之称，自古以来便是华中重镇。宋代范成大《吴船录》记载："早出大江，午到鄂渚，泊鹦鹉洲前南市堤下。南市在城外，沿江数万家，廛闬甚盛，列肆如栉，酒垆楼栏尤壮丽，外郡未见其比。盖川广荆襄淮浙贸迁之会，货物之至者无不售，且不问多少，一日可尽。其壮盛如此。"特别是汉口，自明代以来，商业更为繁盛，"久为巨镇"，渐有"汉口之镇，甲于天下"、"九州名镇"等说法。清嘉庆年间范锴著《汉口丛谈》（六卷）、清叶调元著《汉口竹枝词》、民初徐焕斗编纂《汉口小志》及刘献廷《广阳杂记》（第四卷）等书中，对汉口历史考证精详、记载生动。尤其叶调元《汉口竹枝词》，共计 6 卷，存诗 290 首，是研究"汉皋"（汉口）社会风俗史的重要资料，其中也不乏汉口商业史及广告史的记载。①

**【清代汉口店铺广告】**　店铺开张，必要大事宣传，《汉口竹枝词》第 63 首云："开张各店彩灯悬，鼓乐花筒到处喧。敬罢财神争道喜，灯笼热闹五更天。"（原注："腊月谢神亦然，盖以早为敬也。"）

各店铺一般都非常注重店名招牌，尤其药店，对店名格外考究。《汉口竹枝词》第 34 首云："玻璃八盏夜灯明，药店全凭铺面精。市井也知'仁者寿'，招牌一半借山名。"（原注："仁山、荣山、香山、寿山、松山、春山、长山、南山、泰山、华山、嵩山、恒山皆药店名。"）这首词的后两句意思是：药店老板为了招揽顾客，也知道《论语·雍也》中孔子所讲的"知（智）者乐水，仁者乐山。知者动，仁者静。知者乐，仁者寿"这段话，用"山"作店名，写在招牌上，表示"仁者乐山"、"仁者寿"之意，标榜本店出售的药品能祛病、延年、益寿。与此相反，也有的药店店名起得特别"俗"，却同样收到意想不到的宣传效果。如汉口后湖三元殿（今汉口满春路）一带一家专卖草药的药店，"其招牌曰'一把抓'，盖取治病速愈之意"（《汉口竹枝词》第 159 首原注）。

有些著名的日用杂货店、食品店、药铺都喜欢用创办人的名姓作招牌，"如罗天源帽、何云锦鞋、洪太和丝绒、牛同兴剪子、王恒丰烟袋、罗明德牛烛、马公亮香货、叶开泰丸药、高粘除膏药、汪玉霞茶叶"（《汉口竹枝词》第 35 首原注）。这些人名招牌标志着店铺悠久的历史传统和上乘的商品质量。

**【"重砠白盐"——奇特的盐店招牌广告】**　清人刘献廷《广阳杂记》记

---

① 叶调元. 汉口竹枝词. 武汉：湖北人民出版社，1985

载："予在武昌，见盐店招牌，书曰'重砠白盐'。余不知'砠'为何物，思之久而不得也。问之宗夏，宗夏曰：砠，秤锤也，音租。盐每包重八斤四两，制权两之而衡其轻重曰砠，如其数者为重砠也。"① "砠"，音 zū，秤锤。"重砠白盐"即"斤两十足之白盐"。

**【清代汉口小商小贩广告活动】**　小商小贩的广告方式仍以吆喝广告为主。与北京一带的吆喝广告不同，汉口小商贩的吆喝广告更直截了当，简短有力生动，如《汉口竹枝词》第 61 首云："四官殿与存仁巷，灯挂长竿样样全。夹道齐声呼'活的'，谁家不费买灯钱？"（原注："两处乃灯市集场，卖者不呼灯名，但呼'活的活的'。"）所谓"活的活的"是指卖彩灯的小商贩及手艺人的吆喝声。当时在四官殿、存仁巷两处叫卖的篾扎纸糊的各式花灯，做工精致，五彩缤纷，造型别致。尤其是鱼、虾、兔、马等各式各样的动物灯，不仅形象生动，而且头尾都能活动，栩栩如生。武汉地区后来流传的一句歇后语"四官殿的东西（玩意儿）——活的"，即由此而来。

《汉口竹枝词》第 89 首云："街头炒栗一灯明，榾柮（gǔ duò 音骨垛，指劈柴）烟消火焰生。八个大钱称四两，未尝滋味早闻声"（原注："卖熟栗者高呼：'八个钱四两'"）。

"八个钱四两"，简短明了，毫不拖泥带水。

此外，小商小贩也有用响器广告的，如卖剪纸花的卖花女"剪纸成花巧夺春"、"手执'惊闺'沿户卖"（《汉口竹枝词》第 125 首）。"收荒货"的小贩则"大鼓蓬蓬到处摇"（《汉口竹枝词》第 198 首），用粗碗、炒豆或饴糖之类换取别人的废旧物品。

**【画图之中，一览清代成都广告百态】**　晚清四川简阳人傅崇矩（公元 1875—1917 年）曾撰《成都通览》（又名《说成都》）。② 该书对成都一带"举凡山川气候、风土人情、农工商业、饮食方言、凡百价目，靡不毕载"，可说是清末成都社会的一部小百科全书。该书除文字外，还附有一百多幅十分珍贵的插图，"实为清末成都的风俗画廊，均如实摹绘，插入书中"（《成都通览·出版说明》）。这一百多幅插图中，有系列组画《七十二行现相图》，是研究明清时期成都"七十二行"广告方式的鲜活材料。当年百行小贩、手艺人百态，跃然纸上。其中包括"更夫"（打着灯笼，鸣锣而叫）、"理发担"、

---

① 刘献廷. 广阳杂记. 北京：中华书局，1957. 196
② 傅崇矩. 成都通览. 成都：巴蜀书社，1987

"装水烟"的、"收荒"的（挑担做吆喝状）、"背子"（替人搬家者）、"挑水夫"、"端公"（似为变戏法者。一手执扇表演，一手摇铃招徕）、"修脚夫"、"卖灯草"的（身背灯草一大束，又以手持竿悬挂灯草一小束摇晃，以广招徕）、"杂货提手篮"（一手提木制提篮，一手摇拨浪鼓）、"蚤笼上胶"（肩挑蚤笼，做吆喝状）、"卖花"的（肩挑鲜花担子）、"蛋贩子"、"卖盐豌豆"的（以手做喇叭状，大声吆喝）、"卖蚊烟"的、卖"蒸蒸糕"的（有挑子，做表演状）、"卖糊糟"小吃的、"鸡贩子"、"补衣妇人"、"卖刷地筲箕"的、"卖算盘"的、"卖鱼担"、"甘蔗摊"、"卖缸钵"、"捏面娃娃"的（架子上插、挂许多成品，是典型的展示广告方式）、"花生担子"（做吆喝状）、"卖膏药"的（其人打一把小伞，伞之每角均悬挂一串膏药，口中吆喝，广告方式奇特新颖）、"线箱子"（摇货郎鼓做宣传）、"卖瓜子花生胡豆"（吆喝状）、"卖糖人人"（与捏面娃娃人之广告方式相同，系展示广告）、"换椅子"的（以手做喇叭状，大声吆喝）、"卖皮梁子"的（一手展示商品，一手持响器而吹）、"卖响簧"（如北方之"抖空竹"，做表演状，似可听到"空竹"鸣鸣作鸣）、"瓮器担子"（卖瓦器者，做大声吆喝状）、"玉器担子"（陈列、展示广告）、"花草担子"（摇货郎鼓）、"换首饰"（以手做喇叭状，大声吆喝）、"裱褙匠"（装裱字画者）、"卖鲜花"、"补伞"、"补扇子"（左手提篮，右手摇货郎鼓）、"卖米酥"（正在指点盘中之米酥向顾客做宣传状）、"线牌子"（摇货郎鼓）、"淘井挖泥"、"阉鸡"（肩上扛捕鸡之网，双手敲小铜锣做广告）、"牛肉担子"（担着担子，两头挂满牛肉，以手做喇叭状，大声吆喝）、"卖线串子"（吆喝状）、"卖草药"、"卖盆盆肉"（卖杂碎肉）、"南瓜担子"（卖南瓜）、"卖香蜡"、"凉粉担子"、"捡布筋及炭花"（炭花即煤核）、"醋担子"（肩担两桶，前桶上悬"陈醋"二字牌牌以做广告）、"卖咸牛肉"（案前插"牛肉"二字招牌以做广告）、"布捆子"（小贩肩扛布匹数尺之高，折成长方形的布匹一摞摞码起，呈岌岌可危状，有表演广告意味）、"箍桶匠"、"打沙虫卖"者（供养金鱼者购买）、"卖蒸馍"（头顶盘案）、"豆腐担子"、"捡烟锅巴"（捡烟蒂者）、"卖风车"（手转制作精巧的小风车，作展示状，一边吆喝）、"柴担子"、"卖泥娃娃"（一手提篮，篮中放着泥娃娃，一手做展示状）、"铜匠担子"、"卖油糕"（头顶油糕盘案，做大声吆喝状）、"糖饼摊子"（架上插着制作精巧的饧糖模型）、"小菜担子"（向人做宣传状）、"卖鞋花"（手持鞋花样炫耀）、"抄手担子"、"打水井的"（吹响器做广告）、"卖胡子吹吹"（似卖戏剧道具胡子，做展示状）、"卖菜板"、"订戥"、"卖刷子"、"卖零星油"（敲击响器以做广告）、"弹棉花的"、"踩布"（整理布匹）、"卖黄糕"（吆喝状）、"皮匠担"（绱鞋补鞋）、"卖白麻糖"（颈上悬吊一盒，盒内装麻糖，左手持铁片叶，右手持敲糖之小锤，敲击作响，叮当之声似可闻）……

《成都通览·成都之执业人及种类》还记载：卖蚊烟者，"用板凳肩担，手摇铃号，灯上写'药料蚊烟'及'卫生蚊烟'等字"。卖"线牌子，肩立一线牌，如大掌扇形，沿街摇小鼓"。"花担子，肩挑竹箱，手摇铜铛……售草花及首饰、小洋货玩意之类。""换首饰……身负小木箱沿街呼唤"。"修脚，……茶铺中往往有之，手携四五寸大之小方木几为招牌，每次取钱二十文"。"澡堂，……其招牌则书'清水池塘'四字，门外挂布帘一幅"；"浴分六种：一曰冷浴、二曰凉浴、三曰温浴、四曰热浴、五曰汽浴、六曰药浴"。①

4. 广东、福建一带的广告活动

**【清末广州市肆的展示、陈列广告】**　清代广州是我国华南地区最大的商业城市，也是国内最大的外贸中心之一。到清末，外国商场中开放式售货方式也传入广州店铺，据徐珂《清稗类钞》"农商类"记载：

> 广州市肆可入览，粤人设肆贸易者，于营业之方法颇能讲求，如国货、绸缎、洋货诸肆，均任人观览，不问为谁，皆可径入，肆人绝不加以白眼也。故著名之洋货公司，自晨至夜，终日喧阗，游人极夥。盖舶来品皆为奇技淫巧之物，必使人详观之，方足以引起其购买之兴趣。苟珍袭椟中，不令他人浏览，则人且不知肆之有某物，又何论于购买也。吾国侨商之旅外贸易者，以粤人为最多，势力亦以粤人为最盛。粤人之营业思想，固较胜于他省人也。②

这种将各种货物陈列展示出来，任人径入市肆观览、选购的开放式售货方法，即我国现代超市之雏形。

**【广东一带之乡村市集——虚（墟）】**　明清之际的屈大钧《广东新语》上册"虚"字条云："虚，粤谓野市曰虚，市之所在，有人则满，无人则虚。满时少，虚时多，故曰虚也。虚即廛也。《周礼》注云：'廛，市中空地也。'即虚也。地之虚处为廛，天之虚处为辰，辰亦曰躔。其义一也。叶石洞（叶春及，字化甫，归善人，官惠安知县，归隐罗浮，居石洞书院，有《扦斋集》——编者注）云：昔者圣人日中为市，聚则盈、散则虚。今北名集，从

---

① 傅崇矩. 成都通览. 成都：巴蜀书社，1987. 397，399，383
② 徐珂. 清稗类钞（第五册）. 北京：中华书局，1984. 2331

聚也；南名虚，从散也。"　"市……莫善于东莞之章村。章村有虚，为肆（摊点——引者注）若干。或肆有常人，或肆有常人无常居。十日为三会。坐肆（固定之店铺——引者注）之租（税收——引者注）有常，薄取之，岁入若干缗。"另据屈书记载，章村市集规模不小，其税收还是当地一大经济来源，"一岁经费皆取给焉"。①

**【清代广东顺德一带"吹角卖物"】**　屈大钧《广东新语》卷九"吹角卖物"条记载：

> （广东）顺德之容奇、桂州、黄连村，吹角卖鱼。予（屈大钧——引者注）诗："吹角卖鱼人，拾灯求子客"其北水古、粉龙渚、马齐村，则吹角卖肉。相传黄巢屯兵其地，军中为市，以角声号召，此其遗风云。②

这是一条珍贵的广告史料。

**【福建一带果园的"开园"广告】**　福建一带气候利于果木生长，加之地狭人稠，所以果树种植成为当地农业经济中的重要专业。施鸿保《闽杂记》中所记果园的经营正反映出闽省商业性农业的发展状况，如："橘园在福州西城外，广数十亩，皆种橘树。每秋实后，红实星悬，绿荫云护，提筐担笪而来者，讴歌盈路"（卷三《橘园》条）。又，"闽俗荔枝熟时，亦以红笺书某处荔枝于某日开园"（卷十《开园》条）。③由于荔枝生产规模大、产量也大，已成为商业性农产品，所以成熟时要贴出"开园"广告，公开出售，且"提筐担笪而来者，讴歌盈路"，其盛况自可想见。

**【"唱龙眼"】**　清人周亮工《闽小记》"唱龙眼"条记载："龙眼枝甚柔脆，熟时赁惯手登采，恐其恣啖，与约曰：歌勿辍，辍则弗给值。树叶扶疏，人坐绿荫中，高低继续，喁喁弗已。远听之，足娱耳。土人谓之唱龙眼。"④实际上，"唱龙眼"的目的除了防止采龙眼者"恣啖"之外，未尝不带有广告意味。

---

① 屈大钧. 广东新语（上册）. 北京：中华书局，1985. 47

② 屈大钧. 广东新语（上册）. 北京：中华书局，1985. 301

③ 施鸿保. 闽杂记. 王锡琪辑. 小方壶斋舆地丛钞（第九帙第二集）. 上海：上海著易堂书局，1985. 542

④ 周亮工. 闽小记. 上海：上海古籍出版社，1985. 17

# 第五章
## 近、现代的广告事业

**本章要求**

□ 了解报刊广告发展的历史

□ 了解各种新的广告媒体（尤其广播媒体）的兴起和发展

□ 了解民国政府广告行业组织的产生、广告业管理的开始

□ 了解我国早期广告学研究及教学活动的开展

从 1840 年到 1949 年，我国近、现代广告事业的发展有 100 多年的历史。

19 世纪上半叶，正当清朝政治腐败、经济日益衰落之时，欧美资本主义国家迅速崛起。其中，英国率先完成工业革命，法国、美国等国也相继进行工业革命，生产力大发展，经济发达。他们为了得到廉价的原材料和倾销工业品，便加紧对外扩张。于是地大物博、人口众多、市场广阔的中国，就成为帝国主义列强争夺的重要对象。1840 年爆发的鸦片战争，就是英帝国主义为掠夺原料、夺取海外市场、倾销商品而发动的一场侵略战争。

鸦片战争后的 1842 年 8 月，英国侵略者强迫清政府签订了中国近代史上第一个不平等条约——《南京条约》，主要内容有割让香港岛给英国；赔款 2 100 万两银子；开放广州、厦门、福州、宁波、上海等 5 处为通商口岸（即"五口通商"）。1844 年，美国政府也强迫清政府签订了不平等的《望厦条约》，接着，法国也强迫清政府签订了不平等的《黄埔条约》。帝国主义列强的入侵，使中国社会的性质发生了变化，逐步沦为半封建半殖民地的社会。

欧美帝国主义列强利用侵略特权，疯狂地向中国倾销商品和掠夺原料，中国自给自足的封建经济逐步解体。在倾销商品的同时，为了进一步加强经济侵略，西方资本主义国家又开始了对中国的资本输出，外国商人纷纷在华创办工厂、企业，设立商号、银行，他们利用各种广告手段大肆宣传，大量倾销洋货和工业品，同时也带来了近现代报纸、杂志广告，电影、路牌广告，霓虹灯广告，广播广告，以及大橱窗陈列、展示广告等新的广告形式。我国一些不太重视现代广告媒体宣传的民族工商业者，由于受外国公司、商行的影响，也逐渐仿效使用新式广告媒体。我国近现代广告业随之得到了发展，广告主及商家的现代广告意识普遍增强，广告的媒介、种类增多，宣传范围扩大，内容更丰富，形式也更多样化，广告的技巧和策略也更加讲求。

# 第一节　报刊广告的兴起与发展

## 一、中国古代报纸不登广告

近代新出现的最重要的一种广告媒体是报刊。报刊广告的出现，是"近代广告发展的最显著的标志"。①

我国是世界上最早有报纸的国家之一。早在唐玄宗开元年间（公元713—741年）就出现了原始形式的报纸——邸报。邸报靠手抄、驿置传播，发行量极少、发行面极窄，只有藩镇节度使、诸道长官、朝廷大僚及封建士大夫、文人学者等才能看到。它以刊载皇帝的诏书、起居言行、政府法令、各级臣僚的奏章疏表、省寺监司的工作报告及边防驻军的战报等为主要内容，带有政治公报、政情通报及官文书汇编性质，根本不可能刊登"广而告之"的广告文字。北宋时期又出现了小报，是非法出版的非官方报纸。它以刊载新闻和时事政治性材料为主，不定期出版。其发行者多为邸吏（进奏官）、使臣（地方各军、州、郡临时派驻首都的官员）及省寺监司等政府机关中的中、下级官员、书坊主人等等。它靠手写传抄传播，甚至"镂版鬻卖、流布于外"，其读者对象也比邸报广泛得多：有省寺监司之类的京官，也有诸路州郡的地方官，还有一般的士大夫知识分子，甚至市民。但由于它是非法出版物，也不可能刊登广告。

明、清时期又出现了政府当局默许，由报房编辑出版、公开发行的报房《京报》，其内容与邸报差不多。报房《京报》系用活字印刷，能大量复制，可以公开叫卖和接受订户。读者对象主要是官吏、士绅和商人，读者面比邸报、小报都要广泛得多。按理说，它已具备了刊登广告的条件。但由于自给自足的封建经济的局限，商家根本就没有用报纸做广告的意识，故明、清时期的报房《京报》也没有刊登广告。

## 二、近代报刊广告的产生

**【近代最早出现的报刊广告】** 报纸广告是资本主义商品经济发展的产物。"洋货"进入中国市场后，外国传教士及外国商人办的报刊上也就出现了广告。这也是中国报纸近代化及资本主义化的重要标志之一。

1827年11月，英文报纸《广州纪录报》（*Canton Register*）在广州创刊。该报是在广州出现的第一家英文报纸，由英国大鸦片商马地臣创办，是一份商业性质的报纸。该报创刊时就声称："我们的主要努力是发表丰富而准确的物价行情。"它最初的名称即叫《广州纪录和行情报》，是为英国商人向中国倾销商品、提供商业信息服务的。该报馆还附出《广州行情周报》（*Canton General Price Current*），是一种带明显广告性质的报纸。

---

① 陈培爱. 中外广告史. 北京：中国物价出版社，1997. 37

1815 年 8 月 5 日（即嘉庆乙亥二十年七月一日），由马礼逊、米怜等创办的世界上第一份近代中文报刊——《察世俗每月统记传》在马来西亚的马六甲创刊。与此同时，由马礼逊、米怜等主持创办的一所以中国人为对象的免费学校——"义馆"也在同一天正式开办。在《察世俗每月统记传》创刊号（七月号）后面刊出《立义馆告帖》，即招生广告，谓："……愚已细想过教子弟之好处与不教子弟之恶处。所以今定呷地（按即马六甲）而立一义馆。请中华广、福两大省，各兄台中，所有无力从师之子弟，来入敝馆从师学道成人。其延先生教授一切之事，及所有束金、书、纸、笔、墨、算盘等项，皆在弟费用。兹择于七月一日，在敝处开馆。理合将愚意写明，申告各仁兄。任凭将无力从师之子弟，送来进学。虽然是尔各父母者之福，则愚亦得福焉。若肯不弃，而愿从者，请早带子弟先来面见叙谈，以便识认可也。谨白。嘉庆二十年六月　愚弟米怜字具。"① 在《察世俗每月统记传》"十二月"号后面又刊出一则《告帖》："凡属呷地各方之唐人，愿读《察世俗》之书者，请每月初一、二、三等日，打发人来到弟之寓所受之。若在葫芦、槟榔、暹罗、安南、咖𠺕吧、寥里、龙牙、丁几宜、单丹、万丹等处，所属各地方之唐人，有愿看此书者，请于船到呷地之时，或寄信与弟知道，或请船上的朋友来弟寓所自取，弟即均为奉送可也。"② 这是一则推广、宣传《察世俗每月统记传》免费发行的书刊广告。这两则"告帖"，是世界上近代中文报刊上最早刊登的广告。

1833 年 8 月 1 日在广州创刊的《东西洋考每月统记传》，是在我国境内出版的第一份近代中文报刊，由普鲁士传教士郭士立（一作"郭实猎"）创办。该刊采用雕版印刷和中国线装书款式，以宣传基督教教义、传播自然科学和社会科学知识，以及文学知识为主要内容，同时也最早在刊物上登载"行情物价表"之类的商业信息及商业广告。如在道光甲午年（1834 年）正月出版的《东西洋考每月统记传》第 8 期上，该刊开始增加了《市价篇》专栏，专门登载广州"省城洋商与各国远商相交买卖各货现时市价"表（表分"入口的货"价格和"出口的货"价格两大部分）。这是我国境内中文报刊刊登广告的滥觞。③

---

① 蔡武. 谈谈察世俗每月统记传·现代中文期刊第一种. 国立中央图书馆馆刊（台湾），1968（第一卷第四期）

② [新加坡] 卓南生. 中国近代报业发展史（增订本）. 北京：中国社会科学出版社，2002. 31

③ 爱汉者，黄时鉴. 东西洋考每月统记传（影印合订本）. 北京：中华书局，1997. 80～83

**【鸦片战争后出现的英文报刊广告】** 鸦片战争之后，英文商业报刊一时纷起。在香港地区，先后出现了《中国之友》（*Friend of China*）（1842 年 3 月 17 日创刊于澳门，同月 24 日出第二期时迁香港）、《香港纪录报》（*Hong Kong Register*）（其前身为 1827 年 11 月创刊于广州的《广州纪录报》，1839 年迁澳门，1843 年迁香港，改本名）、《德臣报》（*The China Mail*）（一译作《德臣西报》、《中国邮报》，1845 年 2 月创刊于香港）、《孖剌报》（*Daily Press*）（1857 年创刊于香港）等著名英文报纸。这些报纸都是商业报纸，以刊载商业行情、航运业务、广告为主要内容。在上海地区，也先后出现了《北华捷报》（*North China Herald*，1850 年 8 月 3 日创刊，为上海开埠后出现的第一份近代报刊，周刊）、《字林西报》（*North China Daily News*，1864 年 7 月 1 日创刊，日报）等著名英文报纸。[①] 其内容也是新闻与商业信息及广告并重。如 1854 年 8 月 26 日《北华捷报》分类广告的记载中，就出现了外国人所办的百货零售店广告。1885 年 12 月 15 日出版的《北华捷报》刊登了洋行泰兴公司的分类广告，出售的商品是军火，包括双筒枪、大炮弹头、弹药筒等。泰兴公司还登有经营日用杂货的广告。

**【鸦片战争后出现的中文报刊广告】** 鸦片战争之后，最早刊登广告的中文刊物是 1853 年 9 月 3 日（咸丰三年八月初一）由英国传教士在香港创刊的《遐迩贯珍》月刊。该刊月出一册，直至 1856 年 5 月停刊，共出 33 期。该刊是香港的第一份中文杂志，也是第一家用铅活字印刷的中文报刊，由英华书院和马礼逊教育会共同创办，以刊登香港地区及国内新闻为主，也刊登一些商业信息及航运消息。《遐迩贯珍》最早宣传广告在推销商品中的重要作用，云："西方之国，狃卖招贴（即广告——引者注），商客及货丝等皆借此而白其货物于众，是以尽沾其利。苟中华能效此法，其获益必矣。"（见《遐迩贯珍小记》，刊于 1854 年《遐迩贯珍》第 12 号）该刊在 1854 年 11 月 13 日刊登的一则招揽广告的启事中，又对报刊广告作了充分的肯定，云："若行商租船者等，得借此书（指《遐迩贯珍》——引者注）以表白事款，较之遍贴街衢，传闻更远，则获益至多。今从本月起，《遐迩贯珍》各号，将有数帧附之卷尾，以载报贴。""报贴"即指报刊广告。接着还标明了该刊的广告价格："五十字以下，取银一元。五十字以上，每字多取一先士。一次之后，若帖再出，则取如上数之半。"看来，收费标准还是比较合理的。这也是我国最早的报刊广告刊例。与此同时，该刊也开始刊登广告，所辟的"布告篇"专栏，专门

---

① 方汉奇. 中国新闻事业通史（第一卷）. 北京：中国人民大学出版社，1992. 288，308

刊登商业信息、船期货价和各种商品广告，是我国报刊上最早出现的一批刊物广告专栏。

《遐迩贯珍》一开始并没有刊登广告。"或卖或送"，又无广告，故亏累甚巨。从1855年1月开始开辟《布告篇》专栏，专刊登广告。由于《遐迩贯珍》是我国首次铅印的中文报刊，其《布告篇》也是铅印的，每期4页左右。广告内容涉及面广，"不仅有外国在华公司、轮船、商店、贸易公司等的广告，也有外国药品和在港医生的广告，还有学校招生广告等。每则广告都加有醒目的标题，标题字号大都占两行位置。编排清晰整齐，广告文字清楚明了，没什么浮华夸饰字句，这可能是华人代写或翻译的"①。

香港地区创刊最早的报纸是《香港船头货价纸》。该报由孖剌报馆于1858年初创办。也就是说，在《孖剌报》问世不久，这份中文报纸也就出现了。该报篇幅为一张两版、两面印刷，周三刊，每周二、四、六日出版发行，以香港店铺及商人为主要读者对象。主要内容也是刊登商业信息、船期货价和广告，每期间有新闻两三条，仅占篇幅的十分之一。与《孖剌报》一样，《香港船头货价纸》也是一张典型的商业报纸，同时也是中国近代第一张中文报纸。② 该报到1864年末、或次年初改名为《香港中外新报》，19世纪70年代间再次易名为《中外新报》，并改为日报出版。每期报纸的广告面积约占全部版面的三分之二。该报从1861年起，就开始由华人黄胜担任主编，伍廷芳也曾参与编务工作。

【《上海新报》与广告】　鸦片战争后，上海地区出现的第一张近代中文报纸是《上海新报》。该报创刊于1861年11月下旬，由英商字林洋行主办，是该洋行所出英文报《北华捷报》的中文报，也是商业报纸性质。其创刊宗旨，也是以报道经济、商业信息为主，其带有发刊辞性质的《本馆谨启》云："大凡商贾贸易，贵乎信息流通。本行印此新报，所有一切国政军情、市俗利弊，生意价值、船货往来，无所不载。类如上海地方，五方杂处，为商贾者，或以言语莫辨，或以音信无闻，以致买卖常有阻滞。观此新报，即可知某行现有某货，定于某日出售，届期亲赴看货面议，可免经手辗转宕延，以及架买空盘之误。"又云："开店铺者，每以货物不销，费用多金刷印招贴，一经风雨吹残，或被闲人扯坏，即属无用。且如觅物寻人，延师访友，亦常见有招贴

① 许清茂.《遐迩贯珍布告篇》始末. 新闻与传播研究, 2000 (4)
② [新加坡] 卓南生. 中国近代报业发展史（第七章）. 东京：日本东京像刊社, 1990. 130～

者。似不若叙明大略，印入此报，所费固属无多，传闻更觉周密。"把报刊广告的优越性，说得明明白白。① 《上海新报》除报道少量新闻外，其第一版、第三版、第四版全都刊载大量的"告白"（广告）。为了替外国商行推销商品，该报还载有机器图样，如火轮车、种麦器、风琴、铁柜（保险箱）等等。图旁还附文字说明，名为"机器图说"。图文并茂，既能"增人见识"，"开人心思"，又宣传了外国产品，一举两得。另外，中国境内最早的中文报纸、也是香港地区出版的第一张中文报纸叫《香港船头货价纸》，无独有偶，上海地区最早创刊的中文报纸《上海新报》的广告专版也叫"船头货价纸"。

**【《万国公报》与广告】** 中国近代上海地区，乃至全国影响最大、出版时间最长的宗教刊物是《万国公报》。该刊的前身是《中国教会新报》（简称《教会新报》），于 1868 年 7 月在上海创刊，发行人及主编者为美国传教士林乐知。该刊前期系周刊，每年计出 50 期，合为一卷。初期的《教会新报》内容，可分为三部分："一分教会中事，一分新闻、教外之事，一分告白（广告）"，② 连传教刊物也充满商业气息。该刊第二期起就刊登洋行广告，宣布该刊"既记录外国教会中事，也讲论各科学问以及生意买卖诸色正经事情"。《教会新报》从 1874 年的第 301 期起，改名为《万国公报》，内容由"教"而"政"，即由侧重传教的刊物变为侧重登载时事政治新闻的刊物，但对商业信息及广告的重视仍然有增无减。《万国公报》还多次在显要版面刊登汇丰银行、贾立费洋行、华英大药房、大英火轮船公司等英商企业的通栏广告。

**【《申报》与广告】** 《申报》是我国近现代影响最大的商办报纸。创办人美查创办《申报》的目的就是为了赚钱，因此，对广告的重视自不待言。《申报》1875 年 10 月 11 日头版首载论说《论本馆作报本意》一开头就直言不讳地宣布："夫新报之开馆卖报也，大抵以行业营生为计。"又云："若本报之开馆，余愿直言不讳焉，原因谋业所开者耳。"

《申报》于清同治壬申年三月二十三日（1872 年 4 月 30 日）创刊，"第一号"共出 8 "章"（版）。当天报纸头版头条（第一"号"第一"章"）载《本馆告白》，其中云："新闻纸之制，创自西人，传于中土。向见香港唐字新闻，体例甚善，今仿其意设申报于上洋，凡国家之政治、风俗之变迁、中外交涉之要务、商贾贸易之利弊，与夫一切可惊可愕可喜之事、足以骇人听闻者，

---

① 刘家林．中国新闻通史（上册）．武汉：武汉大学出版社，1995．77

② 见《教会新报》影印合订本第一册第 467 页载《新报亦可做圣书在堂宣讲》一文。

靡不毕载，务求其真实无妄，使观者明白易晓。不为浮夸之辞，不述荒唐之语，庶几留心时务者，于此可以得其概；而出谋生理者，于此亦不致受其欺。"《本馆告白》之后，接载《本馆条例》，专谈该报发行、广告事宜。其中有关广告刊例的有四条："如有招贴、告白、货物、船只、经纪行情等款，愿刊入本馆新报者，以五十字为式，买一天者取资二百五十文，倘字数多者，每加十字照加钱五十文；买两天者取钱一百五十文。字数多者，每加十字照加钱三十文起算；如有愿买三四天者，该价与第三天同"；"如有西人告白欲附刻本馆新报中者，每五十字取洋一圆。倘五十字之外，欲再添字数，每一字加洋一分，并先收刊资。此止论附刊一天之例。若欲买日子长久，本馆新报限于篇幅，该价另议，如系西字，本馆代译亦可"；"西人告白，惟轮船开行日期及拍卖二款，刻（刊）资照中国告白一例。倘系西字欲本馆译出者，第一天该价加中国（字）刊资一半，并祈先惠"；"苏杭等处地方有欲刊告白者，即向该卖报店司人说明某街坊某生理，并须作速寄来该价，另加一半为卖报人饭资。"这里的"卖报人"可算是报馆广告代理人，"饭资"即广告代理费。这标志着我国广告代理形式开始萌芽。当天报纸第六"章"（版）后附刊广告 4条，第七、八"章"全为广告。其中，第七"章"载广告 9 条、第八"章"为"二十二日各货行情"表及船期。以后第五、六、七、八版刊登"告白"已成惯例，占一半篇幅。到壬申四月初一（5 月 7 日）出版"第五号"时，《申报》又在当天头版首载长篇的《招刊告白引》，大肆招揽广告。以后，由于发行量的扩大，更加吸引了大量的广告客户。

　　1872 年 12 月 14 日（壬申年十一月十四日）起，《申报》"第五页（版）"刊登一则洋行出售外国"成衣机"（缝纫机）的配图广告（商品图样 + 广告词），这是最早出现的报刊图文广告。其广告词云："启者，本行今有新到外国缝衣机器数辆，系微菌所作，其价每辆计洋五十元。倘欲买者，请至广东路第二号便是。特此布闻。十一月十四日晋隆洋行启"（标点系引者所加）。这则图文广告又从 1872 年 11 月 19 日"第七页（版）"起连续刊登，直至 1873年 3 月 21 日（癸酉二月二十三日）刊登最后一次才结束，前后连登三个多月。《申报》刊登广告，起初非常朴素，一般只登广告文字。以后开始出现图文并茂的图文广告，并讲究广告的设计及广告版面的编排，如，或对广告标题用花边装饰，或对广告口号及广告词的字体加以美化变形，或图文并茂、相得益彰。

　　早年《申报》曾刊登过一则反响强烈的广告，那就是由黄楚九出资刊载的一幅广告。黄楚九是上海著名商人、"大世界"游乐场及"中法大药房"的老板。他是个很善于利用报刊广告推销产品的商人。为了推销自己生产的药品，他不惜重金聘请清末四大谴责小说之一——《二十年目睹之怪现状》的作者吴趼人为其撰著广告文。在 1910 年 6 月 21 日（宣统二年庚戌五月十五日）的《申报》"第二张"广告专版，用了整整半版的篇幅刊登"大文豪南海吴趼人君肖影并墨宝"，即吴趼人的照片及文章《还我魂灵记》。文章署名"我佛山人"，以近千字的篇幅鼓吹"艾罗补脑汁"的神奇功效。文后附载说明云："楚九仁兄大人阁下，承赐艾罗补脑汁六瓶，仅尽其五而精神竟已复旧。弟犹不自觉也，家人自旁观察得之，深以为庆幸。然后弟自为审度，朗然，取效于不知不觉之间，是此药长处。因撰《还我魂灵记》一篇以自娱，录以呈政。弟意不必以之发表登报，盖吾辈交游有日，发表之，人转疑为标榜耳。匆草奉布，惟照不宣。弟吴沃尧顿首。"所谓"不必发表"其实是狡猾的黄楚九故卖关子。这幅广告在每日《申报》"第二张"广告专版曾连续登载了一个多星期，至 1910 年 6 月 29 日（阴历五月二十三日）后才停载，影响很大。它也一度引起过人们对吴趼人（沃尧）的非议。该广告刊出约三个月后，吴趼人便去世了（1910 年 9 月 19 日因痰喘病卒于上海）。

1912 年，史量才接办《申报》后，更是注重广告经营。广告在《申报》版面上占有越来越重要的地位，版面、地盘不断扩大。

1923 年前后，《申报》开始出现分类广告。1925 年 9 月 10 日，《申报·本埠增刊》（共 4 版）在一版开辟"分类广告"专栏，约占半版的篇幅，标题为"申报本埠增刊分类广告"。各类广告都有明确的类别名称，方便读者在众多小广告中迅速找到所需的广告。在当天分类广告专栏左下角还刊有一篇介绍分类广告常识的短文"广告与人生"。此后，该栏还相继刊登"分类广告之优点"、"分类广告与谋生"、"分类广告与结婚"、"分类广告与教育"、"分类广告之真义"、"分类广告与流通图书"、"分类广告与甄别人才"等精彩的短文，介绍、宣传分类广告的功用。

有人曾对《申报》从创刊起到 1922 年 50 年间的广告经营活动，包括广告内容、价格及版面变化情况做过详细的研究，云："昔日交通阻滞，商业未兴，商人不明广告之效力，广告之刊于新闻纸者，绝不多见。同治十一年（1872 年——引者注），只有轮船进出口及拍卖、寻人等告白。……十二年（1873 年）起，广告如为公司保险等事。……光绪元年（1875 年）起，戏馆渐开，彩票（吕宋白鸽票）始行，是项告白日增。然广告排列法毫不讲究。至光绪二年（1876 年），凡店号及紧要字改用木刻，以取美观。光绪十三年（1887 年）起，广告刊资易钱价为洋价。……三十一年（1905 年）起，始分论前、后幅、长行、短行等刊例。……三十三年（1907 年）后，地位扩大，约占全面积十分之五六。……宣统二年（1910 年）起，广告约占全面积十分之六七。……民国元年（1912 年）起，另辟中缝广告。三年（1914 年）起，封面几占二版半，价格也稍增。……民国五年（1916 年）四月起，后幅按照字数计。……七年（1918 年）九月起，每版沿边上下，另辟狭长地位，作为特别广告，……至是始分特等（特别地位）、头等（登于评前封面者）、二等（登于中缝者）、三等（即长行不在封面者）及四等（短行五十字起码）。八年（1919 年）取消极端之特别广告……近（1922 年）又有特等广告，登于新闻下端，……广告面积，几占全部五分之三矣。"①

从 1921 年起，到抗战前夕止，《申报》经常出版 3 大张至 6 大张，还加上"本埠增刊"、"汽车增刊"、"常识增刊"和"每周画报"等。在这么多的篇幅和版面中，广告常常要占十分之七左右，而且往往头版就登广告。广告内容包括医药、烟草、汽车、化妆品、日用百货、布匹绸缎、衣帽服饰、细毛皮货、影剧剧目，以及各种公私启事、告白等。其中影剧广告和医药广告占大宗。另外如"新新"、"永安"、"先施"、"丽华"等大百货公司"大减价"之类的广告也屡见于报端。有时整版刊一幅广告，也不足为奇，如"天蟾舞台上演第一本、第二本……《封神榜》"之类的剧场广告，在《申报》竟登了半个月的全版（见 1928 年 11 月 14 日至 30 日的《申报》）。广告的增多，为《申报》增加了财源。广告成了报纸经济的"命脉"。据统计，到 1934 年，《申报》的固定资产达 200 万银元。每年的营业额也达 200 万银元，其中广告收入约 150 万银元，占 75%；发行收入约 50 万银元，只占 25%（见《申、时电讯社十年》纪念特刊）。

**【《新闻报》与广告】**　上海地区另一家大报是《新闻报》。该报由英国商人丹福士等于 1893 年 2 月 17 日（光绪十九年正月初一）创刊。晚于《申报》21 年。1899 年由美国人福开森出资购得，特聘华人汪汉溪为总经理。汪氏主持《新闻报》后，以"经济自立，无党无偏，力崇正谊；不为威胁，不为利诱"为办报宗旨。②经过 24 年的苦心经营，到 1923 年，《新闻报》已是和《申报》相伯仲的第一流大报了。该报"在商言商"，以报道经济新闻、商业行情准确迅速为主要特色，在商业界、实业界和市民中有广泛读者。《新闻报》对发行和广告尤其重视，将二者视为"经济命脉"和"养命之源"。从

---

①　见李嵩生《本报之沿革》第三节"广告"，载申报馆成立五十周年纪念特刊《最近之五十年》（1872—1922 年）（上海书店，1987 年影印）。

②　汪汉溪. 新闻事业困难之原因.《新闻报馆三十年纪念册》"纪念文"类 . 3 版 . 1923.3；新闻报三十年之事实.《新闻报馆三十年纪念册》"历史"类 . 3 版 . 1923.1

1899 年至 1923 年的 24 年中，"报纸每日销数，由四五千逐渐增至八九万以上。每年广告刊费收入自数千元，历年递增，至今（1923 年——引者注）几及百万元。除开支暨股东官（关）红利外，同人亦得花红之分润，业务有蒸蒸日上之望"①。

《新闻报》初创时，招登广告遇到很大困难。当时各戏院在报上刊登的戏目是广告大宗，一般都在《申报》上刊登。因为《申报》发行量大、影响大、牌子老。《新闻报》为了同《申报》竞争广告，便千方百计拉广告，遣人每天到各戏园抄录戏目，免费刊登，想博得人家的好感。岂料戏园老板以为不可，便将戏目匿不示人，不让《新闻报》刊登。当时报馆老板斐礼思大愤，令排字工人随意乱排戏名，按日刊登，以扰乱看戏人的视听。这样一来，各戏园老板大惧，只得将戏目抄送《新闻报》，出资让其刊登。汪汉溪于清光绪二十五年十月初二（1899 年 11 月 4 日）主持《新闻报》后，更加注重经营管理，尤其注重发行和广告，曾专门设置了负责推销报纸的"推广科"和负责报纸广告的开发、设计、编辑及刊登事宜的"准备科"。报纸是一种特殊的商品，但报馆却不是单靠发行即卖报来赚钱，而主要是靠刊登广告来赢利。卖报一般处于微利或无利，有时甚至收不回成本，但只要能扩大发行，增加销数，报馆往往采取低价出售报纸的方式，即使在发行上亏本，也在所不惜。其重要原因是为了争取读者，扩大销数，便于招揽广告。"故报纸销数愈多，广告效力愈大"（汪汉溪《新闻事业困难之原因》）。因为一张报纸销数越大，社会影响必大，广告效果一定好，来登广告的客户就越多，广告刊费也会越高，报馆经济效益也会越好。这样，不仅可以弥补发行方面因报纸低价出售造成的亏损，而且可获丰厚的利润。因此，《新闻报》专门设立推销报纸的"推广科"和负责开发、编辑报纸广告的"准备科"。

《新闻报》创刊时，仅销 300 份，1894 年销 3 000 份。1899 年初也只销 1 万多份，主要行销江、浙及长江流域一带。1899 年 11 月汪汉溪接手以后，便延聘专职推销人员，到各地"视察"，次第设立分馆、分销处，前后计达 500 多处。发行量 1919 年达 46 000 多份，到 1924 年竟突破 10 万份。1926 年达 145 000 多份，到 1928 年突破 15 万份大关，创当时中国大型日报发行量的最高纪录，② 甚至一度突破 20 万份大关，远远超过《申报》。发行量的激增又促进了报纸广告的发达。由于《新闻报》广告所占版面比例很大，人称"广

---

① 汪汉溪. 新闻事业困难之原因.《新闻报馆三十年纪念册》"纪念文"类. 3 版. 1923.3；新闻报三十年之事实.《新闻报馆三十年纪念册》"历史"类. 3 版. 1923.1

② 胡道静. 新闻报四十年史. 报学杂志，1948（2）

告报"。"根据汪氏父子的经验，该报广告与新闻必须经常保持六与四的对比，即广告占六成，新闻占四成；新闻版面还包括副刊'快活林'（后改'新园林'）、'茶话'及专栏在内。该报每日所出张数的多少，不取决于新闻，而取决于广告。准备科的任务就在于每晚齐稿时统计当天收入广告有多少，以决定次日所出的张数，所以，准备科事实上就是'广告的编辑部'，而其重要性则在新闻编辑部之上。"① 另外，准备科有时还可以"商请编辑部抽去某些可登可不登的新闻，腾出版面来多登广告"。发展到后来，《新闻报》广告篇幅更多。《新闻报》平时出版四五张，星期日往往发行 8 张，每逢节日甚至出 10 张，最多时出过 16 大张，而所登广告占全部篇幅的 2/3，且报上不少显著地位被财力雄厚的外商包定。

由于《新闻报》广告的信息量大，因此，不论是它的封面巨幅广告，还是它的报尾分类广告栏，都很受人欢迎。上海大小商家店铺，一般都订一份《新闻报》放在柜台上，以了解商情信息，故人们又称《新闻报》为"柜台报"。其每年广告收入，早在 1922 年即达百万元。

1924 年 11 月 5 日，汪汉溪因积劳成疾而病卒，时年 51 岁。他殚精竭虑，前后主持经营《新闻报》达 25 年之久，是我国近、现代新闻史上一位杰出的报业企业家。

**【报刊广告凸现经济发展状况、人民生活状态】**　有些清末的报刊广告成为我们现在研究当时社会、经济、商业发展及人民生活史情形的宝贵资料。如清宣统元年四月十二日（1909 年 5 月 30 日）出版的《绍兴公报》刊载的一则《俞源兴新到各货广告》云：

> 汽油纱罩自来火灯，能比十盏灯光。手摇脚踏缝衣新机，家用极其快便。男女飞轮脚踏快车，一时能行百里。尺贰戏片大号机器，声音比前清爽。天字头号照相镜头，远近快慢能照。大中小号照相机器，传教照相方法。新到头等金银各表，坚固走准勿修。异样新式大小钟表，绍河初次运到。修整机器家伙作料（零件），购买自己能修。脚踏车、机器戏出赁（租借），价照上海公道。套花"胜家"缝衣机器，照公司式出租。花色甚多，如蒙光顾，货真价实采用。

著名近代史专家章开沅评价："这则广告看来似乎平淡无奇，但它却包括

---

① 陶菊隐. 记者生活三十年. 北京：中华书局，1984. 217

了百货商店的货源、品种、运货路线以及经营项目、营业方式等方面的内容，反映了清末像绍兴这样的中小县城商业状况的一个侧面。"①

不仅如此，我们还可以看到当年绍兴这样的中小县城不仅商业繁荣，社会生活已是相当现代、时髦了，诸如汽油煤气灯、手摇及脚踏缝纫机、自行车、各色照相机、留声机、各色大小金银钟表等等，应有尽有，品种繁多。有些还是名牌货，如"胜家"牌缝纫机。

## 三、现代报刊广告的发展

到现代，报刊广告有了很大的发展，这可以从如下几方面看出来：一是报刊广告内容的变化及编排形式的改进；二是报刊广告经营策略的讲求；三是广告与报纸的关系越来越密切，广告经营在报业经营中越来越占有重要地位。下面分述之。

**【报刊广告内容的变化及编排形式的改进】** 在广告的内容上，以《申报》为例，早期《申报》的广告多是外商广告，即外国公司及商行广告居多。正如戈公振先生所云："往者交通阻滞，报纸鲜少，偶有广告，亦只轮船进出、拍卖货物，及寻人之类耳。然犹西人之广告居多。"② 自光绪二十年（1894 年）以后，特别是民国以后，不论中国商人或外国商人，凡是在上海销售的商品，无不竞相在《申报》上做广告，且中国商人广告逐渐增多。广告内容及范围也有了扩大，举凡百货、医药、卷烟、电影、戏剧、银行、书籍等广告，以及个人启事之类，充斥报纸各版。广告版面及编排方式改进又表现在如下几方面：一是从单纯的文字广告发展到图文并茂。即在各类广告中，不仅有文字广告词，还用图画，甚至用套色画面作图解。这无疑提高了广告宣传的效果。同治十一年十一月十四日（1872 年 12 月 14 日），《申报》上出现了第一张有图片的广告稿，广告商品是晋隆洋行出售的"成衣机"（即缝纫机）。广告文案前的标题是"成衣机出售"，文案上画有"成衣机"图样。该广告连续刊登三个月。以后，《申报》上图文结合的广告日益增多。有的广告除中文外，还有英文，如《东方杂志》1914 年 3 月 25 日出版的那一期上刊登的"上海自来火行"（即煤气公司）有关煤气灶的广告，就是英、汉文并用的。二是

---

① 章开沅. 辛亥革命与近代社会. 天津：天津人民出版社，1985. 208；转引自：朱英. 近代中国广告的产生发展及其影响. 近代史研究，2000（4）：104～105
② 戈公振. 中国报学史（第六章）. 北京：中国新闻出版社，1985

从新闻与广告夹杂排，到广告有了专门的版面或相对固定的地盘，进而出现了分类广告、系统广告及连续性广告等。我国最早刊登系列广告的报纸是天津《大公报》，该报于 1918 年 5 月 1 日开始刊登日本东京一家商行出售博利安电灯泡的系列广告。该广告一共有 7 幅图画，图画旁是文字说明，强调博利安电灯泡既可以保护视力，又能自由调节高度、升降自如。广告词写得简洁、实在，始终把商标放在画面醒目部位，以加深读者印象。

**【报刊广告经营策略的讲求】** 在这方面，做得比较典型的有《立报》。《立报》是十年内战后期及抗战初期创办的最著名、最杰出、最有影响的小型报，由著名的报业企业家成舍我于 1935 年 9 月 20 日在上海创办，直至 1937 年 11 月 24 日因上海沦陷而停刊。嗣后，1938 年 4 月 1 日又在香港复刊，至 1941 年 12 月停刊。1945 年抗战胜利后，又于当年 10 月 1 日在上海复刊，直至 1949 年 4 月 30 日最后停刊。

早年上海时期的《立报》，办得最好。创办伊始，为了吸引读者，扩大发行，吸引广告主，增加广告，成舍我不是就广告而抓广告。他先从抓版面内容做起，在报纸创办初期几乎完全不登广告，全力以赴弄好版面。他认为：

> 报馆走向成功的三部曲：只有先以全力弄好版面，才可以争取读者，扩展发行；发行扩展，然后各种广告，自然不招而至。不幸多数的报馆创业者，总往往倒果为因，他们先运用各色各样的人事关系，去招揽广告，再运用种种不正当方法，贿赂报贩，减价倾销，而对一份报纸最基本的问题——言论、编辑、采访、排版，反粗制滥造不肯注意，这种做法，结果必十九归于失败。所以我特别指出：小型报篇幅极少，内容要精。在上海，以一张四开报，与（每）日出八大张，即等于日出十六张四开的申、新两报抢销路，一比十六，可想见制胜工作的艰巨。而此四开小型报，其每一方寸地位，应如何加倍宝贵。如果给付价极低、意义恶劣的"五淋白浊"、"花柳杨梅"等下流广告，占去一部分，对于读者，一定印象极坏。所以我坚决主张：不能日销 10 万份、不增加张数，也就不刊登广告。①

正是在这种营销策略及广告策略的指导下，创办之初的《立报》，全力以赴抓版面，坚持"小报大办"及"大报小型化"的原则，实行"精编主义"，

---

① 成舍我. 从上海到香港·想起十年前手创的立报（下）

以"少许胜多许",集大报、小报之长来办《立报》。另外,尤其重视副刊。《立报》初创时,只有四开四版一小张,但几乎1、2、3、4版每版都有一个副刊,其篇幅几乎占整个版面的3/8。其中《言林》、《花果山》、《小茶馆》都是其名噪一时的副刊,都各有其不同的读者对象。再加上《立报》实行廉价销售的策略(其口号为"少抽一支烟,多看一份报"),赢得了上海市民及下层劳动人民的青睐。这样,在半年后,《立报》销数果然超过10万份,广告客户源源而至。这时,《立报》乘势增张扩版,即另外加刊半张或一张,以容纳广告,其"广告价格,和最高的《新闻报》广告价格标准相同。一年以后,投资者已分到股息红利"。① 版面是广告的依托,"皮之不存,毛将焉附",版面内容糟糕,而想扩大销路、吸引广告客户,岂不是异想天开。成舍我的经验当是现今报业经营者的圭臬。

【广告与报纸的关系日益密切】　广告借助报纸而获得广泛传播,报纸依赖广告而生存。广告经营是报业经营最重要的一项内容,它为报业的发展奠定了经济基础。对于一家报社来说,设备的更新换代、技术改造、扩大规模,以及改善员工的物质待遇、工作及生活条件等,都要花钱,而这些都得依靠广告收入。广告收入日渐成为报纸的"生命线"。广告对报业的发展起着举足轻重的作用。

# 第二节　其他新广告媒体的出现和发展

## 一、路牌广告

路牌广告一般竖立在街边要道口、房屋墙上及屋顶、铁路沿线及车站周围和风景区。早在辛亥革命以前,我国就出现了路牌广告,内容大多为香烟、药品及日用百货等。其中,最早出现的路牌广告是车站路牌广告。民国成立前,铁路沿线每一车站周围都有路牌广告,宣传、推销诸如狮子牙粉、仁丹、大学眼药、美孚煤油、白礼氏洋烛、中将汤之类的商品。这些路牌广告大都是由外

---

① 成舍我. 从上海到香港·想起十年前手创的立报(下)

商广告公司承包装置的。据有人考证："中国人装置路牌广告起源于 1911 年。当时上海有'明泰'、'又新'两家广告社，雇用漆匠在铁皮上替日本三头洋行绘写仁丹的广告，只是加工的性质，技术幼稚。"① 此后，制作路牌广告成为当时广告公司的一项重要业务，同时也培养出一批专做路牌广告的技术人员，如 1918 年，美国人开设的上海克劳广告公司替大美烟公司"红屋牌"香烟做广告，该公司中国工人蒋梦麟开始招收学徒，培养了一批专做油漆路牌广告的漆工，以后遂成为上海地区制作路牌广告的骨干力量。到 1921 年，上海原又新广告社的一位工人王万荣，创办了"荣昌祥广告社"，专门为商家及别人的广告公司代漆路牌广告。"到 1927 年，美灵登广告公司及陈泰兴广告社委托荣昌祥广告社代做路牌广告，于是发展到在上海任何一条马路上，以及沪宁、沪杭两路沿线的所有路牌广告，几乎全是荣昌祥所包办。"② 到 1935 年，荣昌祥广告社又把上海的克劳、麦克、彼美等著名外商广告社一一收买下来，规模逐渐扩大。到新中国成立前后，从做路牌广告起家的"荣昌祥"已成为上海广告业界的巨擘。

## 二、广播广告

1895 年，意大利科学家马可尼和俄国物理学家波波夫，在前人研究的基础上，同时分别发明了无线电波传输、接收技术，使无线电通讯进入实用阶段。

1920 年 11 月 2 日，美国宾夕法尼亚州匹兹堡 KDKA 广播电台正式开始播音，标志着无线广播事业的诞生。

几乎与世界广播事业的兴起同步发展，在中国上海出现了我国最早的广播电台——由美国人奥斯邦设立的"中国无线电公司"创办的"奥斯邦电台"。该台筹办于 1922 年冬，1923 年 1 月 23 日晚 8 时正式开播。播出内容包括音乐演奏、娱乐唱片、国内外新闻及推销无线电器材（包括矿石收音机、真空管收音机之类）的广告。每天播出时间为一小时零五分钟。该台大约在 1923 年 4 月间停播，前后只办了 3 个月时间。同年 5 月底，美商新孚洋行也在上海创办了一家广播电台，旋因经济拮据也停办。上海第三家广播电台是由美商开洛电话材料公司所办的广播电台。该台于 1924 年 5 月 15 日开播，一直持续到 1929 年 10 月停播，前后存在了五年多时间，是我国早期广播电台中时间较

①② 平襟亚，陈子谦．上海广告史话．上海地方史资料（三）．上海：上海社会科学院出版社，1984

长、影响较大的一个台。该台每天上午、晚间各播音一次，约两小时，其内容除播送中英文新闻、中外音乐、京剧、评弹等节目外，还报告气象、时刻及商情、广告等。其中广告内容主要是外商广告，推销外国洋货。

中国人自办的广播电台开始于1926年。这一年10月1日，在奉系军阀当局的大力支持下，我国东北的哈尔滨广播无线电台开播。该台由我国早期著名无线电专家刘瀚主持创办，是国人自办的第一座广播电台。1927年，北洋政府交通部又在天津（5月1日）、北京（9月1日）先后办起了广播无线电台。

我国最早的私人及民办广播电台是1927年3月19日开播的上海新新公司广播电台。同年底，北京也出现了一座民办的燕声广播电台。私营、民办的广播电台主要靠广告维持。当时上海洋商办的开洛广播电台主要广播外商广告，后来华商私营电台逐渐发展，中国工商业者也纷纷开始利用无线电广播做广告，宣传自己的商品。其中，上海地区有一位叫万仰祖的人，首先组织"空中书场"，为大百万金牌香烟做广告。他约定评弹艺人排定节目，逐日连续播送评话和弹词，在播送节目中插播广告，效果很好。当时上海地区规模较大的商店，如绸布庄、药房等，大都自己选择各种曲目叫电台播送，在播送节目中插入广告。① 由于早期的广播电台发射功率很小，传播范围很窄；又由于收听工具少（到1928年，全国约有一万台收音机），因此影响不是很大。但随着收音机在大城市中逐渐增多、普及，广播广告的影响也越来越大，广告客户也更乐意在广播上做广告了。总之，广播广告的出现是现代广告业史上又一个新的里程碑，它标志着广告能通过电波无远弗届，向更多的消费者传播商品信息，从而使广告的影响更大、更广泛，到达率更高。到1934年前后，出现了最早的专门承揽广播广告业务的专业广告社。据《申报》1934年9月21日第四版载《中国电声广告社启事》云：

　　本社承办中央广播无线电台管理处各电台播音广告，效力宏大，取费低廉。作提倡国货之喉舌，现已筹备就绪，定于九月二十三日起开业，十月一日开始播放。如各种正当企业及出品，欲广宣传者，凡蒙委托，无任欢迎。地址：南京中山东路三十三号。

---

① 平襟亚，陈子谦．上海广告史话．上海地方史资料（三）．上海：上海社会科学院出版社，1984

## 三、霓虹灯广告

霓虹灯管颜色多种多样、色彩艳丽，并可弯成各种图案、字体，生动、鲜明、亮丽，成为现代大都市晚间街头广告的最重要的手段。

霓虹灯管又叫"发光气体放电管"。"霓虹"是 Neon 的译音，本是气体"氖"的译名。它的发明人是德国人盖斯勒（Geisslek），因此又叫"盖斯勒管"，发明时间是 1887 年。后来，由于"氦"、"氩"等气体先后发现，使霓虹灯管能发出各种各样更加鲜亮的颜色，也使霓虹灯管成为广告灯具中最为重要的一种。据记载，1910 年在法国巴黎出现了世界上第一具霓虹灯广告。1923 年，美国也出现了霓虹灯广告。不久，霓虹灯广告传入我国。1926 年，上海南京路伊文斯图书公司橱窗内，开始装置了一副"皇家牌打字机"英文霓虹灯吊灯广告。1927 年，上海又开始出现霓虹灯招牌和露天霓虹灯广告。①

1928 年，葡萄牙人开始在上海开设"丽耀霓虹灯厂"，不久转让给华商，更名曰"通明霓虹灯厂"。后来，美国人开设"丽安霓虹灯厂"，设备比较先进，新中国成立前夕由中国人接办，改名为"中国霓虹灯厂"。

华商创办的霓虹灯厂以 1929 年由董景安首创的"远东霓虹灯厂"为最早。该厂后来改名为"东方霓虹灯厂"。新中国成立前夕，上海最大的霓虹灯厂只有"东方"和"中国"两家。

霓虹灯最初出现时，光线比较单一、固定，仅作市招、装潢之用。其后技术不断改进，颜色也多种多样，光线能跳动变换，可制作各种图案，栩栩如生。于是，商店、酒楼、戏院、舞厅竞相装置，五彩缤纷，争奇斗妍。上海是我国，也是世界上著名的国际大都市，是我国最早采用霓虹灯做广告的城市。上海地区最早采用霓虹灯做广告的商品是红锡包牌香烟，地点是在"大世界"斜对面的屋顶上：在屋顶上建造一个又高又大的铁架子，中间装一座大钟，周围安装霓虹灯管，收到的效果很好。此后，蜂房牌绒线也曾用光线闪烁跳动的霓虹灯做广告，远远望去，许多"蜜蜂"翩翩飞舞，新奇鲜艳，引人注目。又有"天厨味精"的霓虹灯广告，矗立在国际饭店的顶层，是当时上海市最高的霓虹灯广告。②

为了推广霓虹灯广告，商务印书馆还出版过一本《霓虹灯广告术》的书籍，专门研究霓虹灯的原理及制作方法。

---

①② 平襟亚，陈子谦. 上海广告史话. 上海地方史资料（三）. 上海：上海社会科学院出版社，1984

## 四、大橱窗广告

大橱窗广告是随着大百货公司的诞生而出现的一种广告形式。我国最早运用现代大橱窗广告的是开设在上海南京路一带的四大百货公司，即先施公司（其总公司于1900年1月8日在香港开业，上海先施公司则于1917年10月20日开张）、永安公司（其总公司于1907年在香港开业，上海永安公司则于1918年9月5日开张）、新新公司（于1926年1月23日开张营业）、大新公司（于1936年1月20日正式开业）。这四大百货公司先后开业后，都在店面及门前设置大型橱窗广告。四家大百货公司的老板都是广东人，思想开放，观念新潮，经营手段灵活新颖，都不惜重金从港澳等地聘请专门人才来负责橱窗设计和商品陈列。同时，还把自己的一部分橱窗供厂商陈列商品，借收租金。20世纪30年代后，一些中小商店也纷纷仿效，改装门面，扩大橱窗，使商品透过明净的大玻璃，在明亮灯光的照射和反衬下，纤毫毕现，琳琅满目。

## 五、月份牌年画广告

月份牌年画广告是我国最早出现的商品海报，也是我国最早出现的为推销商品服务的商品艺术。

月份牌年画广告简称"月份牌"，它是一种结合画（多为美女）、广告与年历（即附有12个月节令的年历表）三位一体的商业文化产物。月份牌的一般形式是中间画画（多为美女），画的两边有日历表，画的上方或下方印上商号、洋行的名称或商品（商品有时也画在画的两旁）。其上下边缘一般镶有铜边条，间或有仿照国画的装裱形式，上下各有一轴，方便悬挂之用。根据年画史专家考证，"月份牌"一词最早出现于清光绪二十二年（1896年）上海四马路鸿福来吕宋大票行随彩票附送的一种《沪景开彩图·中西月份牌》。[①] 此图出现后，"月份牌"这一名词就被沿用下来。

实际上，"月份牌"这一名称早在1896年前十多年就出来了。如1885年1月29日（光绪十年十二月十四日）的上海《申报》头版头条首载广告《分送月份牌启》：

> 腊鼓将阑，履端伊始，本馆例有月份牌，分送阅报诸君。兹已托

---

① 王树村．记沪景开彩图·中西月份牌．美术研究，1959（2）

点石斋石印中西月份牌，用洁白洋纸印成：中间中西合历，俱用红字，光艳夺目；外圈绿色印就戏剧十二，各按地支生肖。命意新奇，藻绘精绝，皆系名人手笔，阅之令人爱不释手，一俟明年开正工竣，即当随报奉送。先此布闻，敬颂年禧。不具。

这是一条预告性广告，以后又连载多日。阴历十二月二十八日（1885 年 2 月 12 日）后，《申报》循惯例，放年假停刊一星期。几天后于光绪十一年正月初六（1885 年 2 月 20 日）出新年第一次版，当日头版首载《定期分送月份牌》广告，宣布从正月初七起"随报分送，不取分文"，终于兑现。与此同时，当天头版还以半版篇幅刊登著名画家吴友如手绘的带有广告性质的迎春贺年风俗画。

"月份牌"大量出现是在 20 世纪初及 20 世纪 20 年代、30 年代。20 世纪初，在上海、广州、香港、重庆等地的洋行和商号，如烟草公司、火油行、银行、保险公司、酒家、药房、布匹店、化妆品店、五金商店及电筒、电池厂等等，为了在中国打开庞大的市场，推销产品，就利用国人喜爱的传统年画形式，附上商品的广告。年画用传统国画技法画成，再用彩色石印技术印制，这就成了月份牌画。商家往往在年终岁尾的时候随商品赠送客户，这就是中国最早出现的商品海报。

最早绘制月份牌的画家是周慕桥，名权（1860—1923 年），苏州人，据说是著名画家吴友如的学生。他原为桃花坞画过年画，属于民间年画家。他最早画的月份牌画是现仍留存的 20 世纪初出版的《潇湘馆悲题五美吟》。与周慕桥同时期的还有赵藕生与李少章等人，他们都是最早为商业服务的画家。他们都用国画的技法作画，用传统的题材入画。一直到郑曼陀的擦笔水彩画发明后，画家们才放弃传统的方法，争相改用擦笔画法。

郑曼陀发明的擦笔水彩画的特点是：先在美女的面部擦上一层炭精粉，轻轻揉擦阴影部位，使之稍具淡淡素描的轮廓、架子，然后再涂上水彩晕染。这样，脸部就会在白皙中呈现一抹淡红，显出立体感，同时又能保持工笔画仕女造型的神韵。郑曼陀是在 1915 年前后发明擦笔画的，从此为"月份牌"带来了革命性的改变。

月份牌画的题材主要以美女为主。美女又分为两种：一是古装美女入画，其中以中国古代四大美人如西施、王昭君、貂婵、杨贵妃为最常见，二是时装美女，即以时人（多为民初女士）作模特儿而画成，到后来，如女演员阮玲玉、胡蝶、吕美玉等，也都曾是"月份牌"中的主角。①

在中国近代最早单用赠送年画（不附日历）、以做广告的是画报社。如1884年创刊的《点石斋画报》，每年新年之际，都要向读者附送单页单色大年画，如任伯年的《岁朝清供图》之类。到《飞影阁画报》刊行时期，才进一步有套色印的彩色年画了。如该报1891年附送的《梅占花魁图》、1892年附送的《春色饮乡延年立轴》、1893年的《瑞集庭阶图》、1894年的《独占江春画屏》、1895年的《着色酒献屠苏挂屏》等，均为着色的年画。② 后来出现的月份牌年画广告实际上是受早年画报社年画广告之启发而产生的一种新的广告形式。二者的关系是前后一脉相传的。

## 六、电影广告、招贴广告及传单广告

**【电影广告】**　　一般认为，1889年10月爱迪生用伊斯曼软片拍摄影片并制成Kinetoscope（初期的活动电影放映机），是为电影事业的开始。1894年，第一架放映电影片的Kinetoscope在纽约表演，并开始向欧洲销售，而设置这种机器的电影院亦开始营业。1895年12月28日，法国人鲁米埃兄弟（Lumiere Brothers），在巴黎把影像放映到银幕上供较多的观众欣赏的实验获得成功，从此，商业电影开始产生。1897年故事片及新闻片开始放映。1899年（光绪二十五年），我国开始出现电影，而首座电影院则于1907年（光绪三十三年）在上海建成。与此同时，电影的拍摄也开始进行，并于1912年摄成第一部故事片。

上海的电影院在放映舶来无声电影（默片）时代，即有为外商宣传商品的电影广告，一般由洋行直接与电影院接洽放映。1923年前后，英商英美烟草公司曾在上海安南路特设一动画片绘制所，专为该公司做动画片广告。当时画的是《武松打虎》之类的动画片。1930年，上海"华商广告公司"开始代理电影广告，大都是幻灯片广告，即在电影放映前，打出幻灯片来做广告。

**【招贴广告】**　　"招贴"本是一种有悠久历史的广告方式，但到现代使用得更加普遍，不仅流行于都市，而且流行于集镇。内容有的是店铺开张，有的是推销商品，有的是提供劳务信息，内容不一而足。影剧院的"海报"也是

---

① 吴昊，卓伯棠，黄英，卢婉雯. 都会摩登（月份牌1910—1930年）. 香港：香港三联书店，1994

② 阿英. 漫谈初期报刊的年画和日历. 阿英文集. 北京：三联书店，1981

招贴广告的大宗。

【传单广告】　传单广告系由商家或雇人在街头散发或委托邮局分发、寄递。

## 七、空中广告

空中广告或叫"飞行广告"。据有关资料记载：上海过去先后有两次"空中广告"的试办。一在1935年上海开第六届全国运动会时，《新闻报》报馆用大氢气球做广告，氢气球下悬挂长条布幅，上写"《新闻报》、《新闻夜报》销数最多"，"《新闻报》、《新闻夜报》效力最大"，"《新闻夜报》欢迎各位选手"等标语，飘扬在空中，十分引人注目；一在1936年，中国航空公司曾用飞机喷烟雾书字于空中，"写"的是"中国航空公司"几个英文字母，但为时短暂，不甚清晰。[①]

## 八、各式广告活动的策划

1915年，汉口统一街有个默默无闻的小肥皂厂，生产的肥皂总是滞销。第一次世界大战爆发后，太平洋地区局势紧张，报纸上天天登载有关太平洋的消息，人们都很关注。肥皂厂老板灵机一动，就借用"太平洋"三字作为肥皂的商标，趁机借势大搞广告宣传。他不惜工本，做了几百块长方形立体广告牌，用鲜艳夺目的色彩写上"请用太平洋肥皂"7个大字，安在电线杆上。结果，太平洋肥皂一时家喻户晓，供不应求，成了俏销货。为了扩大生产，厂家还在汉口宗关附近买了地皮，盖了新厂房，还修了一条马路，也名曰"太平洋路"，成为汉口一条著名的街道。

武汉地区早年有一种人人皆知的"美的牌"冰棒。"美的牌"冰棒原来叫"冰烛"，没有商标和包装，也不打广告，质量也不及上海货，以致无人问津。而当时在汉畅销的是上海产的"美丽牌"冰棒，不仅质量好，而且讲究包装，重视广告宣传。"美的"冰烛厂老板从中受到启发，就将无名"冰烛"改为"美的牌冰棒"，找"美美广告公司"设计包装，在报上大登广告，还特地做了大批扇子，扇面上印着"美的牌冰棒"艺术化字样及冰棒图案，在六月酷

---

① 平襟亚、陈子谦．上海广告史话．上海地方史资料（三）．上海：上海社会科学院出版社，1984

暑的大热天里到各戏院分赠给观众。老板还为自己定做了一把特大扇子，坐着人力车，招摇过市，跑遍武汉三镇。不到一年，"美的牌冰棒"畅销武汉，成为名牌货。①

## 第三节　广告专营行业及行业组织的产生、发展；广告业的管理

### 一、广告公司的出现和发展

随着广告事业的发展，我国广告专营行业，即广告社、广告公司在现代开始出现。它们以为广告客户提供广告设计、制作、发布、代理等项服务为专门业务，以收取佣金。在我国，这种广告专营行业最早产生于现代工商业最为发达、繁荣的上海。它的产生、发展是有一个过程的。起初，上海地区许多有经济实力的外商企业为了加强竞争，都自办了广告部。其中，规模较大的当推英美烟草公司（1902 年成立于上海）。该公司广告部上层管理人员有外国人两三人、中国人六七人，另有勤杂工三四人，其业务包括为本公司办理报刊广告、墙壁广告、火车站广告、霓虹灯广告，以及各式各样的赠品广告，如皮夹子、烟灰缸、钥匙链、饭碗、筷子、日记本之类，还负责策划广告宣传活动。广告部下设图画部、橱窗部、动画绘制所、"首善印刷公司"等部门。图画部专门绘制美术广告，由英国人当部长，绘图人员中有德、俄、日、瑞典等国人，中国的绘图人员也有二三十人之多，其中还有全国闻名的画家。绘图部的画件有月份牌、日历、招贴、传单、西洋风景画、中国山水画、油漆路牌等。橱窗部专门负责橱窗设计广告，动画设计所专搞电影动画片广告及幻灯片广告，"首善印刷公司"负责印刷广告的大批印制。总之，该公司的任何广告都能自己完成，不需外求。②

在激烈的商战中，中国一些颇具实力的民族工商业者开始向广告事业投

---

① 涂全模．武汉广告略谈．武汉春秋，1983（3）

② 平襟亚，陈子谦．上海广告史话．上海地方史资料（三）．上海：上海社会科学院出版社，1984

资，也纷纷在自己企业内设立广告部，如五洲药厂、信谊药厂、新亚药厂、三友实业社、华成烟草公司、南洋兄弟烟草公司、中国化学工业社等，都先后设立了广告部，为自己的产品做宣传。一些没有条件自己兴办广告部的企业，只得依靠广告代理商设计和制作广告。这样，早期专营广告业的广告社和广告公司便应运而生了。在 20 世纪初及 20 世纪 20 年代前后，外商便开始在上海创办广告公司，如英、美商创办了克劳广告公司、麦克广告公司、彼美广告公司、美灵登广告公司等。与此同时，上海地区中国人创办的广告社、广告公司也纷纷诞生，如创办于 1910 年前后的明泰广告社、又新广告社、陈泰兴广告社，以及国际广告社、新新广告社、好华广告社、捷登广告社、耀南广告社，还有创办于 1921 年的荣昌祥广告社、创办于 1926 年的华商广告公司和创办于 1930 年的联合广告公司等。到 20 世纪 30 年代，上海创办的广告公司、广告社有 30 多家。其中规模较大的有荣昌祥广告社、华商广告公司和联合广告公司 3 家，它们以为客户设计、制作广告，代理报刊广告及策划各种广告活动为主要业务。三大广告公司中，"荣昌祥广告社"由王万荣创办。王原是又新广告社的一位工人，1921 年自己创办了广告社，以做路牌广告为主要业务。后来发展到上海任何一条路上，以及沪宁、沪杭铁路沿线的所有路牌广告，几乎全由"荣昌祥"包办。1935 年，"荣昌祥"又把"克劳"、"麦克"、"彼美"等外商广告社一一买下来，规模更大。抗战时期，日寇创办的"太平广宣公司"想收买"荣昌祥"，被王万荣拒绝。王还联络"国际"、"又新"等广告社，组织同业公会，以与日军控制下的太平广宣公司相对抗。[①] 到解放初期，"荣昌祥"已成为上海广告业的龙头老大。"华商广告公司"则由从美国留学归来的广告博士林振彬创办。"联合广告公司"则由陆梅僧、陆守伦、郑耀南、姚君伟（人称广告界"四巨头"）等在《申报》总经理张竹平的支持下，借申报馆余屋创办起来。他们以广告托拉斯的姿态出现，经营范围广阔，其中附设的"图画部"就有职员十多人，包办设计、代理、送登各种各类广告，外商公司的广告亦经手不少，在当时可说是首屈一指的大广告公司了。

　　20 世纪 20 年代，其他城市也陆续创办广告社、广告公司。如在华中重镇武汉，1920 年由屠子青开办了武汉第一家广告公司——兄弟广告公司，地点在汉口南京路宏春里口。屠子青是一个出色的广告设计、绘制专家，武汉几家大厂商的商品广告和店面装饰，都是由兄弟广告公司设计、绘制的。1927 年，中华国货博览会拟在武汉召开，其装饰布置及商品广告，都由兄弟广告公司承

---

① 平襟亚，陈子谦．上海广告史话．上海地方史资料（三）．上海：上海社会科学院出版社，1984

包。后来博览会因故移至杭州西湖召开，而装饰广告仍由这家公司承包。从1931 年至 1938 年，武汉地区还相继开办了美达广告社、联合广告公司、美美广告公司、丽栋广告社、大陆广告社等。

北京地区出现最早的广告社是 1921 年创办的"杨本贤广告社"。它以招揽、代理报刊广告为主要业务。天津《大公报》1933 年 9 月 2 日第 10 版所载"杨本贤广告公司"广告中云：该社能代理世界日报等 30 家报纸的广告。以后，该社又增加代理电台广告、影片广告等业务。

天津地区早期比较著名的广告公司有"大陆广告公司"、"新中国广告社"等几家。大陆广告公司起先主要从事印刷广告业务。1926 年 7 月 7 日创刊的天津《北洋画报》在第二号（7 月 10 日出版）头版显著位置就刊有该公司的广告云："天津大陆美术广告印刷公司天津东马路六吉里　电话：总局一五六二。"到 1928 年时，大陆广告公司还开始代理天津本埠各报的广告业务，天津《大公报》1928 年 12 月 13 日第 8 版、12 月 19 日第 8 版刊登的广告云："大陆广告公司专办本埠各报广告，收费最廉，信用可靠，日租界荣街南首。"当时，天津的另一家广告公司"新中国广告社"地址在法租界恒安里，也曾为客户代理天津本埠《大公报》、《盖世报》、《庸报》、《商报》、《新天津报》、《午报》、《京津泰晤士报》等报的广告刊登业务。①

## 二、广告媒介的自律及行业组织的产生

随着广告业的发展，广告媒介的自律及广告业伦理等问题也提出来了。这反映了中国广告业界及媒体最早的自觉精神、社会责任感和职业道德的增强。

"五四"前后，社会上出现了较多不真实、不道德的不良广告，广告业界也鱼龙混杂、泥沙俱下。有鉴于此，全国报界联合会（1919 年 4 月 15 日成立于上海）在广州召开的第二次常会（1920 年 5 月 5 日召开）上，通过了《劝告禁载有恶影响于社会之广告案》。内容如下：

> 广告固为报社营业收入之一种，然报纸之天职在改良社会，如广告有恶影响于社会者，则与创办报社之本旨已背道而驰，如奖券为变相之彩票，究其弊可以凋敝民力而促其生计，且引起社会投机之危险思想。又如春药及诲淫之书，皆足以伤风败俗，惑乱青年。此种广告，皆与社会发生极大之恶影响，而报纸登载，恬不为怪。虽日营

---

① 天津《大公报》，1928－12－28，12－21，12－28

业，毋乃玷污主持舆论之价值乎？且贪有限之广告，而种社会无量之毒，抑亦可以休矣。报界联合会为全国报界之中枢，有纠正改良之责，宜令在会各报一律禁载上述之广告。其类此者，亦宜付诸公决，禁止登载。牺牲广告费之事小，而影响于社会大也。[①]

当时到会的来自全国各地的报馆及通讯社共计 120 家，代表有 196 人。这个提案产生的影响应是比较广泛的。这是我国最早的广告自律文件。

我国广告业界最早的行业组织是 1919 年"五四"时期在上海成立的"中国广告公会"。该会由上海地区中外企、事业单位及机构人员组成，会员包括《申报》馆、商务印书馆、美孚洋行、南洋公学、英美烟草公司、密勒氏评论报、海宁洋行、慎昌洋行、万国函授学校，以及美国驻上海领事馆等中外企、事业单位及机构。首任会长是万国函授学校的海格（Hager）。不久由商务印书馆编辑部主任邝富灼博士担任会长。该会成立后，曾开展过一些活动，多次开会来交流经验、探讨广告学术、商讨参与世界广告组织的事宜等。如《申报》1919 年 7 月 21 日第 11 版载《中国广告公会开职员会》消息云："7 月 17 日 12 点钟，中国广告公会在卡尔登饭店开职员会，到者为万国函授学校海格君，商务印书馆邝富灼君、王显华君，美孚洋行魏绍征君，南洋公学俞行修君，英美烟草公司戴思穆君、思缺乃思门君、林慕娄君，密勒氏评论报鲍威尔君，海宁洋行王锡蕃君，申报馆张竹平君，慎昌洋行包德君，美国领事馆陆尔君、口鲍君。鲍君报告美国方面来函：请于世界广告总会开常年会时，报告本会（中国广告公会——引者注）进行事宜。众皆赞成，并公推鲍、魏、邝三君担任收集广告材料，以便前去陈列，并将每月常会演讲各题及演讲人员通过之……"[②] 此后，《申报》在 1920 年 10 月 29 日第 11 版（《申报》合订本第 166 册，第 1023 页）、12 月 9 日第 10 版，1921 年 4 月 30 日第 10 版、10 月 2 日第 14 版多次报道该会开会及开展活动情况。

到 1927 年，上海"维罗广告公司"、"耀南广告社"等六家广告公司，又发起组织成立了"中华广告公会"。当时组织该广告公会的目的，主要是为了争取、保护业界共同的利益和解决同业之间的纠纷，共谋发展。

旧中国规模最大的广告行业组织是抗战胜利后成立的"上海市广告商同业公会"。该会由 91 个广告公司、行、号、社组成。其章程规定："以维持、增进同业之公共利益及矫正弊害为宗旨。"任务是：①"关于同业公务之调

---

① 戈公振. 中国报学史. 北京：中国新闻出版社，1985. 181

② 申报（影印合订本）（第 159 册），339

查、研究、改进、统计";② "关于兴办同业教育及福利事业";③ "关于会员间争议经请求之调解事项";④ "关于主管官署及商会委办事项";⑤ "关于同业劳资间争执之请求调解事项",等等。

## 三、旧中国的广告业管理

现代所谓对广告业的管理是指国家广告行业管理机关依据法律、法规和国家授予的职权,代表国家对广告活动及广告行业进行计划、协调、控制和行政管理及法规管理。它具有法制化、强制性的特点,而这种管理方式的形成是有一个过程的。"中国古代广告在漫长的发展过程中,对于广告管理只是局限在道德规范的制约中,这与现代意义上以法律为主要手段的广告管理有着本质上的区别。鸦片战争以后报刊广告的出现,以及 20 世纪 20 年代广告公司的产生,大大推动了广告行业的发展,对广告的管理工作开始提到议事日程上来。"[1] 1904 年,由清廷颁布的《商标注册试办章程》是我国最早的商标法,也是我国广告管理的滥觞。20 世纪 20 年代的《民律法案》中,对广告的解释、效力、撤销、悬赏等作了 16 条规定,这是我国最早的广告管理法规条款。到了 20 世纪 30 年代,国民党政府的社会部及各省、市的社会局都负有管理广告活动的权力和责任。1936 年 10 月,国民党政府社会部颁布了《修正取缔树立广告的办法》,以及《户外广告张贴法》等管理法规。以后,有的省、市社会局也制定了相应的法规,如 1943 年 9 月,重庆市政府社会局颁布了《重庆市广告管理规则》和《广告经营标准》等。北平、天津等市政府的社会局也对广告行业进行组织管理。国民党政府交通部电信局除核准广播电台的开办外,还对广播广告进行直接管理。这些都标志着现代意义的广告管理的出现。

新中国成立后,广告管理还不是很健全。直到《中华人民共和国广告法》(1994 年 10 月 27 日第八届全国人大常委会第十次会议通过,1995 年 2 月 1 日起施行)颁布、实施后,广告管理才真正走上法制化的轨道。《中华人民共和国广告法》第六条规定:"县级以上人民政府工商行政管理部门是广告监督管理机关。"依此规定,国家工商行政管理局设有广告司,省级有广告处,县级有广告科,专司广告的监督管理,都是法定的权威机构。

---

① 陈培爱. 中外广告史. 北京:中国物价出版社,1997. 62

# 第四节　广告学研究及教学活动的开展

　　我国的广告学研究和教学活动起步于民国初年及"五四"时期。早期的广告学只是作为应用新闻学中的一部分而被介绍。以后，随着广告业务的不断发展，广告学才成为一门独立的学科。

　　1913 年，原美国新闻记者休曼著的《实用新闻学》一书由上海广学会出版，史青翻译，这是我国最早的两本新闻学译著之一。① 该书英文原著出版于1903 年，是美国的第一部应用新闻学专著。全书共 16 章，6 万多字。其中，花了两章的篇幅研究广告及广告业，即第 12 章《告白之文》和第 13 章《登载告白》，详细论述了广告文案的写作方法和报刊广告的刊登事宜。这两章的主要观点有如下四点：

　　第一，"著作告白之文，须凝练而易刺人目"。"盖告白费最贵，故务宜以最少之字数出之。""其文必足以动人兴趣，激人观感"，"行文平易近人，正如店伙之语顾客然，原原本本，绝无张皇招摇之气"。

　　第二，"须知人情"。制作广告，"于顾客之心理，不可不知"；"人者自营之兽也。与其告之以某事某物可以利人，不如告以可以利己之为当"。"彼不知告白术者，偶作告白，开口即促人购致其物，自利之意，形于言表，而不知其已误。须知商家盈亏，非顾客之所容心。顾客但欲以廉价得美品耳。精于告白术者，未尝促人之购其货也，仅以顾客自利之念动之而已。""是故，作告白者，须设身处地，以顾客自况"，须"以心理学为基础，通达人情"。

　　第三，"凡做广告，尤必以诚信为主。若徒推奖己货，道他家短处，语不由衷，事非真实，此为造谣欺人。报章登载之者，亦蒙其害，以人将推不信告白之心以不信报馆也"。

　　第四，"讲求编排"。"报馆铅字之形体，不可以不众多也，且须清晰，绝

---

　　① 我国最早出版的两本新闻学译著中，另一本是日本人松本君平著的《新闻学》，由上海商务印书馆编译所译，1903 年出版，是我国最早出版的第一本新闻学译著，也是我国有新闻学书之始。该书日文原本出版于1899 年，是日本历史上第一本新闻学著作，四年后即被翻译成中文在我国出版。该书以研究新闻业为主体，但对与新闻事业的发展有密切关系的广告及广告事业却未论及，实为遗憾。

无模糊之弊。登载告白者，见告白明晰而不漫漶，自然惬意，尤足以壮报纸之观瞻"；"字体大小错出，语气断续，不复连贯，意将使人注目"；"告白之文，又附之以画"，"告白中之图画，必取优美合格者"；广告图形画意，"宜不伤风纪"。

以上四条中，讲求研究广告诉求对象、研究广告的心理效应、研究广告的美学原理，重视广告及广告业的伦理道德，对此后广告学研究启发良多，直至今天仍有借鉴意义。

另外，这两章还对广告与报刊及报刊发行的关系作了阐述："一报之有告白与否，尽足以定一报之运命。今美国报馆，进款之半数皆出于告白费。至订阅报章之资，仅供购致纸墨、邮票而已。报纸人物（员）之俸给，以及其他支持馆务之费，皆取给予告白费也。夫报章之流通广，则出资登告白者自众；而报章流通之广，则又社会爱读报章为之也。然告白之文……亦足以扩报章之销路而展报章之声誉。"与此同时，对"分类广告"也作了介绍："分类之告白（如招请、待请、赁屋、待屋、遗失、待访之类），亦足推广报纸之销路。盖此种告白，不啻小型之新闻，自有一部分人急欲得而读之，取价务宜极廉。"①

1919 年 12 月，由当时北京大学新闻学研究会出版的徐宝璜的《新闻学》，是我国学者自著的第一本理论新闻学专著，也是我国新闻学研究的"破天荒"之作。该书共计 14 章，约 6 万字，其中第 10 章"新闻纸之广告"，对报纸的广告、发行作了初步论列，其观点明显受休曼《实用新闻学》第 12、13 章的影响。显然，作者是参阅过该书的。徐宝璜认为："广告者，乃有力之商业媒介。新出物品之发卖，旧货之减价出售，某物之优点何在，均可由此而传达于全社会。""又，广告者，人事之媒介也。例如当一公司欲请一经理而不能得其人、一人欲担任该经理而不能得其事之时，各登一广告，二者各如其愿矣。"他主张，"新闻社（报馆）对于广告，……当先审查其内容何如。若所说者为实事，而又无碍于风纪，则可登出之。若为卖春药、治梅毒、名妓到京或种种骗钱之广告，则虽人愿出重资求其一登，亦当拒而不纳。因登有碍风纪之广告，足长社会之恶风，殊失提倡道德之职务。而登载虚伪骗人之广告，又常使阅者因受骗而发生财产之损失"，"故一报常登不正当之广告，必致广告之信用扫地，因之其价值不堪阅矣。最后结果，必为广告减少"。他还认为，"广告经理与广告员之得人与否"，是影响广告发展的一个关键因素，因"广告现已成为专门技术，非泛泛者所能胜任。必请精于斯道者经理，方能谋其发

---

① 休曼. 实用新闻学. 上海：上海广学会，1913

达"，"如是则广告自不患其寥落矣"。①

对我国早期广告学研究作出过贡献的还有著名新闻学者、报史专家戈公振。他在 1927 年 11 月由商务印书馆出版的《中国报学史》一书中，利用丰富的广告资料及统计数据，对我国报刊广告发展的历史和当时的发展状况作了系统的论述，并详列五表，对我国当时的广告状况作了深入的剖析。其中，第一表为"广告之分类"，将广告分为"商务广告"（下列商事、商品、金融、物价、机器、医药、奢侈品七小类）、"社会广告"（下列集会、声辩、法律、招寻、慈善、游戏、赌博七小类）、"文化广告"（下列教育、书籍两小类）、"交通广告"（下列航期、车班、邮电等类）和"杂项"（凡不能列入以上各门者属之）等五大类。第二表、第三表为"广告面积与全张及新闻面积之百分比"，第四表为"广告每门面积与广告全部面积之百分比"，第五表为"广告各门每次平均面积"。通过这五个图表，对当时我国报纸广告的状况作了精确的量化分析，得出了许多中肯的结论。此外，他还高屋建瓴、深入一层地论述了广告的政治思想意义和文化价值，指出："广告为商业发展之史乘，亦即文化进步之记录。人类生活，因科学之发明日趋于繁密美满，而广告即有促进人生与指导人生之功能。""故广告不仅为工商界推销商品之一种手段，实负有宣传文化与教育群众之使命也"；相反，"不道德与不忠实之广告，此不但为我国实业界之大忧，亦广告界之大耻也"。②

"五四"时期，广告学研究活动在我国正式发轫。

我国最早出版的广告学研究专著当推甘永龙编译的《广告须知》。该书篇幅共计 105 页，32 开本，是商务印书馆所出"商业丛书第一种"，于 1918 年 6 月第 1 版，至 1927 年 7 月已出至第 8 版。1933—1939 年间还多次再版。该书系以美国的 *How to Advertise* 一书为蓝本编译而成的。

孙科《广告心理学概论》（载《建设》月刊第 1 卷第 2 号，1919 年 9 月出版）是我国最早研究广告心理学的长篇论文之一。

从 20 世纪 20 年代至 30 年代间，中国研究广告学的专业书籍陆续出版。其中如：

我国第一本广告学专著是 1926 年由商务印书馆出版的蒋裕泉写的《实用广告学》。

蒯世勋《广告学 ABC》（上海世界书局，1928 年版）。

苏上达《广告学概论》（上海商务印书馆，1929 年版）。

---

① 徐宝璜. 新闻学. 北京：中国人民大学出版社，1994

② 戈公振. 中国报学史·报界之现状·广告. 北京：中国新闻出版社，1985

孙孝钧《广告经济学》（南京南京书店，1931 年版）。

刘葆儒《广告学》（上海中华书局，1932 年版）。

王贡三《广告学》（上海世界书局，1933 年版）。

罗宗善《最新广告学》（上海世界书局，1933 年版）。

赵君豪《广告学》（《申报》新闻函授学校讲义）。

陆梅僧《广告》（长沙商务印书馆，1940 年版）。

［日］井关十二郎著，唐开斌译《广告心理学》（上海商务印书馆，1925 年版）。

如来生《中国广告事业史》（上海新文化社，1948 年版），等等。

由于广告收入是报纸及新闻事业的经济命脉，因此，不少谈报业经营管理的专著也都把广告作为一个非常重要的问题加以研究，把广告经营作为报业经营的一项重要内容。如，吴定九著的《新闻事业经营法》（上海联合书店，1930 年版）、刘觉民编著的《报业管理概论》（上海商务印书馆，1936 年版）、詹文浒著的《报业经营与管理》（上海正中书局，1946 年版）等书对报纸的广告、发行均有详细研讨。其中，吴定九的《新闻事业经营法》一书，是我国新闻学史上第一部专门研究报业经营管理的专著。全书共分"总论"、"编辑部"、"营业部"、"印刷部" 4 编。每编之下又分"章"、"节"。共 118 面，约 4 万字。该书第三编"营业部"中第三章用了很大篇幅，专论报纸广告，包括报纸广告的组织、运作方式，报纸广告版位重要程度等级的划分，报纸广告刊费的计算，广告之责任及信用等重要问题都作了详细的阐述。

我国广告学教育及广告人才的培养起始于 1918 年 10 月 14 日正式成立的北京大学"新闻学研究会"。该会是我国历史上第一个新闻学研究团体，它把广告学作为新闻学研究和教学中的一个重要组成部分。嗣后，从 1920 年至 1933 年间，我国的新闻教育事业逐渐兴起并发展起来：全国不少的学校开始开设新闻学的有关课程；不少的大学（其中有"国立"的，也有"私立"的）开始筹办或成立报学系或新闻学系；职业新闻学校也纷纷成立。它们都把"广告学"作为一门重要的课程。

我国东南一带最早成立新闻学系的是上海圣约翰大学"报学系"。该校为私立教会大学，由美国基督教圣公会所创立，是教会大学中资格最老的大学。该校"报学系"于 1920 年 9 月成立，是我国大学中正式设立新闻学系的第一家。

继"圣约翰"之后，我国南方一些城市中的高等学府也相继开设报学科、报学系或新闻学系。如，1921 年，刚成立的厦门大学特设"报学科"，列为该校八科之一。1922 年，杭州之江大学仿圣约翰大学之先例，也设"报学"科目。1925 年初，上海南方大学设立"报学系"和报学专修科，把"广告原理"与"报学原理"、"采访学"课同列，作为该系必修的三门主课之一。"广告原理"课由当时《申报》协理汪英宾担任主讲。

1925 年夏，上海国民大学也设新闻学系，由《时事新报》总编辑潘公弼讲报业管理及广告经营。1926 年，上海光华大学也开设"新闻学"和"广告学"两科。1926 年 2 月，谢六逸由于原任教的神州女学停办，进入上海复旦大学中文系任教。谢氏进复旦中文系后，即向系主任刘大白建议在复旦大学设立新闻学系。同年 9 月，刘大白在接受谢六逸的建议后，限于当时条件，在中文系内设立新闻学组，聘任谢六逸为该组主任。1929 年 9 月，复旦大学新闻系正式创立，由谢六逸担任首届系主任（直至 1939 年谢氏回故乡贵阳止）。①复旦新闻系从一创办起到后来，都一直把广告学作为重要的必修课程，也作为重要的实习课程。

在我国北方，1923 年，北京平民大学正式成立"报学系"，列为该校三大学系之一。1924 年，燕京大学也开始创办"新闻学系"。

在职业新闻学校中，1928 年秋，由谢英伯创办于广州的"中国新闻学院"是我国第一所新闻专科学校。嗣后，又有 1928 年 12 月在上海由顾执中创办的"民治新闻学校"、1933 年 2 月由成舍我创办的"北平新闻专科学校"、1933 年 1 月由上海申报馆创办的新闻函授学校等。这些新办的新闻院校都把广告学作为一门重要的课程，加以研讨和讲授，对推动我国广告学的研究起了重要作用。

---

① 陈江，陈庚初. 谢六逸文集·谢六逸年谱. 北京：商务印书馆，1995

# 第六章
## 当代广告事业

**本章要求**

- □ 了解建国初期及社会主义改造完成后广告业的情况
- □ 了解新时期我国广告业突飞猛进的大发展

　　1949 年新中国成立后到现在，我国广告事业经历了一个曲折的发展过程。

　　新中国成立之初，由于特殊的国际、国内形势，国家农副产品和大部分工业企业的生产、原材料供应及产品销售，都采取计划供应和统购包销的政策。这种以计划手段配置资源的经济体制持续了 30 年之久，商品经济萎缩，市场的作用被忽视了，因而使广告业失去了成长的条件和土壤。我国广告业与世界广告业的差距越拉越大。"文化大革命"的十年动乱中，广告活动被视为资本主义的产物而遭到批判，报纸、刊物、广播、电视等大众传播媒体基本上取消了广告栏目，政治口号代替了广告宣传，广告业凋零、停滞，受到了严重摧残。1978 年底，中共十一届三中全会（12 月 18—22 日）后，国家实行以经济建设为中心，对外开放、对内搞活的重大方针，大力发展社会主义商品经济，并把消费品生产工业的发展提高到重要地位。这一切，为日后我国广告业的大发展奠定了坚实的基础。从 1979 年起，我国广告业枯木逢春，重现生机。广告业的复苏，首先从经济比较发达的上海、北京、天津、广州、深圳、武汉、重庆、沈阳等中心城市和沿海开放城市开始，很快在全国范围内蓬勃发展起来。以后，随着经济的发展和市场的繁荣，广告业得到突飞猛进的发展，其历年的增长率均高于经济增长率。从 1981 年起，我国才开始有了广告经营数据统计。在这方面，晚于世界上一些广告业发达国家及我国台湾地区。世界广告量统计始于 1953 年，由国际广告协会（International Advertising Association，简称 IAA）发起的世界广告支出之统计。当时该会成立已有 15 个年头，它通过自己在世界各地的会员提供资料而出书。此后四十多年间，每年或每隔两年作定期之广告统计资料出版。资料来源于世界上广告业比较发达的 80 个左右的国家和地区。我国台湾地区广告量统计则始于 1960 年。当时，由于应邀参加第二次亚洲广告会议的需要，台湾地区产生了最早的广告量统计。该统计由颜伯勤、钱存棠两位广告业界资深人士根据当年台湾广告业发展状况而粗估、推算出来（详见颜伯勤著《二十五年台湾广告量研究》，台湾中央日报社出版部，1987 年版）。相对而言，中国大陆的广告量统计晚于中国台湾地区整整 20 年。1987 年 2 月，由国家工商行政管理局、中国环球广告公司和新华出版社共同协商出版《中国广告年鉴》，并成立了年鉴编辑出版委员会。1988 年 8 月，第一部《中国广告年鉴》正式出版。以后每年出版，对前一年的广告量予以发布。据统计，1981 年到 1996 年的 15 年间，中国大陆广告营业额从 1981 年的 1. 18 亿元人民币猛增到 1996 年的 366. 637 2 亿元人民币。1996 年的广告营业额是 1981 年的 310 倍多。1996 年的总广告额占中国国民生产总值（GNP）的 0. 5%，人均广告费额为 30. 5 元人民币；广告经营单位（包括媒介的公司）52 871 家，是 1981 年 1 160 家的 45 倍多；广告专业人员为 512 087

人，是 1981 年 16 160 人的 31 倍多。与上年相比，1996 年的广告营业额 366.6 亿元人民币（约合 50.3 亿美元），较 1995 年的 273.3 亿元人民币（约合 36.8 亿美元），增长了 34.2%。在世界广告费额排位中，也从 1995 年的第 12 位上升至 1996 年的第 9 位，进入全球前 10 名之列。

1997、1998 年，我国广告业又有了新的发展。1997 年，全国广告营业额突破 450 亿元人民币大关，达到 461.96 亿元人民币，较上年 366.63 亿元人民币增长了 26%，净增 95 亿元，是历年来净增额最高的一年；广告经营单位与广告从业人员呈现低速度发展的势头，达到 57 024 家、545 788 人，较上年 52 871 家、512 087 人分别增长 7.9% 与 6.6%，均为 5 年来增长最低的一年。[①] 1997 年全国广告营业额约合 67 亿美元，列世界第 8 位。截至 1998 年底，我国广告营业额（除港、澳、台另行统计外）已突破 500 亿元人民币大关，达到 537.832 7 亿元人民币，较上年 461.96 亿元上升 16.4%，实际净增约 76 亿元。1998 年全国（未含台、港、澳地区）广告经营、兼营单位为 61 730 家，较上年 57 024 家增长约 8.3%，一年中净增 4 706 家；全国广告从业人员为 578 876 人，较上年 545 788 人增长约 6.1%，一年中净增 33 088 人。我国 1981—1998 年间广告经营情况见表 6-1。

表 6-1　　　　　　　　　1981—1998 年我国广告经营情况

| 日期<br>（年） | 全国广告<br>经营额 | | 广告费占国<br>民生产总值 | | 人均广告费 | | 广告经营<br>单位 | | 广告从业<br>人员 | |
|---|---|---|---|---|---|---|---|---|---|---|
| | 金额<br>（万元） | 与上<br>年比<br>（%） | 国民<br>生产<br>总值<br>（亿元） | 所占<br>比<br>（%） | 全国<br>人口<br>（万人） | 人均<br>金额<br>（元） | 单位<br>数<br>（户） | 与上<br>年比<br>（%） | 人员<br>数<br>（人） | 与上<br>年比<br>（%） |
| 1981 | 11 800 | — | 4 860.3 | 0.024 | 100 072 | 0.117 | 1 160 | — | 16 160 | — |
| 1982 | 15 000 | 127.1 | 5 301.8 | 0.028 | 101 654 | 0.147 | 1 625 | 140.0 | 18 000 | 111.4 |
| 1983 | 23 407 | 156.0 | 5 957.4 | 0.039 | 103 008 | 0.227 | 2 340 | 144.0 | 34 853 | 193.6 |
| 1984 | 36 527 | 156.0 | 7 206.7 | 0.051 | 104 357 | 0.350 | 4 077 | 174.2 | 47 259 | 135.6 |
| 1985 | 60 522 | 165.7 | 8 989.1 | 0.067 | 105 851 | 0.571 | 6 052 | 148.4 | 63 819 | 135.0 |
| 1986 | 84 477 | 139.6 | 10 201.4 | 0.083 | 107 507 | 0.786 | 6 944 | 115.1 | 81 130 | 127.1 |
| 1987 | 111 200 | 137.6 | 11 954.5 | 0.093 | 109 300 | 1.017 | 8 225 | 118.4 | 92 279 | 113.7 |

---

①　范鲁彬. 从数据看中国广告业的 1997. 现代广告，1998（2）

（续上表）

| 日期（年） | 全国广告经营额 | | | 广告费占国民生产总值 | | | 人均广告费 | | | 广告经营单位 | | | 广告从业人员 | |
| | 金额（万元） | 与上年比（％） | | 国民生产总值（亿元） | 所占比（％） | | 全国人口（万人） | 人均金额（元） | | 单位数（户） | 与上年比（％） | | 人员数（人） | 与上年比（％） |
| 1988 | 149 293 | 134.3 | | 14 922.3 | 0.100 | | 111 026 | 1.345 | | 10 677 | 129.8 | | 112 139 | 121.5 |
| 1989 | 199 899 | 133.9 | | 16 917.8 | 0.128 | | 112 704 | 1.774 | | 11 142 | 104.4 | | 128 203 | 114.7 |
| 1990 | 250 172 | 125.1 | | 18 598.4 | 0.135 | | 114 333 | 2.188 | | 11 123 | 99.8 | | 131 970 | 102.9 |
| 1991 | 350 892 | 140.3 | | 21 662.5 | 0.162 | | 115 823 | 3.030 | | 11 769 | 105.8 | | 134 506 | 101.9 |
| 1992 | 678 675 | 193.4 | | 26 651.9 | 0.255 | | 117 171 | 5.792 | | 16 683 | 141.7 | | 185 428 | 137.8 |
| 1993 | 1 340 873 | 197.6 | | 34 560.5 | 0.388 | | 118 517 | 11.314 | | 31 770 | 190.4 | | 311 967 | 168.2 |
| 1994 | 2 002 623 | 149.4 | | 46 670.0 | 0.429 | | 119 850 | 16.709 | | 43 046 | 135.5 | | 410 094 | 131.5 |
| 1995 | 2 732 690 | 136.5 | | 57 494.6 | 0.475 | | 121 121 | 22.562 | | 48 022 | 111.6 | | 477 371 | 116.4 |
| 1996 | 3 666 372 | 134.2 | | 60 850.5 | 0.548 | | 122 389 | 29.957 | | 52 817 | 110.0 | | 512 087 | 107.3 |
| 1997 | 4 619 638 | 126.0 | | 73 452.5 | 0.629 | | 123 626 | 37.368 | | 57 024 | 107.9 | | 545 788 | 106.6 |
| 1998 | 5 378 327 | 116.4 | | — | — | | — | | | 61 730 | 108.2 | | 578 876 | 106.1 |

到 1999 年底，全国广告经营额达到 622.050 6 亿元人民币，较上年增长 15.7%，增长 84.2 亿元。广告经、兼营单位与广告从业人员平稳发展，达到 64 882 户，587 474 人。四大媒体广告中，电视广告营业额达到 156.14 亿元人民币，报纸广告营业额达到 112.32 亿元人民币，广播广告营业额达到 12.52 亿元人民币，杂志广告营业额为 8.92 亿元人民币。（《中国广告》2000 年第 2 期）

2000 年，全国广告经营额为 712.66 亿元人民币，较上年增长 15.66%。当年国民生产总值为 89 403.5 亿元人民币，广告费所占比重为 0.797%。全国广告经营单位 70 747 户，全国广告从业人员 641 116 人。四大媒体广告中，电视广告营业额 168.9 亿元，报纸广告营业额 146.466 8 亿元，广播广告营业额 15.19 亿元，杂志广告营业额 11.34 亿元。全国人均广告费 56.3 元。

2001 年，全国广告经营额为 794.887 6 亿元人民币。全国广告经营单位 78 339 户。全国广告从业人员 709 076 人，首次超过 70 万大关。四大媒体广告中，电视广告营业额 179.37 亿元，报纸广告营业额 157.699 亿元，广播广告营业额 18.276 亿元，杂志广告营业额 11.859 亿元。人均广告费 62.28 元。（《中国广告年鉴·2002 年》）

2002 年底，全国广告经营额 903.15 亿元人民币，比上年增长 108.26 亿元，增长 13.62%。当年国民生产总值为 10.217 万亿元人民币，广告费所占比重为 0.89%。从世界范围看，发达国家广告营业额占国民生产总值的 2%，国际平均水平为 1.5%，而我国尚不到 1%，这说明，我国广告经营额增长潜力巨大，广告业有非常广阔的发展空间。2002 年底，全国共有广告经营单位 8.96 万户，比上年增加 1.12 万户；广告从业人员 75.64 万人，比上年增加 4.73 万人。四大媒体广告中，电视广告营业额达到 231.03 亿元，增长 28.8%，占营业总额的 25.58%；报纸广告营业额达到 188.48 亿元，增长 19.52%，占营业额的 20.87%；广播广告营业额达到 21.9 亿元，增长 19.8%，占营业总额的 2.42%；杂志广告营业额达到 15.21 亿元，增长 28.25%，占营业总额的 1.68%。（《现代广告》2003 年第 4 期）

# 第一节　建国初期及社会主义改造完成后的广告业（1949—1976 年）

## 一、国民经济恢复时期的广告业(1949—1952 年)

1949 年 10 月中华人民共和国成立，结束了中国半殖民地半封建的历史，揭开了从新民主主义向社会主义转变的新篇章。但新中国所面临的形势却是极其严峻的。国际上，帝国主义，特别是美国，不甘心在中国的失败，对新生的人民政权在政治上实行不承认政策，在经济上进行封锁禁运，在军事上实行包围，并支持国民党残余势力进行破坏、颠覆活动，企图把新生的人民政府扼杀在摇篮里。在国内，由于帝国主义的残酷掠夺和国民党政府的腐朽统治，以及经历长期战乱，国民经济已濒于全面崩溃，人民政府面临的是一个千疮百孔、满目疮痍的烂摊子。因此，中华人民共和国一成立，中国共产党就提出两大任务：一是巩固人民民主政权，二是医治战争创伤，安定人民生活和社会秩序，迅速恢复国民经济。经过三年的努力，到 1953 年底，我国已胜利地完成了国民经济恢复的任务。

建国初期的广告事业，就是在这种大背景下恢复和逐步发展起来的。

全国解放前夕，我国的广告业和当时的经济形势一样艰难。由于恶性通货膨胀，物资匮乏，物价飞涨，民不聊生，工商业停滞，广告行业也处于奄奄一息的状态。建国初期，为了大力发展工农业生产，活跃城乡经济，一些大城市如上海、天津、广州、武汉、重庆、西安等地的人民政府，对解放前遗留下来的广告业，采取了一系列措施，使其迅速恢复和发展。这些措施主要包括：相继颁布了一些地方性的广告管理的办法和规定，并建立了相应的广告管理机构，加强对广告业的引导、整顿和管理；根据政府对私营工商业实行"利用、限制和改造"的总方针，将解放前遗留下来的大量分散和私营广告社，合并成一些较具规模的广告企业。

解放初期，在广告管理法规方面：1949 年 4 月，天津市人民政府公用局率先公布了《管理广告商规则》；1949 年 12 月，上海市人民政府公布了《广告管理规则》；1950 年，西安市人民政府公用局印发了《广告管理暂行办法》；1951 年，西安市工商局发布了《关于印刷厂商管理暂行办法》，其中许多条款涉及广告；1952 年底，重庆市人民政府发布了《重庆市广告管理暂行办法》，并成立了广告管理所；1952 年 5 月，重庆市政府又公布了《广告业暂行管理条例》；1951 年 5 月，广州市人民政府也颁布了《广州市广告管理暂行办法》，等等。有的地方人民政府对那些影响国家经济发展和人民生活的重点商品的广告，又特别作了规定，如天津市人民政府颁布了《管理医药广告暂行办法》，从而进一步深化了对广告业的管理。

与此同时，在上述人民政府的领导下，相继建立了广告管理机构及职能单位，如上海市工商局、北京市工商局、天津市公用局、重庆市文化局、西安市公用局等都担负起广告管理的责任。有的省、市还专门成立了"广告管理所"等类专门机构，如重庆市等。这成为后来我国三级广告管理机关制度的开端。[①]

国民经济恢复时期，一些地方性广告管理法规的主要内容及特点是：

第一，界定了"广告"的定义及规定了广告管理的范围。如上海市 1949 年 12 月公布的《广告管理规则》规定："凡在本市区，以含有招徕宣传性质之文字、图画等用各种方法揭布者，概以广告论。由公用局以本规则管理之"；广州市发布的《广州市广告管理暂行办法》规定："本办法所称广告包括纸质广告、宣传品（包括文告、政治性标语、传单及其他宣传品）、张贴

---

① 我国现有三级广告管理机关：（一）国家工商行政管理总局内设有"广告监督管理司"，（二）各省、自治区、直辖市及计划单列市工商行政管理局内设"广告管理处"（或叫"商标广告处"），（三）地、市、县的工商行政管理局设"广告管理科"、"股"，或有专人或兼职人员。

处、广告牌、招牌（包括木质、光管及其他物质制造的招牌），以及胶片、幻灯片、广播、幕布、模型广告等均属之。"同时还规定："凡公私广告及其设备，在未张贴、设置、放映、广播前，均须向人民政府建设局申请审查，经核准，交管理费加盖图记领证后，方可办理。"

第二，强调对广告内容的管理。这一时期各地发布的广告管理法规，对广告内容提出必须以"纯正为主"，"凡工厂、商店推销商品之广告宣传，必须以品质、效能、使用方法作纯正之介绍，不得虚伪夸大"。有下列情况之一者，不得发布：①与政府政策法令有抵触者；②滥用国徽、国旗、革命领导肖像、革命名词等做商业性宣传者；③有欺骗或妨害正当工商业之发展者；④窃用他人商标版权者；⑤事涉迷信，有伤风化或足以引起其他不良影响者；⑥妨碍行政、交通、消防、市容者；⑦使用他人肖像未经本人同意者。1951年，上海市工商局还规定，电台广播广告及报刊商业性广告内容，均应由电台、报刊负责人签名盖章，送经同业公会初审，汇送工商局审核许可后，方可发布。凡在报刊公布的商业广告传单，必须加印工商局登记号码，在寄发以前必须经由各该同业公会出具证明书。实际上是通过"同业公会"核实广告的真伪，要求"同业公会"作出担保。

第三，强调对广告经营单位的管理。天津市于1949年4月公布的《管理广告商规则》、重庆市于1952年5月公布的《广告业暂行管理条例》，以及其他城市的广告管理条例中，也陆续作了相应规定。各地都要求私营广告商在经营思想上，对其承揽的各项广告"须具忠实介绍、服务社会之精神"，并遵守当地广告管理法规。此外，天津、上海等地还实行了广告商"许可证"制。如天津《管理广告商规则》指出："凡在本市营业之广告商，持营业执照填具申请表，包括资本额、经营何项广告、副业、营业概况、经理人姓名等，呈请公用局登记审查合格发给登记证后，始得申请广告业务。"上海市规定："凡在本市经营广告业务之广告商，应有固定场所及经营业务，并应向公用局请领许可证，凭此向工商局请领工商登记证，方得营业"；"已登记许可之广告商，代客办理、揭布各种广告，须呈请主管机关核准为限"；"代客揭布特许广告，应在其广告的下端，注明该广告商的名称，以便查验。"此外，各地广告管理部门还利用广告业界行业组织——"同业公会"，来加强行业管理。如解放初期，重庆市即成立了"广告同行业公会"，有31家私营广告商参加（当时重庆市国营美术广告公司未参加）。上海市于1950年成立"广告商同业公会"，拥有会员100家左右，分为三大类：路牌广告商、报纸广告商和其他类广告商。当时，各大城市制定的广告管理法规，也是由广告管理机关通知工商业联合会，包括各工业、商业同业公会和广告业同业公会，组织各会员单位学习、贯彻，均收到比较好的效果。

第四，作出广告客户刊播广告必须出具证明的规定。各地发布的广告管理法规中，对广告客户刊播广告必须出具证明，有详细规定：①私营企业刊播广告，必须出具同业公会的证明；②国营企业的产品广告，须出具行政主管部门的证明；③有关医药之广告，须经卫生局盖章或证明；④凡由市教育局管理之学校及社会机关刊播招生广告须经教育局盖章证明；⑤出版物之广告，须有主管机关发给之登记证；⑥戏剧、电影之广告须出具文化局证明；⑦有关车船之广告，须经公用局或港务局盖章证明。①

解放初期，在接管了各地广播电台后，一些大城市的广播电台也开办了专门的商业广播电台，增设广告节目，播出经济、文化和社会广告。这一方面沟通了商品、商业信息，活跃了城乡物资交流；另一方面，也使电台获得了可观的经济效益，从而减少了国家事业费的开支。华北地区的一些广播电台在这方面就做得不错，如，1951年天津台经费已能全部自给，北京台每月还可向国家上缴利润，同时也促进了自身的发展。

随着广播广告的发展，其间也出现了一些问题，如：个别电台从单纯盈利的观念出发，把整个广播时间卖出去，由广告商包揽做广告；有的电台用播放低级庸俗的评书来吸引听众，借以招徕广告；有的对广告内容不加审查，饥不择食；有的不问政治，不懂国家经济政策，不注意群众利益，以致给政府带来了负面政治影响，给人民群众造成了经济损失。有鉴于此，1952年，根据中央广播事业局的指示，华北五省二市人民广播电台所属的广告台，在天津市召开了一次经验交流会。会议对建国两年来的广播广告宣传工作作了总结，肯定了成绩，批判了单纯盈利思想，确定了今后的工作方针。会议还强调要贯彻正确的广告经营方针，把广播广告宣传和国家的经济政策、工商业发展情况和群众的需要结合起来；加强对广播广告内容的审查，建立严格的监督制度；保持节目的完整性，尽量不插播广告；进一步增加收入，减少国家事业费开支。这是建国以来召开的第一次广播广告会议，对推动广播广告的发展起了积极的作用。

从广告内容来看，建国初期，以私营企业刊播的广告为主，其中销售商品的广告、药品广告、私人行医广告，以及社会广告（诸如招聘、求职、寻人、寻物、遗失广告等）、文化、文艺广告（诸如招生、电影、戏剧、书籍、刊物广告等）所占比重最大。从广告形式来看，生产部门和商业批发商多采用印刷品广告。印刷品广告形式多样，但主要是在以广大读者为对象的报纸、杂志

---

① 建国以来广告业发展概况. 中国广告年鉴. 1998. 9

上刊登广告。零售商店多采用橱窗广告、商品目录、商品说明书、案头印刷广告等。此外，招贴广告中，以年画、门对、春牛图等传统方式做的广告，在广大农村甚为流行。还有包装盒、包装袋、仿单（用小幅纸张，印上品名、效用、店名等内容，附入出售之物品内。这种仿单，药店最先采用，后来也用得最多），以及书签、扇子、日历、月历等带实用性的广告宣传品。

20 世纪 50 年代，全国广告从业人员大约有 1 300 人。全国全年广告费约占全年商品流转额的万分之二至三，商业部系统的广告费仅为流转额的万分之一点五。

## 二、资本主义工商业实行社会主义改造时期的广告业（1953—1956 年）

从 1953 年下半年起，我国开始对农业、手工业和资本主义工商业进行社会主义改造（即"三大改造"）。

在对资本主义工商业的社会主义改造过程中，国家通过采用对私营工业委托加工、计划定货、统购包销和对私营商业实行委托经销、代销等国家资本主义的初级形式，开始把资本主义工商业的产销不同程度地纳入国家计划经济的轨道。这对开展大规模的经济建设起了积极的作用。

在这一时期，我国广告业又有如下一些变化。

第一，组建公私合营的广告公司。在公私合营的改造高潮中，广告行业也有了新的发展，全国各主要城市对原有的广告从业人员进行思想教育，逐步克服资本主义经营作风，开始树立为生产者、为消费者、为人民服务的思想，并把分散的各自经营的私营广告行业，改造成具有一定规模的公私合营广告公司。如上海市对原有旧广告社进行调整合并，组成由上海市商业局领导的中国广告公司上海分公司（1959 年改名为"上海市广告公司"），把全市 100 家左右的广告商按经营范围改组、归并为 5 个公私合营的广告公司和一个广告美术社。还将一个霓虹灯厂划归中国广告公司上海分公司归口管理。与此同时，又成立了由上海市文化局领导的上海美术设计公司。北京市组成由市文化局领导的北京市美术公司。天津市早在 1951 年即把全市广告行业调整合并为广告总店，下设五个门市部，由天津市第三商业局领导，1956 年又划归文化局领导，改名为天津美术设计公司。1956 年，广州市也成立了美术广告公司，负责全市的广告业务。

第二，进一步加强对广告业的管理。为了进一步加强对广告业的管理，一些城市还对原有的广告管理法规作了补充和修订；有的城市根据本地区国民经济发展的需要，又发布了新的广告管理法规。如 1954 年，武汉市人民政府公布了《武汉市广告管理暂行办法》，对广告管理的范围、广告发布的审批程序、广告收费标准等，作了具体规定。1954 年 3 月，广州市修订公布的《广告管理暂行办法》分 10 章 38 条，涉及范围更加广泛，内容更具体，管理政策更严明，如第 1 章 "总则" 中指出："凡在广州市内以文字、图画、电影、广播、模型等各种宣传方式，揭布广告，概由工商行政管理局依本办法管理之"；第 2 章 "特许广告" 中规定，凡在 "道旁、墙壁、屋顶、码头、车站、铁路两旁之路牌广告，戏院、游艺场、花园、公共场所等广告，为特许广告，应先申请工商局核准登记，照章交纳管理费，领证后方得装置。" 上海市则规定，凡立案的学校、社教机关、慈善团体之非商业性广告，具有证明者，可申请免费；电影、戏剧广告，经文化局证明剧本内容好，具有高度教育意义者，可减免 50% 的广告费，以示对革命文艺的扶植政策。1956 年 11 月，北京市政府规定："本市广告管理工作由工商局负责，如果发现需要取缔的广告，由工商管理局通知公安局执行。" 此外，天津、上海、广州等市都实行了广告登记收费的管理办法和刊、播广告的审批制度。

## 三、全面建设社会主义时期的广告业（1957—1965 年）

1956 年，我国完成了社会主义改造。同年 9 月，"八大" 召开，中国共产党领导全国人民开始转入全面的大规模的社会主义建设阶段，广告业也随之有了一定程度的发展。

1957 年 12 月，有 13 个社会主义国家派代表参加在布拉格召开的社会主义阵营国家国际广告工作会议。我国作为社会主义大国并未加入该机构，仅由商业部派一代表，以观察员的身份出席会议。会议作出了题为《从人民利益出发，发展社会主义商业广告》的决议，与会各国代表在会上交流了经验、交换了资料。

随着对外经济贸易的发展，当时我国有 45 个城市对外开放，来华外商广告日益增多。针对承接来华外商广告中存在的问题，1958 年由外贸部、商业部、文化部、工商行政管理总局联合发出了《关于承办外商广告问题的联合通知》，确定 "外商广告由上海市广告公司、天津市广告美术公司、广州市美术广告装饰公司承办。在地方，由商业局、工商行政管理局领导广告公司的业务活动。各报刊停止直接对外"。

1959 年 5 月，在建国十周年之际，商业部发出了加强广告宣传和商品陈列工作的通知，要求各地、特别是 45 个对外开放城市做好商业广告宣传工作。同年 8 月，商业部又在上海召开了 21 个对外开放城市的"商业广告会议"。这是新中国广告史上一次具有重要意义的广告会议。这次会议肯定了广告在社会主义经济中的积极作用，指出：在社会主义制度下，商业广告是经常向人民群众如实地介绍商品，是指导人民消费的基本方法之一，是社会主义文化领域中的一种美术形式；运用广告扩大城乡、内外交流，对搞好商品生产和改善企业经营，组织人民经济、文化生活是有益的。商业广告根据社会主义商业的性质和任务，应遵循"为生产、为消费、为商品流通、为美化市容"服务的"四为"方针。充分肯定商品广告应当具备社会主义的"思想性、政策性、真实性、艺术性和民族风格"。此后，人们就把这"四性一格"作为我国社会主义广告的特征，产生了很大影响。

1959—1961 年，我国连续三年发生自然灾害，再加上人为的因素，使我国国民经济产生了严重困难。广告事业也随之遭受挫折，一些地区的广告管理办法一度废止。广告业急剧萎缩，个人消费品广告急剧减少，仅剩下生产资料广告及书刊、电影、展览会等文化类广告。以上海市为例，1962 年，该市广告营业额从 1959 年的 972 万元下降到 346 万元（外贸广告另计）。1962 年以后，由于实行了"调整、巩固、充实、提高"的八字方针，各大中城市的广告又相继恢复。到 1965 年，上海市广告营业额又回升到 500 万元左右。

## 四、"文化大革命"时期的广告业（1966—1976 年）

1966 年 5 月，正当我国胜利完成调整经济的任务、克服了国民经济中的困难，开始执行发展国民经济第三个五年计划的时候，"文化大革命"发生了。从 1966 年 5 月至 1976 年 9 月间的十年"文化大革命"，造成了"打倒一切"的无政府主义狂潮，形成了全国范围的大内乱，使国家的工作、社会正常秩序遭到极大破坏，也使我国的国民经济面临崩溃的边缘。商品经济及商品制度从根本上被否定，广告作为商品的宣传手段，也被彻底否定，一概被斥为"资本主义的产物"、"资本主义的生意经"。当时的社会生活状况也使商品广告失去了生存的条件。由于社会商品奇缺，采用定量供应的办法，购买各种生活必需的日用品及消费品都要凭票，导致各种票证名目繁多，诸如米、面、油、煤、布匹、肉、蛋、奶、鱼、糖、自行车、缝纫机、手表……几乎都要凭票购买，而且还要排长队才能买到手。在这种状况下，什么商品都短缺、匮乏，什么商品都紧俏。整个计划经济是一个卖方市场，企业不管生产什么都能卖出去，也的确是用不着做"广告"了。在当时所谓"破四旧、立四新"的口号下，中国的广告事业和其他事业一样，遭受严重的摧残和打击。

首先是许多城市的广告管理机关被撤销，广告公司解散，人员或改行，或下放劳动。同时，广告市场逐步萎缩、消失，所有的商品广告活动基本停顿。传播媒体中，广播广告被取消。报刊上保留的少量广告版面，往往用来刊登宣传政治书刊的"书刊广告"（如《红旗》杂志出版广告之类）和样板戏演出之类的"文艺广告"。此外，偶尔也刊登一点生产资料类产品的商业广告。以《人民日报》为例，在1966年至1967年间"红卫兵"运动最盛行的时候，它的广告版面还时不时刊登一点生产资料类的商业广告，其广告科依然对外承接广告业务。到1967年7月29日起，该报广告科的电话号码便从该报版面上消失了，而其广告活动还断断续续坚持到1970年初。1970年1月19日，《人民日报》在刊登了三条工业产品广告之后，就连这类生产资料类的商业广告也从报纸版面上彻底消失了。①

商店及粮店之类，有时也有点商品陈列，但那些样品都是"非卖品"，是为了美化环境、装点门面，为体现市场繁荣、为宣传"形势大好，不是小好"而摆设的。影、剧院门前也只有宣传八个样板戏的特大海报。各种户外广告，特别是路牌广告，被铺天盖地的政治宣传口号、形象所代替，变成了政治宣传牌和语录牌，形成了所谓"红海洋"的特殊景观。许多广告方式绝迹，如霓虹灯广告之类，著名的上海霓虹电器厂除改霓虹灯广告为政治标语类霓虹管外，主要生产变压器、晒图灯等产品。与此同时，在所谓破"四旧"（即破除旧思想、旧文化、旧风俗、旧习惯）的口号下，绝大多数商标被列在"四旧"之列，统统改名。许多有传统的百年老店，老字号，被当作"封、资、修的黑货"而改名，老牌匾被砸烂。如天津商业中心滨江道一带，许多老店被换去了旧字号。"文革"一开始，天津市最大的商场"劝业场"的职工就用铁锤砸掉了38年之久的"劝业场"三个字，换上了"人民广场"的新名称；具有45年历史的北洋纱厂被改名为"四新纱厂"，而且还把原来的拳头产品"金三鼎"棉纱商标，改为"工农牌"商标。再如上海市，该市最大的百货商店永安公司被改成"永红"、"永斗"等名称；具有50年历史的上海最大游乐场"大世界"几米高的旧招牌也被取了下来。据商业部统计，上海市一商业局所

---

① 1970年1月19日，《人民日报》刊登的3条广告是天津市投影显示器厂"投影显示器"广告、辽宁省铁岭光学仪器厂"公差带投影仪"广告、沈阳市电热元件厂"管状、板状电加热器产品介绍"广告。

属 8 个公司共有零售商店 3 700 多家，改换招牌的达 3 000 家以上。①

# 第二节　新时期我国广告业突飞猛进的大发展
## （1979—1999 年）

## 一、广告业的恢复与迅猛发展

我国广告业的恢复、发展是和我国政治、经济形势的发展分不开的。

1978 年 12 月，中国共产党第十一届三中全会决定：从 1979 年起，把全国工作重点转移到社会主义现代化建设上来；同时决定改革权力过分集中的经济体制，在政治上充分发扬社会主义民主，在思想上重新确立解放思想、实事求是的思想路线，并实行对外开放，即"在自力更生的基础上积极发展同世界各国平等互利的经济合作"。1979 年 3 月，邓小平代表中共中央提出坚持社会主义道路、坚持人民民主专政、坚持共产党的领导、坚持马列主义毛泽东思想这四项基本原则。这样，党的以经济建设为中心、坚持四项基本原则、实行改革开放、建设有中国特色的社会主义的正确路线便基本形成。正是在这个大背景下，我国广告业开始了恢复和大发展。

有人说，1979 年是中国现代广告事业的元年。那么，这个新纪元当是由报纸、电视及广播等大众传播媒体最先开创的。

1979 年 1 月 4 日，《天津日报》在当天报纸的第三版下，最早刊登了天津牙膏厂五种牙膏产品的广告。这是新时期我国报纸最早刊登的商品广告。

1979 年 1 月 14 日，上海《文汇报》在当天报纸的第二版右上角显著位置，发表了当时的上海包装广告进出口公司（其前身即上海广告公司）广告科长丁允朋的文章《为广告正名》。文章指出："电视转播文艺演出或体育比赛时，往往有'场内休息'，电视观众也不得不跟着休息。我想，这是对荧光屏幕的很大浪费。据我了解，在国外，晚上 7 点至 9 点是电视收视率最高的'黄金时间'，在此间插播广告，效果大，价格高，一分钟映费数万到数十万美元不等，真叫'寸金难买寸光阴'"；"提起广告，人们往往容易把它和'摆噱头'、'吹牛皮'联系在一起。林彪、'四人帮'一伙大搞假左真右，说什么

---

① "文化大革命"时期的商业．商业部经济研究所编著．新中国商业史，317 ~ 318

'广告是资本主义生意经，要它干什么?''橱窗里摆的都是吃、喝、穿，是在宣扬封、资、修'。在这种思潮的影响下，所有广告统统被砸烂，甚至商店橱窗也统统封闭起来，不见有商品陈列。"文章接着写道："现在，拨乱反正，为了使社会主义市场丰富多彩，对橱窗设计布置已经开始重视起来，但广告是不是都属于'摆噱头'、'吹牛皮'，似乎尚未澄清。"文章最后呼吁："我们的报纸、刊物、广播、电视等，都应该多为我们的新产品、新技术、新工艺、新的服务部门做好广告。我觉得，目前报纸上的电影、戏剧广告虽然有一点，但实在做得太简单了，为什么不能图文并茂呢?另外，为了发展对外贸易，在我们的报刊、广播、电视中有选择地刊登、放映外国广告，这也能扩大广大群众眼界，对增加外汇收入也是有好处的。"为了引起读者的重视，《文汇报》编者在这篇文章的周围特意围了花边，并用醒目的楷体字突出编排。此文最早为报纸、刊物、广播、电视，刊、播商业广告，作了舆论上的鼓吹。文章发表后，很快引起强烈反响。

半个月后，1979年1月28日（农历己未年正月初一），作为全国有很大影响的大报、上海《解放日报》率先刊登商业广告。当天的《解放日报》报头及报眼均套红印刷，并首次在二版下部及三版下部登载了两条通栏广告：一条是"上海工艺美术工业公司所属部分工厂产品介绍"，包括各种乐器、道具等产品（二版下）；另一条是"上海市食品工业公司所属厂产品介绍"，包括饮料、啤酒、补酒、味精等产品（三版下）。紧随其后，2月10日，《文汇报》也在当天的第三版下面刊载一条通栏广告，内容是介绍上海市药材公司经销的杏仁止咳糖浆、止咳露、三七片、活血膏等类中成药品。以上广告都由上海市美术公司承办。"用今天的标准来衡量，这些广告既无创意，也不美观，设计相当粗糙，毫无惊人之举。但它却掀开了当代中国新闻史上崭新的一页"，① 同时也掀开了当代中国广告史上崭新的一页。

1979年3月20日，《工人日报》在全国大报中首开先河，整版刊登了日本东京芝浦电气株式会社的广告。这是"文革"后报刊刊登的第一例整版外商广告。

1979年3月23日，日本两家大公司的广告分别刊登在上海两家大报上：精工牌石英电子手表广告刊登在当日《文汇报》第四版（当天只出一张四版）、美能达照相机广告登在《解放日报》上。两报广告均系全版。此举引起了海内外广告业界的关注，认为："对页数有限的中国报纸而言，确是破天荒

---

的大广告。"① 同年 11 月 25 日（星期日），《文汇报》出正张四版，另增出两版广告（五、六版），其中第五版全版刊登"卡西欧"系列电器广告，包括电子手表、计算器、打字机等产品。此后，《文汇报》正式扩版增张登广告，每逢星期天便多出两版登广告，如 12 月 7 日即是如此。

1979 年 4 月 5 日，我国发行量最大的省委机关报，广州的《南方日报》开始刊登第一条外商广告——瑞士雷达表广告。

1979 年 4 月 17 日，《人民日报》第四版也开始刊登商品广告，内容是 1979 年春季广州"中国出口商品交易会开幕"及商品广告和重庆市地质仪器厂仪器广告。同年 11 月 23 日，日本三菱汽车公司率先在《人民日报》刊登广告。这是中国改革开放以来最早的汽车广告。

1981 年 1 月 8 日，《市场报》在显著位置刊登全国第一例"征婚广告"，报纸广告在为人民群众服务方面又迈出新路。这条广告刊出后，也曾引起不小的反响。

与报纸刊登广告同时，电视、广播也开始播放广告。

1979 年 1 月 28 日，正值农历大年初一。上海电视台与《解放日报》在同一天，也在当晚 17 点零 5 分播出了中国有史以来第一条电视商业广告——"参桂补酒"广告。该广告片是在上海市美术公司的倡议、协助下，由上海电视台新闻部用 16 毫米电影摄影机摄制②，片长历时达 1 分 35 秒。我国从 1958 年开始才有了电视，过了 20 年后才开始播出商业广告，从此，揭开了中国电视广告的序幕。同年 3 月 15 日，上海电视台又在上海地区率先播出第一条外商电视广告——瑞士雷达表广告。

1979 年 3 月 5 日，上海人民广播电台在全国广播电台中，第一个恢复广播广告业务。

由于报纸、电视、广播广告的逐渐增多，1979 年 11 月 8 日，中共中央宣传部发出《关于报刊、广播、电视台刊登和播放外国商品广告的通知》。其中明确提出：报刊、广播、电视在"刊播国内广告的同时，可开展外国广告业务"；要"调动各方面的积极因素，更好地开展外商广告服务"；"广告内容防止吹嘘，杜绝反动、黄色、丑恶的宣传"；"广告外汇收入两年内暂不上交，以进口纸张和改善技术设备"。同时还提出："广告宣传要着重介绍四化建设

---

① 樊志育．中外广告史．台北：台北三民书局，1989．37
② 当时的上海市美术公司的前身是上海市广告公司。上海市广告公司曾是国内广告业界的"龙头老大"。"文革"中改名为上海市美术公司。1979 年 6 月，上海市美术公司改为现名——上海市广告装潢公司，并发展成为全国最大的广告公司。

中可借鉴参考的生产资料。消费品除烟酒外，也可以刊登"，这是中国共产党自建党以来第一个直接指导广告事业的党的文件，从而极大地推动了我国广告业务的全面开展，对我国新时期广告事业的发展有着划时代的意义。

1979 年，中央电视台专门成立广告科。12 月，中央电视台开始开办专栏的"广告节目"；1981 年 12 月，中央电视台开始播映外商广告——美国威斯汀·豪斯电器公司的广告。

自此以后，我国广告业务迅速扩展开来。20 世纪 80 年代起，广告事业迅猛发展。1979 年以前，全国经营广告的公司不过 10 家，报刊、广播电台、电视台基本上不经营商业广告业务。到 1981 年底，全国经营广告业务的公司已有 60 多家，报纸杂志 1 000 多家，广播电台、电视台 100 多家，总计达 1 160 多家，共有广告从业人员 16 160 余人。全国广告经营单位的营业额总计达 1.18 亿元（人民币），其中外汇人民币 1 100 万元，占国民生产总值的 0.024%。人均广告费 0.177 元。1982 年广告营业额为 1.5 亿元，1983 年 2.34 亿元，1984 年 3.65 亿元，1985 年 6.05 亿元，1986 年 8.45 亿元。1987 年 11.12 亿元，首次突破 10 亿元大关。1988 年 14.93 亿元，1989 年 19.99 亿元。1990 年 25.02 亿元，突破 20 亿大关。1991 年 35.09 亿元，1992 年 67.87 亿元。1993 年为 134.09 亿元，是 1992 年的近两倍。1994 年 200.26 亿元，突破 200 亿元大关。1995 年为 273.27 亿元。到 1996 年，中国的广告营业额总计达 366.637 1 亿元人民币，约合 44 亿美元，是 1981 年的 310 倍多，占当年国民生产总值的 0.5%；广告从业人员达 512 087 人，是 1981 年的 31 倍多；广告公司有 52 871 家，是 1981 年的 45 倍多；人均广告费为 30.5 元人民币，是 1981 年的 172 倍多。从上列数字中，我们可以看出，我国广告业每隔三年就有一次飞跃。

由于我国经济发展不平衡因素的影响，我国各地广告业的发展也是相应不平衡的。东南、华南沿海一带地区广告业遥遥领先，西北、西南地区相对落后一些。在 1996 年，北京、上海、广东、浙江、江苏等省、市的广告营业额占全国广告营业额的 66.76%，而其中，北京、上海、广东又占 53.76%。据广告界资深人士预计，这种不平衡的状况，将会持续一个相当长的时期。

近几年来，在四大广告媒体（报纸、杂志、广播、电视）中，报纸广告和电视广告一直雄居榜首，两大媒体颉颃。1990 年前，每年的报纸广告总额一直高于电视广告额（1990 年报纸广告额为 6.771 亿元，电视为 5.613 6 亿元）。1991 年起，电视广告额超过了报纸广告额（1991 年电视广告额为 10.005 2 亿元，超过 10 亿元大关；报纸广告额为 9.618 7 亿元）。1992 年，电视广告额仍然超过报纸（电视为 20.547 0 亿元，报纸为 16.183 2 亿元）。1993

年，报纸广告额又回升，压倒电视广告额（报纸广告额 37.710 9 亿元，电视 29.439 1 亿元）。到 1996 年，电视广告又飙升，达 90.789 4 亿元（其中，中央电视台就占去了 32 亿元），报纸则为 77.689 1 亿元。当然，就整个广告业来看，从 1993 年起到 1996 年，雄居榜首的仍然是专业广告公司，其 1996 年的营业额是 156.785 8 亿元。

## 二、广告媒体的大发展及广告内容、形式的多样化

【广告形式的多样化】　20 世纪 80 年代以来，我国广告媒体大发展、形式多样，种类繁多。主要有以下几大类：

（1）报纸类广告。

（2）杂志类广告。

（3）电视类广告。

（4）广播类广告。（以上四种广告形式详后）。

（5）户外广告。除"四大媒体"（电视、报纸、广播、杂志）以外，最重要的广告形式是户外广告。户外广告以路牌广告、霓虹灯广告、招牌（透光彩）广告、民墙屋顶类广告、立体广告、电子翻转牌广告等最为常见，甚至还包括招贴、空中气球类广告（大型彩色气球下悬挂彩幅和充气模型等），挂满宾馆、商厦的巨大广告条幅及跨街布标广告，等等。户外广告一般设置在车流量、人流量较大的公共场所。以路牌、霓虹灯、大屏幕彩显、立体广告等组成的户外广告是一个城市风貌的窗口，集中展现着一个城市物质文明和精神文明建设的成就。

（6）交通类广告。交通类广告包括交通工具及交通设施两大类，主要包括各类车身（汽车、火车、地铁列车等）、船身广告，公交汽车站牌广告，汽车站、火车站、轮船码头及飞机场广告，收费站广告，过街天桥广告，铁路沿线广告等等。其中，车身广告是最近几年才发展起来的。1992 年 10 月 10 日，公安部交通管理局、建设部城市建设司联合发文，对"中广协"广告公司委员会《关于要求批准开展车身广告的请示》作了答复："同意在公交车身上制作广告"，"但这种广告除必须符合广告管理、城市市容管理有关规定外，不能遮挡驾驶员视线、号牌、灯光及公交线路标志牌"。

（7）电子类高科技广告。包括电子显示牌、电子翻转牌、旋转式电子广告，电子控制霓虹灯及灯箱广告，以及大屏幕电视墙录像带、电子磁碟、激光视盘、电脑控制传真广告及电脑绘画广告等类。

（8）包装类广告。包括各种软、硬包装，也包括各种新型材料包装形式

和各种彩色印刷包装形式，还包括各式彩印手袋（用塑料、重磅纸或重磅纸复膜制成）、礼品盒等。

（9）投递及馈赠品类广告。包括各种信函、明信片、个人名片、产品及商品说明书、企业介绍传单、商品目录、产品试用样品等，以及馈赠笔记本、毛巾、手袋、化妆品、衣帽（如夹克衫、文化衫、太阳帽等上印广告者的标志或宣传口号）等。

（10）书册、图片及票证类广告。包括各种日历、挂历、电话号码簿、年鉴、工商名册、纪念册、列车时刻表、城市旅游地图、各种车船票、飞机登机牌、各种门票（如公园及娱乐场所门票、旅游景点门票）、各种磁卡等类广告，以及各种专业、学术书籍广告等。

（11）店铺广告类。包括店铺开业广告，百货公司、超市的橱窗柜台广告，商品陈列广告，店堂、铺面装饰装潢广告，旗帜、标语、新式招幌等广告，以及模特广告（包括人体模型，如石膏模型、塑料模型和活人彩带迎宾、公关礼仪小姐表演及演示宣传）等。

**【公益广告的兴起】**　　非盈利性公益广告又叫"公共广告"，是由政府部门及社会公共机构、企业、大众传播媒介等单位、团体或组织发布的，不以盈利为目的、谋求社会公共利益、为社会提供服务的广告活动。它具有三大特征：①不营利，重在社会效益和影响，体现公众利益；②主题现实、严肃，具有针对性，提倡新风俗、新道德，抨击旧习气、旧的意识形态，弘扬社会正气；③具有号召力和倡导性。

改革开放后，我国的公益广告最早出现在电视媒体上。近些年来，我国公益广告有了长足的发展，其中以电视公益广告影响最大。早在1978年，我国公益广告就曾以文字或画面的形式出现在电视屏幕上，当时的中央电视台就曾播出过类似今天公益广告的节目。20世纪80年代初，广东电视台曾以《立此存照》为题，播出过公益广告。这个题目由当时的广东省委书记任仲夷起名。1986年，贵阳电视台摄制的《节约用水》短片在该台播出，标志着我国第一条电视公益广告片的正式诞生。该片由贵阳市节水办公室与电视台合作制作，意在利用广告来提高市民的节水意识。这则公益广告播出后，取得了良好的社会效益和经济效益，当年第四季度，全市自来水消耗量比上年同期减少47万吨。由此可见公益广告的影响和威力。

1987年10月26日，中央电视台广告部率先在该台屏幕上开辟《广而告之》公益广告专栏，揭开了我国广告传播史上新的一页。"广而告之"四字由当时中央电视台副台长、中广协电视委员会主任陈汉元所取名。此后，《广而告之》以"提醒、规劝、批评"六字方针为宗旨，采用人们所喜闻乐见的形式，在第一套节目的黄金时段，定期播出公益广告，使观众在娱乐中得到启迪，在潜移默化中受到教育。据统计，从 1987 年到 1996 年的 9 年间，《广而告之》栏目共播出电视公益广告 844 则，这些公益广告依题材的不同，大致可分为行为规范（占 59%）、道德规范（占 29%）和价值取向（占 12%）等项。这些公益广告播出后，在社会上产生了广泛、强烈的影响。

1992 年，公益广告被纳入"全国广告作品展览评比"范围，但只设荣誉奖。1996 年 9 月，国家工商行政管理局号召在全国范围内开展以"中华好风尚"为主题的"公益广告月"活动，再次将公益广告的制作和宣传推向高潮。1997 年 9 月 1 日至 9 月 30 日，国家工商行政管理局又号召全国广告媒体开展以"自强创辉煌"为主题的公益广告月活动，并首次特设"公益广告政府奖"。与此同时，一些精明厂家也看到了公益广告对宣传企业形象的诱人前景，纷纷投资公益广告的制作。北京、大连、宁波等地的公益广告拍卖活动曾盛况空前。公益广告的质量及制作水平也有显著提高。

**【特殊广告方式的出现】** 除以上广告方式外，一些特殊的广告方式在近几年也频频出现。如：

1994 年 6 月 20 日，我国最大的桥梁——南京长江大桥把中国扬子集团用 26 块巨大广告牌组成的 10 条广告，全部安装在北桥头堡上。连长江大桥也"下海"，走上"以桥养桥"之路。

首都"东三环"改建工程中，南起双井，北到首都机场，全长 8.2 公里路段上，拟建 7 座立交桥、8 座过街桥，北京市委批准市政工程局采用招标方法筹措资金建桥，即用提供赞助建桥单位、企业的名字或产品名称来命名桥名。

1994 年下半年，在中国航天基地西昌，长征二号捆绑火箭将发射"澳星 B3"，与此同时将四川成都恩威集团公司的广告制作在火箭箭体上（在箭体上绘上该公司的标志及"恩威号"三个大字）。广告业务由四川成都环联实业总公司承办。这是我国第一个以运载火箭为媒体的广告，也是我国第一个太空载体广告。太空广告系将广告书写或画在火箭箭体上，当火箭在发射前被各新闻媒体报道时，硕大的广告会随着箭体进入摄影、摄像的镜头中，也会被文字记者看见，写进新闻报道里，从而产生轰动效应，起到广告宣传作用。近年来，世界上太空广告又有了发展，俄罗斯宇航局为募集更多的资金发展太空计划，特批"和平号"空间站宇航员在太空做广告，其方式是通过美国一家有线电视台兜售太空生活必需品。这当是世界上，在距离地球最遥远的地方（空间）

做广告的第一例。

我国第一个在耸入云霄的电视塔塔身做大型户外广告的是武汉龟山电视塔。1992年5月5日，雄踞武汉长江边龟山之上、矗立天际的龟山电视塔上出现"KENT"及"555"洋烟广告。广告面积达1 800多平方米，四个英文字母中，每个英文字母相当于两三层楼高，硕大无比。由于字体庞大，白底蓝字，分外醒目，反差效果极佳。晚上在灯光的照射辉映下，整座电视塔犹如一枝竖立着的硕大无比的香烟。该广告一出现，顿使武汉三镇沸沸扬扬，舆论大哗，其冲击波惊动全国。1994年6月21日，该广告在有关部门的干预下，提前11个月终止合同，被撤下了龟山电视塔塔身。

1992年6月8日，青岛开往北京的25/26次特别快车披挂上"琴岛海尔号"车牌，成为我国大陆首列以企业产品名称命名的旅客列车。该列车每节车厢外挂的起讫站名横牌上，都醒目地写着"琴岛海尔号"，软卧、硬卧、硬座和餐车全部换上印有"琴岛海尔"字样的新窗帘、床单、椅套、枕巾、茶杯等。车票上贴的座位号码条子也标明"本次列车是'琴岛海尔号'"字样，列车员胸前也别着"琴岛海尔"的商标。就在"琴岛海尔号"驶进北京的当天，有关部门便提出了批评，并下令取消"号"字；紧接着，又下发了一个正式文件：各地严禁开行广告列车，已开行的必须取消。其理由是：国际上未有广告列车的先例。除此之外，文件还声明：列车车厢外，一律不准做广告。就这样，"琴岛海尔号"未足月便取消了。但是，随着人们观念的改变，一年后，北京铁路局货运段又与北京市潞河面粉公司签下合同：以潞河面粉公司的拳头产品"古船"牌面粉命名一辆列车……"古船号"终于又雄赳赳气昂昂驶出北京，奔驰在千里京丹线上。此后，"广告列车"已成为一种重要的交通广告方式，被企业界广泛采用。1996年3月18日起，新加坡金味集团买下京广线广州至北京29/30次特快列车冠名权，这是外企在我国首例获列车冠名权。

总之，中国广告业正在向"立体化"、"全方位"及"高科技"方向发展。

## 三、四大媒体广告的大发展

【四大广告媒体营业额】　四大广告媒体即指报纸、杂志、广播、电视四大新闻媒介。截至1998年底，四大媒体广告营业额总计达260.4亿元（人民币），约占全国广告总额的48.4%。其中，电视广告营业额为135.6亿元（人民币），较上年的114.4亿元上升18.6%，占全国广告总营业额的25.4%；报纸广告营业额为 104.4 亿元,较上年的 96.8 亿元上升 7.8%,占全国广告总营业额的 19.4%;广播广告营业额为 13.3 亿元,较上年的 10.6 亿元上升 25.8%,占全国广告总营业额的 2.5%,杂志广告营业额为 7.1 亿元,较上年的 5.3 亿元上升 35.3%,占全国广告总营业额的 1.3%。

【报纸广告】  报纸广告历来是四大媒体中的"老大哥",它的特点是历史悠久,深得读者的信任。因此,它的广告在读者中素有良好的信誉。美国有一位专门从事媒体影响力调查的人士在《编者与发行者》上发表的调查报告中说:"作为一种新闻来源,报纸享有更高的声誉,它不像电视那么耸人听闻。"正是读者的这种信任,形成了报纸广告影响力的基础。其次,报纸读者众多,影响力大;报纸天天出版,可以帮广告主迅速推出新产品;报纸广告表现力强,特别是对新产品的介绍,图文并茂,可作详细介绍,消费者通过它能充分地了解有关新产品的性能及使用方法等方面的知识。另外,报纸的分类广告(旧中国报纸上称"小广告")是其重要特色。报纸分类广告一般篇幅很大,但每条所占篇幅却极小,涉及面宽、信息量大、读者广泛,是报纸广告中最大的一类,如我国广州地区的《羊城晚报》、《广州日报》、《南方日报》等报纸,常常用整版整版的篇幅来刊登分类广告。另据美国《洛杉矶时报》1979 年统计,该报这一年平均每天刊出分类广告 1.6 万条,一年共刊出 582 万条。该报负责人自豪地说:"《洛杉矶时报》30% 的收入来自分类广告。"又如澳大利亚《世纪报》,它的广告部在业务高峰时,有 150 名工作人员坐在办公室里,不停地从电话中记录广告公司传来的大量分类广告,每小时达 3 000 条。据统计,该报每周刊登的分类广告在 3 万条以上,一年累计超过 160 万条。

现代报纸从它诞生之日起,就与广告结下了不解之缘。据有关史料记载:世界上第一个报纸广告是 1625 年 2 月 1 日刊登于英格兰出版的《每周新闻》(Weekly News) 头版下方的一则书籍广告。美国的第一条报纸广告出现于 1704 年 4 月 24 日创刊的《波士顿新闻通讯》(Boston News Letter) 上,广告内容是该报招揽广告的广告。以后创刊的有世界影响的报纸,如英国的《泰晤士报》(1785 年创刊)、《每日邮报》(1896 年创刊),美国的《纽约时报》(1851 年创刊),日本的《读卖新闻》(1874 年创刊)、《朝日新闻》(1879 年创刊)、《每日新闻》(1872 年创刊) 等报,都大量刊登广告;广告篇幅占报纸全部篇幅的一半以上(50% ~70% 左右),广告收入也占报纸总收入的一半以上,高的占 85% ~95%。美国三大报《纽约时报》、《华盛顿邮报》、《洛杉矶时报》的广告版面约占其全部版面的 70% 左右,《纽约时报》总收入的

70% 来自广告，30% 的收入来自出售报纸。《华盛顿邮报》85% 的收入靠广告。在三大报的全部广告中，分类广告所占比重最大。

我国当代的报纸广告业，在 1979 年以前的 30 年中，发展缓慢、停滞，以致逐年递减。以《人民日报》为例，1950—1970 年间，其广告收入统计见表 6－2。

表 6－2　　　　　　　　　　1950—1970 年《人民日报》的广告收入统计

| 时　　期 | 广告费收入（万元） | 每年平均（万元） |
|---|---|---|
| 1951—1955 年 | 165.0 | 33 |
| 1956—1960 年 | 653.1 | 130.6 |
| 1961—1966 年 | 73.4 | 13.2 |
| 1967—1970 年 | 18.9 | 6.3 |

资料来源：《人民日报》广告部

在中共中央十一届三中全会以后，我国报纸广告进入一个新的历史时期，1979 年春，《天津日报》、《解放日报》、《文汇报》首先恢复刊登商业广告。以后，其他各类报纸，包括《人民日报》都先后开始刊登广告。20 世纪 80 年代起，我国报纸广告迅猛发展。1985 年，我国报纸广告营业额已占全国广告营业总额的 36.3%，位居首位。1987 年 1 月 1 日，《广州日报》率先增张扩版，由原来每日出对开一大张 4 版，改为对开两大张 8 版。该报是广州地区乃至全国最早增张扩版的报纸。1987 年 7 月 1 日，《天津日报》也将原对开一大张 4 版，扩为对开两张 8 版，成为天津地区省、市级报纸中最早扩版增张的一家；10 月 1 日，天津《今晚报》也由原来的 4 开一小张 4 版、扩大为对开一大张 4 版。1988 年 1 月 1 日，《解放日报》也将原 4 版一大张改为日出两大张 8 版，是上海地区最早增张扩版的大报。以后，全国各报掀起了一轮又一轮扩版增张的热潮，传统 4 个版一大张的报纸不断被 8 版、12 版，甚至 16 版、20 版、24 版、40 版的报纸所代替。增张扩版最典型的是《广州日报》。继 1987 年元旦扩版之后，1992 年元旦，《广州日报》又在全国综合性报纸中领先扩大为对开 3 张 12 版，1993 年 12 月 1 日，又成为全国首家日出对开 4 张 16 版的报纸。1995 年元旦，《广州日报》再次在全国率先每天出版 20 版。现在《广州日报》周末出对开报 40 个版，仍在全国处于领先地位。报纸的增张扩版，不仅增加了新闻的信息量，同时也大大增加了广告的容量，扩大了广告的刊载空间，使报纸的分类广告、专栏广告、专版广告等，篇幅大增。

1993 年 1 月 25 日（农历正月初三），上海《文汇报》敢为天下先，在当天报纸的头版（当时共出四版）刊登整版广告：版面正中是一台由杭州西泠电器集团生产的"西泠空调器"的主体画面，空调器上方是 11 个特大黑体字广告标题《今年夏天最冷的热门新闻》，空调器下方又有 8 个同样大的字"西泠冷气全面启动"，再以下是 3 小段朗朗上口的广告词。这条广告收费 90 万元。据说，当天《文汇报》大楼内电话不断，读者询问："今天贵报怎么没有新闻？"《文汇报》总编辑妙语回答："这不就是最大的新闻吗？""1·25"广告对当时中国大陆新闻界震动很大，也引发了人们对于新闻改革的思考。在大陆，无论是办报的，还是看报的，大家几乎都形成了这样一种心理定式：报纸的头版是"要闻版"；"要闻版"只能刊登重要、严肃的新闻，广告无论如何上不了头版，更何况整版广告。因此，这一广告刊登后，美、英、法、日等国的几家大通讯社及报纸对此举都作了报道，有一家报纸甚至称其为"中国报纸广告一号"。[①]此后，其他一些向来以严谨著称的大机关报也纷纷仿效，如 2 月 8 日，即离"1·25"广告整两周，《解放日报》紧步《文汇报》后尘，也同样以 90 万元的高价，在当天头版推出整版广告，刊登的是上海浦东万丰房地产开发总公司等单位出售"浦东别墅"的广告。《文汇报》、《解放日报》之后，全国有不少报纸也在头版刊登广告，仅以内陆省份的安徽而论，就有《合肥晚报》、《安庆日报》、《马鞍山日报》、《芜湖日报》、《淮南日报》、《蚌埠日报》等不下 10 家纷纷仿效。此风一开，许多企业为了显示自己的财力、造成轰动效应，便看准了大报头版这块"黄金宝地"，竞相抬高买版价格，在不长的时间里，头版广告收费竟扶摇直上至 120 万元。"炒头版"一时成为报界、广告界的一道新景观。此外，有的报纸还迎合广告主的心理，在每年 6 月 6 日（六六顺）、6 月 8 日、8 月 8 日（"发"、"发"谐音）、8 月 18 日（"发了又发"谐音）等"黄道吉日"之前，就刊登启事出售包括头版在内的全部广告版面。如：1993 年 5 月 2 日，天津《今晚报》头版刊出一条"通知"，该"通知"敬告工商企业，凡欲在"6 月 6 日"刊登广告的客户，请错开时间，因为这一天该报所有广告版面将被一家企业全部买断，这仅有几十字的"通知"如巨石投水，激起很大反响，顿使《今晚报》热闹起来，询问电话不断。与此同时，许多厂商要求参与竞买。其中报价最高的当属北京百龙绿色科技所，报价为 40 万元人民币。5 月 7 日，《今晚报》披露了这一消息。当晚，北京新大地生物技术联合公司总经理亲自给《今晚报》打电话："新大地"欲出

---

　① 新时期以来，最早在头版头条登广告的是《深圳特区报》，但不是头版整版登广告。最早在头版整版登广告的还是《文汇报》。

45 万元买断，最终以 100 万元成交。《今晚报》这一天全部广告版面卖出 100 万元，这在当时国内的确是令人瞠目的数字。一时间，报纸纷纷拍卖"吉日"广告版面。

根据各报社自报营业额统计，1995 年广告营业额排前 10 名的报社见表 6 - 3。

表 6 - 3                        1995 年报纸广告营业额排前 10 名者

| 序号 | 报纸 | 广告营业额 |
|------|------|------------|
| 1 | 羊城晚报 | 4.65 亿元 |
| 2 | 广州日报 | 4.6 亿元 |
| 3 | 新民晚报 | 3.24 亿元 |
| 4 | 北京晚报 | 2.08 亿元 |
| 5 | 深圳特区报 | 2.05 亿元 |
| 6 | 解放日报 | 1.78 亿元 |
| 7 | 新华日报 | 1.6 亿元 |
| 8 | 南方日报 | 1.54 亿元 |
| 9 | 人民日报 | 1.37 亿元 |
| 10 | 成都晚报 | 1.37 亿元 |

到 1996 年，全国报纸广告营业额达 77.689 1 亿元人民币，约占全国广告营业总额 366.637 1 亿元的 21%，在四大媒体中排行第二。与 1983 年全国报纸广告营业额 0.735 亿元相比，几乎增加了 110 倍。据不完全统计，1996 年全国报纸有 2 231 家，全国报纸广告从业人员由 1985 年的 18 280 人增加到 19 352 人。当年我国日报发行量最大的 3 家是：《人民日报》300 万份、《新民晚报》170 万份、《羊城晚报》125 万份。根据各报社自报营业额统计，1996 年报纸广告营业额排前 18 名的报社见表 6 - 4。

表 6 - 4　　　　　　　　　　1996 年报纸广告营业额排前 18 名报社

| 序号 | 报纸 | 广告营业额（亿元） |
|---|---|---|
| 1 | 新民晚报 | 5.2 |
| 2 | 广州日报 | 5.1 |
| 3 | 羊城晚报 | 5 |
| 4 | 北京日报、北京晚报 | 3.99 |
| 5 | 深圳特区报 | 2.5 |
| 6 | 解放日报 | 2.2 |
| 7 | 南方日报 | 2.1 |
| 8 | 成都晚报 | 1.8 |
| 9 | 计算机世界报 | 1.5 |
| 10 | 扬子晚报 | 1.4 |
| 11 | 今晚报 | 1.4 |
| 12 | 钱江晚报 | 1.3 |
| 13 | 深圳商报 | 1.2 |
| 14 | 人民日报 | 1.18 |
| 15 | 参考消息 | 1.15 |
| 16 | 文汇报 | 1.02 |
| 17 | 天津日报 | 1 |
| 18 | 北京青年报 | 0.8 |

　　到 1998 年，全国共出版报纸 2 053 种，其中全国性报纸 211 种，省级报纸 824 种，地、市级报纸 858 种，县级报纸 160 种。① 报纸广告年收入突破 100 亿元人民币大关，达到 104.4 亿元，为"新时期"以来有统计数据的 1983 年的 140 余倍。1998 年，全国广告营业额过亿元的报社已达 36 家，年广告收入最多的报社——《广州日报》社已超过 7 亿元，达 7.95 亿元。截至 1999 年，全国报纸广告收入排行前 10 名的广告总额已超过 50 亿元，比 1998 年增长 18.6%。其中《广州日报》1999 年广告收入达 9.3 亿元，自 1997 年起连续 3 年蝉联全国报纸媒体年广告额排行榜冠军。

---

　　① 1998 年全国新闻出版业基本情况. 新闻出版报，1999 - 04 - 27

表6-5　　　　　　1998年、1999年报纸媒体广告收入前10位排名对比

单位：亿元

| 媒体 | 广州日报 | 新民晚报 | 深圳特区报 | 羊城晚报 | 北京青年报 | 北京晚报 | 今晚报 | 计算机世界报 | 精品购物指南 | 解放日报 |
|---|---|---|---|---|---|---|---|---|---|---|
| 1998年广告收入 | 7.95 | 6.04 | 4.43 | 6.04 | 2.54 | 3.51 | 3.69 | 3.12 | 2.44 | 2.68 |
| 排名 | 1 | 3 | 4 | 2 | 9 | 6 | 5 | 7 | 10名以外 | 8 |
| 1999年广告收入 | 9.3 | 6.29 | 5.89 | 5.62 | 5.19 | 4.97 | 3.66 | 3.27 | 3.24 | 2.85 |
| 排名 | 1 | 2 | 3 | 4 | 5 | 6 | 7 | 8 | 9 | 10 |
| 增幅 | 17% | 4.1% | 33% | -7% | 104% | 41.6% | -0.8% | 4.8% | 32.8% | 6.3% |

资料来源：广告导报，2000（2）：54

【杂志广告】　我国杂志广告源远流长，迄今已有180多年的历史。我国杂志广告最早出现在《察世俗每月统记传》的创刊号上。《察世俗每月统记传》是世界上第一种近代中文期刊，它于1815年8月5日（即清嘉庆二十年乙亥七月一日）在马六甲创刊，由米怜主编。为了方便传教，米怜在创办《察世俗》的同时，还办起了一所免费供华人子弟读书的"义馆"（即后来的"马礼逊学校"）。"义馆"开学与《察世俗》创刊"择吉"在同一天，故《察世俗》创刊号特载《立义馆告帖》，通知当地广东、福建籍华侨"任凭将无力从师之子弟，送来进学。"这则关于免费入学的招生广告，是最早的中文报刊上出现的最早的文化广告。

我国最早刊载商业广告的期刊是《东西洋考每月统记传》，它是我国境内出版的第一份现代中文期刊，于1833年8月1日（清道光十三年癸巳六月十六日）在广州创刊，1838年底（道光十八年戊戌）在新加坡停刊。该刊从"道光甲午年正月"号起，在刊末特辟"市价篇"专栏，用表格的形式刊载《省城（广州）洋商与各国远商相交买卖各货现时市价》，内分"入口的货"和"出口的货"两大类，共计5面（每期刊物约6张12面）。"市价篇"实际上是进、出口货物物价行情表及对外贸易行情表，这也是我国境内中文期刊上最早刊登的带有商业贸易性质的商情广告。

我国早期的报刊广告最早叫"告帖"、"报帖"、"布告"、"船头货价纸"

等等，尔后叫得最多、最流行的是"告白"。现在最流行的"广告"一词最早出现在报刊上是《清议报》。《清议报》于 1898 年 12 月 23 日（清光绪二十四年十一月十一日）在日本横滨创刊，由梁启超主编，旬刊。在 1899 年 4 月 30 日（清光绪二十五年三月二十一日）出版的第 13 期末，《清议报》刊出用日文写的招揽广告的告白《记事扩张卜广告募集》，同时还附载了《广告料》（即广告刊费表）。这是中国人办的中文刊物上最早出现"广告"一词。此后，我国留日学生办的刊物上都开始使用"广告"一词。到 20 世纪初，"广告"一词由日本传入我国，如上海等地。①

在四大媒体中，杂志广告自有其独特的优势：杂志的信息性比报纸深入，尤其是其单幅广告的信息量较大。杂志适合刊登那些对时效性要求不太严格，但在信息量包容上要求大一些的广告；适合于做对商品及服务作详细说明和展开销售重点的全页广告。杂志的广告主要包括封面广告、内封广告及插页广告，大多是全页或半页的。杂志广告的用纸都比较讲究，在印刷上也比报纸广告精美得多，尤其是其彩色广告，色彩鲜明逼真，容易引人注目，可以最大限度地发挥彩页的效果，从而激发读者的购买欲望。又由于杂志印制精美，内容丰富深刻，一份杂志可反复观看、阅读，也可供多人传观、流动阅览，接触面大，重读率高，使读者有充分时间对广告内容作仔细研究，进一步加深印象。另外，有些专业性杂志，其读者群虽没有报纸那样广泛，但由于专业性强，对于广告主选择特定的广告对象非常有利，比如从事某一专业的人就会订与其专业相关的专业杂志来阅读，那么对其专业杂志上刊登的广告也就比较相信，容易接收，这样就有利于广告主推销商品或出卖劳务。

在我国四大媒体中，杂志广告所占份额最少。到 1996 年，我国共有杂志 3 825 家（1995 年为 3 540 家），全年杂志广告营业额为 5. 609 6 亿元，仅占全国广告营业总额的 1.3% 左右，但比起 1995 年的 3.822 9 亿元来，增长幅度还是比较大的。据国家新闻出版署报刊司的初步统计，1995 年第一季度发行量超过一百万份的杂志有 21 种，其中发行量居首位的是《半月谈》杂志，达 500 万份，被誉为"中国第一刊"，其次是《读者》文摘杂志，发行量达 350 万份。截至 1998 年底，杂志广告营业额 7. 132 8 亿元，较上年 5. 270 9 亿元上升 35.3%，占全国广告营业总额的 1.3%。1998 年，全国总共出版期刊 7 999 种。到 1999 年 1 月，全国有 22 家期刊的发行量超过 100 万份，其中《半月谈》、《第二课堂》、《故事会》分别以 478 万、412 万和 397 万的发行量排在前三位。详情见表 6 – 6。

---

① 刘家林. 中国近代早期报刊广告源流考. 新闻大学，1999（夏季号）

表 6-6 1999 年 1 月全国 22 家期刊发行量超过 100 万份排名表①

| 期刊名称 | 主办地（或单位） | 发行量（万册） |
|---|---|---|
| 《半月谈》 | 新华社 | 478 |
| 《第二课堂》 | 广东社 | 412 |
| 《故事会》 | 上海 | 397 |
| 《读者》 | 甘肃 | 320 |
| 《家庭》 | 广东 | 301 |
| 《时事》（中学生版） | 中宣部 | 260 |
| 《知音》 | 湖北 | 235 |
| 《当代小学生》 | 山东 | 233 |
| 《家庭医生》 | 广东 | 175 |
| 《小学生天地》 | 湖北 | 163 |
| 《小学生时代》 | 浙江 | 160 |
| 《支部生活》 | 广东 | 146 |
| 《少先队员》 | 广东 | 145 |
| 《中学生天地》 | 浙江 | 138 |
| 《中国税务》 | 税务总局 | 128 |
| 《青年文摘》 | 团中央 | 116 |
| 《小学生优秀作文》 | 辽宁 | 110 |
| 《共产党员》 | 辽宁 | 108 |
| 《农民文摘》 | 农业部 | 104 |
| 《人之初》 | 广东 | 104 |
| 《求是》 | 中共中央 | 100 |
| 《初中生》（一年级版） | 湖南 | 100 |

---

① 新闻出版报，1999-03-01

【广播广告】　广播分无线广播电台和有线广播电台。广播广告是通过语言、音乐及音响效果来传递产品及劳务信息的一种广告形式。

广播广告媒体有如下特点：

（1）覆盖面广，普及率高。无线电波在空中传播，不受地域、政区的影响，无远弗届，只要有收音机，就可随时收听到无线电广播。由于收音机价格便宜、低廉，一般人都买得起，故全世界收音机的拥有量超过了10亿台。

（2）收音机体积小巧，携带方便，随身性强，可以走到哪儿听到哪儿，站着、躺着都能听，也可以一边做事一边听，非常方便，这是电视难以达到的。

（3）广播广告以语言、音乐、声响为媒介，以"声"传情，有浓郁的气氛和亲切感，容易造成面对面交谈式的环境，使人易于接受。

（4）广播广告制作简单，成本低廉。在四大媒体中，广播广告的成本最为低廉，因此，广播广告在收费上也比电视广告低得多。因此，有的客户也乐意选择广播做广告。

当然，广播也有它的短处：信息消失快，不易保存；听众不易主动接受信息，等等。

我国的广播广告起步也比较早。1922年底、1923年初，我国出现了第一座无线电广播电台。该台在播出新闻的同时，也开始播出商业广告。20世纪三四十年代，我国广播广告有很大的发展。在电视还没有诞生的很长一段时间里，广播广告曾风行一时，同报纸广告、杂志广告分庭抗礼，鼎足而三，是主要的广告媒体之一。电视产生以后，夺走了相当份额的广播广告，使广播广告的重要性下降，广播广告一度跌入低谷。20世纪70年代调频广播的出现，使广播又恢复了一定的竞争力。"文革"中，广播广告基本上消失。1979年3月5日，上海人民广播电台率先播出第一条商业广告——"春蕾药性发乳"广告。1979年12月间，中央人民广播电台也开始播出商品广告。1980年1月，中央人民广播电台正式开办《广告节目》专栏，其他各地电台也都先后开设广告节目。20世纪90年代以来，广播界改革的力度加大，各种专业台纷纷出现，节目也更加丰富多彩，广播广告媒介仍有其不能替代的特殊作用。到1995年，我国广播广告营业额达7.3769亿元人民币。1995年我国广播电台广告营业额前10名排序见表6–7。

表 6 – 7            1995 年我国广播电台广告营业额前 10 名排序

| 序号 | 广播电台 | 营业额（千万元） |
|:---:|:---:|:---:|
| 1 | 中央人民广播电台 | 4.754 |
| 2 | 北京人民广播电台 | 4.5 |
| 3 | 上海人民广播电台 | 4.5 |
| 4 | 上海东方广播电台 | 4.114 |
| 5 | 广东人民广播电台 | 3.8 |
| 6 | 广州人民广播电台 | 3.255 |
| 7 | 辽宁人民广播电台 | 2 |
| 8 | 深圳人民广播电台 | 1.95 |
| 9 | 天津人民广播电台 | 1.86 |
| 10 | 佛山人民广播电台 | 1.5 |

到 1996 年，我国有广播电台 990 家，收音机、收录机及入户的有线广播喇叭等收听设备的社会拥有量已达 4 亿台（只），广播广告从业人员有 7 664 人，广播广告营业额总计为 8.726 7 亿元人民币，是四大媒体"家族"中的"老三"。截至 1998 年底，广播广告营业额为 13.302 6 亿元人民币，较上年 10.577 6 亿元上升 25.8%，占全国总营业额的 2.5%。

【电视广告】      与报纸广告、杂志广告、广播广告相比，电视广告有其得天独厚的优越性。作为视听兼容、声画并茂的综合艺术，电视广告声、像、色（颜色）兼备，听、视、读（字幕）并举，集语言、音乐、图像、动作于一体，形象逼真，生动有趣，最易激发观众的收视兴趣，也最富感染力，能给人留下较深的印象，并有较强的说服力和亲和力。大量调查资料证明：在报纸、杂志、广播、电视四大传媒中，人们接触最多的是电视。自然，受众最多的媒体广告也是电视广告。电视媒体广告包容了其他媒体广告的优点。现代重要广告媒体有许多种，然而对于生理感官有缺陷的人来说，不少广告媒体也随之暴露出无法弥补的缺陷，比如，报刊广告在盲人面前、广播广告在聋哑人面前，都变得束手无策（据有关资料统计，我国有将近 2 600 万聋哑人）。但是，电视广告信息的传播因其集画面、声音、动作、色彩等功能于一身，它可以发挥感官补偿作用。对于聋者，它能通过其视觉器官传递广告信息；对于盲人，它又能通过其听觉器官传递广告信息。这种互补兼容的特征，又使最大可能的受众获得广告信息。当然，电视广告也有其弊端和局限性：①时间短促，转瞬即逝，不易记忆。电视广告时间一般有 5 秒、10 秒、15 秒、20 秒、30 秒、45 秒、60 秒多种，多数广告用 30 秒时间播出，1 分钟以上的较少，长至 3~5 分钟的广告片更是极个别的例子。②编导、制作复杂，周期长，费用高。③广告费价格昂贵，不是财力雄厚的大企业，难以上电视做广告，如美国哥伦比亚广播公司在全国橄榄球决赛转播中插播的电视广告，每 60 秒收费在百万美元以上。

电视技术的发明开始于 20 世纪 20 年代初的英国和美国。

1922—1924 年间，英国苏格兰工程师约翰·贝尔德（Johnl Baird）（1888—1946 年）进行电视发射和接收设备的试验和发明，并将机械扫描电视装置试验成功。1926 年 1 月 26 日，贝尔德又到伦敦做人像传输技术的公开演示，轰动欧美。1928 年，贝尔德又首次进行彩色电视的试验。与此同时，他又成功地进行了伦敦与纽约间的电视发射、接收实验。

1923 年，俄裔美国物理学家符拉基米尔·兹沃雷金（Viadimir Zworykin）（1889—1982 年）发明"光电摄像管"，即电子扫描原理，成为现代电视技术的理论基础。与此同时，美国其他一些无线电科学家也先后进行了一系列电视技术的发明和试验。到 1929 年，美国已先后建立 26 家电视台。

1936 年 11 月 2 日，英国广播公司在伦敦市郊的亚历山大宫创办的电视台开播，这是当时清晰度最高的黑白电视（扫描行数 405 行），每周播出 13 小时，工作人员达 200 多人。该台被公认为是世界上最早正式播出的电视台，标志着人类进入了电视时代。

1940 年，美籍匈牙利人戈德马克发明了世界上第一架彩色电视机。1941 年 7 月 1 日，美国联邦电信委员会允许开办商业电视台。从此，电视开始播放商业广告。

第二次世界大战中，不少电视台停办，电视的研究停滞。战后，电视事业有了突飞猛进的发展，电视广告也风行世界。1946 年，美国演示了第一台全电子彩色电视机。1954 年，彩色电视正式开播。

我国于 1958 年才开始有电视。当年 5 月 1 日，我国第一座电视台——"北京电视台"（今中央电视台的前身，1978 年 5 月 1 日才改名为"中央电视台"）开始实验性播出；9 月 2 日正式播出。1973 年 5 月 1 日"北京电视台"开始试播彩色电视节目，同年 10 月 1 日转为正式播出。在地方电视台方面，上海、广州地区走在全国地方台的前列。1958 年 10 月 1 日，上海电视台开始试播，1959 年 9 月 27 日正式播出。1959 年 9 月 30 日，广东电视台开始试播，1960 年 7 月 1 日正式播出（当时称"广州电视台"，1979 年元旦改为现名）。

我国电视事业真正发展是从 20 世纪 80 年代开始的。1958 年 5 月 1 日，"北京电视台"开播时，全国只有 30 多台苏制"红宝石"牌电视机。到 1987 年，中国年产电视机达 2 000 万台，社会拥有量达 1 亿台，电视观众突破 6 亿人。截至 1999 年 8 月，我国已有 3 000 多家电视台，拥有 3.17 亿台电视机，近 11 亿经常电视观众，电视覆盖率已达 90% 以上，成为世界上首屈一指的电视大国。

我国电视广告的出现则比电视的出现晚了 20 年。1979 年 1 月 28 日，正值农历大年初一，上海电视台在当天晚上 17：05 播出了我国大陆第一条电视商业广告——由上海市广告装潢公司创意制作的"参桂补酒广告"；3 月 15 日，该台又播出第一条外商广告——瑞士雷达表广告。1979 年 3 月 15 日，我国影响最大的电视台——中央电视台，也破天荒播出第一条外商广告："西铁城——星辰表誉满全球"。从此，启动了全国各地的电视广告。以后，电视广告在中国一直以强劲的势头快速发展。一些财力雄厚的大企业，也乐于把巨额的广告费投向电视。1994 年 11 月 2 日，中央电视台第一次举行黄金时段广告招标会，当时中国最有经济实力的企业都到场、中国最具实力的广告公司也都参加，群雄并起争夺中央电视台的黄金广告时段。这在中国广告史上是前所未有的。

1995 年，山东临朐秦池酒厂以 6 666 万余元的巨额广告费，买下中央电视台天气预报片头的 5 秒标版；1996 年 11 月 8 日，在中央电视台黄金时段广告招标会上，秦池酒厂又以 3.212 118 亿元的创纪录高价再次买下"标王"称号。此举顿时引起轰动，人们评说不一。

电视广告支撑了电视传媒、发展了电视传媒。如上海东方电视台每天就有 45 分钟广告播出时间，每月广告额达 3 600 万 ~4 000 万元。

我国电视广告迅猛发展起始于 20 世纪 90 年代。1991 年，我国电视广告额超过 10 亿元人民币大关（10.005 2 亿元），占全国全年广告营业总额（38.089 2 亿元）的 28.5%，雄居四大传媒的榜首。1992 年，电视广告额又比上年翻了一番，达 20.547 亿元，占广告业营业总额的 30.3%，仍居榜首。1993 年、1994 年让位于报纸，退居第二（1993 年报纸广告额 37.71 亿元，电视 29.43 亿元；1994 年报纸为 50.54 亿元，电视 44.76 亿元）。1995 年、1996 年的电视广告营业额又居于四大传媒之首。特别是 1996 年，电视广告营业额达 90.789 4 亿元（报纸则为 77.689 1 亿元），其中，中央电视台就占去 32 亿元。1996 年电视广告总额占当年全国广告总额的 24%。当年全国有电视台 2 625 家，电视广告从业人员达 22 955 人。截至 1998 年底，电视广告营业额为 135.638 0 亿元人民币，较上年的 114.410 5 亿元，上升了 18.6%，占全国广告总营业额的 25.2%。1998 年的电视广告仍是当年四大传媒中的"龙头老大"。

电视广告发展到现在，无论内容、形式，还是宣传手法，比起早期来，都有了很大提高，呈现出新的特征：

（1）情境式广告大量增加，即强调感情诉求的"软广告"大量出现。所谓"情境式广告"又曰"戏剧性广告"，它有情节，把生活形态戏剧化；它能将理性诉求变为感性诉求，把推销术语化为令人神往的画面、浪漫的情调和迷人的音乐。如《威力洗衣机·农村篇》，它讲述一个都市游子为乡间母亲送去洗衣机的感人故事，诉求一个"威力洗衣机，献给母亲的爱"的主题。此片获 1990 年全国电视广告创意奖。又如，"南方黑芝麻糊广告"：电视画面上小孩舔碗的动作，小贩给小孩添加一勺的场面，都很感动人。

近年来，又产生了不少好的情境创意广告，它们有情节，生活化，给人留下深刻的印象。如"摩托罗拉"中文手机上市时推出的电视广告《剃须篇》：一青年男子正被理发师按住脸、用剃刀刮脸剃须。突然，手机响了，男子想接听，不料却被颇有敬业精神、个性倔强的理发师一把按住，动弹不得。男子顿时急得干瞪眼，不过好在是中文手机，赶紧抓起来一摁键，一行留言却让人哭笑不得——"留着胡子好，小兰"，而他的胡子刚刚被刮掉一半。这则广告，通过戏剧化的表演，强调了摩托罗拉手机的文字显示功能。

情境式广告容易打动人，但制作费用高得惊人。另外，在播出时，对"时段"要求高，其在"黄金时段"播出与"非黄金时段"播出所获得的广告效应和效益，往往相差甚远。

（2）人物广告，即明星广告明显增多。电视广告越来越讲求明星效应、名人效应，如，力士香皂，它的系列广告中，每一条都分别由著名影视演员为出场人物，都用一句话："我只用力士香皂！"每条广告片结尾的广告语无一例外地是："力士香皂，国际著名影星的香皂。"另外，周润发为"百年润发"洗头膏所做广告，刘德华为重庆"奥妮洗发浸膏"、刘晓庆为"TCL 王牌彩电"、黎明为"和记传讯"、张曼玉为"爱立信手机电话"、成方圆为"草珊瑚含片"中成药所做广告等等，都是明星广告中的翘楚。

（3）越来越重视广告文案，涌现出不少好的、优秀的广告语、广告词，即所谓广告流行语"金句"。有许多优秀的广告语均出自电视广告，有许多人记住商品品牌也多是从电视广告开始的。如："牙好，胃口就好，身体倍儿棒，吃嘛嘛香"（蓝天"六必治"牙膏）、"金利来，男人的世界"（金利来领带、腰带）、"孔府家酒，叫人想家"（孔府家酒）、"喝孔府宴酒，做天下文章"（孔府宴酒）、"飞利浦，让我们做得更好！""一呼天下应"（润迅通讯）、

"一切在于掌握"（爱立信手握电话广告，显示其轻便、灵巧的特征）、"天上彩虹，人间长虹"（长虹电视机）、"新飞广告做得好，不如新飞冰箱好"（新飞电冰箱）、"维维豆奶，欢乐开怀"（维维豆奶）、"长城永不倒，国货当自强"（奥妮皂角洗发液）、"味道好极了"（雀巢咖啡）、"麦氏咖啡，情浓味更浓"、"麦氏威尔咖啡，滴滴香浓，意犹未尽"、"挡不住的感觉"（可口可乐）、"只溶在口，不溶在手"（巧克力广告）、"留住青春，留住美"（永芳珍珠膏化妆品系列）、"当太阳升起的时候，我们的爱天长地久"（太阳神口服液，画面壮美）等。为了使广告深入人心、家喻户晓，有不少广告词采用"反复"修辞手法，如芳草牙膏广告云："春光明媚，处处有芳草，洁齿爽口，人人爱芳草。早晨起得早，天天用芳草。芳草牙膏，国内首创，中草药复方，止血脱敏芳草有疗效。"日本丰田汽车公司的广告词"车到山前必有路，有路必有丰田车"则采用"顶真"修辞手法。还有的广告词用成语及谐音修辞手法，达到言简意赅、通俗易懂、形象生动的效果，起到事半功倍的宣传作用，如"不打不相识"（打字机）、"有目共睹"（眼镜）、"'闲'妻良母"（洗衣机）、"默默无'蚊'的奉献"（灭蚊剂）等等。

　　当然，也有不成功、甚至不好的电视广告词和电视画面。如有的电视广告中，广告语言不规范，谐音广告往往采用"偷梁换柱"、同音替代的手法，任意篡改我国传统文化的精华——成语。例如："有杯（备）无患"（磁化杯）、"百文（闻）不如一键（见）"（打字机）、"油（有）备无患"（祛风油）、"天尝（长）地酒（久）"（酒类）、"衣衣（依依）不舍"（服装店）、"一明（鸣）惊人"（近视治疗仪）、"咳（刻）不容缓"（止咳药）等等。有的电视广告画面隐含色情暗示，用感官刺激来推销产品，如女性着装薄、露、透，女性形象娇、艳、媚，卖弄风骚。又如，热水器广告往往不注意表现商品的功能，而津津乐道于美女淋浴画面。有一则儿童食品广告画面上，一男一女俩小孩相依相拥，广告词："你一口，我一口，酸酸甜甜小两口"，对儿童及少年产生不良诱导。还有些电视台在转播其他台节目时，往往任意中断转播来插播自己台的广告，或在其节目上叠加上自己的字幕广告。这不仅破坏了转播节目的艺术效果，也侵害了他人的权益。

　　有鉴于此，1988 年 1 月 20 日，广播电影电视部、国家工商行政管理局联合发出《关于进一步加强电视广告宣传管理的通知》，规定："电视台不得中断节目播映广告，或在节目画面上叠加字幕广告"；"电视台不得以新闻报道形式刊播广告，收取费用；记者不得借采访名义招揽广告业务"；"地方电视台转播中央电视台和省级电视台的节目（包括广告）必须完整，不得在转播中间插播地方承揽的广告"。1997 年 3 月初，广电部又发出《进一步加强广播电视广告宣传管理的通知》（以下简称《通知》），要求各级广播电视行政管理部门及广播电台、电视台严格遵守《中华人民共和国广告法》（1995 年 2 月 1 日起施行），重视广播电视广告宣传管理工作，坚持广播电视广告正确的舆论导向，加强领导，严格把关。《通知》主要包括如下内容：

（1）严格按照国家有关规定控制酒类广告的播出：电视，每套节目每日发布的酒类广告，在特殊时段（19：00～21：00）不超过两条，普通时段每日不超过 10 条；广播，每套节目每小时发布的酒类广告，不得超过两条。

（2）广播电视广告宣传应健康文明，禁止播出有色情或性暗示等内容的广告，禁止播出治疗性病的广告。

（3）广播电视广告宣传应尊重妇女，不得歧视、侮辱妇女，使用不健康、不正常妇女形象。

（4）广播电视广告宣传应使用规范的语言文字，不得故意使用错别字或用谐音乱改成语；除注册商标及企业名称外，不得使用繁体字。

（5）广播电台、电视台每套节目播放广播电视广告的比例，不得超过该套节目每天播出总量的 15%，18：00～22：00 之间不得超过该时间段节目总量的 12%；不得以故意引起听众和观众误解的形式播放广播电视广告；广播电视广告宣传应尊重大众生活习惯，不得在 6：30～7：30、11：30～12：30 以及 18：30～20：00 之间播放治疗痔疮、脚气等不适宜的广告（因这 3 段时间是人们的进食时间）。

《通知》发出以后，全国各电台、电视台按要求对所播广告进行了认真的检查和调整，对广播电视广告宣传的规范起了较大的促进作用。①

## 四、广告公司、广告代理制及广告行业组织的发展

【广告公司】 广告公司是专门经营广告业务的专门性广告组织。国务院 1987 年 10 月 26 日颁布的《广告管理条例》和国家工商行政管理局 1988 年 1 月 9 日制定的《广告管理条例施行细则》，对专业广告公司界定如下：专业广告公司必须持有《企业法人营业执照》（见《广告管理条例》），"有负责市场调查的机构和专业人员"，"有熟悉广告管理法规的管理人员及广告设计、制作、编审人员"，"有专职的财会人员"；"申请承接或代理外商来华广告，应当具备经营外商来华广告的能力"（见《广告管理条例施行细则》）。

广告代理制则是指在广告活动中，广告主委托广告公司实施广告宣传计

---

① 高文．广播电视广告管理有新规定．半月谈，1997（11）

划，广告媒介则通过广告公司承揽广告业务的一种机制和经营方式。广告公司是广告主与广告媒介之间联结的桥梁和中介。

近代广告公司及广告代理业最早是在美国开始出现的。1841 年，美国人沃尔尼·帕尔默（Volney Palmer）在费城开始创办广告社，为其父创办的一家报纸拉广告。以后，他扩展业务，为各类报纸招揽广告，同时也向广告主无偿提供各类报纸发行情况的资料。帕尔默被公认为是美国第一位广告代理商。他的酬金由广告主从付给报社的广告费中提取 15%，这种佣金制一直延续至今。

我国在 20 世纪 20 年代就出现了广告社、广告公司等专业广告组织。30 年代后，专业广告公司有了进一步的发展。新中国成立后，人民政府对旧社会遗留下来的广告业进行初步整顿，将分散的私营广告社合并成为具有一定规模和业务能力的"美术设计公司"，归口隶属于各地文化局或商业局管辖，其中著名的有北京市美术公司（隶属市文化局）、天津美术设计公司（隶属市文化局）、上海市广告装潢公司（隶属市第一商业局）、上海美术设计公司（隶属市文化局）等等。以后，这些"美术设计公司"、"广告装潢公司"又演变为专业广告公司。到 50 年代末，大部分工业生产比较集中、商业比较发达的主要城市如上海、北京、天津、广州、武汉、南京、重庆七大城市均设有专业广告公司。1979 年前，全国经营广告业务的专业广告公司总共只有十来家，广告从业人员约 1 300 人。1979 年后，随着我国商品经济、广告事业的发展，广告公司大量涌现。值得特别注意的一种现象是：当时刚刚复苏的广告业仅仅是外贸行业的"附庸"，广告公司都隶属于各省、市外贸局，或挂靠在外贸单位的名下。如 1979 年上半年，上海市外贸局率先成立了广告公司。接着，北京市、天津市外贸局也成立了广告公司。1979 年 8 月，当时的"广州市革命委员会"批准成立了广州市广告公司，并恢复了广州市广告管理所；同年 10 月 22 日，广东省外贸局也成立了广东省广告公司。从 1979 年到 1981 年，在不到两年的时间里，我国主要口岸城市均成立了专营进出口广告业务的广告公司。因此，国内老牌的专业广告公司大多诞生于外贸系统。1981 年，中国第一个全国性的广告行业组织——"中国对外贸易广告协会"宣告成立。① 到 1983 年，全国已有 181 家专业广告公司，年营业额达 4 870.8 万元，占当年全国广告营业额（23 407.4 万元）的 20.8%。进入 90 年代后，由于广告业的兴旺更带来了兴办"广告公司热"。1991 年底共有专业广告公司 1 156 家，到 1994 年底跃升到 18 375 家，四年之间，上升了近 16 倍。到了 1996 年，全国专业广告公司增加到 25 726 家，拥有专业人员达 28.867 5 万人，占当年全国

---

① 沙宗义，蔡洪波．春天里的故事．广告导报，1999（21～22 期合刊）：36

广告从业人员总数 51.208 7 万人的 56%；全国专业广告公司全年营业额达 156.785 8 亿元，约占全国全年广告营业额（366.637 1 亿元）的 43%。1997 年，全国广告经营单位达 5.7 万家，广告从业人员达 54.8 万人；专业广告公司全年营业额超过 194.1 亿元，约占全国全年广告营业额（462 亿元）的 42.9%。截至 1998 年底，在全国广告经营单位 6.173 0 万户中，专营广告公司有 3.329 万家，占广告经营单位总数的 53.9%，比上年的 2.901 万家增长 14.8%；全国专营广告公司经营额达 230.11 亿元，占全国广告经营总额（537.83 亿元）的 42.8%，比上年的 194.141 3 亿元增长 18.5%。

目前，我国已基本形成了北京、上海、广州三大广告经营中心。到 1997 年，这 3 个地区的广告营业额即达 205 亿元，占当年全国广告经营总额的 44.4%；1998 年，三地区广告营业额合计为 273.195 8 亿元，占当年全国广告经营年总营业额的 50.8%。建立了"中国广告联合总公司"和"中国外贸广告企业群体"这两个实力较强的国有广告集团，其中包括 100 多家大型综合广告公司。这两大广告集团经营额约占我国广告经营总额的 1/3。但是，与国外发达国家相比，我国广告公司数量多，但素质高的很少。在我国虽然有成千上万的广告公司自我标榜自己能做全面的广告代理业务，但真正具有此能力的却寥寥无几。真正具备全面代理广告业务能力并具有一定实力的广告公司，在全国也就 100 多家。广告公司的规模普遍偏小。截至 1998 年底，我国广告从业人员有 578 876 人，较上年 545 788 人，净增 33 088 人，增长率为 6.1%。其中专业广告公司为 349 953 人，较上年 319 092 人，实增 30 861 人，增长率为 9.7%。以 1998 年全国专营广告公司 33 290 家计之，实际平均每家广告公司仅 10.56 人。广告公司的兴衰也倏起倏落。以广告公司云集的广州地区为例，1998 年，广州每日都会有几十家广告公司倒闭，也有上百家新公司成立。业内人士预测，我国广告及广告公司的发展趋势，将分两步走：一是"联合"与"协作"，二是走"兼并"之路。

1979 年，中国的广告公司仅仅十来家。经过 20 年的发展，广告经营单位达到 57 000 多家，专业广告公司 33 200 多家。对照美国这个广告超级大国来看，其全国广告公司的总数不过 6 000 多家，而这 6 000 多家广告公司中营业额在 30 亿美元以上的，却占有一定的比例。目前，我国全国广告年营业额还不及美国通联广告公司一家的年营业额（100 亿美元）。因此，中国本土的广告公司面对跨国广告公司的"入侵"，的确面临着优胜劣汰、资本重组，经营、技术联合及兼并等问题。

20 世纪 90 年代以来，我国广告市场竞争激烈，一批有实力的广告公司在竞争中脱颖而出，如上海广告公司、中国广告联合总公司（简称"中广联"）、广东省广告公司等都是其中的佼佼者。上海广告公司成立于 1962 年，当时曾独家受理全国 8 大口岸所有的进出口广告业务。新时期以来，这种独家经营的垄断局面被打破后，该公司加入了市场竞争的行列。他们坚持改革开放，转换经营机制，走专业化、集团化的路子，积极参与国内外广告市场竞争，不断发展、壮大，并同外国著名广告公司合资成立了上海奥美广告有限公司和上海非凡广告设计有限公司。在国家有关权威机构举办的 1992 年首届全国广告公司综合实力排序中，上海广告公司名列榜首；1993 年、1994 年又连续两年在全国广告公司营业排行榜中名列第一；在 1995 年全国广告公司综合实力排序中仍排名第一。中国广告联合总公司则于 1981 年 2 月 25 日在北京成立，3 月 18 日正式组成。该公司是新华社直属的中国第一家广告经营单位联合体，当时由 25 家广告公司组成。经过 10 多年的发展，"中广联"现有 78 家成员公司、7 家合营公司、分公司及子公司，分布在全国 60 多个大中城市。广东省广告公司成立于 1979 年，起初是广东省外经贸委属下的一家综合性专业广告公司。20 年来，该公司以经济发达的广东地区为依托，得天独厚，不断改革，开拓进取，全面经营进出口广告业务及国内广告业务，以其历史长、规模大、人才多、资金雄厚的优势，成为广东广告业界的执牛耳者。

1987 年 4 月 8 日，由日本"电通"与法国"扬·罗毕凯"合资组建的"电扬"第 256 个办事处在上海成立，成为中国第一家外企广告公司。外资及外国广告公司的进来，更加加剧了中国广告市场的竞争。经过 10 来年的发展，外资及中外合资广告公司在我国广告业界已占有举足轻重的地位。其中最著名的是"盛世长城国际广告有限公司"。该公司由中国长城工业公司（属航天业）、中国天马旅游实业公司（属旅游业）和英国盛世国际广告公司合资创办，是一家以经营国内外各类广告设计、制作、发布及全面代理的专业化中外合资广告公司。盛世长城广告公司为客户服务的最大特点是不同时为两个拥有同类竞争产品的客户做任何广告策划和创意。其早期推出的"海飞丝"、"玉兰油"、"飘柔"、"潘婷"、"护舒宝"、"舒肤佳"、"一加一"等品牌的产品广告及国际羊毛局"纯羊毛标志"等广告精品，以及近几年推出的宝洁、强生、伊莱克斯、西安杨森、嘉实多、杜邦、美的、TCL 等品牌的产品广告，早已家喻户晓，脍炙人口。1995 年起，盛世长城国际广告有限公司年广告营业额一直稳居全国广告公司年广告营业额排行榜的首位。1998 年度中国广告公司营业额排序中前 5 名均为外资及合资公司。

1994—1998 年间，我国专业广告公司（包括本土专业广告公司及外资、合资专业广告公司）的发展情况，详见表 6 - 8 至 6 - 12。

**表 6 - 8** 　　　　　　　　1994—1995 年我国广告公司广告营业额前 25 名排序

| 排序 | 经营单位 | 1994 年营业额（万元） | 排序 | 经营单位 | 1995 年营业额（万元） |
|---|---|---|---|---|---|
| 1 | 上海广告公司 | 18 321 | 1 | 盛世长城国际广告有限公司 | 63 600 |
| 2 | 中国广告联合总公司 | 18 136 | 2 | 中国广告联合总公司 | 28 500 |
| 3 | 北京国安广告公司 | 16 000 | 3 | 上海奥美广告有限公司 | 24 582 |
| 4 | 广东省广告公司 | 15 165 | 4 | 长城国际广告有限公司 | 20 189 |
| 5 | 麦肯·光明广告有限公司 | 15 100 | 5 | 中国国际广告公司 | 20 000 |
| 6 | 北京广告公司 | 15 000 | 5 | 北京广告公司 | 20 000 |
| 7 | 中国国际广告公司 | 15 000 | 7 | 广东省广告公司 | 19 941 |
| 8 | 上海奥美广告有限公司 | 13 492 | 8 | 北京电通广告有限公司 | 193 000 |
| 9 | 长城国际影视广告有限公司 | 12 964 | 9 | 麦肯·光明广告有限公司 | 17 309 |
| 10 | 上海市广告装潢公司 | 123 303 | 10 | 珠海东方广告有限公司 | 17 075 |
| 11 | 海润国际广告有限公司 | 11 826 | 11 | 上海广告公司 | 16 906 |
| 12 | 中化国际广告展览公司 | 11 264 | 12 | 福建广播电视广告总公司 | 11 950 |
| 13 | 福建省广播电视广告总公司 | 9 687 | 13 | 天联广告有限公司 | 11 422 |
| 14 | 上海美术设计公司 | 9 292 | 14 | 中国对外贸易广告总公司 | 11 090 |
| 15 | 海南金马广告有限公司 | 8 835 | 15 | 上海美术设计公司 | 11 044 |
| 16 | 浙江省国际广告公司 | 8 504 | 16 | 电扬广告公司 | 11 000 |
| 17 | 电扬广告有限公司 | 7 029 | 17 | 辽宁省辽广经贸集团公司 | 10 400 |
| 18 | 北京北奥广告公司 | 5 800 | 18 | 浙江省广告公司 | 10 226 |
| 19 | 南京市广告公司 | 5 499 | 19 | 上海市广告装潢公司 | 8 600 |
| 20 | 中国对外贸易广州广告公司 | 5 146 | 20 | 金马广告（集团）公司 | 8 348 |

（续上表）

| 排序 | 经营单位 | 1994 年营业额（万元） | 排序 | 经营单位 | 1995 年营业额（万元） |
|---|---|---|---|---|---|
| 21 | 金马广告有限公司上海分公司 | 4 773 | 21 | 北京国安广告公司 | 7 800 |
| 22 | 中国机电广告公司 | 4 340 | 22 | 广州市广告公司 | 7 282 |
| 23 | 北京市广告艺术公司 | 4 123 | 23 | 上海新民广告公司 | 6 744 |
| 24 | 上海霓虹电器厂 | 3 329 | 24 | 广东白马广告有限公司 | 6 700 |
| 25 | 广西南方广告公司 | 3 280 | 25 | 北京明日广告公司 | 6 500 |

资料来源：中国广告年鉴·1996 年. 新华出版社，1997

表 6-9　　1996—1997 年中国 21 家大广告公司营业额变化及基本情况表

| 公司名称 | 1996 年营业额（万元） | 1997 年营业额（万元） | 员工人数（名） |
|---|---|---|---|
| 盛世长城国际广告有限公司 | 78 748.4 | 142 000 | 380 |
| 中乔智威汤逊广告有限公司 | 46 271.39 | 64 928 | 85 |
| 精信广告公司 | 42 938.6 | 47 600 | 244 |
| 上海奥美广告有限公司 | 38 268 | 62 561.2 | 255 |
| 北京电通广告公司 | 30 943 | 37 000 | 109 |
| 广东省广告公司 | 23 189 | 36 000 | 171 |
| 北京未来广告公司 | 18 112 | 19 000 | 36 |
| 中国国际广告公司 | 15 000 | 16 000 | 102 |
| 金鹰国际广告企划有限集团 | 13 111 | 千万以上 | 20 |
| 上海灵狮广告有限公司 | 8 288 | 35 000 | 90 |
| 上海互通事业公司 | 7 960 | 11 000 | 70 |
| 金马广告公司 | 7 909 | 7 200 | 152 |
| 上海丽人广告公司 | 7 700 | 7 599.74 | 52 |

（续上表）

| 公司名称 | 1996 年营业额（万元） | 1997 年营业额（万元） | 员工人数（名） |
|---|---|---|---|
| 北奥广告公司 | 7 150 | 7 200 | 38 |
| 中国机电广告公司 | 6 320 | 7 000 | 45 |
| 上海旭通广告有限公司 | 6 000 | 9 200 | 35 |
| 广州天艺广告公司 | 5 800 | 6 850 | 68 |
| 广东广旭广告公司 | 5 500 | 10 800 | 53 |
| 上海伊斯顿广告公司 | 4 530 | 9 400 | 25 |
| 上海国际文化影视有限公司 | 4 500 | 4 500 | 55 |
| 广州旭日有限广告公司 | 4 200 | 6 000 | 60 |

资料来源：国际广告，1998（6）

表 6 - 10　　　　1997—1998 年中国 39 家大广告公司营业额及基本情况表

| 公司名称 | 1997 年广告营业额（亿元） | 1998 年广告营业额（亿元） | 员工人数（名） |
|---|---|---|---|
| 盛世长城国际广告 | 14.2 | 16.7 | 340 |
| 麦肯·光明广告有限公司 | —— | 10.0 | 435 |
| 智·威·汤逊·中乔广告有限公司 | 6.492 8 | 6.464 6 | 234 |
| 上海奥美广告有限公司 | 6.256 1 | 6.046 0 | 300 |
| 长城国际广告有限公司 | 3.03 | 4.808 5 | 178 |
| 中国广告联合总公司 | —— | 4.282 5 | 115 |
| 广东省广告公司 | 3.6 | 4.2 | 253 |
| 上海灵狮广告公司 | 3.5 | 4.018 6 | 108 |
| 上海广告有限公司 | —— | 4.01 | 508 |
| 北京电通广告有限公司 | —— | 3.8 | 124 |
| 北京未来广告公司 | 1.634 6 | 2.977 3 | 88 |

（续上表）

| 公司名称 | 1997年广告营业额（亿元） | 1998年广告营业额（亿元） | 员工人数（名） |
|---|---|---|---|
| 美格广告 | 2 500万美元 | 3 400万美元 | 110 |
| 山东宏智广告公司 | 1.2 | 2.3 | 160 |
| 北京国安广告公司 | — | 1.0 | 150 |
| 上海新民广告公司 | 1.2 | 1.78 | 16 |
| 中国国际广告公司 | 1.5 | 1.5 | 73 |
| 上海美术设计公司 | — | 1.535 8 | 231 |
| 上海李奥·贝纳广告公司 | — | 1.113 5 | 30 |
| 广州旭日广告有限公司 | 0.6 | 1.1 | 60 |
| 上海旭通广告有限公司 | 0.92 | 1.1 | 36 |
| 上海第一企画互通广告有限公司 | — | 1.05 | 80 |
| 北京北奥广告公司 | 0.72 | 0.92 | 40 |
| 广州市天艺广告公司 | 0.685 | 0.853 | 83 |
| 金马广告有限公司 | 0.72 | 0.8 | 135 |
| 昆明风驰广告（集团）股份有限公司 | — | 0.742 6 | 103 |
| 北京观唐广告有限责任公司 | — | 0.7 | 50 |
| 广东三九广告传播公司 | — | 0.66 | 40 |
| 上海丽人广告公司 | 0.76 | 0.656 9 | 55 |
| 广州市广告公司 | — | 0.65 | 120 |
| 广州市东一广告有限公司 | — | 0.6 | — |
| 广州市致诚广告有限公司 | — | 0.6 | 87 |
| 中国民航宣传广告公司 | — | 0.53 | 592 |
| 哈尔滨晓升广告有限公司 | — | 0.5 | 53 |
| 上海东视广告有限公司 | — | 0.49 | 24 |

（续上表）

| 公司名称 | 1997年广告营业额（亿元） | 1998年广告营业额（亿元） | 员工人数（名） |
|---|---|---|---|
| 上海市公共交通广告公司 | — | 0.45 | 43 |
| 广州市蓝色创意广告公司 | — | 0.44 | 55 |
| 海润国际广告有限公司 | — | 0.44 | 40 |
| 广东黑马广告有限公司 | — | 0.436 2 | 26 |
| 中国机电广告公司 | 0.7 | 0.4 | 30 |

资料来源：国际广告，1999（9）

表6-11　　　　　　　　1998年十大合资广告公司营业情况统计

| | 单位名称 | 企业性质 | 1998年广告营业额（万元） | 1998年上交税金（万元） | 1998年广告业务净利润（万元） |
|---|---|---|---|---|---|
| 1 | 盛世长城国际广告有限公司 | 合资 | 167 329 | 1 874 | 348 |
| 2 | 麦肯·光明广告有限公司 | 合资 | 110 261 | 2 103 | 2 814 |
| 3 | 智·威·汤逊—中乔广告有限公司 | 合资 | 64 646 | 950 | −9 |
| 4 | 上海奥美广告有限公司 | 合资 | 60 460 | 1 925 | 1 105 |
| 5 | 精信广告有限公司 | 合资 | 55 011 | — | — |
| 6 | 长城国际广告有限公司 | 合资 | 49 085 | 343 | −3 |
| 7 | 上海灵狮广告公司 | 合资 | 40 190 | 934 | 28 |
| 8 | 北京电通广告有限公司 | 合资 | 38 304 | 548 | −733 |
| 9 | 美格广告公司 | 合资 | 23 500 | 328 | −1 066 |
| 10 | 天联广告有限公司 | 合资 | 15 046 | 246 | 1 967 |

资料来源：中国广告协会会员部提供

表 6 - 12　　　　　　　　　1998 年十大本土广告公司营业情况统计

| | 单位名称 | 企业性质 | 1998 年广告营业额（万元） | 1998 年上交税金（万元） | 1998 年广告业务净利润（万元） |
|---|---|---|---|---|---|
| 1 | 中国广告联合总公司 | 国有 | 42 825 | 429 | 176 |
| 2 | 广东省广告公司 | 国有 | 42 000 | 622.12 | 512 |
| 3 | 上海广告有限公司 | 国有 | 40 120 | 275 | 318 |
| 4 | 北京未来广告公司 | 集体 | 29 773 | 1 183 | 1 321 |
| 5 | 山东宏智广告有限公司 | 民营 | 20 173 | 1 109 | 17 |
| 6 | 北京国安广告总公司 | 集团 | 18 000 | 148 | 320 |
| 7 | 上海新民广告公司 | 国有 | 17 788 | 398 | 682 |
| 8 | 中国国际广告公司 | 国有 | 16 000 | 77 | 525 |
| 9 | 北京广告公司 | 国有 | 16 000 | 120 | 155 |
| 10 | 上海美术设计公司 | 国有 | 15 358 | 296 | 613 |

资料来源：现代广告，1999（6）

【广告代理制】　　广告代理制是国际通行的科学的广告经营机制，它是广告业走向成熟及现代化的标志。西方国家广告业界实行代理制已有几十年甚至上百年的历史。广告代理制的主要内容为：实行广告承揽与广告发布分开的办法，即将原来由传媒直接承揽广告、发布广告合一的做法，改为由传媒公司发布广告，而由专业广告公司承揽广告，实行代理。实行代理制后，将结束过去那种由媒体包办经营和发布广告业务的具有垄断性质的旧体制，将广告业的三个组成要素——广告主、广告公司、媒体联结为一种相互补充、共存共荣的关系。

我国试行现代广告代理制起步晚，最早起源于 20 世纪 90 年代初。

1990 年 5 月 10 日，国家工商行政管理局、对外经济贸易部联合发出《关于对台湾企业和个人在大陆申请发布广告进行管理的通知》（以下简称《通知》）。《通知》云："经研究，决定允许台湾企业和台湾同胞在大陆发布商品广告和寻亲广告"，并作了相应的管理办法和规定，同时还指定了代理台湾企业商品广告业务的广告公司名单，即中国广告联合总公司、中国国际广告公司、中国体育服务总公司、上海市广告装潢公司、广东省广告公司、福建省广告公司、厦门市广告公司、厦门市商业广告公司、上海广告公司和北京广告公司等共 10 家。

1990 年 5 月 30 日，国家工商行政管理局又发出《关于在温州市试行广告代理制的通知》。其中，第一条规定："凡温州市企事业单位、私营企业、个体工商业户在国内通过报纸、杂志、广播、电视、路牌等媒介发布广告，必须委托经温州市工商行政管理局核准的有'承揽'或'代理'广告业务经营范围的广告经营单位发布或代理"；第三条规定，广告代理单位的职责，包括对广告客户的资格及广告内容的合法性和真实性进行验证审查、对广告发布情况的监督及及时报告工商行政管理局查处违规违法广告。《通知》还规定："对不认真履行职责，造成严重虚假违法广告的广告代理单位，取消其广告代理权。"温州市第一批广告代理单位共有 7 家：温州市广告装潢美术公司、温州华瓯广告公司、瓯海县广告社装潢美术公司、永嘉县广告社、温州日报社、温州电视台、温州人民广播电台。其中报社、电视台、广播电台只允许代理同类媒介广告业务。

1992 年 8 月 31 日，国家工商行政管理局又发出《关于增加台湾企业商品广告的指定代理广告公司的通知》，公布了新增加的台商广告代理公司有 15 家：上海美术设计公司、浙江省国际广告公司、江苏国际广告公司、江苏梅地亚广告公司、辽宁省广告联合总公司、辽宁省外贸总公司、海南对外贸易广告公司、沈阳市美术广告公司、沈阳市广告公司、青岛广告公司、齐鲁广告公司、深圳市美术广告公司、深圳市旅游广告公司、珠海对外广告展览公司、珠海经济特区美术广告公司等。

我国真正开始全面试行广告代理制是在 1993 年下半年。为了尽快同国际广告业接轨，改变我国广告业广告经营机制滞后的状况，1993 年 7 月，由国家工商行政管理局、国家计划委员会联合制定、下发了《关于加快广告业发展的规划纲要》（以下简称《纲要》）。《纲要》鉴于"我国广告业起步晚，基础薄弱"，"行业结构不合理，经营体制不顺"，"广告法制不健全，经营秩序比较混乱"等现状，提出要"借鉴国际惯例和通行做法，吸收发达国家先进经验，促进国内广告市场与国际广告市场连接"；要"优化行业结构，转换广告经营机制，采用适应现代商品经济发展的广告代理制，发挥广告公司的主干作用"；要"进行广告代理制试点，理顺广告公司与媒介的职能分工关系，广告的发布由各种广告媒介承担，广告的代理和设计制作由广告公司进行"。在全面实行广告代理制的具体步骤上，《纲要》提出分两步走："第一步，统一将代理权归于广告公司，将媒介发布广告、承揽广告、代理同类媒介广告改变为媒介承揽、发布广告，不再承担同类媒介代理业务；同时将媒介直接承揽外商广告权归于具有经营外商广告资格的广告公司。第二步，实行承揽与发布分开，媒体专职发布广告，广告公司承担广告承揽和代理，从而在广告公司与媒介间形成功能分工合理、运行高效畅通的经营机制。为引导广告经营向全面代理方向转化，由有关部门调整广告代理费标准；允许实力强的媒介在承揽与发布分开的前提下成立广告公司；广告公司应实行自主经营，自负盈亏，依法纳税。"

与此同时，为在我国顺利、全面推行广告代理制，国家工商行政管理局决定先在部分城市进行代理制试点。通过试点，总结经验，以便更有效地全面铺开、推广代理制。为保证广告代理制试点工作的顺利进行，国家工商行政管理局又于1993年7月15日下发了《关于在部分城市进行广告代理制和广告发布前审查试点工作的意见》，对推行代理制试点工作作了九条规定：

（1）广告客户必须委托有相应经营资格的广告公司代理广告业务，不得直接通过报社、广播电台、电视台发布广告。

上述规定不包括分类广告，如简短的礼仪、征婚、挂失、书讯广告和节目预告等。

（2）兼营广告业务的报社、广播电台、电视台，必须通过有相应经营资格的广告公司代理，方可发布广告（分类广告除外）。

报社、广播电台、电视台的广告经营范围核定为："发布各类广告（含外商来华广告），承办分类广告。"

（3）广告公司为广告客户代理广告业务，需要为广告客户提供市场调查服务及广告活动全面策划方案，提供、落实媒介计划。

（4）广告公司为媒介承揽广告业务，应有与媒介发布水平相适应的广告设计、制作能力，并能提供广告客户广告费支付能力的经济担保。

（5）报社、广播电台、电视台下属的广告公司，在人员、业务上必须与本媒介广告部门相脱离，不得以任何形式垄断本媒介的广告业务。

（6）广告代理费的收费标准为广告费的15%。

（7）违反本规定第1条的，责令媒介停止发布广告，对广告客户参照《广告管理条例施行细则》（以下简称《细则》）第22条规定予以处罚。

（8）违反本规定第2条的，依据《细则》第21条规定从重处罚。

（9）违反本规定第5条的，依据《细则》第20条规定从重处罚。

《纲要》及"九条规定"发布之时，广东等一些沿海经济发达地区城市已率先试行了广告代理制，到1993年10月初，全国则有50多个试点城市逐步推行广告代理制。1994年起，广告代理制逐步在全国范围内推广，并逐渐规范化。从此，中国广告业开始向新的经营体制迈进。

**【广告行业组织】**　　新时期，我国出现最早的广告行业组织是"中国对外经济贸易广告协会"。该协会经国务院、对外贸易部批准，于 1981 年 8 月 21 日在北京正式成立。它由全国对外经济贸易系统的专业广告公司和报刊、出版社等兼营广告的单位，以及专业进出口总公司、工贸进出口公司的广告宣传部门联合组成。1986 年 8 月，经国家经委批准为全国性的社会经济团体，由对外经济贸易部直接领导，对外则代表中国对外经济贸易广告界参加国际广告界活动。

中国对外经济贸易广告协会成立后，做了大量工作，主要包括如下两方面：

（1）积极组织各种形式的广告业务研究、广告学术研究活动，采用多种形式推动我国外经贸广告行业经营管理水平的提高。如从 1984 年开始，曾多次邀请海外广告专家来华讲学、在全国各大城市举办广告业务讲座；与"中广协"联合邀请国际上知名的广告专家，举办全国广告公司经理高级培训班。同时，还多次举办广告摄影作品展览会及广告业务、广告创作研讨会。此外，该会还创办了自己的会刊——《国际广告》，及时反映国内外广告业发展状况及其趋势。

（2）积极组织会员单位参加国际广告会议，开展对外交流、交往活动。自 1986 年以来，协会与"中广协"联合组成中国广告代表团，先后出席了国际广告协会在美国芝加哥、澳大利亚悉尼、德国汉堡和西班牙巴塞罗那举行的第 30 届、31 届、32 届、33 届世界广告大会，参加了在泰国曼谷、巴基斯坦拉合尔和马来西亚吉隆坡举行的第 15 届、16 届、17 届亚洲广告大会。特别是 1987 年 6 月，协会与英国《南方》杂志共同在北京举办首届"第三世界广告大会"。这次大会于 6 月 16 日在北京人民大会堂举行，当时的国务院代总理万里出席了开幕式，国家主席李先念会见了与会代表。参加会议的代表来自世界 52 个国家和地区，共计 1 000 多人，是第三世界广告界的一次盛会，影响很大。

发展到 1997 年 4 月 15 日，中国对外经济贸易广告协会才正式作为团体会员，加入中国广告协会。

1982 年 2 月 21 日，"中华全国广告协会"第一次代表大会在北京召开，同时更名为"中国广告学会"。该会是由从事广告业工作的工艺美术人员、业务人员、科研人员、教育工作者及广告专营和兼营单位、大专院校有关广告专业科系组成的群众团体。主要任务是开展国内、国际广告学术交流活动，举办广告设计作品展览，评选优秀作品和论文。会员有团体会员和个人会员。1984 年 2 月，并入中国广告协会。1987 年 8 月 21 日，中国广告协会学术委员会成立，中国广告学会同时撤销。

1983 年 12 月 27 日，中国规模最大、影响最大的广告行业组织——"中国广告协会"（简称"中广协"）宣告成立。"中广协"是具有法人资格的社会团体，它接受国家工商行政管理局的指导，是联系政府广告管理机关与广告主、广告经营者、广告发布者的桥梁和纽带。其主要职责是：宣传、贯彻国家有关广告管理的法律、法规，协助政府进行行业管理；反映广告主、广告经营者和广告发布者的要求与意见，代表和维护会员的正当权益；制定行业发展规划及对广告行业进行指导、协调、咨询和提供各种服务。此后，中国广告协会又先后成立了属下的电视委员会（1984 年 6 月 5 日）、广播委员会（1984 年 6 月 18 日）、广告公司委员会（1984 年 11 月 1 日）、报纸委员会（1985 年 11 月 18 日）、学术委员会（1987 年 8 月 6 日）和广告主委员会（1997 年 8 月 25 日）。这些分支委员会分别代表中国广告协会在本部门和本系统开展广告业务交流活动。

1987 年 5 月 12 日，"中广协"和中国对外经济贸易广告协会共同组成"国际广告协会中国分会"。33 名中国广告界人士成为国际广告协会会员。6 月 15 日，当时的国际广告协会主席布罗迪在北京长城饭店设宴庆祝中国分会成立，并向中国分会及其会员颁发会员证书。国际广告协会全体执行委员和中国分会全体会员出席了颁证仪式和宴会。

中国广告协会在领导会员遵守广告法律、法规的同时，开始制定全国广告业界统一的自律规则和行业规范，于 1990 年制定了《广告行业自律规则》，对广告活动中应当遵循的基本原则和广告主、广告公司、广告媒体所应体现的道德水准，作出相应规定：

为了坚持社会主义方向，端正经营思想，切实贯彻执行《广告管理条例》，树立良好的行业风气，维护正当竞争，抵制不正当竞争，建立良好的广告经营秩序，提高广告业道德水准和整体服务水平，特制定本规则，会员须共同遵守。

(1) 一切广告活动应建立在为社会主义服务、为人民服务、为经济建设服务的原则基础上，力求广告的经济效益和社会效益的统一，并以此原则检验广告效果。

(2) 广告经营单位在接受广告时应认真按《广告管理条例》的规定，审查广告内容，查验有关证明。在各项经营活动中要建立严格的管理制度，以保证广告内容的真实性和广告工作的正常运转。

(3) 广告内容所体现的情操、趣味及思想倾向要健康、向上，符合社会主义精神文明建设的要求。

（4）实施广告，应进行市场调查、消费者研究及相关法规许可范围的研究，以保证广告的科学性和合法性，避免盲目性。

（5）凡在广告中有"独家"、"首创"、"独创"、"第一"、"最好"、"最多"、"最大"等一些绝对声明的，如不能充分证明其声明的可靠性，则应删去这类内容。

（6）在广告中不得诽谤和贬低他人或竞争者。未经本人允许，不得引用党政高级领导人的言论和专家、科学权威的论断。

（7）广告创作要坚持创新，尊重版权，不得抄袭他人的创意，不得侵犯公民的肖像权。

（8）广告经营单位之间的竞争应体现在优质服务方面，不得采取不正当手段。要按规定支付国内外广告代理费用，不得随意压低或抬高代理费标准。

（9）广告发布价格标准应根据媒介的收视率、收听率、读者范围、媒介的权威性以及服务水平来制定。各经营单位需按媒介价格标准统一报价，不得随意抬高或压低广告价格。

（10）广告经营单位之间应当友好合作，密切配合。对于广告公司经过认真策划、设计制作的广告，各媒介单位应予以支持。广告公司应按媒介的特点和技术要求代理广告，保证广告质量。

在此基础上，中国广告协会还制定了《广告行业岗位职务规范》，于1991年试行。《广告行业岗位职务规范》对广告公司正副经理、媒介单位广告部门正副经理（主任）的岗位职务规范，广告公司部门经理（科长）、媒介单位广告部门科长的岗位职务规范，以及广告策划人员、广告设计人员、市场调查人员、广告文案撰写人员、广告业务人员、广告审查人员和工商企业广告员的岗位职务规范，从政治素质、文化素质、业务知识和工作能力四个方面，作出了具体的规定。它的制定对中国广告行业逐步走向规范化产生了积极的引导和促进作用。

1994年起，广告行业开始全面贯彻落实国家工商管理局、国家计划委员会制定的《关于加快广告业发展的规划纲要》（1993年7月），同时也开始全面试行广告代理制的新体制。1994年10月27日，《中华人民共和国广告法》经八届人大第二次会议审议通过并正式公布；1995年2月1日《中华人民共和国广告法》正式施行。同年12月6日，中国广告协会第四次会员代表大会在北京举行。这次会议按照改革思路，审议修改了《中国广告协会章程》，改革协会体制，强化协会职能，加强行业自律。同时，通过了《中国广告协会自律规则》。《中国广告协会自律规则》共12条，要求会员树立良好的行业风气，维护正当竞争，抵制不正当竞争，建立良好的广告经营秩序，提高广告业道德水准和整体服务水平。从此，我国广告业既有国家"法律"，又有行业组织"自律"，开始沿着法制化、规范化方向健康发展。

1997年，我国广告业管理机关进一步推行法制建设和行业规范化。12月16日，国家工商行政管理局发布《广告活动道德规范》，共28条，为增强广告主、广告经营者、广告发布者及其他参与广告活动的单位和个人的社会公德意识和职业道德观念制定了详细的规范条例。与此同时，中国广告协会也积极发挥行业组织的作用，先后制定了《广告宣传精神文明自律规则》（1997年），共计15条，提出广告制作指导原则，对各种广告形式都提出具体要求，并报经国家工商行政管理局批准下发实施。

## 附录一

### 中国广告协会章程

（1994年12月7日第四次会员代表大会修订）

#### 第一章　总　则

**第一条**　本会名称：中国广告协会。

**第二条**　中国广告协会是中国广告界的行业组织，是具有法人资格的社会团体。其法定代表人是会长。

**第三条**　中国广告协会的宗旨是：坚持党的四项基本原则，贯彻执行改革、开放的方针，代表和维护会员的正当权益，团结全国广告工作者，推动广告事业的发展，为建设社会主义物质文明和精神文明服务。

**第四条**　中国广告协会在国家工商行政管理局的指导下，按照国家有关方针、政策和法规，发挥其对行业的指导、协调、服务、监督职能。

#### 第二章　任　务

**第五条**　中国广告协会的主要任务是：

（1）宣传贯彻有关广告管理法规、政策，协助政府搞好行业管理。反映会员单位的意见和要求，就有关广告管理、行业规划向政府提出建议。

（2）开发信息资源、建立信息网络，为会员单位和工商企业提供经济、技术、市场、行业等方面的信息服务。

（3）开展国内外人员培训和学术理论研究，提高广告从业队伍的思想水平、理论水平、政策水平和业务能力。

（4）组织开发、引进和推广国内外先进技术、设备、材料和工艺，举办本行业的全国性和国际性展览会、展销会。提高广告设计、制作、发布水平。

（5）建立广告发展基金会，为促进广告行业健康发展提供资金支持。

（6）开展国际交流与合作，吸收引进先进技术、设备和管理经验，代表和统一组织中国广告界参加国际广告组织及活动。

（7）开展行业资质检评活动，向社会推荐资质优秀的单位，促进会员单位不断提高经营管理水平。

（8）加强行业自律，建立和维护良好的广告经营秩序，反对不正当竞争，坚持广告的真实性，提高广告的思想性、科学性和艺术性；向社会提供广告行业法律咨询服务，调解行业内、外部纠纷。

# 第三章　会　员

**第六条**　中国广告协会会员分团体会员、单位会员和荣誉会员。

（一）团体会员

具有社团法人资格的省、自治区、直辖市、计划单列市、经济特区广告协会和其他相关团体。

（二）单位会员

具有一定经营规模、较高的管理水平和较强的服务能力、合法经营3年以上并基本符合下列条件之一的广告经营单位。

（1）年广告营业收入在200万元以上，能为客户提供总体策划，具有综合服务能力的广告公司；

（2）年广告营业收入在3 000万元以上，设有专门的广告部门的报社、电视台；

（3）年广告营业收入在300万元以上，设有专门的广告部门的广播电台；

（4）年广告营业收入在100万元以上的广告信息服务机构、杂志社，以及机构健全、有经营性研究工作的广告研究机构；

（5）年广告费投入500万元以上，设有广告宣传机构的大、中型工商企业。

（三）荣誉会员

曾为中国广告业发展作出突出贡献的中外人士。

**第七条**　符合第六条规定条件，承认本会章程的团体、单位均可自愿申请入会，经批准，即成为本会会员。

（1）团体会员经执行理事会批准；

（2）单位会员经相关专业委员会推荐，报执行理事会审批；

（3）荣誉会员由办事机构提名，执行理事会批准授予。

**第八条**　会员的权利：

（1）有选举权、被选举权；

（2）对协会工作有批评、建议、监督权；

（3）参加协会举办的各项活动；

（4）优先、优惠获取协会提供的信息服务；

（5）优先参加协会举办的专业培训；

（6）有退会自由；

（7）荣誉会员享有上述（2）至（6）项权利。

**第九条**　会员的义务：

（1）遵守协会章程，执行协会决议；

（2）承担协会委托的任务，提供有关情况和资料；

（3）积极参加协会组织的各项活动，反映各方面的意见和要求；

（4）按规定缴纳会费。

**第十条**　会员有下列情况之一者，经执行理事会批准，注销其会员资格。

（1）自愿申请退会者（按规定时间逾期 8 个月不缴纳会费者，亦视为自动退会）；

（2）违反协会章程，拒不改正者；

（3）被政府吊销营业执照或广告经营许可证的经（兼）营单位；

（4）被政府注销或取缔的团体；

（5）每年第一季度，由办事机构对会员资格进行综合性复审，对不符合会员资格者，报执行理事会批准后，取消其会员资格（理事单位亦同时取消），并通报全体会员。


### 第四章　组织机构


**第十一条**　中国广告协会的组织原则是民主集中制，协会的最高权力机构是会员代表大会。会员代表大会每 3 年召开一次，须有半数以上的会员代表出席方能召开。理事会认为有必要或1/2以上理事提出要求，可以提前或延期召开。

**第十二条**　会员代表由会员协商选举产生。特邀代表由办事机构提名，会长批准后邀请。

**第十三条**　会员代表大会的职责：

(1) 确定协会的工作方针、任务；

(2) 审查理事会的工作报告；

(3) 制定和修改协会章程；

(4) 选举理事会。

**第十四条**　在会员代表大会闭会期间，由理事会行使代表大会的职权。理事会每年召开一次，必要时提前或延期召开。

**第十五条**　由于工作变动或其他原因，理事在任期不能继续担任理事工作时，由理事单位提出新的人选，报执行理事会批准更换。

**第十六条**　理事单位违反协会章程不能尽理事职责时，由执行理事会予以更换，并交下次代表大会追认。

**第十七条**　理事会的职责：

(1) 执行会员代表大会决议；

(2) 审查执行理事会工作报告；

(3) 讨论、决定协会的重要问题；

(4) 审查协会的财务预、决算；

(5) 筹备召开会员代表大会；

(6) 选举产生会长、副会长，邀请名誉会长、顾问。

**第十八条**　执行理事会的职责：

执行理事会由会长、副会长、秘书长、专业委员会主任或秘书组成，在理事会闭会期，行使理事的职责。

**第十九条**　执行理事会设立办事机构，在秘书长领导下处理日常工作。秘书长、副秘书长由会长提名，执行理事会批准。


## 第五章　专业委员会


**第二十条**　中国广告协会设立报纸、广播、电视、广告公司、公交、铁路、广告主，以及执行理事会认为有必要设立的其他专业委员会。

**第二十一条**　中国广告协会设立学术委员会和法律委员会，分别从事广告学术研究和法律咨询服务、调查了解行业内外部纠纷及诉讼代理工作。学术和法律委员会吸收个人委员。

**第二十二条**　法律、学术等各专业委员会是中国广告协会的专业工作机构，受执行理事会的领导，日常工作执行理事会授权秘书长领导和协调。

第二十三条　各专业委员会设立常务委员会，由主任委员、副主任委员、常委若干人组成。常务委员由委员会协商提名，报中国广告协会执行理事会批准；主任、副主任由委员会主任提名，常务委员会选举，报执行理事会批准；秘书长由常务委员会批准，报执行理事会备案。

第二十四条　各专业委员会职责：

（1）根据本章程的有关规定，制定各委员会规章制度和自律措施；

（2）按本章程第二章第五条规定的任务，在本专业范围内开展活动；

（3）反映本专业会员单位的意见和要求；

（4）向中国广告协会提供本专业广告经营情况和其他有关资料；

（5）完成中国广告协会交办的任务。

## 第六章　团体会员

第二十五条　各级地方广告协会是各地广告行业组织，可根据自愿原则，申请加入中国广告协会，作为团体会员。

第二十六条　中国广告协会团体会员接受当地同级工商行政管理局和中国广告协会的指导和监督。

第二十七条　中国广告协会团体会员负责向中国广告协会推荐单位会员，协助中国广告协会为会员单位提供服务；受中国广告协会委托，对本地区的单位会员进行日常管理和年度复审。

第二十八条　中国广告协会每年召开一次团体会员秘书长工作会议，特殊情况可提前或延期。

## 第七章　经　费

第二十九条　中国广告协会的经费来源

（1）会费；

（2）协会从事技术开发转让、信息咨询、服务等收入；

（3）主管部门及有关单位拨款；

（4）海内外有关组织和个人捐助；

（5）其他合法收入。

## 第八章  附  则

**第三十条**  本章程经会员代表大会讨论通过后生效。在执行中，有1/3会员提出修改，经理事会讨论同意，可提交会员代表大会审议决定并报国家工商行政管理局、民政部备案。

**第三十一条**  本会经会员代表大会决议解散，或因违法、破产等被迫解散时，报请国家工商行政管理局审核并对协会资产、债务进行清算处理后，向民政部办理注销登记。

**第三十二条**  会员接纳与管理、会费缴纳与管理等办法由理事会制定。

**第三十三条**  本会提倡民主参与、高效、节俭作风。根据实际情况，有时可采用通讯方式举行会议。

**第三十四条**  本章程的解释权属执行理事会。

### 附录二

## 中国广告协会自律规则

（1994年12月7日第四次会员代表大会通过）

为树立良好的行业风气，维护正当竞争，抵制不正当竞争，建立良好的广告经营秩序，提高广告业道德水准和整体服务水平，特制定本规则，会员须共同遵守。

**第一条**  一切广告活动均应建立在为社会主义服务、为人民服务、为经济建设服务的原则基础上，力求广告的经济效益和社会效益的统一，并以此原则检验广告效果。

**第二条**  广告经营单位要建立严格的广告承接、验证、内容审查、合同、财务等各项管理制度，特别是应当认真查验证明、审查广告内容，以保证广告内容的真实性，提高工作效率。

**第三条**  实施广告，应进行市场调查、消费者研究及相关法规许可范围的研究，以保证广告的科学性和合法性，避免盲目性。

**第四条**  广告创作要坚持创新、尊重版权，不得抄袭他人的创意，不得侵犯公民的肖像权。

**第五条**  广告经营单位的竞争应体现在优质服务方面，不得采取贿赂或竞相压价等不正当手段拉广告。要按规定支付国内外广告代理费用，不得随意压低或抬高代理费标准。

**第六条**  广告发布价格标准应根据媒介的收视率、收听率、读者范围、媒介权威性，以及服务水平来制定。各经营单位之间按媒介价格标准统一，公开报价，不得随意抬高或压低广告价格。

**第七条**　广告经营单位之间应友好合作，密切配合。对于广告公司经过认真策划、设计创作的广告，各媒介单位应予支持。广告公司应按媒介特点和技术要求代理广告，保证广告质量。

**第八条**　会员单位以广告协会及其成员名义组织的有关广告涉外活动应报中国广告协会备案，接受中国广告协会的协调和指导。

**第九条**　中国广告协会各专业委员会可根据此规则和专业特点制定本专业的自律规则和实施办法。

**第十条**　对于违犯规则的会员单位，根据情节轻重分别采取批评、内部通报和公开曝光的措施，对于影响特别恶劣，或坚持不改的，将解除其会员资格。

**第十一条**　各专业委员会、各团体会员单位应分别按照专业和层次对违反规则的会员形成舆论压力，对其不正当行为进行公开抵制。

**第十二条**　协会通过开展"重信誉、创优质服务"等活动促进行业自律的实施和逐步深化。

附录三

# 广告活动道德规范

国家工商行政管理局工商广字〔1997〕第 310 号

## 一、总　则

**第一条**　为维护广告市场秩序，促进广告业社会主义精神文明建设，增强广告主、广告经营者、广告发布者及其他参与广告活动的单位和个人的社会公德意识和职业道德观念，依据《中华人民共和国广告法》，制定本规范。

**第二条**　广告活动道德规范是广告活动的基本道德准则。凡在中华人民共和国境内从事广告活动的广告主、广告经营者、广告发布者以及其他参与广告活动的单位和个人，均应当自觉遵守本规范。

**第三条**　各级工商行政管理机关在维护广告市场秩序，查处违法广告案件的同时，应当注重广告职业道德建设，引导广告业树立良好风尚。

**第四条**　广告行业组织应当在工商行政管理机关指导下，积极开展行业自律，教育其成员单位自觉遵守和维护广告市场公平竞争、公平交易秩序，促进广告业职业道德建设。

## 二、广告主广告活动道德规范

**第五条**    广告主应当自觉维护消费者的合法权益，本着诚实信用的原则，真实科学地介绍自己的产品和服务。

**第六条**    广告主应当自觉遵守国家广告管理法律法规和其他有关规定，与其他广告主进行公平、正当的竞争，不得以不正当的方式和途径干扰、损害他人合法的广告活动。

**第七条**    广告主发布商业广告，应当自觉遵守和维护社会公共秩序和社会良好风尚，不应以哗众取宠、故弄玄虚、低级趣味等方式，片面追求广告的感官刺激和轰动效应，对社会造成不良影响。

**第八条**    广告主应当按照国家有关规定，积极参加各类公益事业，响应政府主管部门的号召，参与公益广告活动，树立良好的企业形象。

**第九条**    广告主应当在国家法律、法规的规范内，按照市场经济规律，根据服务质量，选择广告经营者的服务，自觉抵制各种损害企业利益的人情、关系广告业务。

**第十条**    广告主实行广告服务招标，应当尊重投标者的劳动成果，自觉履行招标承诺，自觉抵制和纠正以虚假招标形式引诱投标者投标，以及窃用投标者的广告策划和创意的不公平交易行为。

**第十一条**    广告主应当自觉抵制和纠正下列不正当的广告宣传：

（1）依据科学上没有定论的结论来否定他人的产品和服务，借以突出自己的产品和服务；

（2）片面宣传或夸大同类产品或服务的某种缺陷，以对比、联想等方式影射他人；

（3）未经有关部门认定假冒商标的情况下，在各种声明、启事中涉及他人的商标；

（4）擅自使用他人知名商品和服务标志作为陪衬宣传自己的产品和服务，不正当地利用和享用他人的商品声誉和商业信誉；

（5）使用不规范的行业用语或消费者无法熟知的专业术语表示商品的质量、制作成分、性能、用途、产地以及采用的技术、设备等；

（6）使用含糊不明，易使消费者产生歧义的承诺；

（7）使用不合法、不科学、不公正的评比结果和奖项；

（8）采用隐去主要事实、断章取义、偷换概念的手法使用有关数据、统计资料、调查结果、文摘和引用语，误导消费者。

### 三、广告经营者广告活动道德规范

**第十二条**　广告经营者在广告创意、设计、制作中应当依照有关广告管理法律、法规的要求，运用恰当的艺术表现形式表达广告内容，避免怪诞、离奇等不符合社会主义精神文明要求的广告创意。

**第十三条**　广告经营者在广告创意中使用妇女和儿童形象应当正确恰当，有利于树立健康文明的女性形象，有利于维护未成年人的身心健康和培养儿童良好的思想品德。

**第十四条**　广告经营者在广告创作中应当坚持创新与借鉴相结合，继承中华民族优秀传统文化，汲取其他国家和地区广告创作经验，自觉抵制和反对抄袭他人作品的行为。

**第十五条**　广告经营者为同类产品广告主同时或先后提供广告代理服务，应当保守各广告主的商业秘密，不得为自身业务发展的需要泄露广告主的商业秘密。

**第十六条**　广告经营者应当注重广告在社会主义精神文明建设中的作用，坚持商业广告创意设计中的社会主义思想文化导向，积极参与公益广告活动，倡导正确的道德观念和社会风尚。

**第十七条**　广告经营者应当注重提高经营管理水平和服务质量，依靠不断提高服务质量和商业信誉与广告主建立稳定的业务关系，自觉抵制和纠正下列不正当竞争行为：

（1）利用物质引诱或胁迫等不正当手段获取其他广告经营者的商业秘密；

（2）采用给予广告主经办人好处或竞相压价等手段争夺广告客户；

（3）采用暗中给予媒介经办人财物等不正当手段争取有利或紧俏的时间和版面。

### 四、广告发布者广告活动道德规范

**第十八条**　广告发布者发布商业广告应当考虑民族传统、群众消费习惯以及广告受众的区别等社会因素，合理安排发布时段、版面，依照各类广告的发布标准和社会主义精神文明建设的要求，认真履行广告审查义务。

**第十九条**　广告发布者应当严格遵守国家关于禁止有偿新闻的有关规定，坚持正确的经营观念，杜绝新闻形式的广告。

**第二十条**　广告发布者应当严格执行国家有关广告服务价格的管理规定，根据媒介的发行量、收视率等科学依据制定合理的收费方法和收费标准。广告经营者采用招标等特殊方式确定广告价格，招标方案和办法应当合法、公正，不得利用不正当手段哄抬广告服务价格。

第二十一条 广告发布者应当自觉执行国家关于公益广告宣传的有关规定，发挥公益广告宣传社会主义精神文明的积极作用，促进社会主义精神文明建设，树立良好的社会道德风尚。

第二十二条 广告发布者在经营活动中应当自觉抵制和纠正下列行为：

（1）以不正当理由拒绝广告经营者正常客户代理业务，并强制该广告经营者必须通过与其有特殊利益关系的代理公司进行代理；

（2）违背广告主、广告经营者的意愿搭售时间、版面或附加其他不合理的交易条件；

（3）对不同客户实行不同的收费标准，强制要求客户预付广告费，不按规定的标准返还代理费。

## 五、各类市场中介机构参与广告活动的道德规范

第二十三条 从事各类广告出证活动的社会团体和商业调查、技术检测、标志认证等市场中介机构，必须具备合法资格，其广告出证行为必须遵循诚实信用原则，出证内容必须真实、合法，不得助长不正当竞争和不公平交易行为。

第二十四条 各类市场中介机构是以广告形式公布其推荐、介绍、调查、检测、认证结果的，应将其从事该项活动的依据，采用的方法、方式等向社会公布，自觉接受社会监督。

第二十五条 各类市场中介机构应当保证广告出证行为的客观、公正性，自觉抵制和纠正以牟利为主要目的的广告出证活动，杜绝以收费多少排名、排序，并用于广告误导消费者的现象。

## 六、附　则

第二十六条 违反本道德规范，情节严重、构成违法的，工商行政管理机关依照广告管理法律、法规和国家有关规定予以行政处罚；情节轻微的，工商行政管理机关应对其进行批评、教育，监督其改正。

第二十七条 广告行业组织对违反本规范的成员，依照行业自律规则予以批评教育，直至取消其行业组织成员资格。

第二十八条 本规范自发布之日起施行。

（全国广告专业技术岗位资格培训办公室．中国广告法律法规汇编．北京：工商出版社，1998）

**附录四**

# 广告宣传精神文明自律规则

(中国广告协会 1997 年制定)

**第一条** 为加强广告行业的精神文明建设，提高各类广告的精神文明标准，根据《中国广告协会章程》总则第三条制定本规则，作为"中国广告协会自律规则"的单项规则，中国广告协会的会员应自觉遵守。

**第二条** 利用各种媒体和形式发布的各类广告，都应当遵守《中华人民共和国广告法》和有关政策、法规关于社会主义精神文明建设的规定，符合社会主义精神文明建设的要求。

**第三条** 广告作品应当体现社会主义思想道德风貌，积极倡导和反映爱祖国、爱人民、爱劳动、爱科学、爱社会主义的好风尚，广告创作应当体现下列原则：

（1）有利于引导消费者健康消费，反对奢靡；

（2）有利于弘扬中华民族精神和民族文化，增强民族自信心和自豪感；

（3）有利于普及推广科学知识，破除和反对封建迷信和伪科学；

（4）有利于促进国家各项建设事业的健康发展；

（5）有利于国家统一和各民族的团结和睦。

**第四条** 广告应维护国家尊严和利益，不得出现下列内容：

（1）危害国家统一、主权和领土完整；

（2）丑化、影射、诽谤、侮辱我国国家领导人和著名人物；

（3）使用禁止演唱的歌曲作为背景音乐；

（4）煽动民族分裂，破坏民族团结，伤害民族感情。

**第五条** 广告应当体现科学、真诚、善良，不得夸大、欺骗、宣传伪科学，不得出现带有封建迷信、鬼神、算命、相面、看风水及恐怖、暴力、丑恶的内容。

**第六条** 广告应有利于维护社会公共秩序和树立新的社会风尚，在广告中不得出现破坏公共设施、公共环境秩序的行为，以及吸烟、酗酒、虐待老人和儿童，纵容犯罪，以强凌弱等不文明举止以至违法的行为。

**第七条** 广告应当体现尊重妇女，男女平等。凡涉及妇女形象的，应当展示社会主义国家女性公民的独立地位和庄重形象，不得出现下列内容：

（1）歧视、侮辱妇女，宣扬男尊女卑，伤害、排斥女性；

（2）性行为、性挑逗的描述和过分地展现性特征；

（3）具体描写、形容与性行为有关的用品、药品、滋补品的特征、功能。

**第八条**　广告应有利于儿童身心健康。儿童使用的产品或者儿童参加演示的广告，必须注意儿童优秀思想品德的树立和培养；广告中出现的儿童和家长形象，应表现出良好的思想道德修养，不得出现下列内容：

（1）利用儿童给家长施加压力；

（2）儿童对长辈和他人不尊重、不友善或有不文明举止；

（3）以是否拥有某种商品而使儿童产生优越感或自卑感；

（4）利用超出儿童判断力的描述，使儿童误解或变相欺骗儿童或其他消费者；

（5）表现不应由儿童单独从事的某种活动；

（6）画面出现青少年及儿童吸烟、饮酒形象。

**第九条**　广告要正确引导大众消费，不得出现下列内容：

（1）直接或间接宣扬享乐主义、奢靡颓废的生活方式；

（2）使用封建帝王、贵族的名称、形象以衬托产品高贵特征；

（3）诱导人们在消费中可能采取不良行为。

**第十条**　广告内容要体现尊重和弘扬祖国优秀传统文化，要正确使用祖国的语言文字，大力推广普通话，不得出现下列内容：

（1）广告道白用地方语言代替普通话（地区性媒介除外）；

（2）贬低、丑化、否定祖国优秀传统文化；

（3）不恰当地编造谐音成语或使用文理不通的语句，引起误导；

（4）使用已被简化了的繁体字和不符合规定的各种简体字、异体字；

（5）单独使用汉语拼音而无汉字并用。

**第十一条**　不符合规范标准的广告用字，有下列情况之一的应被允许使用：

（1）建国前书写并沿用至今的老字号牌匾用字；

（2）文物古迹中原有的文字；

（3）已注册商标定型字。

**第十二条**　广告要客观公正地宣传国内外商品，不得诱导消费者对外国商品盲目崇拜，对民族工业产品盲目贬低。

**第十三条**　会员单位在广告创作、设计制作过程中应自觉遵守本规则的规定，在发布广告前应当按照广告管理法律、法规的规定，并参照本规则严格审查广告内容。

**第十四条**　中广协各专业委员会应根据本专业实际情况，增补自律条款，并切实加强本专业的自律。

**第十五条** 对违反本规则的会员单位，中广协将视情节轻重给予批评、通报批评、除名等处分。

（全国广告专业技术岗位资格培训办公室. 中国广告法律法规汇编. 北京：工商出版社，1998）

## 五、广告管理及广告法规的健全与逐步完善

【广告管理机构的健全与完善】 《中华人民共和国广告法》第六条规定："县级以上人民政府工商行政管理部门是广告监督管理机关。"我国现行的广告管理制度为三级制：第一级为国家工商行政管理总局内设广告监督管理司；第二级为各省、自治区、直辖市及计划单列市工商行政管理局内设广告管理处（也有的与商标管理机构合并为商标广告处）；第三级为地、市、县的工商行政管理局设广告管理科（股）。

根据《中华人民共和国广告法》和国务院的有关授权，广告管理机关在广告管理中主要行使以下职能：①协助立法和法律、法规的宣传、贯彻、执行。主要是代国务院和国家立法机关起草有关广告的法律、法规，单独或会同有关部门制定广告管理规章，以及负责解释《广告管理条例》、《广告管理条例施行细则》和其他广告管理单项规章。地方广告管理机关可以依照立法程序和权限的有关规定，代有关部门起草地方性的广告管理法规。②审批、登记及核发执照。根据《中华人民共和国企业法人登记管理条例》和广告管理法规的规定，对申请经营广告的单位和个人进行审查（主要是核准经营权和核定经营范围）、登记，核发《企业法人营业执照》、《营业执照》和广告经营许可证。③制定行业规划。主要是对广告业的发展进行宏观的规划，并组织实施。④监督与指导。主要指对广告主、广告经营者、广告发布者的广告活动全过程实行监督和指导，确保广告活动在法律规定的范围内进行。⑤查处违法案件，依法制裁广告违法行为。⑥协调和服务。主要指协调广告管理机关与政府其他有关职能部门，以及广告管理部门内部的关系；为广告经营者服务，指导广告协会的工作。以上管理职能不外乎两大类：法律法规管理及行政管理。

我国广告行业最早的管理部门是国家工商行政管理局及其广告司。1980年，国务院明确授权广告业隶属国家工商行政管理局管理。国家工商行政管理局开始筹建广告管理机构，着手制定有关广告管理法规。同年8月份，根据国务院领导批示，由国家经委牵头、国家工商行政管理总局参加，开始起草《广告管理暂行条例》（1982年2月6日正式颁布）。1981年，国家工商行政

管理总局正式成立广告管理处（1982 年改为广告司）。此后，全国各省、市工商行政管理部门也都成立相应的广告管理机构。

1982 年 6 月 5 日，国家工商行政管理局颁发《广告管理暂行条例实施细则》，同日还下发《关于整顿广告工作意见》，并组织对全国广告经营单位进行普查，统一发证。经过全国对广告经营的普查，至 1982 年年底，颁发营业执照 1 623 家，其中：专业广告公司 115 家，兼营广告电视台 46 家，广播电台 115 家；报纸 231 家，杂志 436 家；其他（包括有线广播）680 家。全国总营业额达 1.5 亿元人民币。

1983 年 9 月 21 日，经国家统计局同意，由国家工商行政管理局印发《广告经营统计表》，对全国广告经营情况进行系统、全面的统计。从此，我国广告业界第一次有了比较真实、准确的统计数据。

1987 年 10 月 26 日，国家工商行政管理局协助国务院起草、制定的《广告管理条例》正式颁布（12 月 1 日实施）。1988 年 1 月 9 日，国家工商行政管理局又发布《广告管理条例施行细则》。

1992 年，国家工商行政管理局根据党的十四大确定的经济体制改革总体目标和中共中央、国务院《关于加快发展第三产业的决定》，就关系广告业前途及发展大计的两项大事抓紧进行：一是协助国家立法机关调研、论证、起草《广告法》，二是制定我国新时期广告业恢复以来的第一部发展规划纲要。1993 年 7 月，国家工商行政管理局会同国家计划委员会制定的《关于加快广告业发展的规划纲要》（以下简称《纲要》）正式发布。《纲要》明确指出："广告业属于知识密集、技术密集、人才密集的高新技术产业"，是第三产业的重要组成部分。对我国广告业到 2000 年发展的总体目标、主要任务、发展重点，以及为实现总体目标而采取的相应具体措施，《纲要》都作出了明确、详细的规划，对我国广告业的发展起了积极的推动作用。1994 年 10 月 27 日，《中华人民共和国广告法》公布，自 1995 年 2 月 1 日起施行，从此，我国广告业在法制化轨道上更快发展。

【广告法规的健全与完善】　广告法规是广告管理部门对广告进行管理的法律依据，是为规范广告活动，促进广告业的健康发展，保护消费者的合法权益，维护社会经济秩序，发挥广告宣传最佳效益而设立的法规。从宏观上来看，从不同角度来划分，我国现行广告法规（包括法律条文及规章、规定）一般可分为全国性的和地方性的广告法规、综合性的和单项性的广告法规。全国性的广告管理法规由国家立法机关（全国人大常委会）和政府部门（如国家工商管理局、国家医药管理局、农业部等），经过严格的法律程序制定，它是适用于全国范围的广告行为规范，如《中华人民共和国广告法》；地方性的广告法规则由各省、自治区、直辖市的人大常委会按照一定的法律程序制定，是依据本地区实际，只适用于本省、自治区、直辖市的广告行为规范。综合性的广告管理法规是由国家立法机关及国务院、国家工商管理局制定，单项性的法规则由国家工商管理局会同国务院有关部门制定。

1. 全国性、综合性广告管理法规的制定、实施

我国全国性、综合性广告管理法规的不断健全及完善是有一个过程的。早在1982年，国家工商管理局经过调查，给国务院写了报告，提出了加强广告管理的意见。国务院指定国家经委和国家工商行政管理局代国务院起草了《广告管理暂行条例》，经国务院审议通过。

1982年2月6日，国务院颁布《广告管理暂行条例》（以下简称《暂行条例》）（5月施行）。这是我国建国以来第一个全国性综合广告管理法规。它是以新中国成立以来地方广告管理法规的建设和实践为基础，根据国民经济发展及广告业发展的需要而制定的。《暂行条例》贯彻了对外开放、对内搞活经济的政策和"管而不死，活而不乱"的精神，对纠正不良倾向、促进广告事业的繁荣，起了重要作用。《暂行条例》共计19条（其中第7、8条又分若干小条）。为此，1982年2月18日《人民日报》在头条位置发表消息《国务院发布广告管理暂行条例》，引题为"今年五月一日起施行"、副题为"要求各地区、各部门近期对广告管理工作进行整顿"，并配发了评论《办好社会主义广告事业》。

1982年4月，国家工商行政管理总局在北京召开第一次全国广告工作会议，会议提出了贯彻《暂行条例》的措施，制定了《广告管理暂行条例实施细则》（以下简称《实施细则》），讨论了《关于整顿广告工作的意见》。会议要求各地在整顿广告工作的过程中，要广泛深入地宣传《暂行条例》和《实施细则》，加强调查研究，采取切实措施，纠正违反《暂行条例》的一切不良倾向，支持广告经营单位做好广告工作，促进广告事业的繁荣。

1982年6月5日，国家工商行政管理总局依据《广告管理暂行条例》制定的《广告管理暂行条例实施细则》（内部试行）正式公布。

从1982年2月至1987年10月的5年多时间里，我国广告管理基本上以《暂行条例》和《实施细则》为依据。《暂行条例》及《实施细则》也为以后新的广告法规的制定奠定了基础。

随着广告业的发展，《暂行条例》中某些法规条文已不适应新的形势。在总结经验的基础上，吸收过去五年中颁布的广告管理单行法规的有关内容，借鉴国际上有关国家广告管理的经验及广告法规条文，我国国务院于1987年10

月 26 日正式颁布了《广告管理条例》（以下简称《条例》），从 12 月 1 日起施行。《条例》同时宣布："1982 年 2 月 6 日国务院发布的《广告管理暂行条例》同时废止。"《条例》共计 22 条，对广告管理的范围、广告内容、广告经营管理活动、广告管理的机关、经营广告业务的单位和工商个体户等，都作了规定。同时，还对广告收费标准、广告业务代理费标准，以及对违规广告客户或广告经营者的处罚等，也都作了规定。《条例》和《暂行条例》对比，最突出的特点是体现了在宏观上管住、在微观上搞活的精神。

（1）宏观管理具体体现在：

①进一步明确了广告管理范围。《暂行条例》的条款局限于经济广告，而近几年来各类市场相继出现，广告应用的范围越来越广泛，内容涉及各个方面。《条例》把凡通过各种媒介或形式，在中华人民共和国境内刊播、设置、张贴广告，均列入管理范围。这样，既包括了广告宣传、广告经营，也包括了经济广告、非经济广告及外商来华广告。

②把打击虚假广告和非法经营广告业务活动列为检查、监督和管理的重点。那几年，广告宣传中的虚假现象时有发生，严重地损害了用户和消费者的利益。未经核准擅自经营广告业务的现象也比较普遍。这些都严重地干扰了社会主义经济秩序。针对这种情况，《条例》把"广告内容必须真实"放到显著位置，并规定"不得以任何形式欺骗用户和消费者"。《条例》对刊播广告必须提交证明，比《暂行条例》规定得更具体、更明确。这样，不仅可以保证广告的真实性和合法性，更有利于明确各方的责任，是制止虚假广告的有效措施。对于违反广告管理法规的行为，《条例》规定了更加严格的法律责任。对于利用虚假广告给用户和消费者造成经济损失的，除要承担赔偿责任、给予经济或行政处罚外，还必须发布更正广告。

③明确了应该禁止的行为和内容。对广告经营活动中的垄断和不正当竞争行为、对以新闻报道形式刊播广告收取费用，以及新闻记者借采访名义招揽广告，都明确列为禁止的范围。对于违反国家法律、法规，有损国家和社会公共利益，以及弄虚作假等内容的广告，《条例》也作了明确的规定。

（2）微观搞活具体体现在：

①根据自主管理、自主经营的原则，《条例》对刊播广告的版面、时间不再限制。

②广告的收费标准，由广告经营者制定，报当地工商行政管理部门和物价管理机关备案。

③获国优、部优、省优奖的烈性酒，经过批准可以做广告。

④对卷烟，除报刊、广播、电视外，都可以做广告。

⑤对于具备经营广告业务能力的个体工商户，经审批核准后，可以经营广告业务。

紧接着，国家工商行政管理局于1988年1月9日配套发布了《广告管理条例施行细则》，共计32条（有的大条内分若干小条），并宣布废止1982年6月5日国家工商行政管理局发布的《广告管理暂行条例实施细则（内部试行）》。随后不久，国家工商行政管理局又根据《广告管理条例》、《广告管理条例施行细则》，再次颁布《广告审查标准（试行）》，共计16章124条（包括"前言"3条）。其中，"第一章　通则"，"第二章　画面与形象"，"第三章　语言、文字与音响"，"第四章　比较广告"，"第五章　儿童广告"，"第六章　家用电器广告"，"第七章　药品广告"，"第八章　农药广告"，"第九章　兽药广告"，"第十章　医疗器械广告"，"第十一章　医疗广告"，"第十二章　食品广告"，"第十三章　烟酒广告"，"第十四章　化妆品广告"，"第十五章　金融广告"，"第十六章　其他广告"。《广告审查标准》使广告管理的方方面面更加完备、具体。

在我国新时期广告事业恢复15年之后，我们终于迎来了新中国第一部广告法。1994年10月27日，经第八届全国人民代表大会常务委员会审议通过《中华人民共和国广告法》（以下简称《广告法》），从1995年2月1日起施行。《广告法》是规范我国广告活动和广告内容的根本大法，对广告范围、广告准则、广告活动、广告活动的监督管理、特殊商品广告审查、法律责任等都作了规定。《广告法》共计6章49条，包括"第一章　总则"（第1～6条）、"第二章　广告准则"（第7～19条）、"第三章　广告活动"（第20～33条）、"第四章　广告的审查"（第34～36条）、"第五章　法律责任"（第37～48条）、"第六章　附则"（第49条）。

**2. 单项广告管理法规的制定**

随着经济体制改革的深入和社会主义商品经济的发展，从1982年以来，根据广告事业发展的需要，国家工商行政管理总局会同国务院有关部门先后制定了一系列单项广告管理法规：

（1）1982年10月，国家工商行政管理局发出了《关于外商广告经营单位审批权限和佣金问题的通知》，该通知规定："申请代理或承办外商广告，由省、自治区、直辖市工商行政管理局审查，核发营业执照。为了贯彻统一对外的方针，经营单位付给外商的佣金不得超过广告费的15%。"

（2）1983年10月29日，国家工商行政管理局会同财政部，发出了《关于企业广告费用开支问题的若干规定》，确认广告费用可以列入成本，从销售费用中开支。这项规定已纳入国务院1984年3月发布的《国营企业成本管理条例》。从此，工商企业广告费用的开支纳入正常渠道。

（3）吸烟、饮用烈性酒对人体健康有害无益，此类商品在广告宣传方面应采取禁止和限制的政策。1984 年，国家工商行政管理局发出了《关于烟酒广告和代理广告业务收取手续费的通知》。该通知规定："禁止利用广播、电视、报纸、书刊、路牌、灯箱、霓虹灯、招贴等媒体做卷烟和 40 度以上（含40 度）烈性酒的广告。"

（4）1984 年 4 月 7 日，国家工商行政管理局会同文化部、教育部、卫生部发出了《关于文化、教育、卫生、社会广告管理的通知》，进一步明确了文化、教育、卫生、社会广告的管理范围。

（5）1985 年 4 月 15 日，国家工商行政管理局会同文化部、商业部、中国人民银行、国家体育运动委员会联合发出了《关于加强对各种奖券广告管理的通知》，规定"禁止刊播产品有奖销售广告"，对有奖集资、有奖储蓄、奖券广告采取了限制的政策，从而刹住了有奖广告风。

（6）1985 年 5 月 17 日，国家工商行政管理局、广播电视部、文化部印发了《关于报纸、书刊、电台、电视台经营刊播广告有关问题的通知》，规定"禁止以新闻名义招揽所谓'新闻广告'，新闻和广告两者不得混淆，在新闻单位内部，只允许经过申请登记，领有兼营广告许可证的单位经营广告"。刊播"新闻体裁"的广告，必须有明显的标志和说明。

（7）1985 年 8 月 26 日，国家工商行政管理局会同卫生部联合发出了《关于发布〈药品广告管理办法〉的通知》，规定药品广告的内容，必须经省、自治区、直辖市一级卫生主管部门同意，并根据批准的内容刊播广告，经批准的广告内容不得随意修改。

（8）1985 年 9 月 19 日，国家工商行政管理局与财政部联合印发了《关于加强赞助广告管理的若干规定》，划清了赞助与赞助广告的界限，要求举办赞助广告，必须申报计划，财务计划需省一级行政主管部门审定；赞助广告的内容和收费标准，应由地方广告管理机关审批。初步刹住了举办赞助广告活动中的不正之风。

（9）1986 年 11 月 24 日，国家工商行政管理局会同国家体育运动委员会发出了《关于加强体育广告管理的暂行规定》，对体育广告等作了 14 项规定，指出："举办赞助性体育广告活动，属全国和国际性的，须纳入国家体委年度体育比赛计划，经国家工商行政管理局批准。体育活动结束 60 天内，主办单位应将广告费收支结算报送财政审计机关。"

（10）1987 年 3 月 25 日，卫生部、国家工商行政管理局、广播电影电视部、新闻出版署联合发出了《关于进一步加强药品广告宣传管理的通知》，规定食品和药品类的广告内容，都必须经当地省、自治区、直辖市卫生厅、局的药政部门审查批准，方可在本省、自治区、直辖市范围内进行广告宣传。

（11）1987年4月10日，国家语言文字委员会、对外经济贸易部、商业部、工商行政管理总局发布了《关于企业、商店牌匾、商品包装、广告等正确使用汉字和汉语拼音的若干规定》。

（12）1987年4月18日，财政部、新闻出版署、国家工商行政管理局联合发出了《贯彻国务院办公厅关于坚决制止国内互赠挂历通知的意见》，指出除三资企业外，经广告管理机关审查批准，允许印刷单张广告年历。

（13）1987年9月21日，国家工商行政管理局、卫生部联合发出了关于《食品广告管理办法（试行）》的通知，指出："发布上述产品广告，必须经省、自治区、直辖市或其授权的地（市）级以上食品卫生监督机构批准。"

（14）1987年12月15日，国家工商行政管理局会同国家医药管理局发出了《关于加强五种医疗器械产品广告管理的通知》，共作4项规定。

（15）1987年12月31日，国家工商行政管理局、农牧渔业部发出了《关于做好农药广告管理工作的通知》，共作了6项规定。

（16）1988年1月20日，广播电影电视部、国家工商行政管理局又联合发出了《关于进一步加强电视广告宣传管理的通知》。

（17）1988年3月16日，新闻出版署、国家工商行政管理局印发《关于报社、期刊社、出版社开展有偿服务和经营活动的暂行办法》的通知；同年7月，新闻出版署发布了《关于出版物封面、插图和出版物广告管理的暂行规定》的通知。

（18）药品涉及人民群众的身体健康和生命安全，属于国家实行强化管理的产品。为此，国家有关权威机构和部门制定了一系列法律法规。早在1984年9月，全国人大常委会就颁布了《中华人民共和国药品管理法》，其中第八章对"药品商标和广告的管理"专门作了4条规定。1985年8月26日，国家工商行政管理局又会同卫生部，发布《药品广告管理办法》。1987年3月25日，卫生部又联合国家工商行政管理局、广播电影电视部和新闻出版署发布了《关于进一步加强药品广告宣传管理的通知》，对《药品广告管理办法》作出若干补充。这两个办法和通知施行后，对依法管理药品广告、正确开展药品广告宣传，起了重要的保障作用。1992年6月1日，国家工商行政管理局、卫生部再次联合发布《药品广告管理办法》（草案），共计5章28条，包括对药品广告的审批、管理、法律责任等都作了规定。

（19）1993年以来，国家工商行政管理局及国家有关职能部门又重新颁布了一系列单项广告管理法规，主要有：

《化妆品广告管理办法》（国家工商行政管理局 1993 年 7 月 13 日发布，1993 年 10 月 1 日起施行）

《医疗广告管理办法》（国家工商行政管理局、卫生部 1993 年 9 月 27 日发布，1993 年 12 月 1 日起施行）

《医疗器械广告审查标准》（国家工商行政管理局 1995 年 3 月 3 日发布，当日起施行）

《药品广告审查标准》（国家工商行政管理局 1995 年 3 月 28 日发布）

《药品广告审查办法》（国家工商行政管理局、卫生部 1995 年 3 月 22 日发布，当日起施行）

《兽药广告审查标准》（国家工商行政管理局 1995 年 3 月 28 日发布）

《兽药广告审查办法》（国家工商行政管理局、农业部 1995 年 4 月 7 日发布，当日起施行）

《农药审查标准》（国家工商行政管理局 1995 年 3 月 28 日发布）

《农药广告审查办法》（国家工商行政管理局、农业部 1995 年 4 月 7 日发布，当日起施行）

《临时性广告经营管理办法》（国家工商行政管理局 1995 年 6 月 1 日发布，当日起施行）

《酒类广告管理办法》（国家工商行政管理局 1995 年 11 月 17 日发布，1996 年 1 月 1 日起施行）

《户外广告登记管理规定》（国家工商行政管理局 1995 年 12 月 8 日发布，1996 年 1 月 1 日起施行）

《烟草广告管理暂行办法》（国家工商行政管理局 1995 年 12 月 20 日发布，1996 年 12 月 30 日修改，公布之日起施行）

《印刷品广告管理暂行办法》（国家工商行政管理局 1996 年 12 月 27 日发布，1997 年 3 月 1 日起施行）

《房地产广告发布暂行规定》（国家工商行政管理局 1996 年 12 月 30 日发布，1997 年 2 月 1 日起施行）

《食品广告发布暂行规定》（国家工商行政管理局 1996 年 12 月 30 日发布，1997 年 2 月 1 日起施行）

《广告经营资格检查办法》（国家工商行政管理局 1997 年 11 月 3 日发布，1998 年 1 月 1 日起施行）

《店堂广告管理暂行办法》（国家工商行政管理局 1997 年 12 月 31 日发布，1998 年 3 月 1 日起施行）

《广告显示屏管理办法》（国家工商行政管理局 1996 年 2 月 29 日发布，

当日起施行）

《广告语言文字管理暂行规定》（国家工商行政管理局 1998 年 1 月 15 日发布，1998 年 3 月 1 日起施行）

除以上法规外，单项广告管理法规还包括各地权威机关及职能部门制定的本地区广告管理法规，如《广州市户外广告管理办法》（1998 年 8 月实施）、《长沙市城市户外广告管理条例》（1998 年 10 月 29 日长沙市第十一届人民代表大会常务委员会第六次会议通过，1998 年 11 月 28 日湖南省第九届人民代表大会常务委员会第六次会议批准）等。

由于有了一系列法律、法规，再加上国家有关职能部门的经常性的监督管理，使我国的广告管理已跃上了一个新台阶，走上了法制化轨道。①

## 六、广告学研究及广告教育事业的发展

我国的广告学研究与广告学教育事业发端于"五四"时期。当时一些大学的报学系（科）和新闻学系（科）开设了"广告原理"、"广告经营"等有关广告学的课程，是新闻学课程的一个组成部分。以后，广告学的研究渐渐展开，出版了为数不多的几本广告学著作。

自新中国成立到改革开放以前，我国的广告学研究及广告学教育事业几乎是一片空白。

**【新时期广告学研究书刊的出版、创刊与广告学研究机构、组织的成立】**

从 20 世纪 80 年代起，我国大陆在广告业恢复后，开始出现广告学方面的书籍、刊物与广告学研究机构及组织。

在书籍方面，由潘大均、张庶平合著的《广告知识与技巧》一书（内蒙古人民出版社，1981 年 6 月出版）和唐忠朴、贾斌主编的《实用广告学》（工商出版社，1981 年 9 月出版）一书，是新时期以来出版最早的两部新闻学专著。《广告知识与技巧》共七章三部分，主要叙述了广告工作的基本知识及广告制作的基本方法与技巧，属基础性、概论性书籍。《实用广告学》以较大篇幅介绍了广告的基本知识和基本情况，简要介绍了中国广告发展的历史及广告机构的概况，同时，也概述了美国、日本、南斯拉夫、苏联等国家及我国香

---

① 参阅：建国以来广告业发展概况. 中国广告年鉴. 1988；国家工商行政管理局广告司. 中国广告法规汇编. 北京：中国科学技术出版社，1993；最新广告法全书. 北京：中国检察出版社，1995；全国广告专业技术岗位资格培训办公室. 中国广告法律法规汇编. 北京：工商出版社，1998

港地区的广告业情况，是一本侧重实用的广告学著作。

此后，国内各出版社出版的有关广告学的书籍渐渐多起来。据不完全统计，从1981年至1996年，我国已出版由中国人著作、编写、翻译的广告学著作近300种。①

在刊物方面，1981年4月15日，《中国广告》杂志在上海创刊，并正式出版发行，属双月刊。这是新时期以来我国第一份专门研究广告实务及广告学术的专业杂志。由刚成立不久的"中国广告联合总公司"（简称"中广联"）委托上海市广告装潢公司筹办。"中广联"于1981年2月25日在北京成立（3月18日宣布正式成立），是我国第一家广告经营单位联合体，当时的成员有25家广告公司。

1984年8月间，"中国对外经济贸易广告协会"（简称"外广协"，1981年成立）会刊《国际广告》杂志在上海创刊。这是继《中国广告》之后的第二本大型广告杂志。1988年，该杂志社迁到北京。刊期由季刊改为双月刊，又发展为月刊。

1994年4月，经国家新闻出版署批准，中国广告协会（简称"中广协"，1983年12月成立）会刊《现代广告》杂志创刊。这是一本全新的中国广告专业杂志，由国家工商行政管理局主管，"中广协"主办，也是我国广告行业大型的专业期刊。1999年起，该刊由双月刊改为月刊。

经过十多年的努力，《中国广告》、《国际广告》、《现代广告》已发展成为中国现代最具实力、最具影响力的三大全国性专业广告杂志。它们各自以其不同品位、不同风貌、不同特色，优势互补，正在为发展我国的广告事业，为促进广告理论、业务及学术研究默默地奉献着。

除以上三大全国性广告专业刊物外，各地也相继出版了一批广告专业刊物与广告专业报纸及有关专版、副刊。刊物方面，如天津的《广告人》（双月刊，天津市广告协会主办）、长沙的《广告导报》（双周刊，原为8开本，1999年7月改为16开本）、南京的《广告大观》（系文摘类广告月刊，由江苏人民广播电台主办，原地点在江苏南通市，现迁至南京市）、深圳的《广告世界》（双月刊）等，都颇受广告业界及学界人士的欢迎。报纸方面，1984年，经中宣部批准，中国第一份广告专业报纸《中国广告报》于10月23日由中广协、新华社新闻发展公司、工人日报社联合创办，正式出版发行（1987年7月1日更名为《中国工商报》）。1986年，广东省广告协会编辑的《市场媒介》正式出版，这是我国第一份用中英文合编的研究广告媒介的专业小报。

---

① 王多明．中国广告词典·前言．成都：四川大学出版社，1996

此外，还有成都的《时代广告报》、重庆的《广告报》等，也颇受读者欢迎。另外还有不少报纸、杂志开辟有关广告方面的专版、专栏及刊登有关广告业、广告学研究方面的文章，如北京《中国工商报》的"商标广告世界"、上海《解放日报》的"广告文苑"、上海《新闻报》的"广告世界"、广州《信息时报》的"广告潮"、《浙江日报》的"公关周刊"、《河南日报》的"广告之窗"等，都是很吸引读者的专版、专栏。再如杭州的《公共关系报》、北京、上海等地出版的《经济日报》、《中华工商时报》、《北京青年报》、《文汇报》、《粤港信息日报》等报纸，及《竞争与策略》杂志、《公共关系》杂志等刊物，也定期或不定期地提供版面，刊登有关广告业、广告学研究方面的文章，对推动我国广告业的发展、促进我国广告学研究的深入，起了一定的作用。

1988 年 8 月，《中国广告年鉴·1988 年》由新华出版社正式出版发行。这是我国第一部大型广告年鉴，精装 16 开本，100 万字。由国家工商行政管理局广告局、中国广告协会、中国环球广告公司及新华出版社联合编辑出版。该书收录了党和国家领导人对广告工作的指示、讲话，国家颁布的有关广告业的政策、法规，中国广告史、大事记，中广协的组织机构，广告专营、兼营单位名录，广告学术论文，第三世界广告大会上中外广告界人士及企业家的发言，广告书目及广告文章索引、广告名词解释等，是一本有用的大型资料工具书。以后，《中国广告年鉴》逐年出版。

在广告学研究机构及组织方面，1982 年 2 月 23 日，经中宣部和国务院财贸小组批准，中国广告学会成立。该会是由从事广告业工作的工艺美术工作者及广告专营和兼营单位、科研人员、大专院校有关广告专业教师组成的群众团体。主要任务是开展国内、国际广告学术交流活动，举办广告设计作品展览，评选优秀广告作品及论文。1984 年 2 月，中国广告学会并入中国广告协会。1987 年 8 月 21 日，中国广告协会学术委员会成立，中国广告学会同时撤销。中国广告协会学术委员会成立后，便积极牵头组织广告学术研讨活动。先后举办了"广告教学"、"广告与音乐"、"广告与市场"、"市场经济与广告"等重大专题讨论，1995 年又结合《广告法》的贯彻实施，对"广告真实性"问题进行了专题研讨。这些活动，对开阔人们的视野、沟通广告界内的相互联系、促进广告业界与企业间的交流，以及增强学术研究的气氛，都起了很好的作用。

1994 年 6 月，中国人民大学成立了现代广告研究中心，这是我国大学设立的比较早的广告研究机构。

【**广告学教育事业的发展**】　新时期我国的广告学教育也是从 20 世纪 80

年代初起步的。

1983 年 5 月 30 日，经教育部批准，我国第一个广告学专业在厦门大学新闻传播系创办，1984 年 9 月正式招生，从而结束了我国大陆高等教育中无广告专业的历史。

1988 年 9 月间，经国家教委批准，北京广播学院新闻系广告专业班成立。翌年 9 月正式面向全国招收了第一届本科学生。

其后，深圳大学、北京商学院、青岛大学、暨南大学、武汉大学、复旦大学、北京大学等院校先后相继开办广告学专业及广告学系。一些综合性高等院校的商学系、经济系、财经学院、商学院和艺术院校的有关专业，也根据社会需要，先后开设了有关广告学的课程。

1993 年 7 月，国家工商行政管理局、国家计划委员会拟定的《关于加快广告业发展的规划纲要》中，把"大幅度增加对广告教育的投入，加快人才培养步伐"、"在国家和直辖市以及若干地区建立广告人才培训中心"、"扩大有关高等院校广告专业招生规模，更新广告教学内容"等，作为今后几年工作的重点和目标。同时，还要"重点支持一些综合性大学和经济类院校开办广告专业，扩大有关普通、成人高等院校广告专业招生规模；落实场地、资金、师资，完成广告人才培训中心筹建工作；开展报纸、广播、电视函授教育和国际培训，争取到 1995 年初步奠定广告人才培养和教育体制的基本格局"。基于此，我国的广告教育事业进入了一个大发展的时期。

1993 年和 1995 年秋季，北京广播学院新闻系广告专业、厦门大学新闻传播系分别开始招收广告学研究方向的硕士研究生。这标志着我国广告学教育进入了一个更高的层次。

1993 年以后，各地大专院校又增加了不少的广告专业。据不完全统计，到 1994 年，全国已有 80 余所院校相继增设了广告专业。它们每年源源不断地向广告行业输送一定数量的专门人才，但仍满足不了迅猛发展的广告行业的人才需求。于是如何培养和提高现有队伍中人员素质，就成为当务之急，花费大力气进行岗位培训势在必行。因此，1993 年 1 月至 6 月，国家工商管理局与中央电视台合作，开办"广告专业技术岗位资格培训班"，组织了几十名国内专家、学者、教授及广告界老前辈参与讲课及辅导，通过电视讲座与函授相结合的方式，对全国广告从业人员开展大规模的培训。其人数之多，是史无前例的。经过连续两年的培训，到 1995 年初已初见成效，为广告业培养造就了一大批懂理论、会技术的新的专业广告人才，使我国广告行业的面貌大为改观，对行业的发展产生了深远影响。

# 第七章
## 台湾地区广告简史

**本章要求**

- □ 了解台湾地区广告业发展的概况
- □ 了解台湾地区四大媒体广告的情况
- □ 了解台湾地区广告公司及广告代理业的运作情况
- □ 了解台湾地区广告教育事业及广告学研究的进展

台湾是我国第一大岛。台湾地区包括台湾本岛面积 3.579 8 万平方公里，加上澎湖群岛及 86 个附属岛屿，共计 3.6 万平方公里。截至 1999 年 6 月，台湾人口总数达 2 187 万人。

表 7 – 1 1978—1998 年台湾户、口变化情况①

| 年份 | 1978 年 | 1998 年 |
|---|---|---|
| 总人口 | 1 820 万人 | 2 187 万人 |
| 总户数 | 390 万户 | 635 万户 |
| 平均每户人口数 | 4.5 人 | 3.4 人 |
| 人均国民所得 | 1 421 美元 | 10 918 美元 |

台湾地区现代广告事业是比较发达的，这可以从其历年广告总量上反映出来。

从 1960 年起，由于应邀第一次参加在日本东京举行的第二届亚洲广告会议（1961 年 11 月间召开）的需要，台湾地区开始产生了最早的广告总额统计。当时，台湾地区的广告媒体极为简单，以报纸为主体，其次为广播，而电视尚未出现（1962 年 10 月，电视媒体才在台湾诞生）。全台广告量总额由颜伯勤、钱存棠两位广告业界资深人士根据台湾地区广告业发展的状况，粗估、推算而出。这是台湾地区第一次有了正式的广告量统计（参见颜伯勤著《二十五年来台湾广告量研究》，台湾中央日报社出版部，1987 年出版，第 12 页）。1960 年当年全台湾广告总量为 1.65 亿元新台币，折合美金 413 万元。

1961 年，总广告额为 2.14 亿元新台币（约合 535 万美元）。

1962 年，总广告额为 2.72 亿元新台币（约合 680 万美元）。

1963 年，总广告额为 3.07 亿元新台币（约合 768 万美元）。

1964 年，总广告额为 3.893 亿元新台币（约合 973 万美元）。

1965 年，总广告额为 4.52 亿元新台币（约合 1 130 万美元）。

1966 年，总广告额为 5.603 亿元新台币（约合 1 400 万美元）。

1967 年，总广告额为 6.8 亿元新台币（约合 1 700 万美元）。

1968 年，总广告额为 8.6 亿元新台币（约合 2 157 万美元）。

1969 年，总广告额为 10.97 亿元新台币（约合 2 742 万美元）。

1970 年，总广告额为 14.488 亿元新台币（约合 3 622 万美元）。

① 动脑，1999（281）：281

1971 年，总广告额为 14.094 4 亿元新台币（约合 3 748 万美元）。

1972 年，总广告额为 16.815 亿元新台币（约合 4 204 万美元）。

1973 年，总广告额为 23.69 亿元新台币（约合 6 071 万美元）。

1974 年，总广告额为 28.881 5 亿元新台币（约合 7 600 万美元）。

1975 年，总广告额为 33.44 亿元新台币（约合 8 800 万美元）。

从 1976 年起，台湾地区广告总额超过 1 亿美元，当年总广告额为 41.915 7 亿元新台币（约合 1.103 亿美元）。

1977 年，总广告额为 50.878 9 亿元新台币（约合 1.338 9 亿美元）。

1978 年，总广告额为 63.814 7 亿元新台币（约合 1.772 6 亿美元）。

1979 年起，超过 2 亿美元，当年总广告额为 80.609 亿元新台币（约合 2.239 1 亿美元）。

进入 20 世纪 80 年代后，广告营业总额进一步攀升。

1980 年，总广告额为 103.067 亿元新台币（约合 2.866 9 亿美元）。

1983 年，总广告额为 143.37 亿元新台币（约合 3.584 亿美元）。

1986 年，总广告额为 187.578 亿元新台币（约合 4.97 亿美元）。

1987 年，总广告额为 235.745 亿元新台币（约合 7.434 4 亿美元）。①

1988 年，总广告额为 305 亿元新台币。

1989 年，总广告额已逼近 400 亿元新台币。

90 年代以后，广告总额又有飞速的增长。

1991 年，总广告额为 546.95 亿元新台币。

1993 年，总广告额为 747.95 亿元新台币。

1994 年，总广告额为 836.74 亿元新台币。

1995 年，总广告额达到 963.98 亿元新台币（约合 37 亿美元）。②

1977 年起，我国台湾地区即被国际广告协会列入广告总量超过 1 亿美元的国家及地区行列中。1979 年起，被列入广告总量超过 2 亿美元的行列。1981 年又被列入广告总额超过 3 亿美元的国家及地区行列。③ 1987 年，台湾地区开始进入世界广告额排序前 20 名，为第 20 位；1988 年为第 17 位，1989 年为第 14 位。

台湾地区广告业从业人数统计：

---

① 颜伯勤. 广告学. 台北：台北三民书局，1994. 32；樊志育. 中外广告史. 台北：台北三民书局，1989. 105

② 台北"中国新闻学会". "中华民国"新闻年鉴. 1996. 199

③ 樊志育. 中外广告史. 台北：台北三民书局，1989. 104

1994 年 10 月为 25 957 人，1995 年 10 月为 23 113 人，1996 年 10 月为 20 817 人。总人数呈历年减少的趋势。

到 1996 年 10 月底，台湾地区有广告经营单位 7 093 家（1995 年为 8 057 家），比上年减少近千家。1996 年广告营业总额也比上年略有减少。1996 年 1—10 月广告营业总额为 673.02 亿元新台币，比 1995 年 1—10 月广告营业总额 674.06 亿元新台币减少 1.04 亿元。①

到 1999 年底，台湾地区广告量总计达 1 163.7 亿元新台币。其中，四大媒体（电视、报纸、杂志、广播）广告量为 837.4 亿元新台币，占广告总额的 71.96%；其他媒体广告量为 326.3 亿元新台币，占广告总额的 28.04%。详见表 7-2。

表 7-2　　　　　　　　　　1999 年台湾总广告量统计

单位：亿元新台币

| 媒体类别 | | 1999 年统计 | 百分比（%） |
|---|---|---|---|
| 电视 | 无线电视（TV） | 176.8 | 15.19 |
| | 有线电视（Cable） | 145.6 | 12.51 |
| | 制作费用（Production Fee） | 40.0 | 3.44 |
| 电视小计 | | 362.4 | 31.14 |
| 报纸（Newspaper） | | 350.0 | 30.08 |
| 杂志（Magazine） | | 70.0 | 6.02 |
| 广播（Radio） | | 55.0 | 4.73 |
| 四大媒体小计 | | 837.4 | 71.96 |
| 户外广告（Outdoor） | | 30.0 | 2.58 |
| 交通广告（Transit） | | 14.7 | 1.26 |
| 夹报广告（Flier） | | 30.0 | 2.58 |
| 店头广告（POP） | | 56.0 | 4.81 |
| 电话簿（Yellow Page） | | 12.0 | 1.03 |
| 展场广告（Display） | | 90.0 | 7.73 |
| 网络广告（Internet） | | 3.6 | 0.31 |

---

① 台北经济日报社．产业部·工商服务业．"中华民国"经济年鉴．1997．761

（续上表）

| 媒体类别 | 1999 年统计 | 百分比（%） |
|---|---|---|
| 直效行销广告（DM） | 50.0 | 4.30 |
| 杂项（Others） | 40.0 | 3.44 |
| 其他媒体小计 | 326.3 | 28.04 |
| 总计（Total） | 1 163.7 | 100.00 |

资料来源：（台北）动脑，2000（2）

到 2001 年底，台湾地区总广告量为 888.57 亿元新台币，比 2000 年的 1 051.83 亿元负增长 18.33%（台北《动脑》2002 年 2 月出版的总第 31 期）。

# 第一节　台湾地区四大媒体的发展

在台湾地区的广告媒体中，四大广告媒体广告营业额占广告费总额的绝大部分，即 80% 左右，如 1991 年占 83%，1992 年占 82%，1993 年占 81%，1994 年占 79%。1995 年广告费总额为 963.98 亿元新台币，其中：报纸为 382.38 亿元，占总额的 39.7%；电视为 289.48 亿元，占总额的 30%；杂志为 50.01 亿元，占总额的 5.2%；广播为 39.68 亿元，占总额的 4.1%。1995 年四大媒体广告营业额占总额的 79%。1995 年以前几年，台湾四大传媒广告营业额的排序一直为：①报纸；②电视；③杂志；④广播。[①]

近年来，四大广告传媒广告额排序又发生了很大变化，电视取代报纸的地位成为台湾四大传媒中第一大广告媒体。这跟世界先进国家是同一发展趋势。最近几年来，台湾地区四大广告传媒的排序为：①电视；②报纸；③杂志；④广播。

从 1978 年至 1998 年，台湾地区四大传媒广告额及其增长情况详见表 7-3。

---

① 台北"中国新闻学会"．"中华民国"新闻年鉴．1996

表 7 - 3 台湾四大媒体 1978—1998 年广告额对比①

| 四大媒体广告量 | 1978 年 | 1998 年 |
|---|---|---|
| 报纸广告量 | 24 亿元（新台币） | 277 亿元（新台币） |
| 电视广告量 | 20 亿元（新台币） | 324 亿元（新台币） |
| 杂志广告量 | 4 亿元（新台币） | 90 亿元（新台币） |
| 广播广告量 | 5 亿元（新台币） | 45 亿元（新台币） |
| 四大媒体广告量合计 | 53 亿元（新台币） | 736 亿元（新台币） |

从表 7 - 3 可以看出：与 1978 年相比，电视广告额增加幅度最大，其中，有线电视作出了很大贡献；杂志广告由 1978 年新台币 4 亿元跃进到 1998 年的 90 亿元，是增长率最高的媒体；广播广告由 1978 年的 5 亿元新台币，变成了 45 亿元，20 年来增加 9 倍。四大媒体的广告总量 20 年前是 53 亿元新台币，1998 年达 736 亿元，增长近 14 倍。

台湾地区综合广告代理商使用最多、最普通的广告媒体是四大媒体。1992 年及 1998 年台湾地区综合广告代理商媒体使用状况比较见表 7 - 4。

表 7 - 4 1992 年及 1998 年综合广告代理商媒体使用状况对比

| 媒体 | 1992 年 | 1998 年 |
|---|---|---|
| 无线电视 | 69.85% | 44.19% |
| 卫星及有线电视 | — | 16.85% |
| 报纸 | 17.75% | 25.11% |
| 杂志 | 9.49% | 6.72% |
| 广播 | 2.09% | 2.27% |
| 网络 | — | 0.10% |
| 其他 | 0.82% | 4.76% |

资料来源：（台北）广告杂志，1999（100）

---

① 赖东明. 台湾广告传播·谈广告传播的过去、现在和未来. 动脑，1999（281）：81

从 1978 年到 1998 年 20 年间，台湾四大媒体的规模发展迅速，具体情况详见表 7－5。

表 7－5　　　　　　　　**台湾四大媒体 1978 年和 1998 年规模比较**①

| 年份 | 1978 年 | 1998 年 |
|---|---|---|
| 报纸家数 | 31 家 | 360 家 |
| 杂志家数 | 2 331 家 | 5 888 家 |
| 电视频道数 | 3 个 | 120 个 |
| 电台家数 | 33 家 | 93 家 |
| 报纸每百户拥有量 | 63.96 份 | 56.93 份 |
| 杂志每百户拥有量 | 13.85 份 | 16.93 份 |
| 电视机每百户拥有量 | 100.4 台 | 135.89 台 |

从表 7－5 可以看出，20 年间，杂志由 2 331 家发展到 5 888 家；电视频道由 3 个增加到 120 个，发展速度都是相当惊人的。电视机每百户拥有量早在 20 年前就已达 100.4%，现在拥有率为 136%，这说明有的家庭已拥有两三台电视机。报纸每百户的拥有量明显下滑。20 年前，台湾每百户家庭中订有 64 份报纸，现在只有 57 份。

# 一、报纸广告

台湾地区报纸广告量曾经一直居于四大传媒的榜首。这几年来，让位于电视，居第二位。

台湾报业是在 1945 年光复后，才真正开始发展起来的。

1895 年，清政府因甲午（1894）战败，便于是年 4 月 17 日（光绪二十一年三月二十三日）与日本政府签订了丧权辱国的《马关条约》，共 11 款。其中，第二款为：将台湾岛及澎湖列岛永远割让给日本。从此，台湾沦于日本帝国主义残暴统治之下达 50 年。

---

① 赖东明．台湾广告传播・谈广告传播的过去、现在和未来．动脑，1999（281）：81

在日本人统治的 50 年中，在很长一段时间内，全台湾地区只容许几家日本人办的报纸分别在台北、台中、台南三地发行，充当统治者的传声筒。其中较著名者有：

《台湾新报》，1896 年 6 月 17 日（清光绪二十二年五月初七）创刊，在台北出版。创办人为山下秀实，为日本驻台湾总督府公报。

《台湾日报》，1897 年 5 月 8 日（清光绪二十三年四月初七）创刊于台北，由日本人主办。

《台湾日日新闻》，1898 年 6 月 19 日（清光绪二十四年五月初一）创刊于台北衡阳路，日刊，早出两大张，晚出一大张。由日本人守屋善兵卫收买《台湾新报》和《台湾日报》后而改名出版，仍为日本驻台总督府掌握。到1911 年 11 月停刊。

《台湾新闻》，该报前身为《台中每日新闻》，于 1901 年 5 月 20 日（清光绪二十七年四月三日）创刊于台中市，至 1903 年 3 月 29 日（光绪二十九年三月初一）改名为《台湾新闻》。

由台湾同胞创办的第一份报纸是《台湾民报》，于 1923 年 4 月 15 日在日本东京创刊。初为半月刊，每期 4 开 4 小张，同年 10 月改为旬刊，翌年 6 月改为周刊。编辑人为林呈禄，全部用中文编印。1927 年 7 月 16 日，日本当局始准该报销售于台湾地区。1927 年 8 月迁回台湾本岛发行。至此，在日本人统治 33 年之后，台湾地区才出现第一张由台湾同胞自己创办的报纸，仍为周刊。该报宗旨是提倡汉文，推广祖国文化。1932 年 4 月 15 日，由台胞先进人士林献堂、蔡培火、罗万俥、林呈禄争取多年后，终获日本政府允准，改名为《台湾新民报》发行，并由周刊改为日刊。改为日报后，因时势环境关系，只得采用中、日文合用（日文占 1/4，中文占 3/4）。至 1941 年，改名《兴南新闻》；1944 年，在日本统治当局强迫下，被迫与其他 5 家报纸合并为《台湾新报》出版。

到抗战胜利前夕，全台只剩下一张 8 开小报《台湾新报》。该报创刊于1944 年 4 月 10 日，当时日本败局已定，为加强控制，日本统治当局下令将全岛规模最大的 6 家报纸如《台湾日日新闻》（台北）、《兴南新闻》（台北）、《台湾新闻》（台中）、《台湾日报》（台南）、《高雄新报》（高雄）与《东台新闻》（花莲）强制予以合并，改组为《台湾新报》在台北出版。

日据时期，台湾地区报刊上所用文字，均以日文为主，约占全部篇幅的3/4，甚至有全部为日文者。1937 年 4 月 1 日，日寇台湾"总督府"为加紧推行"皇民化"运动，对于一切新闻报纸及各种刊物，强迫废止中文栏，纯用日文，直至台湾光复为止。

1945 年台湾光复后，台湾地区报纸蓬勃兴起。从 1945 年 10 月至 1946 年 12 月，仅一年多时间，台湾就创刊了近 20 家报纸，主要集中在台北、台中、台南等地。到 1947 年，台湾报纸总计有 28 家。其中，《台湾新生报》是台湾光复后创刊的第一家日报，也是现存台报中发行时间较早、历史最久的报纸。该报于 1945 年 10 月 25 日创刊于台北，是接收日据时期由日本驻台"总督府"控制的《台湾新报》设备而创办的。社长李万居，副社长兼总主编黎烈文（1947 年辞职），报头由于右任题写。1949 年 5 月起，改组为"新生报社股份有限公司"，后一直是台湾地区政府经营的官营报纸，社长谢然之。日出对开纸 5 至 6 大张、20 或 24 版。以后又另外独立发行《台湾新闻报》（1961 年 6 月 1 日创刊）和《新生儿童》月刊。光复后至 50 年代，《台湾新生报》一直是当时台湾报界的执牛耳者，规模、影响比较大。

1949 年 3 月 12 日，国民党的《中央日报》迁台出版，给台湾报业带来很大冲击，各报在《中央日报》的影响下出现新的激烈竞争。

为了严密地控制新闻界，国民党政府在逃到台湾不久，便开始实行"报禁"。所谓"报禁"，其内容包括"三限"，即：限制报纸登记（"限证"）、限制报纸出版张数（"限张"）、限制报纸印刷及出版地点（"限印"）。这"三限"中，最重要的是限制新报的登记。为此，在 1951 年 6 月 10 日，台湾政府"行政院"就发布《台四十教字第 3148 号训令》，其中第 7 条云："台湾省全省报纸、杂志已达饱和点，为节约用纸起见，今后新申请登记之报纸、杂志、通讯社应从严限制登记。"也就是说，从 1951 年起，便不再办理新办报纸的登记手续。到 1967 年 11 月 17 日，"行政院"又重申此令。实际上，早在 1949 年 2 月国民党政府逃到台湾起，就停办了新报登记手续。故 50 年代起及以后很长一段时期，全台报纸共计 31 家。其中，台北市 16 家：《中央日报》、《台湾新生报》、《中华日报》、《中国时报》、《联合报》、《经济日报》、《华报》、《国语日报》、《青年战士报》、《大众日报》、《忠诚报》（以上日报 11 家），《大华晚报》、《民族晚报》、《自立晚报》（以上晚报 3 家），英文《中国邮报（China Post）》、英文《中国日报（The China News）》（以上英文报 2 家）；台中市 2 家：《中国日报》、《台湾民声日报》（均为日报）；台南市 1 家：《成功晚报》（晚报）；高雄市 2 家：《台湾新闻报》（日报）、《中国晚报》（晚报）；基隆市 1 家：《民众日报》（日报）；台中县 1 家：《台湾日报》（日报）；嘉义县 1 家：《商工日报》（日报）；高雄县 1 家：《台湾时报》（日报）；花莲县 1 家：《更生日报》（日报）；台东县 1 家：《大汉日报》（日报）；澎湖县 1 家：《建国日报》（日报）；金门县 2 家：《金门日报》（日报）、《正气中华报》；涟江县 1 家：《马祖日报》（日报）。31 家报纸中，台北《忠诚报》、金门《正气中华报》是国民党"军报",不对外发行,实际只有29家。70年代台北《大众日报》停刊,此后全台报纸便只有28家了。

关于限制报纸张数:50年代初,由于经济困难,物资匮乏,1952年11月29日,"行政院"公布《战时新闻用纸节约办法》,1955年4月21日通过施行。规定新闻纸除特定纪念日外,其篇幅一律不得超过对开1张半。1958年8月30日及1967年4月18日又两次修正,将尺度放宽。这样,1958年便扩大为两大张,1967年再增加为3大张。实际上,由于经济形势好转,从1973年起,"限张"规定已名存实亡,各报都以其广告之多寡来自由决定其出版张数,如销路广、广告量多的《联合报》、《中国时报》都出版对开3大张半(14版),而《中央时报》也出版3大张或3大张半(12版或14版)。到1974年3月,因能源危机的影响,国民党政府有关当局对各报的发行张数再次加以严格限制,因而,一些广告较多的报纸也不得不减少篇幅。

关于限制报纸的印刷、出版地点:该项规定又包括两个方面的内容,一为限制报馆迁移,尤其是禁止台湾省中南部的报纸往北迁往台北市,以免报纸过于集中;二为限制报纸必须在登记时申报的印刷厂所在地印刷。

1987年7月15日,台湾当局宣布解除戒严,结束了近40年的台湾非常时期状态。

1988年元旦,台湾国民党当局正式宣布解除持续了近40年的"报禁"。"解除报禁"主要包括两方面的内容:一是开放报纸登记,准许自由办报;二是解除报纸限张发行,报纸可以自由增张扩版。报禁解除以后,不少新的报纸获准登记出版,台湾报业蓬勃发展,竞争更为激烈。到1988年底,台湾报纸已接近80家。到1993年底,办理登记的报纸有221家,实际发行的有139家。1989年起,报纸张数已增至6大张。到现在报纸张数就更多了。1995年底,台湾地区已核准登记的报纸共计376家①,实际发行者356家②。其中日报334家,晚报22家。若以文种区分,计有中文报354家,英文报2家;以发行所所在地区分,计有发行所在台北市者205家,高雄市者52家,台湾全省者95家,福建省者3家,其他1家。截至1998年,台湾报纸总计360家。

台湾地区报业中,规模较大、影响较大的报纸,基本上由《中央日报》、《联合报》、《中国时报》三大报系或报业集团所拥有。

《中央日报》系统的报纸都是国民党系统党、政、军部门的机关报,主要

---

① 台北"中国新闻学会"."中华民国"新闻年鉴.1996.6

② 台湾"行政院新闻局".大众传播."中华民国"年鉴1995年—1996年(第十八篇).中正书局,1996

有《中央日报》、《大华晚报》、《台湾新生报》、《中华日报》、《青年日报》、《忠诚报》、《建国日报》、《金门日报》、《马祖日报》等。《中央日报》是国民党系报纸的龙头老大，于1928年2月1日由国民党中央创办于上海，一年后迁到南京。1932年起，实行社长制，首任社长是程沧波。抗战爆发一年后，于1938年9月1日随国民党政府迁至重庆出版。抗战胜利后，于1945年9月10日在南京复刊，由马星野担任社长，1948年11月迁到台湾。1949年3月12日在台北续刊，先后设址台北中正路、忠孝西路，现址在台北八德路二段260号。《中央日报》现每日出版对开纸7～12大张不等，28～48版，日发行约55万份。在台湾地区发行，港、澳地区及美、日等地也有订户。

除《中央日报》报系外，台湾另外两大报业集团是由王惕吾经营的《联合报》集团（又称"联经集团"）和由余纪忠经营的《中国时报》集团。王、余两人曾是台湾报界两"巨头"。在全台360家报纸中，以《联合报》系和《中国时报》系规模最大，也最具影响力。《联合报》初创时名为《全民日报、民族报、经济时报联合版》，于1951年9月16日创刊于台北，是由王惕吾接办的《民族报》（1949年5月4日创刊）、林顶立的《全民日报》及范鹤言的《经济时报》3家合并而成。1953年9月16日，正式定名为《联合报》。60年代初，该报成为王惕吾独资经营的大报。每日出对开9～16大张、36～64版，广告占总版面的1/3，发行量在120万份左右（1989年），与《中国时报》同为台湾发行量最大的报纸。现址在台北忠孝路4段555号，有员工1 000多人。除《联合报》外，"联经集团"还拥有《经济日报》（1967年4月20日创刊）、《民生报》（1978年2月18日创刊）、《联合晚报》（1988年2月22日创刊）3家子报，以及在纽约出版的中文版美洲《世界日报》（1976年2月12日创刊）、在巴黎出版的《欧洲日报》（1982年12月16日创刊）、在泰国出版的泰国《世界日报》（1986年2月18日接办）和在香港出版的《香港联合报》（1992年5月4日创刊，1995年12月17日停刊）。现有报纸共计7家。另外，还有7家刊物、1家"中国经济通讯社"及1家"联经出版事业公司"。

余纪忠经营的《中国时报》集团的核心母报是《中国时报》。该报前身是1950年10月2日创刊的《征信新闻》。《征信新闻》由当时台湾"物资调节委员会"主办，系一经济专业报纸，每日出4开油印小报1张，甚为简陋。1951年4月由私人集资接办，余纪忠任社长。1954年9月起，改革内容，成为综合性报纸。1960年1月1日更名为《征信新闻报》。1968年9月1日改为现名《中国时报》。日出8大张32版，周末36～40版。现日出12～18大张不等，约48～72版之间。在台湾地区及海外发行，日发行量达200万份，是台湾发行量最大的报纸。该报规模宏大，现址在台北大理街132号，仅采编人员就超过 400 人。该报在美国、日本、法国、英国及港、澳等地均有驻外记者，并与中国大陆的中国新闻社有业务联系。除《中国时报》外，该报团还拥有《工商时报》（1980 年 12 月 1 日创刊）、《中时晚报》（1988 年 3 月 7 日创刊）、《时报周刊》、《时报新闻周刊》等报刊，及时报文化出版公司。

台湾地区只是一弹丸之地、蕞尔小岛，却有 360 家报纸，报业内竞争激烈程度不难想见。尤其《联合报》系和《中国时报》系两大报团间的竞争就更激烈了。1996 年起，台湾地区整个报业竞争进入价格竞争，即发行竞争时期。1996 年元旦，《联合报》和《中国时报》因纸价高涨，宣布调整售价，由每份 10 元调高为 15 元。但《中央日报》、《自由时报》等仍坚持每份 10 元价格。9 月，《台湾日报》复刊，同时宣布减价策略，由原来每份 10 元调降为 5 元。

在台湾地区每年的报业广告总额中，《联合报》系和《中国时报》系两大报业集团广告量约占全台报业广告市场份额的 80%，其中，《联合报》系约占 45%，《中国时报》系约占 35%。据台北市广告代理商同业公会估算，到 1996 年，各大报广告市场占有率依次为：《中国时报》、《联合报》、《民生报》、《自由时报》、《经济日报》、《工商时报》、《联合晚报》、《民众日报》、《大成报》、《自立晚报》。另据不完全统计，1997 年，台湾报纸广告收入总额为 248.63 亿元新台币，其中，名列前三名的有：《中国时报》为 65.58 亿元、《联合报》55.34 亿元、《自由时报》为 34 亿元。

台湾地区报纸广告量很长一段时间居于四大传媒之首，近几年让位于电视媒体而居于第二位。早期的报纸广告量增长幅度很大。1961 年的报纸广告量只有新台币 1.3168 亿元，到 1980 年已增达 44.262 亿元新台币，20 年间，增加了 32.36 倍。报纸广告 20 年来的年平均增长率为 21.14%。大量的广告收益，极大地充实了报业的经济实力，使报纸得以不断扩大发行量，更新换代印刷设备及采编设备，加强新闻采访网络的设置，以及提高报社员工的工薪福利待遇。

截至 1998 年底，台湾报纸广告收入总计为 264.24 亿元新台币。名列前三名的报纸仍为《中国时报》、《联合报》和《自由时报》。其中，《中国时报》广告收入为 65.61 亿元，再度蝉联冠军；《联合报》以 56 亿元，暂居第二；《自由时报》44 亿元，比其 1997 年的 34 亿元净增 10 亿元，成绩骄人。①

---

① 据台北《动脑》杂志 1999 年 6 月号（以上数据，特别是全台每年广告总额，台湾各家统计数据往往不一，容有出入。特此说明——引者附注）。

## 二、杂志广告

台湾地区的杂志品种繁多，数量惊人。

1945 年 10 月，光复之初，台湾杂志出版不多。自 1951 年起陆续增加。1957 年为 157 家，至 1959 年达 506 家，1961 年达 686 家，1966 年达 953 家，1971 年 1 534 家，1976 年达 1 456 家，1981 年达 2 244 家。[①] 到 1990 年，杂志数量已突破 4 000 大关。1995 年达 5 286 家，其中，大部分在台北出版，约占总数的 70%。[②] 1996 年，登记在案的杂志有 5 480 家，其中电脑类杂志增长较多。截至 1998 年，台湾杂志总数已达 5 888 家。

从内容上看，据台湾"行政院新闻局"出版处统计，杂志共分 25 类，包括：财政工商类、教育文化学术类、政治类、宗教类、工程技术类、通讯类、艺术类、文艺类、医药卫生类、社会类、农林水产类、妇女家庭类、地方报道类、影剧广播类、儿童类、观光旅游类、青少年类、体育类、史地类、科学类、语文类、目录学类、法律类、军事类、综合类等。其中，财经工商类种数最多，达 901 家。从发行上看，期刊发行量超过 10 万份或在 10 万份上下的杂志仅有三五家，超过 5 万份的约有 10 家，一两万份或接近万份的则有 50 多家。总之，发行量普遍较低。从外形上看，有的是 16 开书册式，有的呈报纸形。从广告收入看，近年来，杂志的广告收入增长率是四大传媒中成长幅度最大的媒体。1978 年的杂志广告额才 4 亿元新台币，到 1995 年达 50.01 亿元新台币，其中，广告收入超过 1 亿元新台币的杂志只有《时报周刊》（4.34 亿元）、《天下》（1.64 亿元）、《财讯》（1.08 亿元）3 家。台湾地区杂志广告的增幅一直比较高。1961 年，只有 428 万元新台币的广告量，到 1980 年已增达 6.13 亿元新台币。增长率之高居各类大众传媒广告量之冠，激增了 142.22 倍，平均每年的增长率是 30.62%。1996 年杂志广告收入约 59.8 亿元新台币。[③] 1998 年达 90 亿元，较 1978 年的 4 亿元，增长了 22.5 倍。杂志是近 20 年来台湾广告媒体中增长最快的媒体，其广告量远远超过了广播业，成为继电视、报纸之后的第三大媒体。

①　樊志育. 中外广告史. 台北：台北三民书局，1989. 117

②　台湾"中国新闻学会"."中华民国"新闻年鉴.1996. 6

③　台北经济日报社."中华民国"经济年鉴.1997. 777

## 三、广播广告

台湾地区的广播事业，在 1945 年前的日据时期是日本帝国主义的宣传工具。光复前，台湾地区的广播事业由"台湾放送协会"统一管辖。其中最早创办的是台北广播电台，于 1928 年 12 月 22 日开播。1931 年以后，"台湾放送协会"及其所辖各"放送局"又先后创办了 7 座广播电台，它们是：台北放送局的板桥电台第一分部（1931 年 1 月 25 日创办）、第二分部（1931 年 5 月 1 日创办，旋即停播），台南放送局的台南电台（1932 年 4 月 1 日创办），台中放送局的北屯电台（1935 年 9 月 28 日创办），台北放送局板桥电台第三分部（1942 年 9 月 25 日创办），嘉义放送局的广播电台（1943 年 5 月 5 日创办），花莲放送局的广播电台（1944 年 5 月 1 日创办）。

日据时期的收音机由"台湾放送协会"实行统一登记、收费。截至 1945 年 7 月止，全台收音机达 97 541 台。

1945 年台湾光复后，国民党中央马上派员接收前"台湾放送协会"，于 1945 年 10 月 25 日改组成立"台湾广播电台"，隶属于国民党"中央广播事业管理处"，并于即日开始以 XUPA 呼号播音，其分台有台中、台南、嘉义、花莲四处。

到 1996 年底止，台湾地区有广播单位（包括广播公司、广播电台）33 家，其中公营 12 家，民营 21 家；共有电台 186 座，发射机 388 部，总功率为 11 331.1 千瓦（以上数据时有波动）。截至 1998 年，全台广播电台家数已达 90 家。

"中国广播公司"是台湾地区最大的广播机构，直属国民党中央委员会，其前身是"中央广播电台"，于 1928 年 8 月 1 日在南京开播。1932 年，中央广播电台的管理机构改名为"中央广播无线电台管理处"。1936 年 1 月，再度改名为"中央广播事业管理处"（简称"中广处"）。该处迁台湾后，于 1949 年 11 月 16 日正式改组为"中国广播公司"。

台湾最大的民营广播公司是"正声广播公司"，于 1950 年 4 月 1 日开播，当时称"正声"和"正义之声"两部分，至 1955 年改为现名，在全台湾地区设有 9 个分台。

1968 年 7 月 31 日起，台湾广播事业进入"调频"时代，中广公司的台北区调频电台正式播音。节目以新闻及音乐为主，不播送广告。其后，又陆续在台中、高雄、花莲三地设立调频电台，形成调频广播网。调频广播不受干扰、音质优美，并可转播立体音响，是广播与电视竞争的利器。

广播在台湾曾经是仅次于报纸的第二大广告媒介，后由于电视的出现，以及杂志的竞争，终于被排挤到四大广告传媒的第4位。

早期公营电台的经费均由"政府"资助，不接纳广告。但"中广公司"从1962年起，开始在每天的对本省广播节目时间里也插播广告。此事在当时曾引起民营电台的不满，认为"中广公司"既然接受了政府津贴，就不应该招揽广告，"与民争利"，因为民营电台大都靠广告收入维持生计。但"中广公司"仍然我行我素，后发展成为广播业界广告大户。台湾广播业在50年代及60年代初，曾辉煌一时，是仅次于报纸的第二大广告媒介。如1960年广播广告额为3 300万元新台币，占当年广告总量的20%；1961年为4 494万元新台币，占当年广告总量的21%。1962年起，台湾地区出现了电视广告。此后，由于电视的竞争，广播广告在广告总量中的比重逐年减小，直至占7%左右。到1994年，台湾广播广告营业额为34亿元新台币，其中"中广公司"就占去14.65亿元。1995年为39.68亿元，处于四大广告媒体最末一位。截至1998年为45亿元新台币，仍是四大广告媒介中的最末一位。

## 四、电视广告

1962年11月起，台湾地区才出现电视广告媒体。初期两年，广告量很少。第三年的广告量为4 200万元新台币，到1980年已增达29.538亿元新台币。16年间，激增69.33倍，平均年增长率是37.41%。若包括初期两年在内，18年的平均年增长率则高达69.87%。

台湾地区的电视广告额1995年前一直居于四大传媒第二位，近年来已荣登榜首，稳居第一位。

台湾长期以来主要有3家电视公司："台湾电视公司"（简称"台视"）、"中国电视公司"（简称"中视"）和"中华电视公司"（简称"华视"）。这三家电视公司在全台各地均设置有转播系统，形成覆盖全省的网络。近两年来，情况又有变化：1997年起，第4家无线电视——"民视"开播；1998年起，公共电视台又开播了。

台湾地区的电视事业是从20世纪60年代起步的。从1960年5月至1962年2月间，台湾的电视尚处于试播阶段。1960年5月20日，台北"中国广播公司"便开始进行电视转播的示范表演，这标志着台湾地区电视事业的起步。

台湾地区最早的电视台是1962年2月14日开播的"教育电视实验电台"，功率仅100瓦。该台在台北"国立科学馆"试播，每天播出两小时的教学节目，电波涵盖面约10公里。但非正式播出，尚处于试验阶段。直至1963年

12月1日才正式开播。该台"以实施社会教育为主要目标"，相当于大陆的"电视大学"，因此，初期无广告业务。1971年，教育电视台改组、扩建，才成为第3家商业电视台。

"台湾电视公司"（TTV）是台湾创办最早的电视公司，由台湾"省政府"与金融机构及台湾水泥公司等民营企业，以及日本的4家大电气公司（"富士"、"东芝"、"日立"、"日本电气"）合作投资建立起来，也是台湾创办最早的官、民合营及中外合资的商业电视台。该台于1961年在台北开始筹建，1962年4月28日正式成立，10月10日（"双十节"）正式开播，画面为黑白。

"中国电视公司"（CTV）由"中国广播公司"与民营广播公司及有关文化机构合资创办，于1967年在台北开始筹建，1968年9月3日正式成立，10月31日开播。

"中华电视公司"（CTS）由台湾"国民党政府"当局"教育部"和"国防部"合资兴办，是由上文所说的"教育电视台"改组扩建而成，于1971年10月31日正式开播，成为台湾地区第3家商业电视台。原有的"教育电视实验广播电台"也归于"中华台"。

台湾地区最早有彩色电视是在1969年。这一年的10月31日，台北"中国电视公司"最早在台湾地区播出彩色画面。与此同时，"台视"也改为彩色播映。据统计，"中视"的彩色电视播映是仅次于日本的第二个亚洲国家的地区，居世界第8位。

到1975年，台湾地区基本上完成了覆盖全省的电视网络，画面也由黑白色发展为全部彩色。

台湾地区电视媒体问世后，只经过一年多的经营，即成为大众传播媒体中的骄子，迅速发展起来。在电视创立的第一年（1962年），电视广告量在广告总量中的地位，只占0.5%，而当时的报纸广告量高占广告总量的54%之多，连广播广告量也占19%的地位。电视问世后的第6年（1967年），电视广告量即超过广播，在广告总量中，以占16.5%的地位，超过了广播广告量所占12.6%的地位，成为第二大广告媒介。同时，还将报纸广告量由1960年、1961年的62%逼降至45%以下，只占41.1%。又经过5年的发展，到1972年时，电视广告已与报纸广告取得接近的地位，双方所占广告总量的比重，都在30%以上。长期以来，电视广告都以强劲的势头发展，其广告量的增长，呈直线上升趋势。1960年至1976年间，电视广告量及报纸、杂志、广播广告量与四大媒体广告量所占广告总量比重情况对比，详见表7－6。

表 7 - 6　　　　　　　1960—1976 年间台湾地区四大媒体广告额
及所占广告总量比重统计

单位：万元新台币

| 年份 | 报纸广告额及比重 | 杂志广告额及比重 | 广播广告额及比重 | 电视广告额及比重 |
|------|------------------|------------------|------------------|------------------|
| 1960 | 10 230（62%） | 330（2%） | 3 300（20%） | —— |
| 1961 | 13 260（62%） | 428（2%） | 4 494（21%） | —— |
| 1962 | 14 688（54%） | 544（2%） | 5 168（19%） | 136（0.5%） |
| 1963 | 15 657（51%） | 675（2.2%） | 5 526（18%） | 706（2.3%） |
| 1964 | 19 425（50%） | 777（2%） | 6 605（17%） | 2 400（6%） |
| 1965 | 21 100（47%） | 800（1.7%） | 7 300（16%） | 4 200（9.3%） |
| 1966 | 23 050（41%） | 1 200（2%） | 8 300（15%） | 7 430（13.5%） |
| 1967 | 28 000（41.1%） | 1 500（2.2%） | 8 500（12.6%） | 11 200（16.5%） |
| 1968 | 36 500（42.3%） | 2 100（2.4%） | 9 200（10.7%） | 14 000（16.2%） |
| 1969 | 43 900（40.02%） | 2 500（2.28%） | 11 200（10.21%） | 20 500（18.69%） |
| 1970 | 51 080（35.26%） | 3 500（2.42%） | 11 040（7.62%） | 42 600（29.4%） |
| 1971 | 53 760（35.8%） | 4 800（3.3%） | 10 800（7.2%） | 44 210（29.5%） |
| 1972 | 59 882（35.7%） | 6 120（3.6%） | 13 360（8%） | 54 500（32.4%） |
| 1973 | 84 460（36.61%） | 10 980（4.76%） | 22 500（9.75%） | 72 450（31.41%） |
| 1974 | 108 580（37.59%） | 14 280（4.94%） | 30 300（10.49%） | 90 600（31.37%） |
| 1975 | 135 260（40.45%） | 17 850（5.34%） | 31 300（9.36%） | 100 700（30.11%） |
| 1976 | 159 300（38.01%） | 23 225（5.54%） | 42 500（10.14%） | 132 000（31.49%） |

　　从 1976 年起，过了 10 年，到 1986 年台湾地区电视广告额已达 66.9 亿元新台币，占总广告额的 35.7%。

　　又过了 5 年，1991 年电视广告额达 179 亿元新台币，占总广告额的 32.7%。

　　1992 年达 226.82 亿元新台币，占总广告额的 32.4%。

　　1993 年达 249.84 亿元新台币，占总广告额的 33.4%。

　　1994 年达 290.62 亿元新台币，占总广告额的 34.7%。

　　1995 年达 289.48 亿元新台币，占总广告额的 30%，占有率比上年下降幅度很大。

截至 1998 年，台湾地区电视广告额已达 324 亿元新台币，仍然居四大广告媒体的榜首。其中，卫星及有线电视业作出了很大贡献。近几年来，台湾卫星及有线电视业发展迅速，据统计，由"新闻局"发出登记证的就有 200 家，逐步发展成为重要的广告媒体。

## 第二节　广告公司及广告代理业的发展与有影响的广告行业组织

台湾地区现代广告公司与广告代理制的发展是同时起步的，具体说，是从 1958 年才真正开始起步的，到 1961 年，才开始建立广告代理业制度。

1958 年 7 月，台湾第一家综合广告代理店——"东方广告社"正式成立于台北甘谷街九号。该广告社由当时年方 37 岁、毕业于日本神奈川大学商学系的温春雄创办。创办伊始，只有 3 名工作人员。到 1960 年底，职员增至 15 名，业务蒸蒸日上，每月营业额约 20 万元台币。到 1963 年 8 月，东方广告社改组为东方股份有限公司。到 80 年代，东方广告公司的职员已有近百名。

台湾地区从 1961 年起，才真正建立了比较完整的广告代理业制度。目前有规模的广告代理业（广告公司或传播公司），多数是在 1961 年所创立的。而促成台湾广告代理业相继创立的契机是第二届亚洲广告会议。[①]

1960 年 10 月，由日本最大的广告公司——电通社主办的第二届亚洲广告会议在日本东京召开。台湾地区许多重要媒体及工商界都首次派代表参与这次会议，使这次盛会成为台湾广告业迈向现代化经营的契机。参加第二届亚洲广告会议的台湾代表团主要由传媒代表、工商企业界代表组成。因当时台湾地区尚无具有一定规模的广告代理业，故这方面没有代表参加。传媒界代表中，报业代表有郑品聪、余梦燕、黄应彭、颜伯勤、钱存棠、秦凤楼等，广播业代表有翁炳荣、王永庆，电视因未正式开播，故无代表。工商企业界代表有许炳棠、黄远球、王超光、吕耀城等。会议期间，代表们利用这次机会，深入考察了日本的广告业，如报界诸代表曾遍访日本各大广告公司，了解其运营情况，并求与之取得密切联系；企业界代表则深入了解日本第一大广告公司——电通

---

① 颜伯勤. 二十五年来台湾广告量研究. 台北：中央日报社出版部，1987. 86

社的经营运作情况。当时的电通社社长吉田秀雄并表示愿意协助台湾地区建立广告代理业制度。通过考察，代表们看到了日本广告事业的高度发达及其对促进国家经济发展和繁荣所作出的重大贡献。与此同时，中国台湾代表还同菲律宾、中国香港等地广告代理业代表进行交流。代表们回到台湾后，深感欲发展台湾现代广告业、形成大规模经营，必须建立现代广告公司，推行广告代理制度。

1961年2月，黄远球、陈福旺、徐达光等3人首先创办了"台湾广告公司"。这是台湾第一家综合广告代理业公司。接着，1961年5月2日，在日本电通社的技术支持下，由原"综合化学公司"总经理许炳棠邀同吕耀城、王超光等创办的"国华广告公司"正式成立。由许炳棠任总经理，有员工18人，地址在台北市汉口街一段10号。该公司随后便与《联合报》、《中央日报》签订代理合同，使台湾地区现代广告代理业制度真正开始推行。许炳棠可说是"台湾地区广告代理业制度的首创推行者，也是开垦者"①。

国华广告公司在台湾早期推行广告代理制的过程中，是遇到很大阻力的。当时各报社、广播电台，以及一般广告业务员都纷纷反对，感到推行广告代理制度后，将会使他们失去很多广告客户，直接影响其广告收入和个人经济收入。故许多报社及广播电台与许炳棠会商，劝其暂缓推行广告代理制。许氏深深感到，如果不能获得各传媒及其业务主管的支持，广告代理业将难以推行。因此，他特地邀请在新闻业界有很大影响的原中央社创办人萧同兹担任"国华"的董事长。萧同兹遂帮许炳棠说服了各报社的业务主管，使广告代理制度得以顺利推行开来。② 故"台广"和"国华"两家，"实为台湾广告代理制度的倡导者和首先建立者"③。

继"国华"、"台广"之后，相继又有钱存棠创办的"华商广告公司"，以及"国际工商传播公司"出现。据台北市广告商同业公会统计，截至1966年底，台北计有广告公司157家，其他县市有13家，全省合计有170家。其中，有完整代理能力者只有11家。

1966年11月间，第五届亚洲广告会议在台北举行，由台湾当局主办，参加会议代表有280人。1967年，台湾地区广告业界正式加入国际广告协会，这是继日本之后，国际广告协会在亚洲地区创设的第二个分会。

从20世纪60年代末起到70年代，是台湾经济起飞的时期，台湾地区的广告业也随之飞速发展，广告公司迅速增多，原有的广告公司也不断发展壮

---

① 樊志育. 中外广告史. 台北：台北三民书局，1989. 133

② 颜伯勤. 二十五年来广告量研究. 台北；中央日报社出版部，1987. 86

③ 樊志育. 中外广告史. 台北；台北三民书局，1989. 94

大，新的具有较高水准的广告公司纷纷创办。新创办的广告公司中，比较著名的有"清华广告公司"（1968 年 11 月创办）、"东海广告公司"（1970 年 9 月由徐达光创办）、"联广广告公司"（1974 年创办）、"志上广告公司"（1977 年 10 月创办）、"上通广告公司"等。其中，清华广告公司创办于 1968 年 11 月，他们的口号是"贡献我们的智脑、创造企业的繁荣"。他们的信条是：①审密周致的科学分析——"清"的原则，智脑左半叶的发挥；②丰富精致的艺术创意——"华"的原则，智脑右半叶的发挥。

"联广广告公司"创办于 1974 年 5 月，由当时从美国留学归来的杨朝阳博士发起创办。该公司是在原"东海广告公司"的基础上，改组、扩大而成。董事长由辜振甫（后担任海基会董事长）担任，总经理由徐达光（原"东海广告公司"老板）担任。杨朝阳是技术策划上的总负责人。职工由原来的 25人增加到 86 人。成立当年，营业额即达 1 亿元新台币，居当时全省广告世界之首位。1977 年 5 月扩大改组，由叶明勋担任董事长，杨朝阳任副董事长，辜振甫转任常务监察人。到 1980 年 1 月起，由赖东明出任"联广"总经理，徐达光任副董事长。1990 年 4 月又成立"联旭国际公司"。1992 年起，赖东明担任董事长。到 1996 年，该公司广告营业额已突破 28.32 亿元新台币，是当年台湾广告公司中营业额最高的一家。1997 年的承揽额为 27 亿元新台币，1998 年为 27.6 亿元新台币。从 1996 年至 1998 年连续 3 年位居全台广告代理业排行榜的第二位，也一直是台湾最大的本土广告公司。①

80 年代起，由于台湾地区经济的繁荣，吸引了世界各地众多的厂商和产品涌入台湾市场。台湾地区经济与世界经济联系日益密切。一些国际性跨国广告公司也开始陆续进入台湾广告市场。它们或采取独资形式，或采取"合资"形式，或采取"技术合作"方式。国际性广告公司最早进入台湾是在 1984年，但大量涌入则是 1986 年的事。

1984 年底，美国著名的李奥·贝纳广告公司（1935 年 8 月 5 日创办）在台湾设立分公司，拥有 40 位广告专业人员。这是台湾地区第一家完全由外资创办的广告公司。

1985 年 7 月 1 日，国泰建业广告公司（1972 年 1 月创办）与奥美广告公司签约合作，合资组成台湾奥美广告公司，并成为台湾第一家正式取得"经济部外资投资审查会"批准的国际广告代理商。

1986 年底，华懋广告公司成立，并于 1987 年元月开业。该公司虽与外资无合资关系，但与美国 DDB Needham World Wide 国际公司等外资公司有技术

---

① 联广小档案. 国际广告，1998（2）：40

合作、业务合作关系。

由于外资及国际广告公司打入台湾广告市场，使台湾本土的广告业面临巨大的压力、挑战和冲击，使得台湾第一代广告公司如"世界广告"、"中华传播"、"首席广告"等消失。与此同时，也为台湾广告业界导入了新的广告理念、新的广告形式、新的广告经营管理方式和广告作业的科学化，从而促使台湾的广告业向"本土化"、"国际化"、"科学化"的方向发展。到1995年底，台湾广告代理业营业总额中，美国资本的美系广告代理商占48%左右，日本资本的日系广告代理商占22%左右，台湾本土的广告代理商占30%。

从1992年到1998年间，台湾地区每年排名前3名的三大广告综合代理商名次及承揽额排行见表7-7。

表7-7　　　　1992—1998年间三大综合广告代理商名次及承揽额排行表

| 年份 | 名次 | 承揽额(亿元新台币) |
|------|------|------|
| 1992 年 | 第1名：联广 | 14.60 |
| | 第2名：奥美 | 14.50 |
| | 第3名：智·威·汤逊 | 12.85 |
| 1993 年 | 第1名：联广 | 17.14 |
| | 第2名：智·威·汤逊 | 15.00 |
| | 第3名：奥美 | 13.70 |
| 1994 年 | 第1名：联广 | 18.74 |
| | 第2名：智·威·汤逊 | 18.50 |
| | 第3名：奥美 | 15.28 |
| 1995 年 | 第1名：智·威·汤逊 | 24.00 |
| | 第2名：联广 | 21.02 |
| | 第3名：台湾电通 | 19.58 |
| 1996 年 | 第1名：联广 | 28.32 |
| | 第2名：智·威·汤逊 | 26.50 |
| | 第3名：台湾电通 | 20.73 |
| 1997 年 | 第1名：联广 | 27.00 |
| | 第2名：台湾电通 | 26.53 |
| | 第3名：智·威·汤逊 | 23.70 |

（续上表）

| 年份 | 名次 | 承揽额（亿元新台币） |
|---|---|---|
| 1998 年 | 第 1 名：台湾电通 | 31.54 |
| | 第 2 名：联广 | 27.60 |
| | 第 3 名：智·威·汤逊 | 25.00 |

资料来源：（台北）广告杂志，1999（100）

截至 1998 年，台湾综合广告公司广告承揽额前 42 名排行榜及台湾整合传播集团排行榜详见表 7 - 8 至 7 - 9。

表 7 - 8 　　　　　　　　1998 年台湾综合广告公司代理承揽额统计

单位：亿元新台币

| 排名 1996 | 排名 1997 | 排名 1998 | 公司名称 | | 1998 承揽额 | 1997 承揽额 | 1996 承揽额 | 1998 成长率（%） |
|---|---|---|---|---|---|---|---|---|
| 4 | 2 | 1 | 台湾电通 | Dentsu | 31.54 | 26.53 | 20.73 | 18.88% |
| 1 | 1 | 2 | 联广 | United | 27.60 | 27.00 | 28.32 | 2.22% |
| 2 | 3 | 3 | 智·威·汤逊 | J. Walter Thompson | 25.00 | 23.70 | 26.50 | 5.49% |
| 6 | 4 | 4 | 华威葛瑞 | Hwa Wei & Grey | 23.07 | 20.89 | 16.83 | 10.44% |
| 5 | 8 | 5 | 博阳 | H&Y | 21.12 | 21.52 | 20.20 | -1.86% |
| 3 | 5 | 6 | 奥美 | O & M | 19.86 | 19.34 | 23.53 | 2.69% |
| 7 | 6 | 7 | 麦肯 | McCann - Erickson | 18.90 | 15.30 | 15.00 | 23.53% |
| 8 | 7 | 8 | 上奇 | Saatchi & Saatchi | 17.97 | 15.10 | 13.00 | 19.01% |
| 9 | 12 | 9 | 电通扬雅 | Dentsu, Y&R | 14.00 | 10.30 | 8.89 | 35.92% |
| 10 | 9 | 10 | 国华 | Kuo Hua | 13.96 | 12.50 | 8.80 | 11.68% |
| 11 | 10 | 11 | 华商实杰 | Bozell | 12.82 | 11.70 | 8.74 | 9.57% |
| 17 | 14 | 12 | 伊登 | DDB Needham | 12.54 | 9.40 | 7.20 | 33.40% |
| 14 | 11 | 13 | 李奥·贝纳 | Leo Burnett | 11.11 | 10.93 | 8.20 | 1.65% |
| 19 | 17 | 14 | 意识形态 | ldeology | 10.00 | 7.95 | 6.75 | 25.79% |
| 12 | 13 | 15 | 灵狮 | Lintas | 9.98 | 9.46 | 8.50 | 5.50% |
| 23 | 19 | 16 | 联旭 | United - Asatsu | 9.45 | 7.68 | 5.16 | 23.05% |

（续上表）

| 排名 1996 | 1997 | 1998 | 公司名称 | | 1998 承揽额 | 1997 承揽额 | 1996 承揽额 | 1998 成长率（%） |
|---|---|---|---|---|---|---|---|---|
| 13 | 16 | 17 | 东方 | Eastern | 9.28 | 8.31 | 8.23 | 11.67% |
| 20 | 18 | 18 | 达彼思 | Bates | 9.10 | 7.80 | 6.73 | 16.67% |
| 16 | 15 | 19 | 乔商 | Geo Sun | 8.00 | 8.40 | 7.50 | −4.76% |
| 18 | 20 | 20 | 清华 | Brain | 7.71 | 6.99 | 6.90 | 10.30% |
| 14 | 15 | 21 | 黄禾 | Harvest | 6.90 | 6.85 | 7.68 | 0.73% |
| 21 | 24 | 22 | 英泰 | International | 5.92 | 5.83 | 6.01 | 1.54% |
| 25 | 39 | 23 | 富泰 | FCB | 5.90 | 4.40 | 4.60 | 34.09% |
| 24 | 22 | 24 | 灵智 | Euro RSCG | 5.81 | 6.78 | 4.74 | −14.31% |
| 26 | 26 | 25 | 达美高 | DMB&B | 5.30 | 5.20 | 4.20 | 1.92% |
| 30 | 33 | 26 | 百帝 | Batey | 5.00 | 3.70 | 3.10 | 35.14% |
| 22 | 23 | 27 | 华懋 | Regal | 4.80 | 6.20 | 6.00 | −22.58% |
| 32 | 25 | 28 | 太一 | Dik – Ocean | 4.70 | 5.60 | 2.60 | −16.07% |
| — | 32 | 29 | 博文 | Bowin | 4.50 | 4.06 | 2.70 | 10.84% |
| 29 | 27 | 30 | 运筹 | Results | 4.39 | 5.02 | 3.63 | −12.55% |
| 26 | 28 | 31 | 智得沟通 | Interface | 4.34 | 4.80 | 4.20 | −9.58% |
| — | — | 32 | 博上 | Public A Team | 4.13 | 3.56 | — | 16.01% |
| 28 | 30 | 33 | 展望 | Look | 3.60 | 4.30 | 3.70 | −16.28% |
| 34 | 31 | 33 | 上通 | BBDO Strentor/BBDO | 3.60 | 4.20 | 2.52 | −14.29% |
| — | — | 35 | 达一 | Hsu & Chen | 3.10 | 2.14 | — | 44.86% |
| — | 37 | 36 | 太笈策略 | Toplan | 3.02 | 2.32 | 2.10 | 30.17% |
| 31 | 34 | 37 | 华得 | Target | 2.60 | 3.42 | 3.03 | −23.98% |
| 33 | 36 | 38 | 普阳 | Proshine | 2.33 | 2.58 | 2.59 | −9.69% |
| 35 | 35 | 39 | 金华 | Golden Way | 2.30 | 2.80 | 2.50 | −17.86% |
| — | — | 40 | 雪芃 | Shape | 1.65 | 0.80 | — | 106.25% |
| — | 41 | 41 | 志上 | Intelligent | 1.52 | 1.22 | — | 24.59% |
| 36 | 38 | 42 | 商略 | Straightegy | 1.40 | 1.50 | 1.30 | −6.67% |
| 合计 | | | | | 399.82 | 368.08 | 322.91 | — |
| 平均 | | | | | 9.52 | 8.76 | 8.50 | 8.62% |

表 7 – 9　　　　　　　　1998 年台湾地区整合传播集团排行榜

单位：亿元新台币

| 集团 | 年度承揽额 | | | 年度毛收入 | | |
|---|---|---|---|---|---|---|
| | 1998 | 1997 | 成长率（%） | 1998 | 1997 | 成长率（%） |
| 和信整合传播联盟 | 45.20 | 41.50 | 8.92% | 7.68 | 6.87 | 11.79% |
| 奥美整合传播 | 43.20 | 38.39 | 12.53% | 6.48 | 5.76 | 12.50% |
| 合计 | 88.40 | 79.89 | — | 14.16 | 12.63 | — |
| 平均 | 44.20 | 39.95 | 10.72% | 7.08 | 6.32 | 12.15% |

注：（1）和信整合传播联盟包括：联广、联众、泛太、联太、联翔、联文、联旭。

（2）奥美整合传播包括：奥美广告、公关、直效行销、视觉管理、群策行销、捷音行销、运筹广告。

（3）博阳传播系统、清华、宏鑫集团，1998 年因故不列入集团排名。

台北《动脑》杂志编辑部 1999 年 2 月制表

从表 7 – 8 和表 7 – 9 可以看出：42 家上榜的广告公司中，外资及合资公司占有举足轻重的地位及绝对优势；承揽额前 3 名依然被 3 家大型广告公司所占有，依序为台湾电通、联广、智·威·汤逊。近年来台湾地区经济的不景气不但冲击着各行各业，也影响了靠广告代理收入生存的广告代理业，因此，42家上榜的广告公司中，承揽额有 13 家负增长。同时还可以看出，台湾地区广告公司大型化、集团化趋势愈来愈明显，规模巨大的整合传播集团开始出现。

台湾地区广告业界最重要的行业组织是"综合广告业经营者联谊会（4A）"。最早成立于 1988 年 9 月 8 日，起初叫"台北市广告代理商经营人联谊会（4A）"，由台湾广告业界很有影响的资深广告人赖东明、施剑尘等人发起创办。1992 年 5 月，"4A"取得法人资格。此外，还有"《动脑》广告人俱乐部"。该俱乐部原名为"《动脑》月刊社午餐会"，成立于 1978 年，起初只有 25 个会员，到 1998 年已近 100 个会员。"台北广告人公会"也成立于 1978年，该会是台湾地区创建的第一个广告学术性组织，由资深广告人、著名广告学者颜伯勤氏筹建。起初有会员 122 家，截至 1998 年已到 193 家会员。"台北市广告代理商同业公会"（简称 TAAA）正式成立于 1975 年 12 月 15 日，其前身是"台北市广告商业同业公会"，现有会员 200 多家，是台湾地区广告业界规模最大的行业组织。

# 第三节　台湾地区广告管理法规的制定
## 与广告业自律

到目前为止，台湾地区还没有制定全面性的、综合性的专门广告法，只有针对某一方面广告活动及某一种类广告媒体而制定的单项管理法规。

台湾地区现行涉及广告管理的法规，主要有《新闻事业广告规约》①、《广播电视法》②、《广播电视法施行细则》、《电视广告制作规范》、《广播电视节目供应事业管理规则》、《广告物管理办法》等。另外，对广告的管理条例还散见于《公平交易法》、《食品卫生管理法》、《化妆品卫生管理条例》、《药物药商管理法》、《消费者保护法》等单项法规中。

《新闻事业广告规约》从 1976 年 9 月 1 日起施行。该规约共分《总则》、《分类》、《附则》三部分。其中，《总则》共计 8 条，《分类》部分则将广告分为"政治事务类"、"声明启事类"、"人事类"、"服务类"、"药品食品化妆品与医疗类"、"买卖类"、"宗教类"等七大类，并对每类广告都作了简略的规定。

《广播电视法》于 1976 年元月 8 日公布实施，1982 年又修正公布，共计六章 45 条。其中第四章"广告管理"专列广播电视广告管理条款，共计 6 条（第 30 条至 35 条），规定："电台（包括广播电台与电视台——引者注）播送广告，不得超过播送总时间的百分之十五"（在此法的施行细则中又规定：在每小时的节目中，播送广告的时间不得超过 10 分钟；每半小时的节目中，广告不得超过 5 分钟）；"广告应于节目前后播出，不得于节目中间插播；但节目时间达半小时者，得插播一次或两次"。同时还规定：广告"内容应依规定送请新闻局审查。经许可之广告内容与声音、画面，不得变更"。1976 年 12 月 30 日又公布了《广播电视法施行细则》。

《有线电视法》于 1994 年 8 月 11 日公布，共计九章 71 条。其中第五章"广告管理"共 5 条（第 38 ~ 42 条）。第 38 条规定："广告应于节目前后播

---

① 台湾"中华民国"八十年出版年鉴. 1067
② 台北"中国新闻学会"."中华民国"新闻年鉴.1996. 552

出，但节目播送时间在 60 分钟以上者，得插播一次，其广告时间合计不得超过该节目播送时间的百分之十。"

《电视广告制作规范》（以下简称《规范》）于 1985 年 4 月 21 日颁行，其主要内容：①规定了广告的基本原则。要求广告内容必须真实，画面优美，旁白高雅，音色柔美。②禁止用新闻报道形式播放广告。③有关商品特性、功能、数据及特殊成分方面的宣传，必须具有证明文件。④禁止广告出现违背公共安宁和社会道德的内容和现象。⑤不得播放贬低同类产品的广告。⑥比较广告必须明白指出比较商品之名称及品牌，并持有有关机关或团体的证明文件。⑦使用他人名义、形象、言论做广告，必须经被使用人许可并持有证明文件。⑧聘请外国人做国内商品广告，必须在广告中表明广告商品为国产品。⑨广告的语言文字必须规范。⑩涉及儿童和少年的广告，不得有任何导致儿童、少年心理或道德观念受到损害，或有不良影响的内容或表现。此外，《规范》还分别详细规定了药品、化妆品、食品、医疗器械、医疗技术、农药及动物用药、房地产、补习班等类广告应当遵守的原则。

《广告物管理办法》则是为户外广告专门制定的管理规章，由"内政部"于 1981 年 12 月 21 日公布。其内容主要包括：①户外广告的管理机关。②户外广告的种类。③户外广告不得出现的内容。④禁止设置户外广告的处所。⑤设置户外广告申请及批准的程序。⑥各类户外广告的规格标准、对违反规定的处罚办法。

1991 年以来，台湾有关当局又新颁布或修订了一些与广告相关的法令，如：

《公平交易法》（1991 年 2 月 4 日公布、施行）；

《著作权法》（1992 年 6 月 10 日修正公布，全文 117 条）；

《商标法》（1993 年 12 月 22 日修正公布）；

《消费者保护法》（1994 年 11 月 2 日公布施行）等。

以上诸单项法中都有涉及广告的条款，如 1992 年 2 月 4 日开始施行的《公平交易法》第 21 条云："不得在商品或其广告上、或以其他使公众得知之方法，对于商品之价格、数量、品质、内容、制造方法、制造日期、有效期限、使用方法、用途、原产地、制造者、制造地、加工者、加工地等，为虚伪不实或引人错误之表示或表征"；"广告代理业在明知或可得知情况下"，不得"仍制作或设计有引人错误之广告"。

除台湾当局及其有关行政管理部门制定的有关广告管理法规外，台湾地区广告业界成立的有关行业组织也制定了一些行业自律规则，主要有由"综合广告业经营者联谊会"（会员主要为广告公司）制定的《执业标准》（1988 年

10 月 22 日）、《综合广告业经营者自律纲要》。① 新闻业界制定的《新闻记者信条》、《报业道德规范》、《无线电广播道德规范》、《电视道德规范》、《净化电视广告规范手册》 （台湾电视学会编订）等，也都涉及了广告自律问题，如：

《中国新闻记者信条》（共计 12 条）第 7 条云："报纸对于广告之真伪良莠、读者是否受欺受害，应负全责。决不因金钱之收入，而出卖读者之利益、社会之风化与报纸之信誉。"

《报业道德规范》（共计八项），第七项"广告"共列 6 条。其中，"①广告必须真实、负责，以免社会受害"；"②广告不得以伪装新闻方式刊出，亦不得以伪装的介绍产品、座谈会记录、铭谢启事或读者来信之方式刊出"……

《无线电广播道德规范》（共计七项），第六项"广告"有 3 条规定："广告必求真实，如有怀疑，应即查证。夸大、虚伪之广告，尤其是属于医药类广告者更应拒绝播出"；"广告宜力求声音及意境优美，不粗俗，不吵叫，也不违背善良风俗"；"广告播出时间应作合理之安排，节目在半小时以下者不得插播广告"。

《电视道德规范》（共计八项）第八项为"广告处理准则"，共计 12 条：节目与广告严格划分，故广告绝对不得以节目方式播出，亦不得利用公共服务或工商服务名义播报；广告内容必须真实，不得夸张；医药广告不得有"包治断根"等类似之夸大词句；广告之声音与画面应力求优美，以免观众生厌，更不得大喊怪叫，妨碍收看之家庭安宁；广告不得排斥或中伤其他同类之商品或服务；药品广告必须有卫生机关之查验合格证明，不得表演病人之痛苦，致引起忧虑恐惧心理；广告不得有色情或暴露镜头，以免伤风败俗；星相巫卜及迷信之广告，不予播报；死亡、祭吊、殡仪之广告，不得播报；具有赌博性之广告，不予播报；有损青年儿童心理健康之广告，不予播报；外国广告应符合中国传统文化及中国道德标准（此处"外国广告"含义易引起歧义，应为"外国广告在台湾播出时"——引者注）。②

《净化电视广告规范手册》是台湾电视学会为净化电视广告而专门编集的。其"前言"云：电视系具有视听双重功能，且能深入家庭之传播工具，对社会大众之影响力极大。因此之故，商品或服务，均争相采用电视为广告媒体，以求扩大其推广效果。有鉴于此，《手册》内容分为电视广告"制作"及

---

① 樊志育. 中外广告史. 台北：台北三民书局，1989. 187，193

② 台北"中国新闻学会". "中华民国"新闻年鉴. 1996. 668～677

"播映"两部分，就电视广告的制作及播映制定了详细的自律条款。此外，还将各类商品广告之管理办法，详加收集，作为附录，使业者有完整之查考资料。

在制作方面，《净化电视广告规范手册》作了如下详细要求：

甲、题材

（1）广告对商品或服务之描述，以商品或服务所具备之真实功能为限，不宜超出范围，作不真实之描述，如仅对商品或服务之某一特点，作避重就轻之描述，使观众产生错觉，引致误解者，应视为缺乏真实性。

（2）广告不得以宣扬暴力为题材。

（3）广告不得以色情为题材。

（4）广告不得以赌博、含有刺激侥幸心理为题材。

（5）广告不得以神怪迷信之情事为题材。

（6）广告不得以违反伦理道德观念之情事为题材。

（7）广告不得以诽谤他人，或排斥中伤打击同类之其他品牌商品为题材。举凡"只有××最有效"等之形容均应避免。

（8）广告中有借用历史人物为题材者，须顾及其传统之印象及尊严，不得任意改变或歪曲。

（9）广告题材不得违反"国民生活须知"之规定。

（10）广告题材不得违反《道路交通安全规则》及《道路交通管理处理条例》之规定。

（11）广告题材不得违反扫除脏乱之规定。

（12）医药广告之题材，必须符合《药物药商管理法》及《医师业务广告管理办法》之规定。

（13）食品广告之题材，必须符合《食品卫生管理法施行细则》，及有关行政命令之规定。

（14）化妆品广告之题材，须符合《化妆品卫生管理条例施行细则》之规定。

（15）广告应避免作低级趣味之描述。

（16）广告不宜以死亡为题材，以免予观众以不快之感觉。

（17）广告中如截用任何剧情影片、或电视剧的任何片段为题材者，必须具备已获得所有权方面的准许摘用之证明。

（18）广告以赠奖为题材时，必须持有主管机关核准举办赠奖之证明。

（19）烟酒广告不宜以"能增进健康"为题材。

（20）训练班补习班广告，不得有夸大可提供工作及就业或升学机会之内容。

乙、画面

（1）广告画面应力求优美。

（2）广告画面应力求清晰。

（3）广告以对比方式描述事物时，应避免采用强调社会黑暗面的画面。

（4）快速闪烁、摇摆不定的画面应尽量避免。

（5）裸露、接吻或仅着透明服饰，而有色情作用的画面必须避免。

（6）脏乱的画面应尽量避免。

（7）交通工具广告，不得有表现冲刺之危险画面出现。

丙、声响效果

（1）广告对白应以国语为主。

（2）广告声量不得高于节目声量。

（3）广告不得有色情作用的声音和对白。

（4）广告不得有尖锐刺耳等惊人音响。

（5）广告不得有影响观众情绪不安的对白和效果。

丁、文字

（1）广告用词应力求高雅。

（2）广告文字限一律使用中文。仅外国商品之名称、商标等，可酌用外国原文。

（3）广告文字不得使用简体字。

（4）凡书写之广告文字必须工整。

（5）广告文字不得使用"号外"、"捷报"、"新闻报道"、"消息"等新闻词句。

（6）广告文字不宜使用夸大词句。

（7）广告文字不宜使用崇外词句。

（8）广告文字应避免涉及个人隐私之词句。

（9）医药广告文字，应避免"性"方面的效能。

戊、演员

（1）广告演员不得表现过分夸张的动作与诱惑性的表情。

（2）演员不得表演低俗表情与动作。

（3）演员不得表演病态不雅之动作。

（4）本国产品非必要时，不得用外国人做广告演员。

（5）取得合格资格之医师、护士、药剂师，不得作药品广告演员。演员亦不得穿着医师、护士专用服装，出现于药品广告，以免造成观众错觉。

（6）演员不得扮演身份明显之公务与公职人员，出现于广告，介绍商品。

（7）节目主持人不得在所主持节目中兼任广告演员，或介绍广告商品。

（8）儿童节目主持人，不得担任有关儿童商品之广告演员。

（9）现职之电视新闻播报人员，不得担任广告演员。

（10）导演选用广告演员时，对于素行不佳、生活不检之演员，应避免录用。

在播映方面，《净化电视广告规范手册》也有如下规定：

甲、审查

（1）电视公司业务主管单位，对于所播映之广告，包括广告影片、广告幻灯片、广告插播片，应划一审查。凡不合本规范中各项规定之任何广告，均应拒绝播映。

（2）凡未经"行政院新闻局"审查核准之广告影片，电视公司不得播映。

（3）广告幻灯片及广告插播片之旁白，必须与广告画面内容密切吻合。

（4）认清广告与节目应严格划分之规定，对于要求以节目方式播映之广告，以及利用公共服务名义播映之商品广告，均应不予接受。

（5）凡未经政府主管机关核准登记，未领得有关之营业执照的商品或服务，电视公司不得接受其委托播映广告。

（6）凡广告主之姓名及地址不明者，虽于事先付清广告费用，电视公司亦不得接受其委托播映广告。

（7）有关声明、启事、辩诉、驳诉等足以引起纠纷，及涉及诉讼行为之广告，应不予受理，以免混淆社会视听。

乙、播映

(1) 电视公司对于播映广告时间之限制，应切实遵照《广播电视法》及其施行细则之规定办理，不得以变相之方式，私自放宽限制，延长广告播映时间。

(2) 同一部广告影片，不论其广告时间之长或短，在每一次播映时限中，以播映一次为限，不得连续重复播映。

(3) 同一套广告幻灯片或广告插播卡，不论其张数之多或少，在每一次插映时限中，以播映一次为限，不得连续重复播映。

(4) 在庄严肃穆的节目中，不宜播映嬉笑性质之广告，以求气氛之配合。

(5) 在儿童与青少年节目中，不得插播不利于儿童与青少年身心发育之广告。

(6) 凡要求在节目的布景上，乐队的曲谱台上，或道具上悬挂商品之广告或商标者，应予拒绝。①

以上这些自律条款的绝大部分，至今仍有很重要的现实意义和借鉴意义。只有个别条款，随着时间的推移、社会的进步和广告事业的发展，有了很大的突破。还有极个别条款，现在看起来，已明显陈旧和落伍了。

# 第四节　广告教育事业及广告学研究的发展

台湾地区的广告教育事业在早年依附于新闻教育事业，广告学属于新闻学系或大众传播学系中的一门课程。到20世纪80年代中期才出现了专门的广告学系。1986年，台湾中国文化大学最早成立广告学系，并招收第一届学生；1987年8月，政治大学也设立了广告学系。这两所大学的广告学系，为台湾地区广告媒体、广告公司、广告厂商提供了比较优秀的广告人才，也使得广告业界人才素质比过去有了很大提高。与此同时，淡江大学、辅仁大学、世界新闻传播学院及铭传管理学院，也都在相关科系中开设广告课程，或成立广告

---

① 王多明. 中国广告词典. 成都：四川大学出版社，1996．383～387

组。嗣后不久，辅仁大学也成立广告学系。1994 年，文化大学还增设了夜间部的广告学系。到 1997 年，政治大学又设立了广告学研究所，并招收硕士生，提升了广告学教育的层次。

在广告学研究领域，台湾地区有一批很有成就的广告学研究学者及专著。他们都是台湾广告业界的知名人士，有着非常丰富的实践经验，因此，写出来的文章及著作有很强的可操作性，非泛泛之论可比。其中，比较著名的广告学者及其著作有：

王德馨著《广告学》（1959 年 10 月出版、台北三民书局出版）。1958 年 3 月，台湾省立法商学院企业管理学系首开"广告学"课程，由王德馨担任教授，次年 10 月，王氏出版了这本《广告学》。王德馨可说"是台湾一位最早的广告学术创导者"（樊志育《中外广告史》第 208 页）。

杨朝阳博士著《广告的科学》（台湾朝阳堂，1982 年出版，1991 年修订再版）。此书是杨朝阳的力作，曾连续发行 29 版，是台湾广告从业人员及广告学专业学生必读必备的专业书籍。杨朝阳的其他专著还有《广告战略》、《广告企划》、《实用创意法——商品开发、行销广告发展的新潮流》等专著。这些书都曾被列入台湾朝阳堂"行销·广告选书"及"企业人实用系列"等系列丛书中，久踞畅销书的排行榜。

辅仁大学与中国文化大学教授、广告与市场研究中心主任颜伯勤著有：《广告学》（台北三民书局，1978 年 9 月初版，1994 年 2 月出至第 7 版。由此可见该书影响之大）、《广告》（台北允晨文化实业公司，1984 年版）、《店面广告学》（台北三民书局，1987 年版）、《二十五年来台湾广告量研究》（中央日报社出版部，1987 年出版）、《广告的经营管理》（台北新闻记者公会，1977 年版）、《广告实例研究》（广告与市场研究中心，1990 年版）、《成功广告 80 例》（中国友谊出版公司，1991 年版）等。

辅仁大学大众传播学系教授、国际广告协会台湾分会秘书长刘毅志编译有《怎样创作广告》（台北天一图书公司，1987 年版）、《广告活动策略新论》（上、下册）（中国友谊出版公司，1991 年 12 月版）、《广告攻心战略——品牌定位》、《广告媒体研究》、《怎样创作广告》、《广告写作艺术》（中国友谊出版公司，1991 年版）等。

曾担任醒吾商专商业广告科主任的樊志育著有《广告设计学》（台北三民书局，1972 年出版）、《广告学新论》（台北三民书局，1973 年版）、《广告学》（台北三民书局，1973 年版）、《店面广告学》（台北三民书局，1976 年版）、《中外广告史》（台北三民书局，1989 年初版）、《广告学原理》（台北三民书局，1992 年版；上海人民出版社，1994 年版）、《广播电视广告学》（台北三民书局，1983 年版）等。

资深广告人、联广董事长赖东明著有《广告之路》（台湾新生报社，1981年出版）。该书由"谈行销界人物"、"谈一个广告公司的成长"、"谈广告的制作与经营"、"谈广告人须知与信条"四部分共计 29 篇文章组成，是作者从事广告事业 20 年的甘苦之言和经验之谈。

此外，由台湾《中国时报》出资兴办的"时报广告金像奖"是台湾历史最久、最具权威的一项广告评鉴活动。自 1978 年创办以来，每年举行一次，从未间断。评奖项目有报纸、杂志及电视广告，这对激励台湾广告从业人员提高广告制作水准及综合素质、促进广告学术研究，起到了很大的作用。

台湾地区广告专业及学术研究刊物主要有《动脑》、《广告杂志》、《广告学研究》等。《动脑》创刊于 1977 年 7 月 1 日，月刊，创办人赖东明。地址为台北。截至 1999 年 10 月，已出版至 282 期。至今已办了近 30 年，有较大影响。《广告杂志》于 1990 年 12 月出版试刊号，1991 年 2 月正式出版创刊号，也是一份月刊。截至 1999 年 9 月，出版了整整 100 期；地址：台北，至今也办了 8 年多时间。《广告学研究》于 1993 年一月创办，属半年集刊，每年出两期，由台湾政治大学广告学系编辑出版。此外，1984 年，台湾地区出现了第一本《广告年鉴》（哈佛企管，1984 年元月版），收入的都是 1983 年的优秀广告作品。可惜仅出一期。1989 年 6 月，由"台北市广告代理商同业公会"编纂的台湾地区第二本《广告年鉴》出版，内容包括时报广告金像奖获奖作品简介，以及台湾地区广告业 40 年大事记等。此后，每年出一巨册，图文并茂，为我们研究广告学术、了解台湾广告业界现状及动态，提供了宝贵的资料。

# 第八章
## 香港地区广告简史

**本章要求**

- ☐ 了解香港地区四大媒体广告、户外广告的发展情况
- ☐ 了解香港地区广告公司的现况及运作方式
- ☐ 了解香港地区的广告管理模式

　　香港地区由香港岛、九龙半岛南端和新界三部分组成。香港岛面积只有73 平方公里，整个香港地区面积为 1 095 平方公里。据香港特区统计处发表的最新人口数据：截至 1999 年 8 月，香港人口估计为 684.3 万人。

　　香港是世界上著名的"自由港"和转口贸易中心之一。商业的繁荣、经济的发达，也使香港成为广告业十分发达的国际大都市、东南亚广告业的中心。从整体水平看，香港地区广告业水准高于台湾地区，台湾地区又高于大陆。1981 年，香港地区广告营业额为 9.7 亿港元，约占当年国内生产总值（GDP）1 648 亿港元的 0.6%。到 1984 年，广告营业额为 13.82 亿港元，约占当年国内生产总值 2 479 亿港元的 0.55%。从 90 年代起，广告额增幅迅速攀升。1990 年为 67.20 亿港元，约占当年国内生产总值 5 589 亿港元的 1.2%；1991 年为 75.6 亿港元，约占当年国内生产总值 6 411 亿港元的 1.185%；1992 年为 92.6 亿港元，约占当年国内生产总值 7 425 亿港元的 1.247%；1993 年为 114.81 亿港元，约占当年国内生产总值 8 976 亿港元的 1.28%；到 1994 年，香港地区广告营业额已达 141.78 亿港元，约占当年国内生产总值 10 192 亿港元的 1.391%；1995 年达 151.13 亿港元。1996 年已达 169.86 亿港元，约占当年国内生产总值 13 488.24 亿港元的 1.26%，比 1995 年增长约 12.4%。到 1997 年达到 200 亿港元，按人均计算，仅次于美国、日本之后，名列世界第三。

表 8－1　　　　　　　　1996 年香港地区各媒介广告营业额统计①

单位：亿港元

| 媒介 | 1996 年 | 1995 年 | 1996 年比 1995 年增减（%） |
|---|---|---|---|
| 电视 | 84.37 | 74.33 | ＋11.8 |
| 报纸 | 50.48 | 43.76 | ＋15.3 |
| 杂志 | 20.22 | 17.96 | ＋12.6 |
| 广播 | 9.17 | 9.78 | －6.2 |
| 地铁 | 4.17 | 3.93 | ＋6.1 |
| 其他 | 0.99 | 0.91 | ＋8.4 |
| 戏院 | 0.48 | 0.47 | ＋0.4 |
| 总额 | 169.86 | 151.13 | ＋12.4 |

---

　　① 香港经济导报社. 香港经济年鉴（第二篇）. 香港：香港中国经济出版社，1997. 147

从表 8 - 1 可以看出，1996 年各媒介广告收入以报纸最为理想，金额较 1995 年增长 15.3%，过 50 亿港元；杂志及电视广告收入增幅紧随其后，分别为 12.6% 及 11.8%；广播广告收入是唯一出现负增长的媒介，1996 年比 1995 年下降 6.2%。

表 8 - 2                           **1996 年香港十大广告客户①**

单位：千港元

| | | |
|---|---|---|
| 1 | 香港电讯 | 187 967 |
| 2 | 汇丰银行 | 186 191 |
| 3 | 和记通讯 | 152 072 |
| 4 | 恒生银行 | 139 118 |
| 5 | 美国运通 | 131 119 |
| 6 | 麦当劳 | 117 749 |
| 7 | 花王产品系列 | 108 173 |
| 8 | 万宝路 | 99 785 |
| 9 | 康泰旅游城 | 98 057 |
| 10 | 渣打银行 | 92 567 |

# 第一节　香港地区的广告媒介

香港的广告业非常发达。广告在香港经济生活中起着推销产品、促进消费和树立企业、商品形象的重要作用。香港的广告媒介种类繁多，主要有：①视听广告，包括广播、电视、电影广告；②印刷广告，如报纸、杂志等印刷品上

---

① 现代广告，1997（3）

的广告；③户外广告，包括广告牌、招牌、招贴、墙壁和屋顶霓虹灯广告等；④交通广告，如交通工具上和火车站、地铁车站、飞机场内的广告等；⑤邮寄广告及直接投递广告，如通过邮政邮寄，或直接投递广告、说明书等；⑥销售点广告，主要是百货公司和超级市场的试销、赠饮赠食赠小物件等；⑦展览会广告，主要推销一些需要具体看样的商品如家具、家电、珠宝首饰等。

在众多的广告媒介中，广播、电视、报纸、杂志这四大传媒是广告收入最大的载体，其营业额：1994 年占香港地区广告总额的 96.6%，其中电视占44.1%，报纸占 35.2%，杂志占 11.6%，广播占 5.7%；1996 年占香港地区广告总额的 96.7%，其中电视占 49.7%，报纸占 29.7%，杂志占 11.9%，广播占 5.4%。

香港各广告媒体广告份额及年人均广告费用情况详见表 8 - 3 和 8 - 4。

表 8 - 3　　　　　　1987—1996 年香港各广告媒介所占广告市场份额①

所占百分比：%

| 年份 | 总计 | 报纸 | 杂志 | 电视 | 广播 | 剧院 | 户外 |
|---|---|---|---|---|---|---|---|
| 1987 年 | 100.0 | 26.1 | 10.3 | 57.4 | 2.5 | 1.1 | 2.5 |
| 1988 年 | 100.0 | 26.3 | 11.5 | 55.4 | 2.8 | 1.4 | 2.6 |
| 1989 年 | 100.0 | 28.7 | 12.9 | 50.5 | 3.8 | 1.4 | 2.8 |
| 1990 年 | 100.0 | 28.7 | 13.5 | 49.0 | 4.4 | 1.3 | 3.2 |
| 1991 年 | 100.0 | 28.1 | 12.7 | 49.6 | 4.6 | 1.1 | 3.9 |
| 1992 年 | 100.0 | 31.3 | 11.8 | 46.8 | 6.1 | 0.9 | 3.1 |
| 1993 年 | 100.0 | 36.0 | 10.8 | 43.3 | 6.0 | 0.6 | 3.4 |
| 1994 年 | 100.0 | 35.1 | 11.6 | 44.1 | 5.7 | 0.4 | 3.0 |
| 1995 年 | 100.0 | 29.0 | 11.9 | 49.2 | 6.5 | 0.3 | 3.2 |
| 1996 年 | 100.0 | 29.7 | 11.9 | 49.7 | 5.4 | 0.3 | 3.0 |

① 现代广告，1997（3）

表 8 – 4　　1987—1996 年香港广告投放媒介分布情况及每年人均广告费用表

| 1987—1996 年香港广告投放媒介分布情况① （单位：百万港元） | | | | | | |
|---|---|---|---|---|---|---|
| 年份 | 总计 | 报纸 | 杂志 | 电视 | 广播 | 剧院 | 户外 |
| 1987 年 | 3 898.9 | 1 019.0 | 401.4 | 2 239.4 | 96.8 | 44.0 | 97.8 |
| 1988 年 | 4 711.0 | 1 237.9 | 543.2 | 2 608.0 | 132.2 | 65.6 | 124.1 |
| 1989 年 | 5 531.7 | 1 587.3 | 715.3 | 2 793.2 | 207.6 | 75.5 | 152.8 |
| 1990 年 | 6 719.1 | 1 927.8 | 904.1 | 3 291.0 | 295.8 | 87.2 | 213.2 |
| 1991 年 | 7 619.1 | 2 139.5 | 964.2 | 3 779.8 | 353.1 | 87.3 | 295.2 |
| 1992 年 | 9 260.5 | 2 897.6 | 1 093.7 | 4 336.1 | 566.5 | 80.3 | 286.3 |
| 1993 年 | 11 482.0 | 4 134.0 | 1 236.0 | 4 973.0 | 688.0 | 66.0 | 385.0 |
| 1994 年 | 14 186.0 | 4 985.9 | 1 650.0 | 6 249.6 | 812.3 | 62.2 | 425.9 |
| 1995 年 | 15 113.7 | 4 375.8 | 1 796.0 | 7 432.8 | 977.7 | 47.5 | 483.9 |
| 1996 年 | 16 986.4 | 5 047.6 | 2 021.8 | 8 436.5 | 917.1 | 47.7 | 515.8 |
| 年人均广告费用 （单位：港元） | | | | | | |
| 1987 年 | 711.5 | 185.9 | 73.2 | 408.6 | 17.7 | 8.0 | 17.8 |
| 1988 年 | 839.8 | 220.7 | 96.8 | 464.9 | 23.6 | 11.7 | 22.1 |
| 1989 年 | 963.7 | 276.5 | 124.6 | 486.6 | 36.2 | 13.2 | 26.6 |
| 1990 年 | 1 162.5 | 333.5 | 156.4 | 569.4 | 51.2 | 15.1 | 36.9 |
| 1991 年 | 1 309.1 | 367.6 | 165.7 | 649.5 | 60.7 | 15.0 | 50.7 |
| 1992 年 | 1 580.3 | 494.5 | 186.6 | 739.9 | 96.7 | 13.7 | 48.9 |
| 1993 年 | 1 939.5 | 698.3 | 208.8 | 840.0 | 116.2 | 11.1 | 65.0 |
| 1994 年 | 2 340.9 | 822.8 | 272.3 | 1 031.3 | 134.0 | 10.3 | 70.3 |
| 1995 年 | 2 441.6 | 706.9 | 290.1 | 1 200.8 | 157.9 | 7.7 | 78.2 |
| 1996 年 | 2 675.0 | 794.9 | 318.4 | 1 328.6 | 144.4 | 7.5 | 81.2 |

①　现代广告，1997（3）

## 一、香港地区的四大媒体

【广播、电视】　香港地区的四大新闻媒体（广播、电视、报纸、期刊）是非常发达的。它们靠商业支撑，广告费是其主要的经济来源。在广播、电视方面，香港主要有两家广播电台、三家电视公司。

两家广播电台包括香港电台（RTHK）和香港商台（CR）：

香港电台　全称是"香港广播电视台"。它于1928年6月30日开播，是在原"香港广播会"（或称"香港无线电学会"，1923年组成）的基础上办起来的。1929年10月，港英当局正式宣布该台为政府电台，台号为GOW。初创时每逢星期三、星期六播音一次，广播所用语种是英语，听众对象主要是白种人及受过"欧化教育"的华人，广播内容则以转播英国BBC电台的海外节目为主，实际上起的是一个BBC电台转播台的作用。当时收听该台节目，每年须交纳收音机牌照费4元。从1938年起，该台才增设中文（广东话）节目，并正式成立香港第一个中文广播电台——ZEK中文台。这时，拥有收音机牌照的听户也由1928年的124个，增加到1938年的8 000个。与此同时，为了弥补开支，收音机牌照费也由每台每年4元增加到12元，直至1965年才取消。1941年12月至1945年8月，日本占领期间中断广播。1948年8月，取消ZEK和ZBW电台呼号，正式定名为"香港电台"（RADIO HONG KONG），用中、英文广播。1970年开始设电视部，制作公共事务和教育节目，供商业电视台播出。1976年4月，该台英文名称改为RADIO TELEVISION HONG KONG，中文名称未变。现办有5台（5套）节目：第一、二台为中文台，第三台为英语台，第四、五台分别用中、英语广播，并转播英国广播公司（BBC）的节目。该台一直不播广告，全部经费由港英当局拨款。1989年4月设立董事局，逐渐由政府办的电台向公共广播机构过渡。

香港商业电台　由香港商业广播有限公司主办，于1959年8月26日开播，简称"香港商台"（CR）。现设有中文节目两套，称商业一台、商业二台；英文节目一套，称英文商业台。主要播出娱乐节目和广告节目，属商营电台性质，经济来源主要靠广告收入。

电视是香港地区最大的广告媒体，目前主要有三大商业电视台：

亚洲电视有限公司　简称"亚洲电视台"或"亚视"（ATV）。其前身是1957年5月29日建立的"丽的呼声（香港）有限公司"办的"丽的电视台"。该台是香港创办最早的有线黑白电视台。1973年4月，"丽的电视公司"在香港注册成立，同年12月正式经营无线电视（彩色）。1982年9月15日，远东集团邱德根购入"丽的"50%股份。随后，因英国丽的呼声集团已不再拥有"丽的电视公司"任何股份，该台即改名为"亚洲电视台"。1984年，邱德根又买下其余50%的股权，再次将该台改名为"亚洲电视有限公司"。现设有中文（包括粤语）台（即"本港台"，每天播出21小时）和英文台（即"国际台"WORLD，每天播出24小时）。该台收益主要靠广告费。原董事会主席为邱德根。由于长期亏蚀，"亚视"已多次易主。1988年6月，亚视集团与林百欣家族、新世界发展有限公司收购了亚洲电视公司的全部股权，三方各占总股份的33.33%。1989年新世界发展公司的股权改为50%。

电视广播有限公司（香港）    简称"无线电视台"或"无线电视"（TVB）。1967年11月19日开始播出黑白电视，1971年开办彩色电视，是香港最早成立的彩色无线电视台。播出的节目有新闻、体育、娱乐、电视剧、外国影片，以及教育节目等。收益主要靠广告费。该台最大股东为郭鹤年和邵逸夫，董事局主席是邵逸夫。该台创办伊始就播出两套节目，定名为"翡翠台"（中文台，每天广播21小时45分）和"明珠台"（英文台PEARL，每天广播18小时）。"无线电视"曾有过不凡的业绩：该台新闻部曾于1969年首次通过人造卫星转播美国"阿波罗"号宇宙飞船的登月之行，1976年首次转播奥运会盛况，1978年又首次实况转播世界杯足球赛盛况。中文台创办最久的著名综艺节目《欢乐今宵》至今仍在进行中。

卫星电视广播有限公司    简称"卫视"，系香港和记黄埔集团出资创办，于1991年10月正式开播。它以香港为中心点，通过亚洲卫星一号向亚洲地区免费传送24小时不间断的电视节目，覆盖面遍及38个国家和地区，西起埃及、东迄日本，总人口达27亿。"卫视"设有音乐台、体育台、影视台、新闻台和合家欢台5个频道节目。除中文台用普通话讲播外，其余频道均用英语讲播。亚洲各地电视台向卫星电视公司提供电视节目。近几年来，"卫视"中文台"凤凰卫视"由于大胆启用新人，从大陆内地及台湾引进著名节目主持人，使其电视节目的新闻、综艺、专题等栏目质量大大提高，在香港、台湾及大陆都有很大影响和很高的收视率。"卫视"董事长原为李嘉诚。现控股权则操在"传媒大王"默多克手中。

【报纸、期刊】    除广播、电视外，香港地区的报纸、期刊业也是非常发达的。

报纸是香港地区的第二大广告媒体。据1988年香港年报统计，注册出版的报纸共68家，其中每日出版的中文报纸44家，英文报纸5家。中、英文报纸日发行量达200万份，以当时香港586万多人口计算，2~4人即拥有一份报纸。日销量在 10 万份以上的中文报纸有 5 家。在每天出版的中文报纸中，时事政治综合性报纸 34 家（日报 32 家、晚报 2 家）。其余均为专门刊登电影界、电视界及娱乐业界消息，赛马、赛狗及各种赌博消息，黄色新闻、黄色小说及色情场所广告等内容的娱乐性、消闲性报纸。

由于香港报纸数量已经饱和，报业竞争激烈，导致不少报纸倒闭停刊。据香港年报统计，截至 1997 年，香港地区注册出版的报纸还有 50 家。① 其中，比较著名的日报有《东方日报》、《苹果日报》、《成报》、《明报》、《天天日报》、《新报》等。

《东方日报》创刊于 1969 年 1 月 22 日，由广东潮阳人马惜珍、马惜如兄弟和余明等人合资创办。初创时，工作人员仅 10 余人，日出对开一张，采用旧式卷筒机铅印。创刊半年后，销数从 10 000 份跌至 5 000 份，股东退出，由马惜珍独办。以后该报对香港社会新闻精心经营，并聘名家撰写"马经"、"狗经"，使销路不断上升。1971 年下半年，日销量已逾 8 万份。1972 年增至两张，在逐渐净化副刊内容后，进一步突出香港社会新闻报道，日销数突破 11 万份。以后，《东方日报》销量超过 30 万份。1977 年，马惜珍因贩毒事发，被港英当局缉捕，后潜逃台湾避难。社务遂由其子马澄坤主持。该报读者对象以小市民和蓝领阶层为主，言论态度中立。1987 年组成东方报业集团上市招股。截至 1999 年 11 月 15 日止，《东方日报》已发行至第 31 年的第 298 号。每天出报或 7 叠 25 张 100 版、或 8 叠 30 张 120 版不等，售价 5 元。现社址在香港九龙湾宏泰道东方报业中心。在每天出版的大量版面上，除少量新闻外，大量的是花花绿绿的各类广告。这些广告每日成千上万条，充斥版面。除日报外，该报还办有姊妹刊物《东方新地》周刊、《东周刊》、《翡翠周刊》、《太阳马经》等。该报无论规模及发行量，一直居香港各报之冠。紧跟其后，居第二位的是创刊于 1995 年 6 月 20 日的《苹果日报》。

弹丸之地的香港地区，期刊种类繁多，数量惊人。1990 年在港府注册的就有 549 种。截至 1997 年，注册出版的期刊有 693 家。② 这些期刊归纳起来，主要有 3 种类型：

一类是以时事及政治评论为主的新闻刊物（主要为月刊），如《新闻天地》、《明报月刊》、《镜报月刊》、《广角镜月刊》、《九十年代》、《争鸣》、《百姓》等十多家。这些刊物一般比较严肃、庄重，以知识分子及白领阶层为主要读者对象。

① 赵斌. 香港在中文出版中的特殊地位. 中国出版年鉴 1998. 北京：中国出版年鉴社，1998. 29
② 赵斌. 香港在中文出版中的特殊地位. 中国出版年鉴 1998. 北京：中国出版年鉴社，1998. 29

二类是消闲性、娱乐性刊物（主要为周刊）。以报道影视界新闻、明星动态及名人隐私为主要内容，如《香港周刊》、《明报周刊》、《城市周刊》、《清新周刊》、《香港电视》、《亚洲电视》等十余家。

三类是色情刊物。在 20 世纪 80 年代中期，以"成人杂志"名义出版的黄色刊物激增，达二十多家，如《龙虎豹》、《黄皮书》、《奇艳录》等。这类刊物，印刷精美，内容淫秽，价格低廉，流毒甚广，为害尤烈。

## 二、香港地区的户外广告

除四大传媒外，户外广告（包括招牌、广告牌、墙幕及大型电脑喷画广告、霓虹灯广告等）是香港广告业的另一个发展天地。如果说四大媒体是广告媒介的主流，那么户外广告就是主流之外最重要的辅助媒介。

香港的户外广告是非常有名的。真可谓"广告的海洋"，已发展到铺天盖地、见缝插针的地步。据推估，香港户外广告的总收益每年约 7 亿多港币。其中地铁灯箱广告占 4 亿元，广告公司占 2.1 亿元，业主私人出租租金占 1 亿元。目前，香港的户外广告不仅数量多，而且向求大、求新的方向发展。据推估，全港约有 800 多家公司从事广告牌制作、出租业务，其中约 200 家是"香港广告牌制作协会"会员。户外广告租用期一般分为"临时"和"长期"两种。前者租期一般介乎一个星期至一个月之间，客户主要是唱片公司及电影公司；后者租期介乎 1~2 年。香港最高租金的户外广告是位于维多利亚海港旁边大厦的天台广告，每月租金约 10 万元至 100 万元，使用者多是国际级客户。[①] 位于红磡中旅协记货仓外墙、介绍中旅集团在深圳华侨城的 3 个景点的广告牌"深圳之旅"，曾是香港最大的电脑喷画外墙广告。据说，这幅巨型外墙广告画面积达 1.4 万平方英尺，耗资 165 万元，由美国公司采用电脑喷画最新技术制作。[②] 现在，香港黄金地段的大厦外墙都是广告商眼中巨大的广告牌，一些广告画几乎覆盖了整个墙面。

霓虹灯广告往往能反映一个城市高科技广告发展的水平和广告制作能力。香港地区的霓虹灯广告已高度现代化。每当入夜，色彩艳丽的霓虹灯广告争奇斗妍、五彩缤纷、灿烂夺目。世界上最大的霓虹灯广告——"三九胃泰"广

---

① 香港经济导报社. 广告·公关. 香港经济年鉴（第二篇）. 香港：香港中国经济出版社，1997. 147

② 香港经济导报社. 香港经济概况·广告业. 香港经济年鉴（第二篇）. 香港：香港中国经济出版社，1994. 138

告就安装在香港上环信德中心大厦上，面积为 117 米 × 19 米，约有 6 层楼高。此外，"草坪式户外广告"也正在香港兴起。这种广告方式就是以一片草坡为背景，将草修剪成商标图案，如香港海洋公园的海马标志图案即是。

　　香港的户外广告虽然琳琅满目、标新立异，但却安全有序。设置广告牌，或在建筑物上加建广告项目，都必须经政府多个部门审批，只有完全符合工程安全和市容要求的户外广告才允许兴建。[①]

# 第二节　香港地区的广告公司

　　香港的广告公司（包括公关公司）很多，数量巨大，但其中具有规模及完善组织的却不太多。据港府统计，到 1992 年底，香港有广告公司 787 个，从业人员 5 793 人；公关公司 112 家，从业人员 787 人；市场调查公司 62 家，从业人员 733 人。其他有关广告业务的公司 1 953 家，从业人员 6 418 人。[②]

　　到 1994 年 3 月底止，香港的广告公司共计 720 家，从业人员 5 924 人；公关公司 125 家，从业人员 701 人；市场调查公司 66 家，从业人员 1 204 人。其他有关广告业务的公司 2 560 家，从业人员 8 144 人。[③]

　　截至 1995 年 3 月底止，香港广告公司及有关广告业务服务的公司共 3 606 家，从业人员共计 17 186 人。其中，广告制作及代理公司 787 家，从业人员 6 744 人；公共关系服务公司 168 家，从业人员 8 273 人。[④]

　　香港的广告公司大体可分为 4 种类型：

　　第一类为大型广告公司，它们是国际性跨国广告公司在香港设立的分公司或联营公司，一般为香港广告商会会员，即行内所称的"4A"公司，可为客户提供全面服务。现在香港"4A"公司共有 20 家，都是大型广告公司，其每

　　① 今晚报，1999 - 03 - 14

　　② 香港经济导报社．香港经济概况·广告业．香港经济年鉴（第二篇）．香港：中国经济出版社，1994．138

　　③ 香港经济导报社．香港经济概况·广告业．香港经济年鉴（第二篇）．香港：香港中国经济出版社，1995．145

　　④ 香港经济导报社．香港经济概况·广告业．香港经济年鉴（第二篇）．香港：香港中国经济出版社，1996．192

年营业额占香港广告公司每年总营业额的 60% 以上。如智·威·汤逊、盛世、奥美、李奥·贝纳、达彼思、麦肯、电扬、灵智等。这些广告公司拥有高素质的人力资源、雄厚的资金、优良的制作设备、精湛的技术、较丰富的经验，其基本客户为香港大型工商企业及机构。以合约的形式，承包客户的各类广告。香港广告业界最重要的行业组织"香港广告商会"就是由这些大广告公司及跨国公司组成的。目前，该商会的成员仅 26 家，只是香港上千家广告公司的一个零头，但它却控制着香港广告代理业约 65% 的市场份额。"香港广告商会"对其会员公司有严格的监控，以确保会员的服务素质及水准，并规定会员必须收取 15% 的佣金，防止会员间的恶性竞争。

表 8－5　　　　　1994 年度香港广告商会收入及营业额排前十名的广告公司①

单位：亿元港币

| 广告公司 | 收入 | 营业额 |
|---|---|---|
| 智·威·汤逊 | 1.40 | 9.36 |
| 奥美 | 1.05 | 7.03 |
| 恒美 | 0.89 | 5.93 |
| 达彼思 | 0.88 | 5.86 |
| 华美 | 0.86 | 5.73 |
| 李奥·贝纳 | 0.85 | 5.67 |
| 精英 | 0.75 | 4.99 |
| 堂煌 | 0.66 | 4.43 |
| 灵智 | 0.65 | 4.33 |
| 电通扬雅 | 0.61 | 4.08 |

① 香港经济导报社．香港经济概况·广告业．香港经济年鉴（第二篇）．香港：香港中国经济出版社，1996．145

表 8 – 6 　　　　　　1995 年香港广告商会收入及营业额排前十名的广告公司①

单位：亿元港币

| 广告公司 | 收入 | 营业额 |
|---|---|---|
| 智·威·汤逊 | 1.37 | 9.15 |
| 李奥·贝纳 | 1.27 | 8.49 |
| 奥美 | 1.18 | 7.89 |
| 恒美 | 1.05 | 6.97 |
| 达彼思 | 0.95 | 6.32 |
| 麦肯 | 0.91 | 6.09 |
| 电扬 | 0.78 | 4.90 |
| 精英 | 0.73 | 4.90 |
| 灵智 | 0.68 | 4.54 |
| 堂煌 | 0.67 | 4.49 |

　　第二类为非"4A"的广告制作和媒介代理公司，一般是香港本地华资经营的大中型广告公司，如远东、大东、华联等，约有 30 多家。这类广告公司的营业、规模和技术手段居中等水平。主要客户为小型商业机构，以广播、电视、报纸、杂志作代理服务为主，也包括替客户进行市场调查、制定具体的广告计划、根据客户的要求进行广告创作、设计等。

　　第三类为小型广告公司及专业广告公司。其业务是为客户制作、设计广告。由于"4A"广告公司收费昂贵，故不少小型广告客户宁愿选用小型广告公司。这些小型广告公司有不少是原"4A"广告公司高层员工自立门户创办，其制作广告的素质可与"4A"公司媲美，但制作成本却低三成。这类公司在香港地区有逐年增多的势头。还有些专业广告公司，如实物广告公司、邮递广告公司、户外广告及广告牌制作公司，以及为广告公司、媒介和广告客户服务的调查公司等也属于这一类。

　　第四类属于大陆在香港地区开办的广告公司，如中国广告公司、新华广告公司、经贸广告公司等。它们主要为大陆出口商品宣传服务，也兼营当地的一些广告业务。此外，一些大企业及公司，也根据业务的具体情况，设立自己的广告部门，如设立广告部或创办附属的广告公司。

---

　　① 香港经济导报社. 香港经济概况·广告业. 香港经济年鉴（第二篇）. 香港：香港中国经济出版社，1996. 192

香港广告公司专业化程度比较高，社会分工比较明确，已形成了广告公司、广告客户、广告媒介、广告制作公司相互依存、密切协作的关系。广告公司的主要任务是为大的广告客户作好广告策划、广告设计，并代理客户向媒介投放广告。广告媒介单位的广告来源也是主要通过广告公司代理。广告制作公司主要是根据广告公司和广告客户的要求制作广告，收取制作费。广告公司不搞大的广告制作，具体制作任务主要委托制作公司。

香港是国际化大都市，其"4A"广告公司的经营模式都是一面倒的"英美化"，其运作方式和创作理念也都基本上"欧美化"。

# 第三节　香港的广告管理

香港虽然是个自由竞争、高度商业化的社会，但也强调法制，注重对广告业的有序管理，以不断提高广告业的服务水准。

香港地区广告管理主要通过广告行业组织的自律和政府部门的行政管理来具体实施，并制定相应的广告管理法规。

## 一、广告行业组织管理

香港广告行业组织中最具代表性的有香港广告商会、香港广告客户联会和香港华资广告商会等。它们是政府与广告经营单位联系的桥梁：一方面，政府利用这些广告组织贯彻广告管理法规、条例、标准，引导各会员公司遵守政府法律、法规；另一方面，这些广告组织又代表会员公司向政府有关职能部门反映广告业界的意见和要求，维护广告业界的利益，帮助公司搞好经营管理，加强各公司间的交流及协调，督促、加强各成员公司的自律。如香港广告商会规定："会员必须同意遵守香港政府及'4A'所颁布有关一切广告内容及意旨之香港广告标准。"

香港广告商会　又叫"香港广告代理商协会"、"4A广告协会"，简称"香港4A"（"4A"即 Association of Accredited Advertising Agencies 的简称）。该协会是香港地区广告业界那些全面服务型的大广告公司成立的行业自律组织。它成立于1957年，现有会员26家，但营业额却占香港广告费总额的

65%以上。该协会规定：凡加入该会的广告公司年营业额至少为 5 000 万港元；会员必须向客户收足 15% 的佣金或 17.65% 的服务费，以防止会员公司间的恶性竞争。

**香港广告客户联会**　又叫"广告商会"或"2A"广告商会，是广告客户的组织。其会员是香港地区经常做广告的工商企业，以及被"2A"广告商会认可加入的广告公司（这些广告公司被称为"附属会员"）。

**华资广告业商会**　又名"CCAA 广告协会"，由全属华人资本建立的广告公司组成，其会员大部分是规模较小的广告代理公司及广告业者。不吸收在香港的跨国广告公司及一些由海外资本投资的广告公司为会员。

利用消费者对广告业实行监督，也是香港地区广告管理的一个重要内容。为了维护消费者的正当权益，保护广大消费者的利益，香港地区于 1974 年 4 月成立了"消费者委员会"，下设投诉、咨询、研究试验、刊物编辑 4 个组，还设立了 7 个咨询中心。任何消费者均可打电话、写信，或亲自上门，向"消费者委员会"投诉、咨询有关商品及服务中的问题。该会还于 1976 年底出版刊物《选择》月刊。该刊拒登任何广告，以示客观和公正；刊载来函调查事实、某些商品的试验及各项数据；对工商业界的不法买卖行为及欺骗性广告宣传进行揭露、曝光，并指导消费者如何选购商品。

## 二、政府的广告法规管理

香港地区的广告管理比较完善。香港政府管理广告的部门主要有广播事业管理局、影视及娱乐事务管理处，以及广播事业检讨委员会、电视咨询委员会、电影检查委员会等机构。其中，"影视及娱乐事务管理处"（简称"电检处"）是最重要的广告管理机关。它负责颁布广告准则及条例，对影视广告等实行事前审查。各种专业的广告，还要送请其他相关部门审查，如有关医药的广告要送医务卫生处审查，有关教育的广告要送到教育处审查。

香港地区现行的广告准则及条例有《电视广告标准》、《戏院广告标准》、《物业广告标准》、《广告与儿童标准》、《香烟及烟草广告标准》等。此外，在各专业、各行业的法律、法规中，都列有涉及广告管理方面的法规及条例，如《电视条例》、《商标条例》、《公众娱乐场所条例》、《药剂及毒药条例》、《商品说明条例》、《售卖货品条例》、《版权条例》、《毁谤条例》、《赌博条例》、《博彩税条例》、《性病条例》等，其中都列有各行业相关广告活动的管理条例。以上这些带有法规性质的标准和条例，对广告活动及广告业都有很大的约束力。

# 第九章
## 外国广告事业简史

**本章要求**

- □ 把握世界广告事业发展的大趋势
- □ 了解世界主要广告业发达国家的现状
- □ 借鉴国外先进的经验

　　世界各国广告活动的产生和发展，与各国当时生产力的发展水平以及商业的产生、经济的发达繁荣程度等，有着非常密切的联系。生产力的发展、商业的产生、经济的发达繁荣带来了广告及广告业的产生和发展，而广告业的发达、兴盛又进一步促进了商业的繁荣、经济的发展。同时，社会经济发展的水平、商业的繁荣程度及生产力的发展水平又制约着广告业的发展：商品经济兴旺发达，必然推动广告业的兴旺发达；科学技术的进步所带来的传播手段的革新，又促进和推动了广告业的突飞猛进。这是总的规律。

　　纵观世界广告事业发展的历史，从时间和地域上看，不论东方、西方，人类早在奴隶社会时期就开始了广告活动。在东方，在三千多年前的尼罗河流域、两河（西亚底格里斯河、幼发拉底河）流域的古埃及、古巴比伦社会时期，就产生了广告活动。中国是世界上有悠久历史的文明古国，早在四千多年前的商代初期（即商部落时期），就出现了广告活动。在西方，在比中国、古埃及、古巴比伦稍晚的地中海沿岸的古希腊、古罗马等国，也出现了广告活动。而近代广告则是在 17 世纪第一次工业革命时期的英国逐步发展起来的。以后，广告中心移向美国，美国终于成为世界广告大国。

　　世界广告事业发展到现代，已形成了纽约、东京、伦敦三大中心，一些广告大国纷纷涌现。以 1994 年为例，位居世界广告消费国前 10 名的国家是：①美国（广告消费总额为 1 470 亿美元）、②日本（346 亿美元）、③德国（173 亿美元）、④英国（134 亿美元）、⑤法国（81 亿美元）、⑥加拿大（72 亿美元）、⑦意大利（57 亿美元）、⑧巴西（50 亿美元）、⑨西班牙（50 亿美元）、⑩韩国（48 亿美元）。① 而同期，我国大陆的广告营业额仅为 200. 262 3 亿元人民币（约合 24. 5 亿美元），但从自身比较，发展速度还是很快的。

　　近年来，世界广告业又有很大发展，各国广告营业额又有大幅度的提升。据统计：1996 年，全世界广告营收总计为 3 873 亿美元；1997 年为 3 975 亿美元，增长率为 2. 69%。1996 年世界前 10 名广告大国营业额排序及人均广告费排序见表 9 – 1 和 9 – 2。

---

① 现代广告, 1995（2）

表 9 – 1　　　　　　　　　　1996 年世界广告额前十名排序①

| 顺序 | 国家与地区 | 广告额（亿美元） | 占世界总广告费比例（％） |
|---|---|---|---|
| 1 | 美国 | 1 752.30 | 47.31 |
| 2 | 日本 | 530.83 | 14.33 |
| 3 | 德国 | 211.27 | 5.7 |
| 4 | 英国 | 165.58 | 4.47 |
| 5 | 法国 | 101.85 | 2.75 |
| 6 | 巴西 | 76.90 | 2.08 |
| 7 | 韩国 | 67.07 | 1.81 |
| 8 | 意大利 | 64.34 | 1.74 |
| 9 | 中国 | 50.32 | 1.36 |
| 10 | 西班牙 | 48.06 | 1.30 |

表 9 – 2　　　　　　　　　　1996 年世界人均广告费前十名排序②

| 顺序 | 国家与地区 | 人均广告费（美元） |
|---|---|---|
| 1 | 美国 | 657.2 |
| 2 | 日本 | 422.0 |
| 3 | 瑞士 | 382.7 |
| 4 | 香港 | 348.6 |
| 5 | 挪威 | 287.0 |
| 6 | 英国 | 284.0 |
| 7 | 波多黎各 | 280.8 |
| 8 | 新加坡 | 269.7 |
| 9 | 新西兰 | 260.6 |
| 10 | 德国 | 258.0 |

　　世界广告业的发展、嬗变大致经历了如下四个时期：

---

① 现代广告，1998（6）
② 现代广告，1998（6）

第一时期。从广告的产生到公元 1450 年前后德国人谷登堡发明金属活字印刷前，为原始广告、传统广告时期。这一时期，口头广告流行，文字广告及商标广告也开始出现。

第二时期。从 1450 年前后到 1850 年前后，为近古及近代广告时期。这一时期最显著的特点是印刷广告的产生以及广告代理商的出现。

第三时期。从 1850 年前后到 1920 年前后，为近代广告的发展期。这一时期，由于报纸广告的普遍采用，摄影、霓虹灯等新技术的广泛应用，广告形式已呈多样化的趋势，是近代广告向现代广告发展的过渡期。

第四时期。1920 年以来，世界广告业进入划时代的发展阶段，即现代广告时期。这一时期的最大特点是电子广告的问世。1920 年前后，广播诞生，很快成为当时最新的广告媒体。1936 年电视的产生，又为以后广告业突飞猛进的发展准备了物质条件。

# 第一节　世界上古及中古时期的原始广告和传统广告（原始广告出现—1450 年）

## 一、古代东方国家广告活动的滥觞

原始社会解体以后，在世界范围内，亚洲、非洲的四大文明古国古埃及、中国、古巴比伦和古印度，最先进入奴隶社会。尼罗河畔的古埃及，幼发拉底河和底格里斯河流域（今伊拉克一带）的苏美尔和古巴比伦，印度河和恒河流域的古印度，以及黄河流域和长江流域的中国，成为世界文明的 4 个摇篮，也是世界上广告活动产生最早的地区。

公元前三千年左右，在非洲东北部的尼罗河下游，形成了古埃及国家。首都孟斐斯城。古埃及人民以自己卓越的才智和辛勤劳动，创造了光辉灿烂的古埃及文化，其中包括建造了雄伟壮观的金字塔和狮身人面像，发明了"象形文字"，制定了世界上最早的太阳历，等等。与此同时，也开始了最早的广告活动。1799 年 8 月间，拿破仑远征埃及时，他麾下的一位炮兵士官，名叫布撒尔，在离亚历山大 56 公里处、尼罗河口的罗塞塔镇（Rosetta）一个古堡指挥修筑工事时，意外地发现了一块石碑。该石碑高 114.3 厘米，宽 72.4 厘米，上刻埃及象形字、俗体字及希腊文 3 种文字，系公元前 195 年古埃及孟斐斯的祭司（神职人员）为宣传、颂扬当时即位的国王普特烈玛奥斯五世的功德而刻写的。该碑歌颂当时统治者是"太阳之真子、月亮之父、人类幸福的维护者"，被后人称之为"罗赛塔碑"（Rosetta Stone）。① "罗塞塔碑"在发现两年后，法军在埃及向英军投降，并交出罗塞塔碑。英国人将该石碑运回不列颠博物馆珍藏至今。此石碑的发现为译解埃及象形文字提供了钥匙，这也是世界上现存最早、最古老的政治广告、文字广告及石碑媒体广告实物。此外，四千多年前古埃及方尖石碑、石柱上的象形文字，也有原始户外广告的意味。

在尼罗河畔古埃及文明高度发展的同时，亚洲西部底格里斯河和幼发拉底河两河流域也成了世界文明的又一摇篮。早在公元前 4000 年，居住在两河流域南部的苏美尔人就创造了光辉灿烂的苏美尔文化。到公元前 19 世纪初，逐渐建立了城市国家巴比伦。古巴比伦人在数学、天文学方面曾有不少的发现和发明，并把苏美尔人创造的"楔形文字"继承下来。所谓"楔形文字"是在泥板上"写"成的，即用软泥板作"纸"，用细绳压好一行行的格子，再用小木棒作"笔"，在泥板上刻画道道。每一道笔画都是由粗到细，像木楔一样，故称"楔形文字"。画上"楔形文字"的一块块泥板晒干以后，就变成了一"页"一"页"的"书"。这些泥板"书"中，既有学校的课本，又有国家文献，其中有的记载着国王修建神庙、战胜敌国的丰功伟绩等内容。这些虽然不是纯粹的广告，但说明当时已具备用文字做广告宣传的条件，同时也可以推测出当时已产生了宣传商品的文字广告。

广告媒体除石碑及泥版外，当时埃及人还发明了"纸草"。所谓"纸草"是用尼罗河沿岸盛产的一种像芦苇一样的植物制成的。这种植物的叶子长得又长又阔，埃及人把它割下来，把茎干剖为长条，排齐后压制成片，晒干成纸，在上面书写文字。这也是可以作为原始广告媒体的。公元前一千多年，在古埃及首都就有人散发过这种"纸草"广告传单，其中一张篇幅有 32 开纸大小，呈淡茶色，内容是：奴仆谢姆从织布店主人哈布处逃走，坦诚善良的市民们，请协助按布告所说，将其带回。他身高 5 英尺 2 英寸，面红目褐。有告知其下落者，奉送金环一只；将其带回店者，愿奉送金环一副。落款是：能按您的愿望织出最好布料的织布师哈布。这份世界上最早的特殊"纸"传单广告现收藏于英国不列颠博物馆中。与此同时，据考古学家发现，古巴比伦的工匠们在建造建筑物的时候，往往在泥墙上用楔形文字刻上有关法老或建造者的名字、事迹，或刻上其他图案。这也是现代户外广告的滥觞。

除以上广告方式外，在古埃及、古巴比伦时代及稍后的西方古希腊、古罗

---

① 樊志育. 中外广告史. 台北：台北三民书局，1989. 8

马时代，大街上及市场上曾普遍出现过一种专门的口头宣传人员及传令员
（criers and barkers），他们或宣布战讯，或广告市集讯息、竞技讯息，或传达
统治者的命令。这无疑是后来口头广告及现代广播广告的萌芽。

还有人认为，早在纪元 3000 年前，巴比伦人就曾用招牌招徕顾客。因为
当时教育不普及，识字者不多，商人们把商品标志刻在石头上、泥土上或木头
上。广告表现相当直接，例如酒店用灌木作标示，鞋店则用靴子作号志。"在
古埃及，商人们雇用呐喊者（criers），穿越大街小巷，高声呐喊，通告大众有
商船往来。大约在纪元后 900 年时期，欧洲各国就盛行由传报员（town criers）
沿街传报新闻。在市集上，传报员们也被商人雇用，招揽顾客，以告之顾客商
品的优越性和价格。"①

## 二、古代西方国家广告活动的萌芽

西方上古广告活动的萌芽，古希腊、古罗马是比较典型的例子。

古代希腊，位于巴尔干半岛的南端。公元前 8 世纪到 6 世纪，希腊已大量
使用铁器，农业和手工业都有了进一步的发展，形成了许多以城市为中心，包
括周围乡镇在内的"城邦"。"城邦"内的商业也繁荣起来。在当时二百多个
希腊城邦中，雅典和斯巴达最为著名。特别是雅典，由于大量使用奴隶劳动，
促进了经济繁荣，手工业、商业都非常发达，推销商品的广告也应运而生。在
雅典城里，人们吆喝着有节奏的声音，贩卖奴隶、牲畜及手工艺品、日用品
等，这就是最原始、最古老的叫卖广告。有的店铺还在门外挂起"看板"做
广告。有的卖化妆品的商贩还以四行诗的形式沿街叫卖做广告，其词曰："为
了两眸晶莹，为了两颊绯红；为了人老珠不黄，也为了合理的价钱，每一个在
行的女人都会购买埃斯克里普托制造的化妆品。"此外，由于雅典当时实行的
政治体制是奴隶主民主制，因此，每当举行公民大会进行选举时，便由声音洪
亮的传令官到雅典各条街道上或市场周围大声喊叫，通知"公民"（不包括奴
隶）参加选举下一年度的官员。这也是西方国家最早的政治宣传广告活动。

继古希腊之后而称霸地中海沿岸的是古罗马帝国。大约在公元前 510 年，
罗马便形成了奴隶制的共和国。古罗马的首都就是现在意大利的罗马城。当时
的古罗马城的大街上也充斥着叫卖的商贩。在闹市区和街道上，不少店铺的门
口都挂着招牌，连城里房屋的墙壁上，也都涂满、刻满了各种粗糙的广告文字
和图画。象征性的标志也大量出现，如：一家奶制品作坊以山羊作为标记、面

---

① 樊志育. 中外广告史. 台北：台北三民书局，1989. 2

包房以骡子拉磨盘磨面的图形来表示，而一个孩子被鞭打的图案则是一所学校的标志。

公元79年8月24日，维苏威火山爆发，火山附近的庞贝（pompeii）城顷刻间被滚烫的岩浆、火山灰和泥石流覆盖。在以后的漫长岁月里，庞贝城几乎被人们所遗忘。到一千多年后的18世纪初，庞贝古城终于被人们发现。经过发掘，一千多年前庞贝城的风貌终于展现在人们面前。庞贝城面积约一平方公里，住着两万多人，四周绕有石砌的城墙，设有7个城门。城内最宏伟的建筑物都集中在西南部一个长方形的广场四周，这里是庞贝政治、经济和宗教中心。在广场的东北处是商场和集贸市场。从发掘出来的情况看，当时这里店铺鳞次栉比，商品琳琅满目，生意非常兴隆，广告也非常普遍。在纵横交错的街道建筑物的墙上、柱子上，图画广告、招牌广告、文字广告随处可见。例如，店外挂着常青藤的店铺就是酒店，画有牛的地方就是牛奶店，画有水壶把的就是茶馆。还有的房屋在门口一旁的白墙上用油漆写上各种广告，例如一面白墙上的广告内容如下："一队造营房的武士，在5月31日进行比武，同时也斗野兽。有遮阳光的篷子。"还有一则广告是这样的："在阿里安的玻利安住宅区，格纳维斯的不动产从7月15日开始出租。房子是带有住宅的店铺和供骑士们居住的房间，如要租用时，向格纳维斯的奴隶提出申请。"墙面广告中还有用油漆写的政治广告，大意是："投马思洛斯（Marcellus）一票，他是人民的朋友。"这可能是世界上最早的一则政治竞选广告了。有人统计，庞贝城遗址中，这种墙面广告有1 600多处。

公元476年，历时12个世纪，曾经称雄地中海一带的西罗马帝国灭亡。这标志着欧洲上古史的结束。从此，欧洲历史进入了封建制的中古时代，亦即"中世纪"时期。这一时期从公元476年起，至1640年英国资产阶级革命爆发时止。

中世纪是以摧毁古老而又灿烂的古罗马文明为其开端的。当时在西罗马帝国的北方和东方，也就是欧洲的中部和东部一带地区，聚居着许多部族，其中最大的一支是日耳曼部族。这些部族都被罗马人称为"蛮族"，即"野蛮的民族"。蛮族的政治、经济、文化都比较落后，但军事力量却很强大。他们攻进罗马城市后，就拆毁教堂、宫殿、剧场，以及各种交通设施，并用拆下的石料，去重新建造房屋和防御工事。因此，被"蛮族"进攻过或被其占领的地区，城市夷为废墟，热闹的港口变成荒凉的渔村，商业几乎停止，遑论广告？学校也日趋衰落，读书识字的人越来越少。到公元6世纪时，能说、读、写拉丁文的人都已很难找到了。这样，在进入中世纪后，西欧便在愚昧无知的黑暗中沉沦了好几个世纪。直到公元10世纪后，由于生产力的发展，手工业从农业中分离出来。手工业者时常上市集出售自己的手工制品，流动的商贩也带着外地产品到集市上去贩卖。这些人总是到那些水陆交通比较方便、人数聚居较多的地方赶集。久而久之，手工业者们就到市集里开设作坊，商人们也逐渐定居下来开设店铺。于是，这些市集便逐渐发展成为以工商业为中心的城市，商业逐渐繁荣起来，广告业也随之发达起来。当然，中世纪前期西欧的城市规模都不大，一般不过三五千人，有 2 万居民的城市就算大城市了。这与当时中国已拥有百万人口的大城市，如唐代都城长安、北宋的汴京、南宋的临安相比，简直有天壤之别。

中世纪时期，欧洲城市中的广告活动仍以叫卖广告及悬挂象征性商品标志即商标广告为主。公元 1142 年，在法国的贝星州，出现了一个由 12 人组成的口头广告组织，并得到了法国国王路易七世的特许，在大街小巷进行叫卖活动。还有的口头广告业主与特定的酒店签订合同，在酒店里吹笛子，将人们召集在一起，让顾客一面喝酒，一面在悠扬的笛声中听广告宣传。到 1258 年，法国政府居然为叫卖人颁布了一项敕令，名为《叫喊人的法则》，其中规定："巴黎的叫卖人可以到任何一家酒店为它担任叫卖工作，店主不得拒绝，但已雇有叫卖人者例外"；"此等叫卖人可询问酒店所售酒价为何，依此价目，他可到处叫卖，不论店主同意与否"；"倘巴黎酒店拒绝雇用，则叫卖人可依公定价目为酒店招徕（在葡萄丰收之年为 7 毫，歉收之年为 12 毫）"。到 1642 年，仅巴黎一地的叫卖者就有 400 人之多。由此可见，叫卖广告在法国是有一定地位的。而在中世纪的英国，店铺往往悬挂象征性的商品标记来做宣传，以广招徕，如用盾形的纹章以表示客栈；用 3 个修女在刺绣的图案表示布店；一只手臂挥锤，表示金银器作坊；3 只鸽子和一只节杖，表示纺线作坊等。有的商人或工匠还在出售的商品、产品上，签、刻姓名，后来逐渐变成为线条流畅的文字商标。总之，在中世纪中、后期，传单、招贴、旗帜、徽章、招牌等广告形式都比较普遍了。

# 第二节 世界近古及近代时期的广告业
## （1450 年前后—1840 年）

## 一、印刷术与广告

中国是印刷术的故乡。雕版印刷术发明于 7 世纪初的唐贞观年间。据史料记载：唐贞观十年（公元 636 年），皇帝曾诏令梓行长孙皇后的《女训》。现存最早的唐代印本是 1966 年在韩国发现的带有武后所造新字的《无垢净光大陀罗尼经》，大约为载初元年（公元 690 年）时刻印。此物为当时新罗僧人从中土携带回国。到北宋庆历中（公元 1041—1048 年），"布衣"毕昇又首先发明胶泥活字印刷术。元代开始，又出现了木活字、瓷活字。明、清两朝又流行铜活字、铅活字印刷及活版印刷。这都为广告的传播提供了全新的媒体和手段。

我国的印刷术从唐代 8 世纪以后，通过丝绸之路传入欧洲。公元 1438 年（明英宗正统三年）至 1448 年（明英宗正统十三年）间，德国美因茨的谷登堡（Johannes Gutenberg，亦译作"古顿伯格"、"戈腾堡"、"戈登堡"等，生卒年约公元 1394—1468 年）发明了一整套铅活字印刷工艺。在公元 1438—1450 年间，谷登堡潜心致力于印刷术的发明及改进。他用模型铸制铝合金活字，排成版面印刷。又参照酿酒用压榨架结构，制成木质印刷架压印书页，故西方对印刷机至今仍沿用"印刷压架"的名称。因铸制的字母整齐划一，一次排版可连续印出许多张，为各国所采用。这就大大提高了印刷的质量和速度。此后不久，金属活字印刷工艺又从德国的美因茨传到欧洲各国。以后又从欧洲大陆传到世界各地，包括中国。1807 年，英籍传教士马礼逊到中国广州。为了印刷中文版《圣经》，1814 年前后，他又将欧洲金属活字印刷工艺传到中国。

谷登堡铅活字印刷工艺的广泛应用，使人类传播史揭开了新的一页，也为机制印刷广告的进一步发展提供了物资条件，从而使人类的广告活动由上古及中古时期原始形态的口头、实物、招牌、标志、文字广告等传播方式，进入到印刷广告的时代，也使广告能廉价、快速地大量复制并广泛传播成为可能。特别是欧美近代报刊广告的产生，开创了世界广告事业发展史的新纪元。

**【世界上最早机制印刷广告及"广告"一词的出现】**　　1476 年（一说 1472 年，一说 1480 年），英国伦敦富商威廉·卡克斯顿（William Caxton）在伦敦西敏寺教区设立了英国第一家印刷所，印刷《圣经》和宗教书籍。卡克斯顿为了推广业务、打开市场，便以自己的印刷机印制了一些招贴广告，来推销所印刷的宗教书籍，说明他的印刷机的优良性能，张贴在各处教堂门口。此举被认为是欧洲最早的印刷广告活动。到 16 世纪末叶，英、法等国用印刷机印制的传单广告、招贴广告已非常盛行了。

随着机制印刷广告的出现，"广告"（Advertise，或 Advertising）一词也在 17 世纪初期出现，并逐渐流传开来。据有关世界传播史、广告史学研究专家考证：1612 年，在法国巴黎，官方曾发行过一种《大众告示新闻》（Journal Gén érald Affiches），并冠有英文"Advices"（劝告、忠告、报道）字样。此被认为是法国最早出现"广告"一词。①

1438 年，德国人戈登堡发明铅活字印刷术以后，很快便传遍全欧。印刷术是 1476 年传入英国的。英国人开始使用铅活字印刷技术大量印刷《圣经》。据广告史学专家考证：1655 年，英国出版业者以"Advertisement"（《圣经》上系"通知"或"警告"之意）一词，用于该行业者向世人通告的标题。"及至 1660 年，此一用语被普遍用作商业通告的标题。"② 这是英国最早出现"广告"一词。

1638 年，英国的北美殖民地（即后来的美国），有了第一架印刷机，以后有了印刷书报的出现。美国第一份连续出版的报纸诞生在英北美殖民地时期的 1704 年。这年 4 月 24 日，由波士顿邮政局长约翰·坎贝尔（John Campbell）创办了《波士顿新闻信》（Boston News Letter），刊载英国政治新闻、宫廷新闻和欧洲战讯，其余则为当地新闻及短讯，最后一栏为"广告"专栏。在创刊号上，即登有坎贝尔向读者征求广告、招揽广告的启事。其后便于第 3 期（发行日期注明为"1704 年 5 月 1 日至 8 日"）上出现第一次付费广告，并有"广告"（Advertisements）专栏标题字。该版广告共有 3 条。其中两条内容为悬赏寻物启事，第 3 条为不动产广告。③这大概是美国报纸上最早出现"广告"一词。

日本出现"广告"一词，乃在明治十年至二十年间，即公元 1877—1887 年间。此前都以"报告"、"告文"、"布告"、"广白"、"御披露"、"广报"、

①　③李明水．世界新闻传播发展史．台北：台北大华晚报社，1985．908
②　樊志育．中外广告史．台北：台北三民书局，1989．13

"引札"、"告白"、"告案"、"泛告"、"赘告"、"禀告"、"社告"等词汇代之。① 到1900年前后，日文"广告"一词才出现在我国办的报刊上。其中，最早出现"广告"一词的是梁启超在日本创办的《清议报》第13期末（1899年4月30日，即清光绪二十五年三月二十一日出版）。我国国内大型报纸上最早出现"广告"一词的当数《申报》（见1901年10月18日、即清光绪二十七年九月初七《申报》正张第2版下第4栏刊出的《商务日报馆广告》）。②

## 二、报刊广告的出现

从15世纪下半叶开始，至17世纪初，在将近两百年的时间里，欧洲社会由"中世纪"进入到自由资本主义的时代。由于15世纪末到16世纪初的"地理大发现"及新航路开辟的刺激③，以及15世纪下半叶到17世纪"文艺复兴"运动洗礼的推动，欧洲的科学技术突飞猛进。这便大大促进了资本主义生产力的蓬勃发展。德、英、法、美等经济发达国家陆续出现了定期出现的印刷报刊。报刊使广告的影响大大扩大，精明的商人很快便利用这一最佳、最新式的广告媒体。

世界上定期报刊产生于17世纪初，以具有印刷、出版传统和完善邮政制度的德国为最早。1609年，在德国的沃尔芬比特尔创刊了一份周报《通告——报道或新闻报》。该报每周出版一张，只登一篇新闻。同年，在斯特拉斯堡还出版过《报道》周报。

英国最早的定期报刊是托马斯·阿切尔于1621年9月至10月创办的《每周新闻》，单张印刷，共出6期，只登译自国外出版物上的消息。1648年，伦敦的《公正无私的报道者》报（Impartial Intelligencer）曾经刊登悬赏找回失落的两匹骏马的广告。

法国的定期报刊出现于1631年。这年1月，有一家名叫路易·旺多姆的书店在巴黎创刊了法国第一家周刊《各地新闻》。不久即停刊。同年5月，又一份印刷周报《公报》诞生，由国王路易十三特许出版，开始以报道国外新闻为主，以后增加国内新闻和广告，这是世界上最早刊登广告的报刊。

在定期报刊增多的基础上，欧美各国又先后出现了日报。最早的日报也诞

---

① 李明水. 世界新闻传播发展史. 台北：台北大华晚报社，1985. 908
② 刘家林. 中国近代早期报刊广告源流考. 新闻大学，1999（夏季号）：57
③ 15世纪末、16世纪初的"地理大发现"及新航路的开辟指：1492年西班牙籍意大利人哥伦布横渡大西洋到达美洲，1497年葡萄牙人达·伽马绕过好望角到达印度，1519年葡萄牙人麦哲伦在西班牙国王的赞助下实现了环球航行。

生在德国。1660 年在莱比锡创刊的周刊《莱比锡新闻》，到 1663 年改为日报。一般认为这是世界上第一份日报。但采取的是书册形式，后又改成周刊。

英国第一张日报是 1702 年在伦敦出版的《每日新闻》（公元 1702—1735年）。该报 4 开一张，起初单面印刷，以后改为两面印刷，每面又分两栏，初具近代日报雏形。到 18 世纪末，刊登商品拍卖消息及广告已成为各大报的特色。当时刊登广告的广告主多为书商、药商、化妆品店、船票代理人等。房屋出租之类的广告也时常有之。

法国第一张日报是 1777 年元旦创办的《巴黎新闻》。该报以报道新闻为主，并刊登广告。

美国第一份日报是在费城创办的《宾夕法尼亚晚邮报》。该报前期为周三刊，1783 年改为日报，小张两面印刷。实际上，美国早在 1704 年就出现了刊登广告的报纸《波士顿新闻信》。该报创刊于 1704 年 4 月 24 日，隔几天出版一期。从 1704 年 5 月 1 日至 8 日出版的第 3 期上就开始刊登付费广告。这是美国报纸上最早刊登的有偿广告。

1796 年，捷克裔德国人阿洛伊斯·圣菲尔德（Aloys Senefelder，亦作塞内费尔德，公元 1771—1834 年）发明了石印术，同时也开创了印刷五彩缤纷的招贴广告及传单广告的历史。

从 18 世纪中期开始，到 19 世纪中期，英国进行了举世闻名的"工业革命"。工业革命导致生产力的极大发展，也使工厂的产品剧增。为帮助产品推销的广告业也随之兴旺发达。因此，当时的英国遂成为世界广告业的中心。由于广告业的繁荣、发展，英国政府还把广告业作为一个重要税源。1712 年，英国议会通过了报纸和报纸广告课税法案，规定每则广告以 2 先令 6 便士为准。到 1803 年，广告税提高到 3.5 先令。这一法令中间经过 140 年，直到 1853 年才废除。这也是世界上最早由政府实施对广告进行管理的活动。

19 世纪中叶以后，由于美国的崛起，世界广告业的中心便逐步转移到新兴的美国。

# 第三节 世界近代广告的发展期
## （1840—1920 年）

19 世纪中、后期，欧美的英、德、法、美等主要资本主义国家在经过了工业革命的洗礼后，生产力迅速发展，工厂源源不断地生产出大批量的产品、商品，社会经济空前繁荣。与此同时，随着经济的腾飞，为推销商品服务的广告业也日趋发达。从 19 世纪中叶起，一直到 20 世纪初期，报纸一直是广告最重要的载体。在报纸上，随着商业及商品广告的激增，广告版面越来越多，所占比例也越来越大。这就进一步推动了报业及新闻事业的发展，使报业及新闻事业不仅在经济上足以自立，而且还成了十分有利可图的行业。报业的发达，促进了广告业的繁荣；广告业的繁荣又进一步推动了报业经济的发展。二者交互影响，互为因果。在此过程中，世界上最早的广告公司及广告代理商应运而生。

这一时期，世界广告事业的发展主要反映在以下四个方面：

## 一、廉价报刊的兴起促进了广告业的繁荣

欧美工业革命的产物之一，就是大众化廉价报刊的产生和大量涌现。

大众化廉价报纸最早出现在英国。19 世纪初期及中期，英国陆续出现了一些价格低廉的周报和早期日报。它们有的政治色彩比较浓厚，抨击时弊，议论改革；有的政治色彩淡薄，大量刊登社会新闻、警察局和法院新闻、体育新闻，以及趣味性、娱乐性强的软性材料。它们都以中下层普通百姓为对象，从不同侧面去满足这些读者的需要，适应、迎合他们的阅读能力和口味。价格低廉，通常是一二便士一份，因此，又叫"便士报"、"一分钱报"。它们是日后广泛兴起的廉价报纸的滥觞。

19 世纪中、后期，美、法等国的廉价报纸也开始勃兴。特别是美国，廉价报纸最为典型，它们先从美国东北部工商业最发达的大城市如费城、波士顿、纽约等地出现，尔后向全国扩展。

美国第一份最成功、最典型的廉价报是由本杰明·戴（1810—1899 年）

于 1833 年 9 月 3 日在纽约创刊的《太阳报》。当时美国的一般报纸主要是政党报纸，内容侧重于政治新闻即硬新闻，报价较贵，每份 6 美分以上，而且只能订阅，不零售，使中下层民众难以接受。《太阳报》创刊后，在价格上坚持低价销售，每份 4 版，售价只要 1 美分。在发行上，则仿效英国伦敦某些廉价报纸的做法，主要在街头销售。同时，为了扩大发行量，鼓励推销，还给报贩以相当大的优惠和回扣，每百份报纸批发价只收 67 美分。到后来，为了刺激销售，还采用赠阅、赠物试销、有奖彩券等手段。在内容上，以登载地方新闻、社会新闻、犯罪新闻以及种种所谓"人情味"故事为主。为了招徕、吸引读者，报纸上的文章往往采用耸人听闻的笔法及煽情主义的手法写作，甚至弄虚作假、任意编造假新闻。如，1835 年 8 月间精心策划的关于"月球人"的连续假报道就是典型的例子。《太阳报》的上述做法取得了极大的成功。初创时发行仅 1 000 份，1 年后发行达 1 万份，3 年后达 3 万份，居纽约各报之首，震动了整个报界。随着发行量的上升，广告客户蜂拥而至，报上广告所占版面越来越大。报纸最后一版全是广告，第三版也有一半专登分类广告，甚至第一版也在新闻之间插登广告。大量的广告使财源滚滚而来，每年纯利达 2 万美元，这在当时可是一个不小的数目。同时，充裕的广告收入也为报纸的发展打下了坚实的经济基础，使报纸有能力不断更新设备、进行技术改造、扩大规模。如 1837 年起，《太阳报》就采用了当时最先进的滚筒印报机，每台每小时出报 4 000 份，使报纸的大量发行及时效性有了物质及技术上的保证。到 1876 年，该报发行量即达 13 万份。稍后继起的纽约《先驱报》（詹姆士·戈登·贝尔特于 1835 年 5 月 6 日创刊），以及纽约《论坛报》（霍勒斯于 1841 年 4 月 10 日创刊）、纽约《纽约时报》（亨利·雷蒙德于 1851 年 9 月 18 日创刊，起初名为《纽约每日时报》，1857 年改为现名）等著名廉价报纸，早年走的也都是同《太阳报》一样的路子。

19 世纪后期，廉价期刊、杂志又在英国出现。1881 年，英国出版商 G. 纽恩斯创办了价格低廉的期刊《趣闻》。他首次采用将销售价格降到低于成本，竭力通过扩大发行量来争取更多广告收入的经营策略，终于获得成功。

在美国，南北战争（公元 1861—1865 年）结束后，其期刊出版业日益繁荣起来。其总种数由 1865 年的 700 种，上升到 1885 年的 3 300 种，成为广告的重要载体。1893 年，出版商 S. S. 麦克卢尔创办了综合性的月刊《麦克卢尔杂志》，每份仅售 15 美分。这是美国第一份售价低于成本而靠广告收入赢利的期刊。这种不靠刊物销售本身赢利，而靠扩大发行多登广告、提高广告价格来赢利的经营思想，引起了美国期刊出版业经营观念的一场革命。同时，也引发了美国期刊出版业的"广告热"和"低价期刊潮"。由于价格低廉，加上内容广泛、通俗、有趣，使得这类期刊的发行量猛增，从而也使广告收入剧增。据统计，这种廉价期刊发展到 1900 年，全世界总计达 10 000 种。

## 二、广告公司及广告代理制的诞生

广告公司及广告代理业最早诞生在美国。

1841 年，美国的沃尔尼·帕尔默（Volney Palmer）在费城开办了第一家广告公司。起初，他是为其父在新乔治州办的一份名为《米勒》的报纸拉广告。不久，帕尔默又代一般广告主向其他一些报纸订购广告版面，而广告文字及广告设计工作仍由报刊承担，他抽取 15% 的佣金。因此，帕尔默被认为是美国第一位广告代理商，此举也被认为是现代广告代理业之始。

1848 年，帕尔默又在费城、波士顿、纽约及巴尔底摩等市设立办事处。不过当时的广告代理业几乎是单纯的广告揽客，它既不做广告设计，又不提供有关服务。

19 世纪中期，广告经纪人的出现，再一次改变了广告的经营方式。

1865 年，乔治·罗威尔（George Rowell）在波士顿正式设立广告代理公司，专门从事"报刊广告版面批发代理"的经营业务。他开始与新英格兰州的 100 家周报（刊）签订合同，买下他们的一部分广告版面。然后四处拉广告，将批发买来的广告版面再分销给广告主。这种做法盈利可观。他进而把业务范围扩大到新英格兰州以外。1867 年，他迁往纽约。1870 年，他又首创编印出版了美国报刊史上、广告史上第一本报刊索引及要览——《罗威尔美国报纸指南》。《指南》中对美国、加拿大五千多家报纸、刊物的名称、发行量作了简要介绍，尽管不太精确，但在当时影响很大。这标志着广告代理制的真正形成。此后，广告代理业逐渐在美国推广开来。罗威尔被誉为美国改革商业广告经营方式及制度的有功之臣。

在广告代理制的发展过程中，通讯社也占有重要地位。例如法国法新社的前身哈瓦斯社（1835 年创立）在 1857 年与"通用广告会社"（Societe' Generale des Announce）合并后，便向报社免费提供国内外新闻，以换取报纸的部分广告版面，然后卖给广告主。此举深受报社欢迎。到了 20 世纪 20 年代，哈瓦斯社成为当时法国广告事业的最大控制者。在日本也曾出现类似情形。1901 年 7 月，光永星郎创办"电报通讯社"。1907 年 8 月，该社与"日本广告株式会社"合并，改名为"日本电报通讯社"（简称"电通"社）。其经营方式和"哈瓦斯社"相同：经营新闻通讯业和广告代理业。到 1936 年，由于日本军部和政府的压力，"日本电报通讯社"的通讯社业务部分和报界合作社性质的

"新闻联合社"合并，建成了作为日本国家通讯社的"同盟社"。而"电通"从此以后专门经营广告业，遂成为纯粹的广告公司。到 20 世纪 70 年代中期（1973 年），"电通"终于取代美国的汤普逊广告公司而登上世界第一大广告公司的宝座，营业额持续居世界首位。

在 19 世纪末 20 世纪初，由于广告公司的规模不断扩大，有的广告公司还开始向国外发展。世界广告公司中，最早在国外设立分公司的是美国的沃尔特·汤普逊广告公司（J. Walter Thompson）。1899 年，该公司在英国伦敦设立了它的第一家分公司。而日本的"电通"则迟至 1959 年，才在美国纽约首设国外分公司。[①]

## 三、新技术在广告业中的应用和新的广告形式的出现

19 世纪 20 年代起，到 19 世纪末，随着摄影技术的发明、印刷工艺进一步改进、套色印刷的出现，以及电气技术的发展，世界广告业又出现了新的面貌。

19 世纪 20 年代，法国人涅普斯与达盖尔发明了具有实用价值的照相术。1853 年，美国纽约的《每日论坛报》第一次采用照片为一家帽子店做广告。从此，摄影图片成了广告的重要表现手段。与此同时，插图广告也开始在英国报刊上出现，使广告图文并茂，形象、生动、直观。其中最著名的插图广告是 75 行字的沃伦鞋油广告：广告的上部画了一双用沃伦鞋油擦过的光亮皮靴，一只猫正吃惊地怒视着长筒靴上映照出来的自己的影子。这个插图是当时有名的漫画家克鲁克查克画的。这个广告在以后的 20 年间在英伦三岛（英格兰、苏格兰、爱尔兰）的各种报纸上都刊登过。

1850 年，美国纽约市一家叫"路德·泰勒"（Lord & Taylor）的百货店，在用马拉的车子外，挂了一幅广告，此被认为是美国最早出现的交通广告（车厢广告）。

美国第一家最大规模的服装商店的创始人约翰·瓦纳把 100 英尺长的大招牌悬挂在宾夕法尼亚州到费城的铁路线边，并采用气球、宣传车和实物馈赠等促销方式作为广告手段。

1891 年，可口可乐公司投产 5 年以后，开始用挂历做广告。这是世界上最早的挂历广告。

---

① 李明水. 世界新闻传播发展史. 台北：台北大华晚报社，1985. 910

在 19 世纪末，由于印刷技术的进步，套色的杂志广告、海报等相继诞生，甚至报纸上也有套色的广告出现，如美国《芝加哥民报》自 1891 年起，就开始精心研究套色技术。及至 1931 年，就可以套印红、兰、黄 3 色，刊出美观的彩色广告。而日本报纸广告最初开始套色印刷的时间，比美国还要早。这幅套色广告刊登在 1886 年 1 月 1 日出版的东京《日日新闻》上。广告内容是在"猿若街"牌日本清酒的商标"稳"字的后面套上红色。刊登这幅广告的客户是爱媛县的伊东七郎卫。接着是在同年的 2 月，制造"樱"牌正宗清酒的兵库县山邑太左卫门和批发商鹿岛清兵卫，连名在大阪的《朝日新闻》和《邮便报知》两家报纸上分别刊登了"正字"两个字套红的广告。在日本地方报纸方面，较早实施广告套红的是福冈《日日新闻》（即后来的《西日本新闻》），其刊登的日期是 1888 年 8 月 26 日，广告内容为一张演剧的海报。①

在户外广告方面，由于电气技术的进步，灯光广告和华丽的霓虹灯广告开始出现。在英国，1882 年一个叫"哈默"的人在伦敦街头安装了世界上最早的灯光广告。在法国，1910 年最早出现了霓虹灯广告。当时，有一个法国人叫克劳特（Claude），用充有氖气的霓虹管来做广告灯，那艳丽的红色和橙色，分外美丽。这一年夏末，在巴黎举办了一次国际汽车展览会，展览馆的正门是用霓虹灯管装饰起来的。美丽的彩色灯光令参观者大开眼界、惊叹不已。一年以后，在巴黎的蒙马特林荫大道的时装店，又有人安装了第一个霓虹灯的招牌。这个招牌是用弯曲成字母形式的荧光灯管制作的，颜色鲜艳。此后，霓虹灯广告开始风行世界各地。"霓虹灯"管里一般充入氖或氩、氦等稀有惰性气体。充进去的气体不同，发出的光的颜色也就不同。如管中充氖气时便发红色或橙色光；氖和氩混合使用时，又产生美丽梦幻的蓝色光。以后又加入水银，颜色便更丰富多彩了，如氖和水银（汞）混合气发绿色光。有人还在管内壁涂上不同荧光物质，这又可获得更多颜色。1887 年，盖斯勒成功发明"霓虹灯"管后，尚未用于广告制作上来。1897 年，在庆祝维多利亚女王即位 60 周年（公元 1837—1897 年）举办的展览会上，曾展出过这种灯管。直到 1910 年才开始用以制作广告。从 1910 年到 1920 年的 10 年间，亦即第一次世界大战（公元 1914—1918 年）前后，霓虹灯广告发展不快。到 1920 年以后，霓虹灯广告逐渐取代灯光广告，开始突飞猛进地发展。五光十色的霓虹灯广告成为现代化都市晚间的一道重要景观，使人眼花缭乱，有灯红酒绿之感。②

---

①　秦凤棲. 报纸的彩色印刷. 台北：台北新闻记者公会，1969. 14

②　哥尔德，陈岳生. 霓虹广告术. 台北：台北商务印书馆，1970

## 四、广告管理及广告学理论的发展

"广告管理"有广义与狭义之分。广义的广告管理包括政府管理、行业自我管理（亦称行业自律）、广告经营者内部经营管理、企业广告管理及社会监督管理等。狭义的广告管理是指国家广告管理机关依据法律、法规和国家授予的职权，代表国家对广告活动进行调控和监督，它是国家管理经济的行为之一。如下谈的主要是狭义的广告管理。

广告管理发端于英国。1712 年，英国议会通过了报纸和报纸广告课税法案，规定对广告征收广告税 。这是世界上最早由政府实施对广告进行管理的活动。而现代意义上的广告管理则产生于美国。从 1911 年开始，美国发动了一场反对虚假广告、主要是反对卖假药广告的广告改革运动。当时的 Printer'slnk 杂志提出了防止虚假广告的广告法草案，后经过修改，便成为著名的《普令泰因克广告法草案》。一般认为这是美国最早的广告法案。1914 年，美国的一些报业经营者建立了"发行量稽核局"（Audit Bureau of Circulation），简称 A. B. C 组织，负责核查各报实际发行量。当广告主想要知道透过某一报纸、杂志做广告可接触到多少读者（即潜在的消费者）时，A. B. C 组织就可向广告主提供该报实际的发行数量。发展到后来，"发行量稽核局"更为健全和完善，由各会员报、刊社推派代表成立理、监事会，经常的工作人员约 170 人，另有训练有素的专业稽查人员约 70 人，到各报社和杂志社调查核实其发行情况。经费由各媒体负担。这种发行量审核制度的建立，为广告主提供了真实可靠而又比较权威的报刊发行量数据，也为广告主在把广告投向某一报刊时，提供了客观的依据，从而走出了广告打假的第一大步，即首先发行量必须是真实的、不是虚假浮夸的。继美国之后，发行量审核制度在法国、丹麦、英国、澳大利亚、加拿大等国陆续建立，一般叫"发行量审核协会"，属非营利的专业组织。到 1963 年 5 月，参加国际广告协会第 13 届大会的 10 个报刊稽核组织又发起成立了"国际发行量审核协会"（IFABC）。IFABC 共有会员组织 32 个，遍布五大洲的 29 个国家和地区，其中亚洲有 5 个会员国。

1914 年，美国还建立了商业改进局，简称"BBB"，负责监督商业包括广告业的经营。

这一时期，广告理论研究也有了很大进展。

据考证，世界上最早对广告进行评论的学者是 18 世纪后半期英国著名作家约翰逊。1759 年，他在《懒惰者》一书中，对当时的广告作了如下评述："现在广告的数量增加了，而且看完后就被扔掉，因此广告必须要发挥应有的作用。""广告的买卖现在已经到了接近完美的程度，要想希望有所改变是件不容易的事，但是广告也和其他技术一样，应该服从公众的利益。我对那些负责做广告的人，不能不问一下有关道德的问题，你们是否有玩弄人们感情的行为……"

到 1874 年，H. sampson 写出了《广告的历史》一书。

1898 年，美国的 E. S. 路易斯提出了创作广告的 AIDA 法则。他认为，一个广告要引人注目并取得预期的效果，在广告程序中必须达到"引起注意"（Attention）、"产生兴趣"（Interest）、"培养欲望"（Disire）和"促成行动"（Action）几个步骤。后来，又有人先后对 AIDA 法则加以补充、完善。如：加上"可信"（Conviction），而成为 AIDAC 法则；也有加上"记忆力"（Memory），而成为 AIDAM 法则；还有加上"满意"（Satisfaction），而成为 AIDAS 法则。

1900 年，美国学者、明尼苏达大学心理学家哈洛·盖尔（Harlow Gale）在多年研究的基础上，写成广告研究专著《广告心理学研究》。他率先将心理学原理引进广告研究领域，对消费者从看广告到采取购买行动的整个过程进行分析，比较系统地阐述了商品广告中如何运用心理学原理以引起消费者的注意和兴趣。

1901 年 12 月，美国西北大学校长、心理学家瓦尔特·狄尔·斯科特（W. D. Scott）在一次学术报告中，发表了"广告"应该成为一门学科、心理学可以在其中发挥重要作用的见解。1903 年，斯科特汇编了几十篇论文，出版了《广告论》。1908 年，他又出版了《广告心理学》一书，这标志着广告心理学的诞生。

以上这些论著都是现代广告学的奠基之作。

到了 20 世纪二三十年代，美国不少学者，如斯塔奇（Danel Starch）、斯特朗（E. K. Strong）以及民意测验的创始人盖洛普（Gallup）等，将心理学原理运用到印刷媒体广告阅读率测试、广告效果测试中。与此同时，行为主义创始人华生（John B. Watson）使广告心理学研究更加深入。他将普通心理学、实验心理学原理引入市场调查和广告策划、广告创意领域，使心理学从实验室走向了市场。

# 第四节　现代广告时期（1920 年以后）

　　进入 20 世纪以后，人类科学技术飞跃发展，社会经济空前繁荣。由于广播、电视、电影、录像、卫星通讯、电子计算机等电子、电讯设备及技术的发明、创造，使广告业进入了现代电子技术时代。在世界范围内，广告传播的媒介大大增加，表现形式、技巧不断花样翻新。广告公司大量涌现，其专业技术水平和经营管理水平大大提高。广告公司的经营规模日益扩大，并产生了不少的跨国广告公司。各国对广告的管理也逐步规范化、法制化，设立了专门的广告管理机构。与此同时，广告理论研究逐渐深入，"广告学"作为一门学科得以建立和完善。广告课程进入大学的讲坛，大学开始研究广告学术、培养广告人才。

　　这一时期，世界现代广告业的中心仍然在美国，而纽约又是世界广告业中心的中心。据国际广告协会公布的 1989 年度世界广告业统计资料显示，在全球 100 家大广告代理商中，美国占 46 家，其中在纽约的大广告代理商有 26家。在全球十大广告公司中，美国占了 8 家，它们是萨切·萨化、扬·罗比肯、贝茨、麦肯、奥美、BBDO、智·威·汤逊、灵狮。著名的纽约麦迪逊大街是美国广告业的象征，在这条大街上，集中了 12 家大型的美国广告公司。麦迪逊大街（Madison Avenue）是位于纽约市曼哈顿（Manhattan）东侧、绵延约 10 公里长的一条街道，人称"广告大道"。一如华尔街是美国股票金融市场的象征，麦迪逊大道成为称霸世界的广告代理业的集中地、"广告中心"的代名词。

　　第二次世界大战以后，日本现代广告业异军突起，一跃而成为世界广告大国之一。日本广告公司实力强大，全球十大广告公司中，株式会社"电通"是综合实力居第一位的广告传播公司。

　　这一时期，欧洲各国的广告事业，在继承传统的基础上稳步发展，并形成了自己独有的特色，如：英国广告富于创造性，特别是平面设计有历史传统；法国广告严谨求实，比较重视美学和心理学的运用，富于想象力，以突出的艺术性而著称于世；瑞士广告则以图形广告、商标广告闻名于世。

　　世界现代广告业的繁荣、兴旺呈现出以下几个特点：

## 一、电子传媒广告的诞生和发达兴盛

广播、电视是 20 世纪上半叶人类两项重大的发明。广播和电视的相继问世，使人类的新闻传播活动由以印刷传播媒介为主的时代，进入到印刷传播媒介和电子传播媒介并驾齐驱的时代。同时，广播、电视也给广告带来前所未有的崭新的传播手段，给广告业的发展开辟了新的天地。广播、电视媒体技术先进，打破了时间和空间的限制，速度快，覆盖面广，声画并茂，感染力强，极大地扩大了广告的影响。

**【广播与广播广告】**　无线电广播最早诞生于美国。1906 年 12 月 24 日，加拿大裔美国科学家费森登（公元 1866—1932 年），在美国马萨诸塞州布兰特罗克的实验电台，利用无线电波传送语言及声音获得成功，这标志着人类利用无线电传送声音的开端。1920 年 11 月 2 日，美国威斯汀豪斯公司在宾夕法尼亚匹兹堡市创办的 KDKA 广播电台开始播音，这是美国第一家、也是世界第一家正式申办了营业执照的广播电台（这张营业执照，至今仍保存在美国联邦通讯委员会的档案库中）。因此，KDKA 广播电台被公认是世界上最早的正式广播电台。

此后，美国的广播电台陆续开办起来。其他国家也相继开办广播电台，如法国、前苏联（以上 1921 年）、澳大利亚、荷兰、英国（以上 1922 年）、德国、意大利、西班牙、中国（以上 1923 年）、日本（1925 年）等。美国也是世界上最早开办广播广告的国家。1922 年 8 月 28 日，美国电报电话公司 AT&T 在纽约创办的 WEAF 广播电台播出了第一条商业广告。当时，有一家名叫 Queeneboro 的地产公司，派代表向 WEAF 电台购买 10 分钟的节目时间，以推销该公司在纽约郊外霍桑街建的几座公寓式的楼房。这家地产公司的代表在广播节目中谈有益于健康的郊区生活、谈著名文学家霍桑生前在那里的恬静生活，广告词也写得非常得体。这是美国广播史上第一次付费的商业广告行为。①

1926 年 11 月 15 日，美国第一个全国性的广播网——全国广播公司（NBC）在纽约开始播音，26 家地方联营台同时转播它的节目。

1927 年 9 月 18 日，美国第二家全国性的广播网——哥伦比亚广播公司（CBS）也在纽约开播，16 家地方联营台同时转播它的节目。

到了 1945 年 6 月 15 日，美国广播公司（ABC）正式成立，以后发展成为

---

① 张慈涵．广播电视广告．台北：台北新闻记者公会，1967．9~11

全美影响最大的广播公司。美国的广播广告起步早、发展快。早在 1928 年，美国无线电广播广告的营业额即达 1 050 万美元。到 1948 年，年广告营业额猛增到 5. 616 亿美元，是当时美国仅次于报纸（17. 4 亿美元）的第二大广告媒体。从 1922 年到 1948 年（美国电视正式开放年）间，是美国广播广告的黄金时代。当 1948 年电视台正式开播后，美国的广播广告即开始走下坡路，如 1953 年，全美广播广告额为 6. 112 亿美元，到 1955 年跌至 5. 449 亿美元。到 1963 年为 7. 793 亿美元，增长率为 1. 3 倍，低于当年全国广告增长率。

【电视与电视广告】　电视技术在 20 世纪上半叶是一项重大发明。电视的正式播出，始自英国。早在 1925 年—1935 年间，英国科学家贝尔德、美国科学家詹金斯，以及德国的科学家们，就开始进行电视播映实验并获得初步成功。1936 年 11 月 2 日，英国广播公司（BBC）在伦敦市郊亚历山大宫播出当时清晰度最高的电视。这被公认为是世界上第一家正式播出的电视台。

美国也是电视发展比较早的国家之一。1925 年 6 月，美国科学家詹金斯就开始在华盛顿他的实验室中进行电视实验。1927 年，华盛顿、纽约、新泽西三城市进行电视联播实验。到 1929 年秋，美国已有 26 家实验性电视台诞生。1930 年后，国家广播公司与哥伦比亚广播公司已经着手发展电视事业。1939 年，由 NBC 在纽约首次正式播出电视节目。1941 年 7 月 1 日，美国联邦通信委员会（FCC）准许开办商业电视台，即准许电视台开播广告。这标志着世界电视事业发展的新阶段。但第二次世界大战爆发后，随着美国的参战（1941 年），美国电视业的发展也因之受阻。电视的播出时间缩减，商业广告几乎停滞。二次大战期间，美国全国仅剩 6 家电视台，有电视机 1 万台左右，其中半数在纽约。二次大战后，1946 年起，电视机开始大量生产、出售。同年，CBS 和 NBC 也开始实验彩色电视的播出。到 1948 年，美国的电视才真正成为一种大众传播工具。商业电视广告也在第二次世界大战以后逐步发展起来。到 1949 年，美国电视广告营业额毛收入有 5 780 多万美元。到 1953 年，彩色电视机在美国开始出售，售价高达 1 175 美元。这种集声音、彩色画面和音乐于一体的传播媒体，显示出极大的优越性。1954 年，美国全国广播公司首先正式播出彩色电视节目（1965 年全部彩播）。随后，日本广播协会在 1960 年，英、法、德、苏在 1967 年，也都陆续开办彩色电视播出。

【美国电视广告的发展】　1953 年，美国电视广告收入达 6. 061 亿美元，接近当年其广播广告收入（6. 112 亿美元）。1954 年，全美电视广告额猛增至 8. 092 亿美元，首次超过了广播广告（5. 587 亿美元）。电视广告成为当年仅次于报纸广告（26.95 亿美元）的第二大媒体广告。到 1963 年，全美电视广告额飙升至 20.62 亿美元，与 1953 年的 6.061 亿美元相比，10 年之间的增长率是 3.4 倍，比其他任何广告媒体的广告增长率都快，也比美国全国广告业同时期的增长率大得多（1948—1953 年，美国全国广告业增长率是 2.7 倍；1953—1963 年，美国全国广告业增长率是 1.7 倍）。

美国的电视事业和广播事业一样，大部分被三大广播公司所控制，其中 CBS（哥伦比亚广播公司）规模、影响最大，其次是 NBC（国家广播公司），第三是 ABC（美国广播公司）。这三大广播电视网完全依赖广告收入，而广告费则以秒、分计算。

从 1948 年至 1963 年的 16 年间，美国四大媒体中，电视广告与广播、报纸、杂志广告以及户外广告的彼此消长情况，详见表 9 – 3。①

表 9 – 3　　　　　　　　1948—1963 年美国四大媒体广告收入情况表

单位：百万美元

| 年份 | 电视 | 广播 | 报纸 | 杂志 | 户外广告 |
|---|---|---|---|---|---|
| 1948 年 | （未统计） | 561.6 | 1 740.6 | 512.3 | 132.1 |
| 1949 年 | 57.8 | 571.4 | 1 915.7 | 492.5 | 131.0 |
| 1950 年 | 170.8 | 605.4 | 2 075.6 | 514.9 | 142.5 |
| 1951 年 | 332.3 | 606.3 | 2 257.7 | 573.7 | 149.2 |
| 1952 年 | 453.9 | 624.1 | 2 472.8 | 615.8 | 162.2 |
| 1953 年 | 606.1 | 611.2 | 2 644.8 | 667.4 | 176.3 |
| 1954 年 | 809.2 | 558.7 | 2 695.3 | 667.9 | 186.9 |
| 1955 年 | 1 025.3 | 544.9 | 3 087.8 | 729.4 | 192.4 |
| 1956 年 | 1 206.7 | 567.0 | 3 235.6 | 794.7 | 201.3 |
| 1957 年 | 1 265.3 | 617.9 | 3 283.3 | 814.3 | 199.1 |
| 1958 年 | 1 354.2 | 615.7 | 3 192.8 | 766.8 | 191.7 |
| 1959 年 | 1 493.5 | 656.3 | 3 546.0 | 866.2 | 193.2 |
| 1960 年 | 1 590.1 | 692.4 | 3 702.8 | 940.8 | 203.3 |
| 1961 年 | 1 615.0 | 695.0 | 3 623.1 | 923.6 | 180.4 |
| 1962 年 | 1 897.0 | 736.0 | 3 681.4 | 973.0 | 170.5 |
| 1963 年 | 2 062.0 | 779.3 | 3 776.0 | 1 035.7 | 170.0 |

① 张慈涵. 广播电视广告. 台北：台北新闻记者公会，1967. 22

从表 9 - 3 所列数据可以看出，美国的电视广告一旦产生，便以强劲的势头迅猛发展，其广告额从 1954 年起就超过了广播广告的营业额。到 1963 年，电视广告额竟是广播广告额的 2 ~ 3 倍，成为名副其实的强势广告媒体。另外，需要特别加以说明的是："广播"在科学上的定义，实际包括只有声音的"广播"和声音、影像兼具的"电视"两大门类。我国因习惯的关系，将广播和电视看成两种东西。外国的广播公司大多兼有广播和电视。有广播、电视网络才能称为"广播公司"。否则，只能称为"广播电台"或"电视台"。如美国著名的三大广播网——美国广播公司（ABC）、哥伦比亚广播公司（CBS）、国家广播公司（NBC）都有自己的广播调幅台、调频台和电视台。英国广播公司（BBC）、日本广播协会（NHK）也是这样。所不同的是，美国三大广播公司靠广告收入来支持和运作。英国广播公司和日本广播协会的广播、电视则不播广告，经费主要来自电视执照费及收看费，对外广播经费则由政府拨款，如英国 BBC。

**【英国广播、电视广告的发展】**　英国在很长一段时期内，除一家公营的广播公司，即举世皆知的 BBC（British Broadcasting Corporation）以外，还有一家是商办的独立电视公司 ITA（Independent Television Authority）。此外，再没有其他广播电视公司了。BBC 成立于 1922 年，专事无线电广播，二战后增添了电视广播；ITA 创办于 1954 年，早期只有电视，而没有广播。BBC 靠收音机和电视接收机的执照费、收视费，来维持其对国内广播、电视业务和 27 000 多名员工的生计；对国际广播经费则另由政府开支。ITA 则完全靠广告收入，它是欧洲地区国家中最早经营电视广告的电视台。由于 BBC 不做广播广告，而 ITA 又没有广播，更谈不上做广播广告了，所以，英国有很长一段时间没有广播广告。电视广告只有 ITA 的 14 家节目制作公司在经营，他们的广告收入就是英国电视广告的收入。1966 年，ITA 的广告总收入即达 8 200 多万英镑，这也就是英国电视广告市场的基本情况。①

**【日本广播、电视广告的发展】**　就广播、电视规模而言，日本仅次于美国。它是世界上第二个有彩色电视台的国家。

1897 年，当日本人听到"马可尼"的名字时，政府递信省便马上派员赴伦敦考察马氏试验无线电的情况。到 1925 年（大正十四年）3 月 1 日，日本

---

① 张慈涵. 广播电视广告. 台北：台北新闻记者公会，1967. 22

始有第一座广播电台。该台由东京芝浦的"东京高等工艺学校"所创办。1926年8月，日本政府决定成立"日本放送协会"（日本人称"广播"为"放送"），英文名称为Nippon Hoso Kyokai，简称NHK，并决定其性质为公共事业。日本放送协会在第二次世界大战以前是国家垄断、独家经营，不许有其他电台开办。它遵照日本广播法的规定，不做广告，而靠收听费和国家拨款来维持运作。战后，这一制度不变。但到1950年，修订了广播法。新修订的广播法除对NHK予以特别保障之外，还开放了民营的商业电台，并规定商业电台可以靠广告收入生存，但不得分润收听费。于是日本开始有了经营广告的商业广播电台。

日本的电视事业从20世纪50年代初起步。1953年2月1日，与"日本放送协会"合营的"NHK东京テレヒ（电视）"正式开播，此为日本电视事业之始。

日本自1950年开放广播，1953年开放电视，供民间商业经营。到1965年，商业广播公司增至46家，商业电视公司也增至46家。按规定，广播广告的时间占2.2%，即15分钟时段里，节目时间占14分40秒，广告占20秒；电视广告时间占节目时间的1%，即15分钟时段里，节目占14分51秒，广告时间占9秒。[①]

## 二、广告手段不断创新，广告媒介日趋多样化

进入20世纪以后，除报纸、杂志、广播、电视四大广告媒体之外，在科技进步的推动下，新的广告媒介层出不穷，五花八门，广告花样不断翻新。以美国为例，首先是户外广告有了进一步的发展，特别是霓虹灯广告成为最流行的户外广告。霓虹灯广告在1923年由一位汽车经销商自法国引进美国后，美国的霓虹灯广告蓬勃发展起来。1932—1934年芝加哥百年进步博览会曾一度将霓虹灯广告推向高潮，仅芝加哥霓虹灯厂就安装了4万副灯管。各式各样的霓虹灯广告（包括立式、横式，静态、动态等）把美国的大都市如纽约、拉斯维加斯等装点成灯红酒绿、火树银花的不夜之城。大量使用的路牌广告也实行标准化、规格化，一般用事先设计好并印成的招贴画，拼贴在路牌上，而不必用手工逐块漆绘，省时、快捷。近年来，路牌广告正向充气路牌和大型立体（有时且能转动）的方向发展。

第二次世界大战以后，还出现了空中广告，包括大型气球、飞艇广告等，

---

① 张慈涵. 广播电视广告. 台北；台北新闻记者公会，1967. 22

给人以新奇壮观的感受，注目率极高。其中，飞艇广告是一种大型的新式广告，是"飞行广告"的一种。《申报》1948 年 9 月 6 日第二张第八版载陈湘《飞行广告》一文介绍：美国纽约的户外广告商陶格拉斯·雷在当年夏天开始用飞艇做广告。他在飞艇四边装上"电光"管，让它漫游在夏夜的天空，造型有腾空而起、发光的红鬃烈马，有"在星群中摇尾喷水的庞然鲸鱼和凌空悬衔婴儿的大鹳"，还有从天而降的一大片面包……据说：雷氏早在 1945 年就向美国政府买下 3 架被列为剩余军用物资的小飞艇，他把它们改造成"飞行电光广告"。起初无人问津，到了次年的秋季，米高梅电影公司向他租用飞行广告，为《鹿苑长春》一片做宣传，飞行广告立即走红。到 1948 年，雷氏买下了美国海军当时所有的剩余小飞艇 29 架，其中 5 架很快就被租去。"这项新奇的广告使雷氏一年收入 300 万美金。"

再如购物点广告（P·O·P）也普遍流行，包括立牌、橱窗陈列布置和各种陈列品广告，因为它与消费者直接见面，故又称"直接广告"。美国可口可乐公司就是广泛采用购物点广告而使他们的产品家喻户晓的。此外，邮递广告、直递广告由于针对性强，也在一些国家被广泛采用，人们的家庭信箱每天都装满着各式各样的这类广告。近年来，高科技广告在一些发达国家也开始流行起来，如激光广告、电子绘画广告，以及电脑彩色喷绘广告等。用喷画机、放大机等先进设备制作的广告大都有大型化、颜色鲜亮、清晰逼真、抗日晒、防雨淋等优点。

## 三、跨国广告公司、巨型广告集团的出现及国际广告行业组织的建立

【**跨国广告公司及巨型广告集团的出现**】　从 20 世纪 80 年代起，世界经济更加国际化，从而产生了一大批大型的跨国广告公司和集团，它们的经营范围由一般广告技术服务型、代理型而扩大到促销、公共关系、直接推广、减价促销等领域，推行"一条龙"式的整合营销服务，务求为大型国际性客户提供"一站办妥"的全面的广告及营销顾问服务。世界前 10 名的广告公司中，几乎全是跨国广告公司，著名的如麦肯、智·威·汤逊、BBDO、葛瑞广告、李奥·贝纳、奥美等。

20 世纪 80 年代中期至 90 年代中期，世界广告业的发展呈集中化、集约化趋势。特别是广告公司之间的合并与联合、兼并与购买活动持续不断。这样便产生出许多超级巨型广告组织，从而使得世界广告集团的排序屡屡更替。以 1997 年度世界最大的广告集团——美国的奥姆尼康集团（Omnicom）为例，

它是在 1986 年 4 月下旬由美国纽约的 3 家巨型广告公司 BBDO、DDB 和尼达姆·哈泼环球合并改组而成。3 家公司接受集团领导，各自独立核算。到 1997 年，奥姆尼康收购了世界第 15 大广告集团 GGT，在这之前它将其在英泰格集团（Integer Group）的股份从原来的 49% 增至 85%。上述举措大大加强了奥姆尼康的实力，1997 年，它的毛收入达 41.5 亿美元。而曾是世界第一广告集团的 WPP，1997 年毛收入为 36.5 亿美元。这样，奥姆尼康便越过 WPP 稳稳坐在世界最大广告集团的位置上。现有 14 家大型广告公司加盟奥姆尼康。

1997 年位居世界十大广告集团公司第二位的英国 WPP 集团也是一个实力强大的超级集团。WPP 的创始人马丁·索里尔（Martin Sorrell，1945—），早年就读于剑桥大学和哈佛大学两所著名学府。曾任英国著名广告公司萨奇兄弟广告公司的财务总监（1975—1986 年）。1986 年，索里尔脱离萨奇公司，个人注资创办了一家英国公司 WPP，然后开始收购广告公司。1987 年，他以 5.66 亿美元接管了智·威·汤逊公司，引起了世界广告业界的极大震动。1989 年，他又以 8.64 亿美元收购了奥美广告集团公司。现已拥有 85 个国家的超过 40 家广告公司，成为世界上最大的营销服务广告集团之一。

**【国际广告行业组织】**　为协调、促进各国广告业界的合作与发展，国际广告业界相继成立了一些行业性协会组织，主要有：

国际广告协会　国际广告协会（International Advertising Association，简称 IAA），是世界上最大、最具权威性的非营利国际广告组织，也是一个包括广告公司、广告主和媒体三方面组成的世界性的协会。会员可以是个人、公司或组织。国际广告协会于 1938 年 4 月 8 日创立，总部设在美国纽约，在一些国家和地区设有分会。该会最初名称叫"出口广告协会"，1953 年 12 月 15 日改称"国际广告协会"，发展成为国际性的广告组织。到目前，该协会在世界上 87 个国家拥有 3 460 个会员。协会定期出版《国际广告协会通讯》等刊物，并负责主办每两年一届的世界广告大会，以便会员相互交流经验和信息，也进行广告学术的交流。从 1953 年起，国际广告协会开始发起世界各国广告量统计，成为比较权威的广告量统计数据。亚洲地区最早加入国际广告协会的国家和地区是日本（第一）和我国的台湾（第二）。我国大陆在 1987 年加入。1987 年 5 月 12 日，"国际广告协会中国分会"在北京正式成立。

世界广告行销公司　世界广告行销公司（简称 WAM），也是很有影响的世界性广告行业组织，由各国著名广告公司组成。总公司设在伦敦，其目的是帮助会员开拓国际广告市场，定期对会员进行培训，举办各种讲习会，提供世界各地最新广告活动信息。WAM 会员遍及美国、德国、英国、法国、卢森堡、澳大利亚、香港、新加坡、巴基斯坦等国家和地区。

亚洲广告协会联盟　亚洲广告协会联盟（Asia Federation Advertising Association，英文缩写为 AFAA），简称"亚广联"。亚广联正式成立于 1978 年，是亚洲地区广告业的行业组织，其前身是亚洲广告大会。亚洲广告大会首次会议于 1958 年 4 月在日本东京举行，有 300 多人参加。以后，每两年在亚洲一个国家或地区举行一次会议，每次会议有数百人参加。会期一般为 5 天。第二届仍在日本东京举行。1966 年 11 月，第五届亚洲广告会议在我国台北举行，与会代表 280 人。1978 年在菲律宾马尼拉举行的第 11 届亚洲广告大会上，各国才同意正式成立"亚洲广告协会联合会"。亚广联的宗旨是团结亚洲从事广告业之协会，提高会员单位的业务水准，促进各国对广告作用的认识，收集广告信息及资料，制订和实施关于广告业的教育计划，开发、培训亚洲广告人才。亚广联以国家或地区为单位会员，各会员名称一般为"亚广联××（国名）国家委员会"，也即是亚广联国家分会。根据亚广联章程规定，凡在亚洲地区的广告公司协会或组织、与广告有关的贸易协会或组织，以及国际广告协会在亚洲各国、各地区的分会，都可以按国家或地区先组成亚广联国家委员会，然后以国家委员会的名义加入亚广联。亚广联中国国家委员会于 1987 年 6 月 15 日在北京成立。中国国家委员会在亚广联是唯一合法的中国代表。台湾会员加入亚广联须以"中国台湾"的名义。

国际"ABC"组织　"ABC"是"报刊发行量稽核局"组织的简称，其主要职能是核查并公布报刊的真实发行量，供作选择广告媒介、计算广告成本和预测广告效果时参考，从而保护广告主、广告公司和报刊经营者三方面的合法利益，规范报刊业的广告经营活动。"ABC"组织最早于 1914 年在美国出现，由北美地区数十家广告主、广告公司和报刊社，经过协商而联合组成。以后不少国家也先后成立了类似的组织，如英国的发行量稽核局建立于 1931 年，后有会员 3 500 多户。到 1963 年 5 月，10 个参加国际广告协会第 13 届大会的报刊发行量稽核组织（即各国"ABC"组织），发起成立了"国际发行量稽核局联合会"（International Federation of Audit Bureau of Circulations），简称 IF-ABC。总部设在英国伦敦。根据联合会的章程，该会宗旨为：在全世界范围内，推动独立的报刊发行量核查事业的发展，鼓励和帮助尚未成立类似组织的国家成立发行量核查组织；促进各成员组织间的经验交流和信息交流，努力使核查报告更标准、统一；加强与相关国家及国际组织的合作。截至 1997 年底，该组织共有会员 4 555 个，其中广告主 991 个、广告公司 667 个、报刊社 2 897 个，其主要业务在北美地区。现总部设在美国伊利诺伊州的肖姆堡，并在纽约和加拿大的多伦多设有两个办事处。有正式雇员 262 人，其中核查员 126 人。

目前，IFABC 共有会员组织 32 个，分布在全球 29 个国家和地区，其中亚洲有 5 个。该组织每两年举行一次会员大会，以便交流核查工作中的经验和探讨存在的问题。①

# 第五节　世界主要广告业发达国家现状

截至 1997 年，全世界广告业营业总额为 3 975 亿美元。当年世界最大的广告公司是"电通"，毛收入为 19.271 亿美元；最大的广告集团是"奥姆尼康"，毛收入为 41.54 亿美元；广告市场最大和广告额最高的是美国，其广告总额达 1 875 亿美元。

1997 年世界十大广告公司、十大广告集团、十大广告城市（除美国外）排序，及奥姆尼康、WPP 两大超级集团情况，详见表 9－4 至表 9－7。②

表 9－4　　　　　　　　　1997 年世界排名前十位的广告公司

| 排名 | | 广告公司名称 | 毛利润（百万美元） | | | 资产总额（百万美元） | | |
|---|---|---|---|---|---|---|---|---|
| 1997年 | 1996年 | | 1997年 | 1996年 | 增长率（%） | 1997年 | 1996年 | 增长率（%） |
| 1 | 1 | 电通 | 1 927.1 | 1910.5 | 0.9 | 14 192.3 | 13 928.5 | 1.9 |
| 2 | 2 | 麦肯—埃里克森 | 1 451.4 | 1 287.6 | 12.7 | 11 016.1 | 9 143.8 | 20.5 |
| 3 | 3 | 智·威·汤逊 | 1 120.9 | 1 073.1 | 4.5 | 7 637.3 | 7 301.5 | 4.6 |
| 4 | 4 | BBDO | 989.6 | 936.5 | 5.7 | 8 058.9 | 7 801.2 | 3.3 |
| 5 | 6 | DDB 尼德汉姆 | 920.2 | 873.1 | 5.4 | 6 881.9 | 6 480.2 | 6.2 |
| 6 | 8 | 葛瑞广告 | 918.3 | 841.8 | 9.1 | 6 125.4 | 5 621.9 | 9.0 |

---

① 唐绪军. 有关 ABC 基本情况介绍. 新闻知识，1999（1）
② ［美］朱莉安娜·克兰登等. 世界广告业回顾与预测. 国际广告，1998（9）

（续上表）

| 排名 | | 广告公司名称 | 毛利润(百万美元) | | | 资产总额(百万美元) | | |
|---|---|---|---|---|---|---|---|---|
| 1997年 | 1996年 | | 1997年 | 1996年 | 增长率(%) | 1997年 | 1996年 | 增长率(%) |
| 7 | 9 | 欧洲 RSCG | 883.2 | 823.8 | 7.2 | 6 536.0 | 6 066.5 | 7.7 |
| 8 | 7 | 李奥·贝纳 | 878.0 | 866.3 | 1.4 | 5 977.1 | 5 821.1 | 2.7 |
| 9 | 5 | 博报堂 | 848.0 | 897.7 | −5.5 | 6 475.6 | 6 677.0 | −3.0 |
| 10 | 10 | 奥美 | 838.4 | 793.3 | 5.7 | 7 375.0 | 6 942.4 | 6.2 |

表 9－5　　　　　　　　　1997 年世界十大广告集团

| 排名 | | 广告集团名称 | 总部所在地 | 毛利润（百万美元） | | | 资产总额（百万美元） | |
|---|---|---|---|---|---|---|---|---|
| 1997年 | 1996年 | | | 1997年 | 1996年 | 增长率(%) | 1997 年 | 1996 年 |
| 1 | 1 | 奥姆尼康 | 纽约 | 4 154.3 | 3 750.8 | 10.8 | 31 699.1 | 28 856.9 |
| 2 | 2 | WPP | 伦敦 | 3 646.6 | 3 430.2 | 6.3 | 27 765.7 | 24 858.6 |
| 3 | 3 | 英特帕布里克 | 纽约 | 3 384.5 | 3 037.1 | 11.4 | 25 694.4 | 22 131.0 |
| 4 | 4 | 电通 | 东京 | 1 987.8 | 1 929.9 | 3.0 | 14 473.3 | 14 047.9 |
| 5 | 5 | 扬 & 罗必凯 | 纽约 | 1 497.9 | 1 356.4 | 10.4 | 13 006.4 | 11 981.0 |
| 6 | 7 | 正北传播 | 芝加哥 | 1 211.5 | 996.7 | 21.6 | 10 807.2 | 9 460.5 |
| 7 | 6 | 葛瑞广告 | 纽约 | 1 143.0 | 1 027.7 | 11.2 | 7 648.6 | 6 885.9 |
| 8 | 8 | 哈瓦斯广告 | 巴黎 | 1 033.1 | 974.3 | 6.0 | 7 780.1 | 7 295.1 |
| 9 | 10 | 李奥·贝纳 | 芝加哥 | 878.0 | 866.3 | 1.4 | 5 977.1 | 5 821.1 |
| 10 | 9 | 博报堂 | 东京 | 848.0 | 897.7 | −5.5 | 6 475.6 | 6 677.0 |

表 9－6 奥姆尼康与 WPP 两大超级集团情况

| 奥姆尼康集团<br>Omnicom Group | | WPP 集团<br>WPP Group |
|---|---|---|
| BBDO 环球广告公司<br>BBDO Worldwide | 哈里森·威尔森联合公司<br>Harrison Wilson & Associates | 奥美环球广告公司<br>Ogilvy & Mather Worldwide |
| DDB·尼德汉姆环球广告公司<br>DDB Needham Worldwide | 哈里森—明星商业集团<br>Harrison & Star Business Group | 智·威·汤逊广告公司<br>J. Walter Thompson Co. |
| TBWA 国际广告公司<br>TBWA International（Chiat/Day） | 凯彻姆目录广告公司<br>Ketchum Directory Advertising | 征服欧洲广告公司<br>Conquest Europe |
| 阿尔孔市场营销集团<br>Alcone Marketing Group | 莫尔克利·纽曼·哈蒂<br>Merkley Nowman Harty | 美国公众健康广告公司<br>Common Health USA |
| 克莱恩·戴维斯—马恩公司<br>Cline Davis & Mann | 拉普·科林斯环球广告公司<br>Rapp Collins Worldwide | 爱因森·弗里曼广告公司<br>Einson Freeman |
| 德拉·费米纳/杰瑞合伙人公司<br>Della Femina/Jeary & Partners | 古德贝—西尔沃斯坦合伙人广告公司<br>Goodby, Silverstein & Partners | 门多萨—迪林联合公司<br>Mendoza, Dillon & Associates |
| 鹰河交互网络公司<br>Eagle River Interactive | GGT 集团<br>GGT Group | RTC 直销公司<br>RTC direct |

表 9 - 7　　　　　　　　1997 年世界十大广告城市（非美国境内）

单位：百万美元

| 排名 | 城市名称 | 广告业营业总额 | 增长率(%) | 营业额最高的<br>广告公司 |
|------|----------|----------------|-----------|--------------------------|
| 1 | 东京 | 31 449.3 | -5.0 | 电通 |
| 2 | 伦敦 | 15 316.8 | 19.7 | 伦敦智威汤逊 |
| 3 | 巴黎 | 9 366.7 | -11.1 | 法国欧洲 RSCG |
| 4 | 圣保罗 | 4 884.6 | 19.6 | 麦肯—埃里克森 |
| 5 | 法兰克福 | 4 390.4 | -3.5 | 扬 & 罗必凯 |
| 6 | 米兰 | 3 828.4 | 9.6 | 意大利扬 & 罗必凯 |
| 7 | 悉尼 | 3 304.6 | 3.4 | 乔治·帕特森—贝茨 |
| 8 | 杜塞尔多夫 | 3 271.2 | -2.4 | 德国 BBDO 集团 |
| 9 | 汉城 | 3 246.1 | -7.3 | 切尔传播 |
| 10 | 阿姆斯特丹 | 3 177.3 | 1.9 | BBDO 尼德兰 |

注：与 1996 年的广告业营业总额相比。

# 一、美国广告业现状

美国总人口为 2.66 亿多，国土面积为 936.34 万平方公里，仅次于俄罗斯、加拿大和中国，居世界第四位。城市人口占 74%。

自第二次世界大战以来，美国一直是世界上最大的资本主义国家、帝国主义国家和超级大国。二战以来，其经济得到突飞猛进的发展。广告业反映经济发展的快慢，是经济发展的晴雨表。高度发达的经济必然带来广告业的高度繁荣。因此，美国也是世界上广告业最为发达的国家。长期以来，其每年广告额都占整个世界广告总额的 50% 左右。在世界各国总广告费、人均广告费以及广告费占国民生产总值的比率等三大广告统计指标中，美国均居世界第一或在前三名之列。

【历年广告总额统计】　20 世纪 40 年代以来，美国每年广告费总额一直居世界第一位：

1947 年为 42.5 亿美元。

1948 年为 48.7 亿美元。

1949 年为 52.1 亿美元。

1950 年为 57.1 亿美元。

1951 年为 64.26 亿美元。

1952 年为 71.56 亿美元。

1953 年为 77.55 亿美元。

1954 年为 81.64 亿美元。

1955 年为 91.94 亿美元。

1956 年为 99.04 亿美元。

1957 年超过百亿美元大关，达 102.7 亿美元。

1958 年为 103.01 亿美元。

1959 年为 112.54 亿美元。

1960 年为 119.31 亿美元。

1961 年为 118.45 亿美元。

1962 年为 123.8 亿美元。

1963 年为 130.5 亿美元。

1964 年也超过 130 亿美元，达 141.5 亿美元。

1966 年为 165.3 亿美元。

1968 年超过 180 亿美元，占当时世界总广告费的 61%，占国民生产总值的 2.06%，人均广告费为 89.2 美元。

1970 年为 196 亿美元。

1972 年为 231 亿美元。

1974 年为 267.8 亿美元。

到 1980 年为 545.8 亿美元。

1981 年为 605 亿美元，人均广告费 283 美元。

1986 年为 1 021.4 亿美元。1986 年全球广告费总额为 1 800 多亿美元。当年美国广告费总额占整个世界广告总额的 56.7%，占国民生产总值的 2.43%。

1987 年为 1 096.5 亿美元。

1988 年为 1 180.5 亿美元，占当年国民生产总值的 2.35%。

1989 年为 1 239.3 亿美元，占当年国民生产总值的 2.4%，人均广告费 499.2 美元。

1992 年为 1 313 亿美元，占当年国民生产总值的 2.12%。

1993 年达到 1 400 亿美元。

1994 年为 1 470 亿美元。

1995 年超过 1 500 亿美元，达 1 629.3 亿美元，比 1994 年增长 8.7%，共有 11 000 多家广告公司。而我国 1995 年广告额（未计港、台地区）为

273. 269 亿元人民币，约合 33. 3 亿美元。

1996 年为 1 752. 3 亿美元。而同年我国广告额为 366 亿元人民币，约合 44 亿美元。

1997 年为 1 875. 3 亿美元，比 1996 年增长 7%。同年，世界广告总额为 3 975 亿美元，美国占世界广告总额的 47. 2%。1997 年美国人口为 2. 667 3 亿，人均广告费为 703 美元；GNP 为 80 799 亿美元，广告费占国民生产总值的 2. 32%。

截至 1998 年，美国广告总额超过 2 000 亿美元大关，达 2 008. 3 亿美元。当时预计 1999 年将达 2 120 亿美元。[1]

美国从 1900 年到 1999 年的 100 年间，历年广告额详见表 9 - 8。

表 9 - 8　　　　　　　　1900—1999 年美国历年广告总额统计表[2]

单位：百万美元

| 年份 | 广告总额 | 年份 | 广告总额 | 年份 | 广告总额 |
|------|----------|------|----------|------|----------|
| 1900 | 450 | 1934 | 1 650 | 1968 | 18 070 |
| 1901 | 500 | 1935 | 1 720 | 1969 | 19 240 |
| 1902 | 575 | 1936 | 1 930 | 1970 | 19 550 |
| 1903 | 650 | 1937 | 2 100 | 1971 | 20 700 |
| 1904 | 750 | 1938 | 1 930 | 1972 | 23 210 |
| 1905 | 775 | 1939 | 2 100 | 1973 | 24 980 |
| 1906 | 800 | 1940 | 2 100 | 1974 | 26 620 |
| 1907 | 850 | 1941 | 2 250 | 1975 | 27 900 |
| 1908 | 925 | 1942 | 2 169 | 1976 | 33 300 |
| 1909 | 1 000 | 1943 | 2 490 | 1977 | 37 440 |
| 1910 | 1 000 | 1944 | 2 700 | 1978 | 43 330 |
| 1911 | 1 010 | 1945 | 2 840 | 1979 | 48 780 |
| 1912 | 1 030 | 1946 | 3 340 | 1980 | 53 750 |
| 1913 | 1 060 | 1947 | 4 250 | 1981 | 60 460 |

①　电通广告年鉴 1998—1999，《广告时代》国际版，1998
②　现代广告，1999（9）：87

（续上表）

| 年份 | 广告总额 | 年份 | 广告总额 | 年份 | 广告总额 |
|---|---|---|---|---|---|
| 1914 | 1 100 | 1948 | 4 870 | 1982 | 66 670 |
| 1915 | 1 100 | 1949 | 5 210 | 1983 | 76 000 |
| 1916 | 1 240 | 1950 | 5 700 | 1984 | 88 010 |
| 1917 | 1 380 | 1951 | 6 420 | 1985 | 94 900 |
| 1918 | 1 240 | 1952 | 7 140 | 1986 | 102 370 |
| 1919 | 1 930 | 1953 | 7 740 | 1987 | 110 270 |
| 1920 | 2 480 | 1954 | 8 150 | 1988 | 118 750 |
| 1921 | 1 930 | 1955 | 9 150 | 1989 | 124 770 |
| 1922 | 2 200 | 1956 | 9 910 | 1990 | 129 590 |
| 1923 | 2 400 | 1957 | 10 270 | 1991 | 127 470 |
| 1924 | 2 480 | 1958 | 10 310 | 1992 | 132 650 |
| 1925 | 2 600 | 1959 | 11 270 | 1993 | 139 540 |
| 1926 | 2 700 | 1960 | 11 960 | 1994 | 151 680 |
| 1927 | 2 720 | 1961 | 11 860 | 1995 | 162 930 |
| 1928 | 2 760 | 1962 | 12 430 | 1996 | 175 230 |
| 1929 | 2 850 | 1963 | 13 100 | 1997 | 187 529 |
| 1930 | 2 450 | 1964 | 14 150 | 1998 | 200 830 |
| 1931 | 2 100 | 1965 | 15 250 | 1999 | 212 000 |
| 1932 | 1 620 | 1966 | 16 630 | | |
| 1933 | 1 325 | 1967 | 16 870 | | |

2001 年，由于"9·11"事件的影响，全美广告支出比 2000 年下降 4.1%，从 2 437 亿美元降至 2 337 亿美元。2002 年仅缓步回升 2.4%，达到 2 393 亿美元。（施心慧：《9·11 之后：美国广告业面对新挑战》，载台北《广告》杂志第 130 期）

【广告主】　20 世纪 90 年代以来，由于美国政府的鼓励和大力提倡，企业长期大力投资于与信息关联的产业及第三产业，人民群众个人收入的增加和良好的消费心态（以鼓励消费来刺激经济的发展。二战以来，在几乎所有的主要消费品消耗上，美国都居首位），以及高水准的住宅投资、美元升值等，美国一直处于长期持续的经济景气时期。水涨船高，作为经济发展晴雨表的广告业也在整体上逐年稳步增长。1997 年，美国的广告总额已达 1 875 亿美元，增长率为 7%；1998 年超过 2 000 亿美元的大关，达 2 008.3 亿美元。

汽车业、零售业及商业与消费者服务等十大产品类别占了美国广告费的 1/3（详见表 9 – 9）。通用汽车、宝洁、菲利普—莫力斯、克莱斯勒、福特汽车公司等广告投资大户每年的广告费都在 10 亿美元以上，或接近 10 亿美元。这些大型公司的年度营销计划和广告预算都直接影响着美国广告业每年的广告额（详见表 9 – 10 至表 9 – 11）。

表 9 – 9　　　　　　　　1997 年全美十大广告产品类别及广告费用①

单位：百万美元

| 产品类别 | 广告费 | 与 1996 年相比（%） |
|---|---|---|
| 汽车 | 12 873.4 | 118.1 |
| 零售业 | 10 860.7 | 121.9 |
| 商业与消费者服务 | 9 031.8 | 105.4 |
| 娱乐 | 5 889.3 | 119.0 |
| 食品 | 4 149.0 | 104.7 |
| 药物与处方药 | 3 981.0 | 107.0 |
| 化妆品与卫生用品 | 3 684.3 | 108.3 |
| 旅游、饭店和休闲 | 2 836.4 | 144.7 |
| 计算机和办公设备 | 2 332.6 | 111.3 |
| 直销公司 | 1 880.0 | 104.0 |
| 总计 | 57 563.5 | |

资料来源：美国《广告时代》国际版 1998 年 5 月

---

① 张树庭，刘灵．国际广告业纵览（一）．广告导报，1999（17，18 合刊）

表 9 – 10　　　　　　　　　1997 年全美十大广告主及广告费用①

单位：百万美元

| 广告主名称 | 广告费 | 与 1996 年相比增长率（%） |
|---|---|---|
| 通用汽车公司 | 2 226.9 | + 30. 1 |
| 宝洁公司 | 1 703.1 | + 12. 3 |
| 菲利普—莫力斯公司 | 1 319.0 | + 8. 0 |
| 克莱斯勒公司 | 1 311.8 | + 17. 2 |
| 福特汽车公司 | 973.1 | + 6. 9 |
| 庄臣公司 | 823.5 | − 3. 1 |
| 时代—华纳公司 | 779.1 | + 2. 8 |
| 沃尔特—迪斯尼公司 | 746.3 | − 1. 4 |
| 西尔斯—罗卜克公司 | 734.1 | + 23. 9 |
| Diageo（地亚哥公司） | 685.0 | + 16. 2 |
| 总计 | 11 302.1 | + 12. 7 |

资料来源：美国《广告时代》1998 年 6 月 13 日

表 9 – 11　　　　　　　　　1998 年全美十大广告主及广告费用②

单位：百万美元

| 广告主名称 | 广告费 | 与 1997 年相比增长率（%） |
|---|---|---|
| 通用汽车公司 | 2 121.5 | − 4. 7 |
| 宝洁公司 | 1 725.0 | + 2. 2 |
| 克莱斯勒汽车公司 | 1 411.1 | − 0. 2 |
| 菲利普—莫力斯公司 | 1 264.4 | − 4. 1 |
| 福特汽车公司 | 1 066.4 | + 9. 6 |
| 时代—华纳公司 | 830.6 | + 9. 3 |
| 沃尔特—迪斯尼公司 | 809.7 | + 7. 6 |
| 西尔斯—罗卜克公司 | 721.7 | − 1. 7 |
| 联合利华 | 691.2 | + 11. 7 |
| Diageo（地亚哥公司） | 670.6 | − 2. 1 |
| 总计 | 11 312.1 | + 0. 1 |

资料来源：《媒体评估》

---

① 张树庭，刘灵. 国际广告业纵览（一）. 广告导报，1999（17，18 合刊）

② 梅塞迪斯·卡当那，张辉来. 1998 全美广告额浮出海面. 国际广告，1999（6）：26

**【广告公司】**　　根据《广告时代》统计，目前美国有大小广告公司 6 000 多家，从业人员已超过 40 万。其中排名前 500 位的广告公司营业总额在 1997 年达到 1 037.5 亿美元，毛利润为 130.7 亿美元，比 1996 年增长 13.3%。在世界排名列前 10 位的巨型广告公司中，美国占了 60%。1997 年美国前 10 名的广告公司其国内广告经营额都在 24 亿美元以上。这些公司都是跨国综合性大型广告公司，实施国际性广告经营战略，建立全球性广告网络，开展全球性广告服务。它们以其悠久的历史、庞大的规模、雄厚的资本和先进的管理经验及科学的运作方式，对世界广告市场产生了重大影响。各大型广告公司在世界各国或各地都设有分公司或办事处。如创办于 1878 年的"智·威·汤逊"在 46 个国家都设有分支机构；创办于 1935 年的"李奥·贝纳"在全世界 33 个国家拥有 44 家分公司、4 200 多位员工；"麦肯"则在 65 个国家设有分支机构；创办于 1935 年的"奥美"则在全球 47 个国家共有 247 家分公司。但美国也有许多小型的广告公司，大约有 2/3 以上的广告公司每家员工不到 5 个人。它们往往承接大广告公司的项目，在经营上以专门化为其特色，是美国广告公司中的重要组成部分。

纽约仍然是世界广告之都。1997 年，纽约的 152 家广告代理公司营业额达 377 亿美元（此数据还不包括曼哈顿周边两个地区的广告收入），比 1996 年又增长 12.6%。1997 年度，美国前 10 名广告公司中，有 9 个总部设在纽约。总部设在纽约的"奥姆尼康"（Omnicom Group）超过 WPP，成为世界最大的广告集团；"智·威·汤逊"（JWT）击败"李奥·贝纳"（Leo Burnett Co.）和"葛瑞"（Grey Advertising）成为美国第一大广告公司。

20 世纪 90 年代中期以来，美国广告公司间的整合、兼并及购买活动持续不断，使得世界广告集团排序屡屡更替。据专家预测，在 21 世纪，广告公司的合并将进一步加剧，美国将只有数家广告集团生存下来。

表 9 – 12　　　　　　　1997 年全美前十名广告公司国内收入情况表①

单位：百万美元

| 排名 | | 广告公司名称 | 总部所在地 | 毛利润 | | 营业总额 |
|------|------|------|------|------|------|------|
| 1997 年 | 1996 年 | | | 1997 年 | 增长率（%） | |
| 1 | 2 | 智·威·汤逊 | 纽约 | 387.8 | 3.4 | 2 698.5 |
| 2 | 3 | 葛瑞广告 | 纽约 | 387.7 | 10.1 | 2 586.1 |

①　张树庭，刘灵. 国际广告业纵览（一）. 广告导报，1999（17，18 合刊）

（续上表）

| 排名 | | 广告公司名称 | 总部所在地 | 毛利润 | | 营业总额 |
|---|---|---|---|---|---|---|
| 1997年 | 1996年 | | | 1997年 | 增长率（%） | |
| 3 | 1 | 李奥·贝纳 | 芝加哥 | 386.0 | -2.0 | 2 649.3 |
| 4 | 4 | 麦肯—埃里克森 | 纽约 | 353.9 | 9.6 | 2 858.8 |
| 5 | 5 | 福康贝丁 | 纽约 | 321.3 | 6.1 | 3 386.0 |
| 6 | 6 | BBDO | 纽约 | 304.5 | 5.2 | 3 398.5 |
| 7 | 8 | 扬＆罗必凯 | 纽约 | 285.8 | 18.2 | 3 455.0 |
| 8 | 9 | 博塞尔 | 纽约 | 281.3 | 16.9 | 2 257.0 |
| 9 | 7 | DDB 尼德汉姆 | 纽约 | 265.3 | 6.6 | 2 474.2 |
| 10 | 10 | 奥美 | 纽约 | 253.4 | 8.6 | 2 502.3 |

资料来源：电通广告年鉴 1998—1999 年

【广告媒介】　美国广告媒介非常发达，形式多种多样。20 世纪 90 年代以来，美国社会迈入信息时代，美国广告媒介的发展更是超过经济的发展。据统计，1996 年广告媒介增长率为 12.3%，1997 年平均增长率也在 8% 以上。除传统的四大大众传媒不断革新、稳步发展，仍在广告传播中起主体作用以外，其他各类广告媒介也得到飞速发展。截至 1997 年，各种媒介广告收入及其在所有媒介收入中的构成比及增长率，详见表 9 – 13。

表 9 –13　　　　　　　　1997 年美国各广告媒介收入[①]

单位：百万美元

| 媒介类别 | 广告收入 | 构成比（%） | 比上年增长（%） |
|---|---|---|---|
| 报纸 | 41 670 | 22.2 | 8.5 |
| 杂志 | 9 821 | 5.2 | 9.0 |
| 出版公司 | 325 | 0.2 | 9.0 |
| 电视 | 44 519 | 23.8 | 10.5 |
| 广播 | 13 491 | 7.1 | 10 |
| 黄页电话号码簿 | 11 423 | 6.1 | 5.3 |

---

① 张树庭，刘灵. 国际广告业纵览（一）. 广告导报，1999（17，18 合刊）

（续上表）

| 媒介类别 | 广告收入 | 构成比（%） | 比上年增长（%） |
|---|---|---|---|
| DM | 36 890 | 19.7 | 6.9 |
| 专业报纸 | 4 109 | 2.2 | 7.9 |
| 户外广告 | 1 455 | 0.8 | 8.7 |
| 其他 | 23 827 | 12.7 | 7.0 |
| 总广告费 | 187 530 | 100.0 | 7.0 |

资料来源：广告时代

进入90年代以来，美国广告的主流媒体即四大传媒的内容也发生了很大变化，从政治转向生活。在社会越来越商业化的今天，媒体在很大程度上致力于扩大发行量、提高收视率，以吸纳更多的广告，增加利润。为了迎合读者及听众、观众的口味，四大媒体的报道重点已从政治、外交转向生活时尚、社会名流介绍以及文化娱乐。可读性较强的软性新闻越来越占主导地位。电视台黄金时段的节目与新闻特写，也集中报道消费及生活方式等类新闻，而不是过去关于国际新闻、政府事务、社会福利以及经济新闻的报道。

【报纸】 美国现有日刊报纸1 520种，此外还有周报及社区报纸7 000多种。发行量最大的是《华尔街日报》，目前为182万份。在美国报纸中，知名度最高的都是一些态度严谨、庄重的全国性日报，即所谓高品质报或精英报，主要有《纽约时报》、《华盛顿邮报》和《洛杉矶时报》，它们是美国有声誉日报中的"三大日报"。三大日报每天每报出100多版，其中广告版面占整报篇幅的70%左右。各报经济收入也主要依靠广告收入，如《纽约时报》广告收入占其总收入的70%，《华盛顿邮报》广告收入占其总收入的85%。美国一般报纸也都有上百个版，其中广告版面大约60%左右，广告收入一般占报纸整个收入的80%。报纸广告的最大广告主为汽车业和零售业。值得注意的是，近年来，美国全国性日报逐渐走下坡路，而市郊日报及社区日报却因其贴近居民生活得到发展。1997年，地区性广告市场上的招聘、房地产、汽车等的分类广告有很大增长，分别为69亿、30亿和40亿美元。

据美国报业协会1997年3月公布：美国1996年报纸广告收入比1995年增长20亿美元，增长率为5.8%，达到380多亿美元。其中分类广告收入增长9.9%，达到151亿美元；全国性广告收入增长10.1%，达到47亿美元；零售业广告收入增长1.6%，达184亿美元。1997年起，美国报纸广告收入超过 400 亿美元。

【杂志】 美国各类杂志有 1 万多种。有不少著名杂志的发行量大得惊人，是重要的广告媒介。如著名的《读者文摘》（*Reader's Digest*）月刊，早在 1977 年，其国内版即创杂志发行的最高纪录 1 840 万份；到 1992 年，仅国内版的发行量也有 1 692 万份，是美国发行量最大的杂志。其次是《电视指南》（*TV Guide*），其期发行量也早已超过 1 000 万份大关。1992 年的期销售量达 1 565 万份，居当时美国杂志发行量的第二位。当年广告收入为 8. 255 亿美元，居全美杂志广告的第一位。美国新闻性杂志中，最著名的有 3 家：《时代周刊》（*Time*）、《新闻周刊》（*News Week*）和《美国新闻与世界报道》（*U. S. News and World Report*）。三大周刊都有其悠久的历史。《时代周刊》于 1923 年出版第一期，早在 20 世纪 70 年代中期，发行量即达 420 万份，是三大周刊中发行量及影响最大者。《新闻周刊》于 1933 年 2 月 17 日问世，到 70 年代中期，发行量为 290 万份。《美国新闻与世界报道》也是 1933 年在华盛顿创办的，其发行量早在 70 年代即超过 200 万份，一直被视为直追《时代周刊》与《新闻周刊》的第三大新闻周刊。1992 年，《美国新闻与世界报道》全年广告页数达 2 169 页，在新闻周刊类杂志中居于首位。三大新闻周刊的发销日均为每星期一。

近几年来，美国的各种科学杂志也逐渐成为强有力的广告媒体。此类杂志的主要读者属于高学历、高收入的 30 岁左右的壮年人，是广告主最重视的对象。同时，由于这些科学杂志的读者以男性占大多数，凡是与电子相关的行业，或酒类、汽车等企业，也都优先考虑将广告交给科学杂志刊登。美国最早的一批科学杂志有：*Scientific American*（《科学的美国人》，1845 年创刊）、*Popular Science*（《大众科学》，1872 年创刊）、*Science Digest*（《科学文摘》，1932 年创刊）、*Omni*（1978 年秋创刊）、*Science*（《科学》，1980 年创刊）、*Discover*（《发现》，1980 年 10 月创刊，由"时代"公司创办。1991 年脱离"时代"公司，被迪斯尼公司买下，改为儿童科学杂志）。曾经蓬勃一时的科学杂志，现只剩下 *Omni* 与 *Discover*（《发现》）两种。①

美国出版的介于科普、科学与旅游、观光之间的一类杂志中，最著名的有《国家地理杂志》（*National Geographic Magazine*，简称 NGM）。该杂志创刊于 1888 年，是美国最早的摄影杂志，也是美国最早整本使用彩色印刷的杂志。

---

① 金平圣之助，钟献文. 美国杂志 100 年（1888—1993 年）. 台北：台北三思堂文化事业有限公司，1995. 122 ~ 129

它以动物或外国风景、名胜为主题，大量刊登精美的照片以及使读者爱不释手的文章。它以一般大众为对象，在美国杂志界独树一帜，有广泛的读者群。在1992 年全年广告页数为 294 页，收入为 2.55 亿美元。其销售量高达 1 400 万份，99.9% 都采取邮寄方式。

美国是中老年（50 岁以上）人口增加特别显著的国家之一，预计从 1992 年到 2025 年之间，美国 50 岁以上人口将增加 80% 以上，正式超过 1 亿大关。这批人成熟、收入高，曾担任专职或高级职务，是庞大、重要的消费群体，因此，为他们服务的中老年杂志也很发达，其中最著名的有《现代中老年》杂志（*Modern Maturity*）。该杂志创刊于 1958 年，是美国退休人协会（AARP）创办的会刊，属非营利的会员杂志性质。1980 年起，该杂志开始接受外界刊登广告，并大量刊登鼓励消费及启发、引导人们积极享受人生的文章，深受读者欢迎。到 1992 年下半年，发行量已高达 2 280 万份，以多出当年第二位的《读者文摘》650 多万份的佳绩，勇夺全美杂志发行量冠军。

此外，美国一些以刊登名人生活及隐私为主、现实生活味较浓，并以职业妇女为中心读者对象的杂志也很发达。这些女性杂志深受时装、美容、零售业三大广告主的注重和青睐。

为了同报纸、电视广告竞争，美国杂志界采取了很多对策：①利用其印刷精美的优势，精心设计封面，讲究"封面人物"的运用，精心撰写、设置封面提要及与报道有关的标语。这对提高杂志的吸引力及零售量有神奇的力量。②以发行创刊纪念号来增加广告页数。"创刊 × × 周年纪念号"往往比平常增加 2~3 倍的广告页数。③杂志"夹带广告"。这些广告有别于"插页广告"。通常将杂志与广告小册子装在同一只塑料袋子中出售。截至 1997 年，美国杂志广告额为 98.21 亿美元。从总的发展趋势看，进入 20 世纪 90 年代以后，由于电视广告的强有力的冲击和竞争，美国的报纸、杂志广告慢慢在走下坡路。在全美广告总额中，报刊广告所占比例在逐年递减，其每年的增长率也明显低于电视广告，如：杂志广告在广告总收入中的比例，从 1947 年的 12% 下降到1968 年的 7%，1973 年降至 5.8%，到 1997 年只占 5.2%；报纸广告在广告总额中的比例也从 1948 年的 36%，下降至 1968 年的 29%，到 1997 年还占22.2%。而电视广告则从 1949 年的 1%，急剧上升至 1968 年的 18%，直至1997 年为 23.8%。①

---

① 金平圣之助，钟献文．美国杂志 100 年（1888—1993 年）．台北：台北三思堂文化事业有限公司，1995．22；李瞻，朱立．美国近代杂志事业概况．台北：台北市新闻记者公会，1968

【电视】　　电视是 20 世纪最重要的发明之一。电视的出现改变了美国人的生活方式，也为广告提供了一种重要的媒介。早在 1920 年，美国就开始实验电视。1941 年 7 月 1 日开始出现电视广告。由于电视的普及，观看电视逐渐代替了人们下班后打桥牌、看电影、听音乐会以及社交的习惯。看电视成为每个人每天必不可少的生活内容。因而电视广告费用迅速上升。到了 20 世纪 50 年代，美国又首创彩色电视，使电视广告更加吸引人们的注意。60 年代后，由于录像机、彩电和精心制作的节目等原因，使电视成为仅次于报纸的重要广告媒介，电视广告每年的增长率及在总广告额中所占比例都有攀升。

到了 20 世纪 90 年代，电视成为美国最大的广告媒体。1997 年美国电视广告费超过了报纸广告费，几乎占全美广告总额的 1/4。现在，美国广播公司（ABC）、全国广播公司（NBC）、哥伦比亚广播公司（CBS）这三大广播电视网以及有线电视广播网（CNN）共计四大广播电视网，控制着全国的广播电视网。目前，三大广播公司已拥有 1.7 亿多户美国家庭，有线电视网（CNN）也拥有 6 500 万户。无论是无线电视网还是有线电视网，或者是辛迪加电视集团，广告收入连年上升。尤其是有线电视有了很大的发展，有线电视广告收入增长最快。1997 年全美 100 大媒体中，有线电视的总收入比上一年增长了16.7%，远远高于其他媒体。但是，美国电视广告也有隐忧：一是竞争加剧，面临挑战。这种竞争除电视网之间竞争的日趋激烈外，还有其他媒体的竞争。二是在电视广告费逐年增长的同时，电视观众数量却有不断下降的趋势。据来自 FOB 的一项最新媒介报告显示，杂志媒体正比电视媒体拥有更高的到达率和更好的实际效果。① 电视广告虽然时效性强，但一闪而过；而杂志广告则可以保留一段时间，在一星期或者一个月以上的时间里影响读者。人们可以反复翻读杂志广告，并对其进行更为理性的思考。此外，杂志媒体还可以同读者（消费者）建立直接的联系，把某种专门的信息更有效地传达给具有特定兴趣的人群。

【广播】　　美国是世界上最早有广播的国家。1920 年就有了广播电台。1922 就开始播出广告。1928 年，美国无线电广播广告费即达 1 050 万美元。到 1948 年猛增到 5.616 亿美元，是当时仅次于报纸的第二大广告媒体。20 世纪 20 年代至 40 年代可说是美国广播广告的黄金时代。1954 年起，美国电视广告以 8.092 亿美元的营业额超过广播广告的 5.587 亿美元的年营业额。1955年电视广告费达 10.253 亿美元，同年广播广告费只有 5.449 亿美元，几乎只

---

① 崔炳文. 杂志广告效果胜过电视. 现代广告，1999（9）

有电视广告的一半。从 1952 年后到 1957 年，广播广告额连年负增长，沦为四大媒体中最末一位。90 年代后，广播广告的地位又有了回升，成为四大媒体中的第三大广告媒体。

目前美国有无线电广播电台 8 000 多个，其中 900 个左右为非商业台，其余全为商业广播电台。全国性电台只有 4 个，其余均为地方性或区域性电台。广播电台最大的广告主是零售业，其次是服务业和汽车业。1997 年，全美广播广告营业额为 134.91 亿美元，占媒介经营总额的 7.1%，高于杂志经营额的 98.21 亿美元，仍是四大传媒中的第三。

美国的广播广告从 1922 年诞生至今，无论从内容到形式，从制作及播出方式到人们接受广播广告的方式，都发生了很大变化。最初，广播电台将广播广告与新闻一样逐条逐条播出，由播音员逐条念稿。1929 年后，电台广告进行革新，往往采用播放连续性戏剧节目的形式插播广告。这种戏剧节目有故事情节、有主角，再配以音乐、音响效果，逐日连续播出，专供白天"寂寞在家"的家庭妇女欣赏。在她们的消遣中便自然而然接受了广告宣传。这种表演剧一播出，便在美国走红，引起轰动。由于它多用来宣传肥皂等日常生活用品，于是便被人们冠以"肥皂剧"之名。肥皂剧在 20 世纪 30 年代后，便在美国生活中占有重要地位，扩大了广播广告的影响。① 而现代的广播广告更趋简单化，主要供人们在汽车里收听。汽车对于美国人来说，是一种非常重要的交通工具。美国人每天有很大一部分时间都在汽车里度过，所以一般都习惯于在汽车里收听广播。美国的电台各个栏目的广告插播频率都很高，不论什么时段、什么栏目，甚至在播放新闻中都插播广告。各种商品及商业广告大都制作简单，采取以跟主持人聊天谈心的形式播出，听起来亲切、自然。

【户外广告等】 户外广告是美国四大媒体之外的又一种重要的广告媒介。从全美户外广告最发达的纽约时代广场、百老汇大街，到全美颇有名气的规模最大的拉斯维加斯霓虹灯广告一条街，让人看到的、听到的都是扑面而来的广告浪潮，使人有置身广告海洋之感。到 1997 年，全美户外广告额为 14.55 亿美元。户外广告主要广告主为烟草公司（1.58 亿美元），其次分别为娱乐业和服务业。由于 FDA（美国食品医药品局）放宽了对与医药相关的广告活动的限制，因此在户外广告中，直接对消费者进行广告宣传的药品广告（DTC 广告）也有大幅度的增加。

近年来，美国户外广告愈来愈呈现出形式多样化、创意个性化、制作手段

---

① 陈培爱. 中外广告史. 北京：中国物价出版社，1997. 259

高科技化等特征，以及简洁、明快、规模及总量大等特点。美国的户外广告一般设在繁华的商业区及办公区域的屋顶、沿街商业大楼的立面、公交候车棚、公交车身、市区道路交叉口和高速公路两侧，而市民住宅生活区、公园、绿化地带及公共场所几乎见不到广告牌。户外广告表现形式不拘一格，有立体的，有平面的，也有动画的，互相组合，形象、生动、逼真，极富感染力，充分体现了广告作品的现代性，是美国广告业的"形象工程"。户外广告一般都有很高的科技含量，制作手段先进，声、光、电技术结合，电脑写真广告、高科技数码技术制作大型喷画广告、各种异成形、热成形灯箱广告、印刷拼贴广告等纷纷出现。电子、激光等高新技术也广泛使用，如霓虹灯广告普遍采用先进的霓虹灯管、高亮度的白炽灯和光导纤维制作，并使用计算机程序控制技术。在拉斯维加斯，激光技术在户外广告上的运用更随处可见。

此外，由于克林顿政府提供"信息高速公路"，加上 1996 年通过了《电气通信法》，使得多媒体的发展速度大大加快，并开始迈向商业化的道路，出现了网络广告公司。据有关方面统计，1997 年，美国互联网广告费已超过 9 亿美元，大有直追户外广告的趋势，其作为广告媒体的地位已经确立。① 可以预见，在今后几年，电脑网络将在广告和传播中有更广泛的应用。

【广告管理】　美国广告业现已形成了政府管理、行业自律、社会监督相结合的管理体制。在这种体制下，广告运作规范，健康发展。

广告管理机构　美国政府管理广告的机构很多，其中，"联邦贸易委员会"（FTO）是政府广告管理的专门机构，也是最具有权威的机构。FTO 是根据《联邦贸易委员会法案》于 1914 年建立的，其 5 名委员由总统和参议院提名、任命。它的主要职责是对欺骗性广告进行认定和处罚。FTO 下设 6 个分局，其中欺诈行为局下设有一般广告处、食物药品广告处、一般营业处、科学意见处，并在地方设有分支机构。同年，美国政府又建立了商业改进局（简称 BBB），负责监察商业包括广告业的经营。

除 FTO 外，美国还有一些政府下属专业职能部门和机构，也有权对其专业、行业的广告活动进行管理，如联邦电讯委员会（即 FCC，1934 年建立，下设 4 个局。其中"广播局"被授权管理广播、电视广告）、食品和药物管理局（管理食品、药品、化妆品、医疗器械方面的广告）、邮政管理局（管理邮政广告）、烟酒税务司（管理烟、酒类广告）、证券和交易委员会（管理证券广告）、粮食局（管理种子广告）、民航局（管理航空运输广告）、专利局

---

① 张树庭，刘灵．国际广告业纵览（一）．广告导报，1999（17，18 合刊）：31

（管理涉及商标的广告）、国会图书馆（管理涉及版权方面的广告）等。

广告管理法规　美国最早有关广告的法案是《普令泰因广告法草案》。1911年，美国的 Printer's Ink 杂志提出了防止虚假广告的广告法草案，经修改后即成为著名的《普令泰因广告法草案》。该法案规定：任何人、任何企业和广告代理者均不得进行欺骗性的广告宣传；任何不真实和令人误解的广告，都将以诈骗论处。同年，又颁布了《印刷物广告法规》，明确规定："任何人、任何企业和广告代理者，在从事印刷广告活动中，不得使用欺骗性或诋诈性言论，如在广告宣传中以假乱真，有损消费者利益，均属犯法。"这部法规后来被美国37个州作为法律条文采用。

美国虽然没有专门的广告法，但涉及广告的法律却很多，其中最重要的是《联邦贸易委员会法案》。此外，还有《惠勒·李对联邦贸易委员会的修正案》（1938年通过），《克莱顿法案和罗宾逊·帕特曼法案》（1936年通过），《侵权行为法（第二次）重述》，《统一欺骗性贸易活动法令》，《商标法》，《联邦食品、药物和化妆品法》，《公共卫生吸烟法案》等。《联邦贸易委员会法案》于1914年由美国国会通过。该法案规定了虚假广告的含义及其应负的法律责任、虚假广告的管理机关等。根据该法第一条规定，"联邦贸易委员会"是管理虚假广告的机关，该委员会由5名委员组成，委员由总统任命，并经参议院推荐和批准。该委员会的主要办公室设在华盛顿，但可以在其他地方行使权力。

广告行业自律及社会监督　在行业自律方面，美国普遍建立起全国性的广告主、广告代理公司和媒介的行业组织，制定会员行为规则，增强行业自律机制，完善和健全自我管理。其中最重要的行业自我管理机构是美国广告联合会（简称 AAF，成立于1905年），它是代表美国国内广告商、广告客户、媒介行业的联合组织，各地地方组织有215个分会，拥有41 000多个会员，其中包括广告商协会（AAAA，简称4A，1917年成立）、广告主协会（ANA，1910年成立）、广播电视协会、报刊杂志协会等团体会员。这些协会经费来源靠会费收入。AAF 下设有全国广告审查委员会（NARB）、广告工作局（NAD）、儿童广告审查委员会等。除 AAF 外，其他如全国广告商协会（4A）、广告主协会（ANA）、广播电视协会等，它们也都制定有会员行为规则，提倡在广告活动中注意真实、准确、社会责任和职业道德。会员违背规则轻则处罚、重则取消资格。美国广告业最重要的自律规则之一是美国全国广播电视协会于1975年制定的《广播电视准则》。虽然该准则于1982年被联邦政府以不符合反托拉斯法为由撤销，但在实践中，仍为绝大多数广播电视广告业经营者自觉遵守。该准则中对有关广播电视广告的规定十分具体，涉及广告活动的方方面面，共计60多项。

在社会监督方面，无论是消费者团体，还是商业团体，如证明消费者投诉属实，即可要求广告主终止该错误广告，如广告主仍不改，有关团体可将广告主的行为公布于众，利用舆论对广告主施加压力，直至采取法律手段，上告至法院。

## 二、日本广告业现状

日本是世界广告业高度发达的国家之一，在规模上仅次于美国，排在世界第二位。在亚洲国家中，日本广告业居第一位，其每年的广告收入总额占亚洲广告总额的 75% 左右。1997 年，东京有广告公司 52 家，总营业额达 314 亿美元，仅次于美国纽约（377 亿美元），是世界第二大广告城市。日本最大的广告公司"电通"，从 1973 年以来，一直是世界实力最强、规模最大的广告公司，多年来，雄踞世界冠军宝座。在此之前，美国的汤普逊广告公司（J·Walter Thompson Co.），曾稳坐世界第一位多年。1972 年，电通社即以 6.85 亿美元的营业额，紧随汤普逊公司 7.72 亿美元营业额之后，居第二位。到 1973 年，电通社便一举超过了汤普逊广告公司。

日本现代广告事业的大发展是从 20 世纪 50 年代开始起步的，与其经济发展的大环境有密不可分的关系。第二次世界大战之后，作为发动侵略战争的战败国日本，经济彻底崩溃，丧尽元气，各地物资匮乏，国民大多连一日三餐都发生问题。但 1950 年 6 月起，美国发动的侵朝战争和 1961 年 5 月美国发动的侵越战争，这两次战争给日本经济的发展提供了"契机"。两次战争中，美国都把日本当作大后方，很多军事设备都就近在日本订货、制造，许多军需品都向日本采购。日本趁机大发战争横财。靠朝鲜战争、越南战争中美国庞大的订货"机遇"，靠美援，更靠他们善于把西方科技和东方文化结合起来，靠他们领先的国民教育水准和全民族的科学技术水平，日本终于崛起为世界"超级经济大国"。从 1955 年到 1965 年的 10 年间，日本经济突飞猛进，终于迎头赶上了西欧发达国家；1965 年以后，甚至超过了西方发达国家。强大的经济，带来了广告业的突飞猛进的发展。

**【历年广告总额统计】**　20 世纪 50 年代中期以来，日本每年的广告总额一直居世界的前列。1972 年起，日本的广告费总额超过联邦德国，名列世界第二位。到 1974 年，其广告总量超过联邦德国的幅度，更见加大。此后一直居于世界第二大广告王国的地位。

1980 年，日本广告总额为 22 783 亿日元，约合 112.43 亿美元。

到 1986 年，日本广告总额为 36 478 亿日元，约合 183.09 亿美元，占国民生产总值的 0.92%。

1987 年，日本广告总额为 39 448 亿日元，约合 272.73 亿美元。

1988 年，日本广告总额为 44 175 亿日元，约合 344.17 亿美元。

1989 年，日本广告总额为 50 715 亿日元，约合 367.60 亿美元，占国民生产总值的 1.3%，人均广告费 298.8 美元。

到 1994 年，日本广告总额为 51 682 亿日元，约合 521.988 2 亿美元。

1996 年，日本广告总额为 530.83 亿美元，仍居世界第二位，占世界广告总额的 14.33%；人均 422 美元，也是居世界第二位（美国为第一位，人均 657.2 美元）。而中国 1996 年广告总额为 366.637 亿元人民币，约合 44 亿美元。与日本相比，差距很大。

1997 年，日本广告总额为 59 901 亿日元，约合 545.17 亿美元，还居世界第二位。比上年增长 2.7%，占当年国民生产总值的 1.18%。

从 1997 年 4 月开始，日本经济持续衰退，回升乏力。到 1998 年，日本国内生产总值 23 年来首次出现负增长，比上年减少 2.4%，是泡沫经济崩溃以来经济形势最严峻的一年。由于经济不景气，导致整个社会消费低迷。企业由于产品销售不旺，只好削减广告预算，因而导致广告业的衰退。1998 年，日本广告总额为 57 597 亿日元，约合 524.2 亿美元，比上年减少 3.8%，是 1994 年以来的首次减少。当年广告费占国民生产总值的 1.16%。也是 5 年来的首次下降。①

日本 1960—1989 年、1985—1998 年间，历年广告额增长情况，详见表 9 - 14 和 9 - 15。②

表 9 - 14　　　　　　　　　1960—1989 **年间日本广告费统计**

单位：亿日元

| 年份 | 合计 | 报纸 | 杂志 | 电视 | 广播 | 其他媒体 |
|------|------|------|------|------|------|----------|
| 1960 年 | 1 740 | 684 | 100 | 388 | 178 | 390 |
| 1965 年 | 3 440 | 1 233 | 192 | 1 110 | 161 | 744 |
| 1970 年 | 7 560 | 2 653 | 418 | 2 445 | 345 | 1 699 |
| 1975 年 | 12 375 | 4 092 | 670 | 4 208 | 602 | 2 803 |

① 张树庭. 1998 日本广告业衰退年. 国际广告，1999（6）
② 苏进添. 日本新闻自由与传播事业. 台北：台北致良出版社，1990.146

(续上表)

| 年份 | 合计 | 报纸 | 杂志 | 电视 | 广播 | 其他媒体 |
|---|---|---|---|---|---|---|
| 1980 年 | 22 783 | 7 086 | 1 281 | 7 883 | 1 169 | 5 364 |
| 1984 年 | 29 155 | 8 468 | 1 857 | 10 307 | 1 501 | 7 022 |
| 1985 年 | 35 049 | 8 887 | 2 230 | 10 633 | 1 612 | 11 687 |
| 1986 年 | 36 478 | 9 145 | 2 382 | 10 908 | 1 633 | 12 410 |
| 1987 年 | 39 448 | 9 882 | 2 577 | 11 745 | 1 727 | 13 517 |
| 1988 年 | 44 175 | 11 267 | 2 962 | 13 161 | 1 879 | 14 906 |
| 1989 年 | 50 715 | 12 725 | 3 354 | 14 627 | 2 084 | 17 925 |

资料来源：电通

表 9 – 15　　　　　　　　1985—1998 年日本经济增长和广告费①

单位：亿日元

| 年份 | 国内总产值 | 国内总产值比去年（%） | 把 60 年作为 100 的指数 | 总广告费 | 比去年（%） | 把 60 年作为 100 的指数 | 国内总产值与总广告费的比率（%） |
|---|---|---|---|---|---|---|---|
| 1985 | 3 204 187 | 106.6 | 100 | 35 049 | — | 100 | 1.09 |
| 1986 | 3 354 572 | 104.7 | 105 | 36 478 | 104.1 | 104 | 1.09 |
| 1987 | 3 497 596 | 104.3 | 109 | 39 448 | 108.1 | 113 | 1.13 |
| 1988 | 3 739 732 | 106.9 | 117 | 44 175 | 112.0 | 126 | 1.18 |
| 1989 | 3 999 983 | 107.0 | 125 | 50 715 | 114.8 | 145 | 1.27 |
| 1990 | 4 300 398 | 107.5 | 134 | 55 648 | 109.7 | 159 | 1.29 |
| 1991 | 4 582 991 | 106.6 | 143 | 57 261 | 102.9 | 163 | 1.25 |
| 1992 | 4 710 644 | 102.8 | 147 | 54 611 | 95.4 | 156 | 1.16 |
| 1993 | 4 753 811 | 100.9 | 148 | 51 273 | 93.9 | 146 | 1.08 |
| 1994 | 4 792 601 | 100.8 | 150 | 51 682 | 100.8 | 147 | 1.08 |
| 1995 | 4 832 202 | 100.8 | 151 | 54 263 | 105.0 | 155 | 1.12 |
| 1996 | 5 003 097 | 103.5 | 156 | 57 699 | 106.3 | 165 | 1.15 |
| 1997 | 5 078 518 | 101.5 | 158 | 59 901 | 103.8 | 171 | 1.18 |
| 1998 | 4 958 239 | 97.6 | 155 | 57 597 | 96.2 | 164 | 1.16 |

--------

① 现代广告，1999（4）：86

【广告主】 截至 1997 年，根据对日本四大媒体广告发布情况的统计，日本的主要广告产品类别分为 20 类，其中食品、饮料类以及化妆品类广告费，所占比例较高。其次，汽车、交通类广告费比例也较高。而信息——通信类、汽车及其关联类产业产品的广告费增长率最大，成为带动日本广告业增长的龙头广告产品。

日本广告业界最大的广告主是"丰田汽车"，已连续多年保持第一位。由于日本市场对外开放程度低，因此，日本的大广告主几乎全是日本本国的企业。

1997 年日本十大广告产品类别及广告支出、十大广告主广告支出情况，详见表 9 – 16 和 9 – 17。①

表 9 – 16　　　　　　　　 **1997 年日本十大广告产品类别及其广告支出**

单位：亿日元

| 产品类别 | 广告费 | 构成比（%） | 前年比（%） |
|---|---|---|---|
| 食品 | 3 679.2 | 9.3 | 104.9 |
| 化妆品 | 3 672.4 | 9.3 | 104.0 |
| 汽车及关联产品 | 3 251.5 | 8.3 | 112.2 |
| 饮料——嗜好品 | 3 209.9 | 8.1 | 102.0 |
| 交通——娱乐 | 2 899.1 | 7.4 | 108.1 |
| 流通业——零售业 | 2 668.6 | 6.8 | 98.5 |
| 信息——通信 | 2 240.4 | 5.7 | 128.1 |
| 药品——医疗品 | 2 049.7 | 5.2 | 109.0 |
| 出版业 | 180.9 | 4.8 | 106.5 |
| 房地产——住宅设备 | 1 890.2 | 4.8 | 107.1 |

① 张树庭，刘建宏. 国际广告业纵览（四）. 广告导报，1999 – 06 – 22

表 9 – 17 1997 年日本十大广告主广告支出情况

单位：亿日元

| 排名 | 广告主名称 | 广告费 | 广告费占销售额比 | 前年比（％） |
|---|---|---|---|---|
| 1 | 丰田汽车 | 1 031.9 | 1.33 | 122.9 |
| 2 | 本田技研工业 | 592.6 | 1.93 | 118.4 |
| 3 | 日产汽车 | 554.4 | 1.56 | 93.4 |
| 4 | 花王 | 519.7 | 1.71 | 104.1 |
| 5 | 松下电器产业 | 506.6 | 1.04 | 110.0 |
| 6 | 三菱汽车工业 | 478.2 | 1.91 | 101.7 |
| 7 | 三得利 | 430.4 | 5.45 | 109.1 |
| 8 | 高岛屋 | 394.9 | 3.60 | 120.8 |
| 9 | 大荣 | 387.6 | 1.57 | 98.5 |
| 10 | NEC | 367.9 | 0.90 | 106.3 |

【广告公司】 截至 1997 年，日本的广告公司共有 4 573 家，其中既包括"电通"这样的巨无霸，也包括一些小型的、专业的广告公司等。从业人员共计 94 960 人。主要的广告公司团体是"日本广告业协会"，共有会员 157 家。此外还有户外广告协会、POP 广告协会等专门性的行业协会。

20 世纪 90 年代以来，日本的广告公司通过购买、兼并后，更加高度集中化、集约化，最大 10 家广告公司的广告营业额占全日本广告总额的一半以上。如 1997 年日本广告费总额接近 6 兆日元，其中前 10 位的大型广告公司营业额占 52％。日本最大、最具影响力的"电通"公司，其每年的总广告额都占当年全日本总广告额的 1/4 左右。从趋势上看，这种集约化的程度还在不断加深。另外，日本一些著名的大广告公司，如"电通"、"博报堂"这样的世界排名前 10 位的广告公司，有一个很大的、有别于美国巨型广告公司的特点，那就是它们往往把广告业务的重点放在日本国内，其国内广告额一般占 97％，国外广告业务收入仅占 3％。其中原因是日本国内本身就有世界级的大广告主，从而足以有力地支撑着本国大广告公司的生存和发展。

从 20 世纪 60 年代起，日本的一些大型广告主企业，也纷纷自设广告公司，即日本的所谓 house agency（广告主的广告公司），它们在日本广告业界占有特殊的位置，如丰田公司的大广、JR 的 JR 东日本企画、东急集团的东急广告等。它们中的部分公司除承担自己企业本身的广告宣传外，也承接其他企业的广告业务。

目前，日本广告公司正面临着外来资本的挑战，国际性跨国大广告集团以业务合作和资本合作的形式纷纷进军日本广告业，如 1998 年，奥姆尼康集团下属的 BBDO 购买了日本排名第 8 的 I&S 广告公司，TBWA 则出资 50% 介入"日放"的经营。

1997 年，日本十大广告公司经营额及所占比例详见表 9 – 18。①

表 9 – 18　　　　　　　　　1997 年日本十大广告公司

单位：亿日元

| 排名 | 广告公司名称 | 广告经营额 | 前年比（%） | 占日本广告费比（%） |
|---|---|---|---|---|
| 1 | 电通 | 13 350.5 | 106.2 | 22.3 |
| 2 | 博报堂 | 7 097.8 | 107.3 | 11.8 |
| 3 | 旭通信社 | 2 002.7 | 111.4 | 3.3 |
| 4 | 东急广告 | 1 982.6 | 106.3 | 3.3 |
| 5 | 大广 | 1 701.2 | 103.5 | 2.8 |
| 6 | 读卖广告社 | 1 277.7 | 107.3 | 2.1 |
| 7 | 第一企画 | 1 137.9 | 106.6 | 1.9 |
| 8 | I&S | 1 070.6 | 102.6 | 1.8 |
| 9 | JR 东日本企画 | 839.9 | 105.2 | 1.4 |
| 10 | 麦肯—埃里克森 | 781.0 | 104.8 | 1.3 |
| | 总计 | 31 241.9 | | 52.0 |

到 1998 年，由于整个日本经济的不景气，也带来十大广告公司营业额下降 3.2%，这也是 5 年来的首次下降。最令日本广告业界痛惜和不安的事件是，有 109 年悠久历史和传统的"万年社"（1890 年创办）申请破产倒闭。万年社历史比电通社（其前身"日本广告株式会社"创办于 1901 年）还长，二战之前就是机能最为完备的日本广告代理公司之一，其历年业绩仅次于电通，它通常总是和博报堂争夺第二名。但是，战后万年社逐渐走向衰退，泡沫经济

---

① 张树庭，刘建宏. 国际广告业纵览（四）. 广告导报，1999 – 06 – 22

崩溃后，更是逐渐难以支撑，终于在 1998 年申请破产。

1998 年日本十大广告公司排名详见表 9 – 19。①

表 9 – 19　　　　　　　　　　　1998 年日本十大广告公司

单位：亿日元

| 广告公司名称 | 1998 年营业额 | 前年比（%） |
|---|---|---|
| 电通 | 13 225.82 | 99.1 |
| 博报堂 | 6 818.51 | 96.1 |
| 旭通信社 | 2 005.40 | 100.1 |
| 东急广告 | 1 883.69 | 95.0 |
| 大广 | 1 551.41 | 91.2 |
| 读卖广告社 | 1 229.82 | 96.3 |
| 第一企画 | 1 054.80 | 92.7 |
| I&S | 974.78 | 91.1 |
| 麦肯 | 743.26 | 95.2 |
| 朝日广告社 | 648.05 | 90.3 |
| 10 社合计 | 30 135.54 | 96.8 |
| JR 东日本企画 | 877.44 | 104.5 |
| 11 社合计 | 31 012.98 | 97.0 |

资料来源：《广告与经济》1999 年 3 月 1 日第 967 期。其中旭通信社、I&S 已经合并，JR 东日本企画的广告费来源主要为其所掌握的交通媒体，所以另算。

【广告媒介】　　日本广告媒介中，四大媒体（报纸、杂志、广播、电视）广告额每年占其广告总额的 65% 左右，其他各种媒体占 35% 左右。1997 年、1998 年日本各类媒体广告额及所占比例情况，详见表 9 – 20 和 9 – 21。

---

① 张树庭. 1998 日本广告业衰退年. 国际广告，1999（6）

表 9 - 20 1997 年日本各类媒体的广告费情况①

| 媒体名称 | 广告费（亿日元） | 构成比（%） | 前年比（%） |
|---|---|---|---|
| 四大媒体 | 39 357 | 65.7 | 104.1 |
| 报纸 | 12 636 | 21.5 | 102.1 |
| 杂志 | 4 395 | 6.9 | 107.9 |
| 广播 | 2 247 | 3.8 | 103.0 |
| 电视 | 20 079 | 33.5 | 104.8 |
| SP 广告费 | 20 348 | 34.0 | 103.1 |
| DM | 3 165 | 5.3 | 107.2 |
| 插页广告 | 4 174 | 7.0 | 102.3 |
| 户外广告 | 3 322 | 5.5 | 98.7 |
| 交通广告 | 2 490 | 4.2 | 100.4 |
| POP | 1 689 | 2.8 | 107.3 |
| 电话簿 | 1 830 | 3.1 | 102.1 |
| 展示—影像广告 | 3 678 | 6.1 | 105.5 |
| 新媒体广告费 | 196 | 0.3 | 112.6 |
| 总广告费 | 59 901 | 100.0 | 103.8 |

表 9 - 21 1998 年日本各媒体广告额②

单位：亿日元

| 媒体 | 广告费 | 前年比（%） | 构成比（%） |
|---|---|---|---|
| 总广告费 | 57 597 | 96.2 | 100.0 |
| 大众四媒体广告费 | 37 703 | 95.8 | 65.4 |
| 报纸 | 11 787 | 93.3 | 20.4 |
| 杂志 | 4 258 | 96.9 | 7.4 |
| 广播 | 2 153 | 95.8 | 3.7 |
| 电视 | 19 505 | 97.1 | 33.9 |

---

① 张树庭，刘建宏．国际广告业纵览（四）．广告导报，1999 - 06 - 22

② 张树庭．1998 日本广告业衰退年．国际广告，1999（6）

(续上表)

| 媒体 | 广告费 | 前年比（%） | 构成比（%） |
|---|---|---|---|
| SP 广告费 | 19 678 | 96.7 | 34.2 |
| DM | 3 155 | 99.7 | 5.5 |
| 夹页 | 4 082 | 97.8 | 7.1 |
| 户外 | 3 196 | 96.2 | 5.5 |
| 交通 | 2 438 | 97.9 | 4.2 |
| POP | 1 644 | 97.3 | 2.9 |
| 电话簿 | 1 851 | 101.1 | 3.2 |
| 展示—影像及其他 | 3 312 | 90.0 | 5.8 |
| 新媒体 | 216 | 110.2 | 0.4 |

资料来源：电通推定《平成 10 年日本的广告费》

【报纸】　日本是一个报业高度发达的国家，报纸的普及率非常高，截至1997 年，每天总发行量为 5 376 万份，平均每户 1.18 份。日本的主要报纸包括《读卖新闻》、《朝日新闻》和《每日新闻》三大日报，以及《产经新闻》、《日本经济新闻》等，合称全国性五大报纸。它们每日发行早、晚报，每家的早报发行量都超过 400 万份。最大的 3 家报纸同时也发行周刊和月刊，还发行杂志和书籍。此外，三大报也出版专门的英文日报。据统计，发行量最大的 3份报纸中，《读卖新闻》为 1 018 万份，《朝日新闻》为 842 万份，《每日新闻》为 398 万份。

日本报纸是民营的，其收入的 55% ~ 60% 来自广告。截至 1998 年，日本报纸广告总额为 11 787 亿日元，占各种广告媒介总额的 20.4%。有人预测，现在日本报业已经发展成为一个成熟的产业，今后在不发生什么大变化的情况下，不太可能有什么长足的发展。报社面临的难题主要有两方面：一是报纸发行量已饱和，无望大幅度增长。这样，增加作为报社收入两大支柱之一的销售收入几乎不可能。与此同时，由于报纸竞相降价，甚至导致销售收入减少的现象。二是由于电视媒体的竞争，使日本的报业广告风光不再。据分析，现在的日本，在购买欲望很强的 20 岁到 30 岁的年轻人当中，"脱离文字"的现象十分严重，不读书，不看报，只从屏幕上获取信息，报纸订户已明显高龄化，加速了报纸广告需求的减退。这样就导致企业把大部分宣传经费都投入到能立竿见影、即刻见效的电视广告中去了。在日本广告业界的变迁中，报纸广告费在整个广告费中所占比例，40 多年来呈现逐年递减的趋势。[1] 我国台湾地区资深广告专家颜伯勤，曾对 1953—1976 年的 24 年间，日本报纸广告量与电视广告量彼此消长情况，列表分析，详见表 9 - 22。

表 9 - 22　　　1953—1976 年间日本电视广告量与报纸广告量竞争情况[2]

| 年份 | 报纸广告量（亿日元） | 在广告总量中所占百分比（%） | 电视广告量（亿日元） | 在广告总量中所占百分比（%） |
|------|------|------|------|------|
| 1953 | 320 | 65.2 | 1 | 0.2 |
| 1954 | 322 | 58.5 | 4 | 0.7 |
| 1955 | 337 | 55.3 | 9 | 1.5 |
| 1956 | 405 | 54.3 | 20 | 2.8 |
| 1957 | 510 | 54.2 | 60 | 6.4 |
| 1958 | 525 | 49.3 | 105 | 9.9 |
| 1959 | 618 | 42.5 | 238 | 16.4 |
| 1960 | 684 | 39.3 | 388 | 22.3 |
| 1961 | 824 | 39.1 | 539 | 25.5 |
| 1962 | 922 | 37.9 | 690 | 28.3 |
| 1963 | 1 102 | 37.6 | 899 | 30.1 |
| 1964 | 1 297 | 37.1 | 1 081 | 31.0 |
| 1965 | 1 233 | 35.8 | 1 110 | 32.2 |
| 1966 | 1 337 | 34.9 | 1 247 | 32.6 |
| 1967 | 1 611 | 35.1 | 1 509 | 32.8 |
| 1968 | 1 884 | 35.4 | 1 745 | 32.8 |
| 1969 | 2 250 | 35.5 | 2 042 | 32.3 |
| 1970 | 2 653 | 35.1 | 2 445 | 32.3 |
| 1971 | 1 681 | 34.1 | 2 594 | 33.0 |

---

① ［日］福岛范仁. 日本报业广告风光不再. 国际广告，1999（5）
② 颜伯勤. 广告的经营管理. 台北：台北新闻记者公会，1977. 38

（续上表）

| 年份 | 报纸广告量（亿日元） | 在广告总量中所占百分比（%） | 电视广告量（亿日元） | 在广告总量中所占百分比（%） |
|---|---|---|---|---|
| 1972 | 3 024 | 34.4 | 2 841 | 32.4 |
| 1973 | 3 721 | 34.6 | 3 522 | 32.7 |
| 1974 | 3 945 | 33.7 | 3 917 | 33.5 |
| 1975 | 4 092 | 33.1 | 4 208 | 34.0 |
| 1976 | 4 550 | 31.2 | 5 093 | 35.0 |

到1997年，电视广告收入占媒介总额的33.5%，而报纸占21.5%；1998年，电视广告收入占媒介总额的33.9%，而报纸占20.4%。报纸广告额所占比例仍呈递减之势。

【电视】 1953年2月1日，"日本放送协会"（Nippon Hoso Kyokai，简称NHK）公营的"NHK东京テレヒ（电视）"正式开播，此为日本电视广播事业之始。同年8月，NTV商业电视台也正式开播，这是亚洲第一座商业电视台，从此出现了亚洲地区最早的商业电视广告。

1960年，NHK采用美国制式播出彩色电视节目；1984年5月2日，试验播出卫星直播电视节目。

日本电视台分NHK公共电视台和私营商业电视台两大系统。前者的经营制度同英国BBC一样，是国营的非营利机构，不能播放广告，而靠收取电视机用户的收视费及国家拨款来维持运转。私营商业电视台则靠广告来经营，共有5个系统，共计126家。这些私营电视广播以东京、大阪为中心，形成电视广播网延伸到全国各地。其中，东京广播公司（TBS）是日本最大的商业广播电台和电视台，其他是日本电视广播网公司（Nippon Television Network，简称NTV）、全国朝日广播公司（ANB，属《朝日新闻》报系）、富士电视公司（FUTITV）、东京电视台（TV TOKYO，属《日本产经新闻》报系）。日本的电视一直是报纸的劲敌。

日本的电视广告在同报纸广告多年的竞争中，逐渐取得优势，年广告量终于超过报纸，成为四大媒体中的龙头。1951年，日本电视尚未问世时，报纸广告量占广告总量的74.1%。自1953年起，日本的电视广告量开始列入统计。这一年的电视广告量在广告总量中仅占0.2%，而这一年的报纸广告量却高达62.5%。无线电广播广告量也占9.2%。但电视问世后第7年的1959年，电视广告量超过广播，占 16.4%（广播占 11.1%）；报纸则降至 45% 以下，只占 42.5%。然而报纸广告的领先优势依然存在，仍然比电视广告额高出甚多。

到了 1964 年，电视广告与报纸广告互相接近、并驾齐驱，双方所占广告总额比率均在 30% 以上。到了 1975 年，电视广告超过报纸广告（超过了 0.9%）。到 1976 年，电视广告额超过报纸广告额达 3.8%（电视广告量占广告总额 35%，报纸广告量只占 31.2%）。截至 1998 年，电视广告额超过报纸广告额 13.5%（电视广告额占广告总额的 33.9%，报纸占 20.4%），占绝对优势。

【**杂志、广播及其他广告媒介**】 据统计，目前日本发行的杂志有 17 300 种，其中有 4 000 种刊登广告。1997 年，日本杂志总销量达 38.137 亿册。杂志的专业化倾向非常明显，即使面向家庭主妇的杂志，也被细分为烹饪杂志、育儿杂志、时装杂志等。有很强地域性的都市信息杂志也日渐发达。杂志的广告主主要为化妆品、时装、首饰类，约占杂志总广告费的 13% 以上。此外还有通信及信息、精密机器、办公用品、汽车及其相关产品等比较喜欢用杂志作为广告媒体。1997 年，日本杂志广告额占总广告额的 6.9%；1998 年上升到 7.4%，名列四大传媒的第 3 位。

广播广告额在四大媒体广告额排序中居第 4 位。1997 年，广播广告额占全日本总广告额的 3.8%。截至 1998 年，广播广告额占总广告额的 3.7%。1925 年 3 月，日本开始有第一座广播电台。1926 年 8 月，日本政府决定成立"日本放送协会"（日本人称"广播"为"放送"），用英文拼音为 Nippon Hoso Kyokai，简称及缩写为 NHK，并决定其性质为公共事业。日本放送协会在第二次世界大战以前是专营的，即独家经营，不许有其他电台开办。它遵照日本广播法的规定，不做广告，而靠收听费维持。战后，这一制度依然不变。但 1950 年修正的广播法，除对 NHK 予以特别保障外，又开放了民营的商业电台，并且规定商业电台只得靠广告收入生存、不得分润收听费。从此，日本有了商业电台和商业广播广告。直到现在，日本的广播仍分 NHK 公共广播和商业广播。商业广播中有中波 47 家、短波 1 家和 FM 49 家。其中 FM 广播音质好，可播放立体声，音乐节目独具特色，成为出色的城市广告媒体。使用广播作为广告媒体的产品类别主要有汽车及其相关产品、交通业、娱乐业等，都占广播广告额的 10% 以上。但是根据日本视听调查公司的调查，近年来广播的每年平均收听率呈逐渐减少的趋势。广播广告额每年的增长率也呈下降趋势。

除四大媒体外，日本的户外广告也是极为发达的，最为突出的是幢幢大厦顶上的大型霓虹灯、灯箱及路牌广告，有电子控制的，也有激光的，一到晚上十分壮观。1997 年、1998 年连续两年，户外广告额占广告总额的 5.5%。另外，日本的新媒广告如互联网广告等也渐露端倪。据不完全统计，1997 年日本的互联网使用人数超过 884 万人，预计 1999 年将会超过 2 000 万人。互联网广告费 1997 年为 60 亿日元，1998 年预计超过 90 亿日元。广告公司纷纷加入逐渐活跃的互联网广告市场，设立专门的互联网媒介部门，如"电通"最早设立了"网上沟通"（CCI），随后博报堂、旭通信社等联合成立了"数字广告财团"等。1997 年，日本包括互联网在内的新媒体广告收入为 196 亿日元，占总额的 0.3%；1998 年为 216 亿日元，占总额的 0.4%。

1951—1989 年近 40 年间日本四大媒体广告费统计及增长情况详见表 9 - 23。

表 9 - 23　　　　　　　1951—1989 年间日本四大媒体广告费统计①

单位：亿日元

| 媒体<br>年份 | 报纸 | | 杂志 | | 广播 | | 电视 | | 媒体合计 | |
|---|---|---|---|---|---|---|---|---|---|---|
| | 广告费 | 对前年比(%) | 广告费 | 对前年比(%) | 广告费 | 对前年比(%) | 广告费 | 对前年比(%) | 广告费 | 对前年比(%) |
| 1951 | 180 | 150.0 | 10 | 142.9 | 3 | | | | 193 | 115.2 |
| 1952 | 270 | 150.0 | 18 | 180.0 | 22 | 733.3 | | | 310 | 160.6 |
| 1953 | 320 | 118.5 | 25 | 138.9 | 45 | 204.5 | 1 | | 391 | 126.1 |
| 1954 | 322 | 100.6 | 30 | 120.0 | 74 | 164.4 | 4 | 400.0 | 430 | 110.0 |
| 1955 | 337 | 104.7 | 35 | 116.7 | 98 | 132.4 | 9 | 225.0 | 479 | 111.4 |
| 1956 | 405 | 120.2 | 40 | 114.3 | 130 | 132.7 | 20 | 222.2 | 595 | 124.2 |
| 1957 | 510 | 125.9 | 50 | 125.0 | 150 | 115.4 | 60 | 300.0 | 770 | 129.4 |
| 1958 | 525 | 102.9 | 55 | 110.0 | 157 | 104.7 | 105 | 175.0 | 842 | 109.4 |
| 1959 | 618 | 117.7 | 80 | 145.5 | 162 | 103.2 | 238 | 226.7 | 1 098 | 130.4 |
| 1960 | 684 | 110.7 | 100 | 125.0 | 178 | 109.9 | 388 | 163.0 | 1 350 | 123.0 |
| 1961 | 824 | 120.5 | 125 | 125.0 | 178 | 100.0 | 539 | 138.9 | 1 666 | 123.4 |

① 苏进添．日本新闻自由与传播事业．台北：台北致良出版社，1990．144

（续上表）

| 媒体<br>年份 | 报纸 | | 杂志 | | 广播 | | 电视 | | 媒体合计 | |
|---|---|---|---|---|---|---|---|---|---|---|
| | 广告费 | 对前年比（%） | 广告费 | 对前年比（%） | 广告费 | 对前年比（%） | 广告费 | 对前年比（%） | 广告费 | 对前年比（%） |
| 1962 | 922 | 111.9 | 144 | 115.2 | 173 | 97.2 | 690 | 128.0 | 1 929 | 115.8 |
| 1963 | 1 120 | 121.5 | 169 | 117.4 | 171 | 98.8 | 899 | 130.3 | 2 359 | 122.3 |
| 1964 | 1 297 | 115.8 | 195 | 115.4 | 170 | 99.4 | 1 081 | 120.2 | 2 743 | 116.3 |
| 1965 | 1 233 | 95.1 | 192 | 98.5 | 161 | 94.7 | 1 110 | 102.7 | 2 696 | 98.3 |
| 1966 | 1 337 | 108.4 | 211 | 109.9 | 169 | 105.0 | 1 247 | 112.3 | 2 964 | 109.9 |
| 1967 | 1 611 | 120.5 | 255 | 120.9 | 195 | 115.4 | 1 509 | 121.0 | 3 570 | 120.4 |
| 1968 | 1 884 | 116.9 | 298 | 116.9 | 233 | 119.5 | 1 745 | 115.6 | 4 160 | 116.5 |
| 1969 | 2 250 | 119.4 | 348 | 116.8 | 291 | 124.9 | 2 042 | 117.0 | 4 931 | 118.5 |
| 1970 | 2 653 | 117.9 | 418 | 120.1 | 345 | 118.6 | 2 445 | 119.7 | 5 861 | 118.9 |
| 1971 | 2 681 | 101.1 | 445 | 106.5 | 388 | 113.5 | 2 594 | 106.1 | 6 108 | 104.2 |
| 1972 | 3 024 | 112.8 | 478 | 107.4 | 428 | 110.3 | 2 841 | 109.5 | 6 771 | 110.9 |
| 1973 | 3 721 | 123.0 | 572 | 119.7 | 496 | 115.9 | 3 522 | 124.0 | 8 311 | 122.7 |
| 1974 | 3 945 | 106.0 | 626 | 109.4 | 554 | 111.7 | 3 917 | 111.2 | 9 042 | 108.8 |
| 1975 | 4 092 | 103.7 | 670 | 107.0 | 602 | 108.7 | 4 208 | 107.4 | 9 572 | 105.9 |
| 1976 | 4 550 | 111.2 | 797 | 119.0 | 704 | 116.9 | 5 093 | 121.0 | 11 144 | 116.4 |
| 1977 | 5 068 | 111.4 | 877 | 110.0 | 811 | 115.2 | 5 847 | 114.8 | 12 603 | 113.1 |
| 1978 | 5 702 | 112.5 | 951 | 108.4 | 908 | 112.0 | 6 535 | 111.8 | 14 096 | 111.8 |
| 1979 | 6 554 | 114.9 | 1 119 | 117.7 | 1 061 | 116.9 | 7 508 | 114.9 | 16 242 | 115.2 |
| 1980 | 7 086 | 108.1 | 1 281 | 114.5 | 1 169 | 110.2 | 7 883 | 105.0 | 17 419 | 107.2 |
| 1981 | 7 572 | 106.9 | 1 450 | 113.2 | 1 264 | 108.1 | 8 389 | 106.4 | 18 675 | 107.2 |
| 1982 | 7 933 | 104.8 | 1 565 | 107.9 | 1 330 | 105.2 | 9 055 | 107.9 | 19 883 | 106.5 |
| 1983 | 8 369 | 105.5 | 1 739 | 111.1 | 1 425 | 107.1 | 9 620 | 106.2 | 21 153 | 106.4 |
| 1984 | 8 468 | 101.2 | 1 857 | 106.8 | 1 501 | 105.3 | 10 307 | 107.1 | 22 133 | 104.6 |
| 1985 | 8 887 | 104.9 | 2 230 | 120.0 | 1 612 | 107.4 | 10 633 | 103.2 | 23 362 | 105.6 |
| 1986 | 9 145 | 102.9 | 2 382 | 106.8 | 1 633 | 101.3 | 10 908 | 102.6 | 24 068 | 103.0 |

(续上表)

| 媒体 \ 年份 | 报纸 | | 杂志 | | 广播 | | 电视 | | 媒体合计 | |
|---|---|---|---|---|---|---|---|---|---|---|
| | 广告费 | 对前年比(%) | 广告费 | 对前年比(%) | 广告费 | 对前年比(%) | 广告费 | 对前年比(%) | 广告费 | 对前年比(%) |
| 1987 | 9 882 | 108.1 | 2 577 | 108.2 | 1 272 | 105.8 | 11 745 | 107.7 | 25 931 | 107.7 |
| 1988 | 11 267 | 114.0 | 2 962 | 114.9 | 1 879 | 108.8 | 13 161 | 112.1 | 29 269 | 112.9 |
| 1989 | 12 725 | 112.9 | 3 354 | 113.2 | 2 084 | 110.9 | 14 627 | 111.1 | 32 790 | 112.0 |

资料来源：电通

【广告管理】　与美国一样，日本至今还没有专门的广告法，但与广告相关的法律、法规却不少。日本政府对广告的管理，主要通过这些法律、法规来规范广告行为、调节广告活动中所产生的各种社会关系。

日本有关广告的法律主要有《防止不正当竞争法》、《不当赠品及不当表示防止法》、《户外广告物法》、《消费者保护基本法》等。其中，《防止不正当竞争法》对生产、经销企业，在广告中对商品的原产地、质量、制造方法、用途或数量作虚假表示的行为，规定了严格的法律责任。《不当赠品及不当表示防止法》则规定禁止做诱售的有奖广告和旨在引诱顾客、阻碍公平竞争的非法比较广告，以及其他含有上述意图的广告。《户外广告物法》规定了户外广告的基本原则，对户外广告的设置作了限制。《消费者保护基本法》对消费者在广告方面的权利及权利的保护作出了规定。此外，有关专业法律，如《药品法》、《食品卫生法》、《家庭用品质量表示法》等，分别就药品、食品、家庭用品等商品的广告宣传，作了明确规定。

日本广告业自律十分严格。"全日本广告联盟"是日本全国性自律机构，于1953年10月20日成立，由日本全国35个地方广告协会联合建立，总部设在东京。该联盟于1954年6月18日制定的《广告伦理纲领》，是全国广告界制作广告必须遵循的最高准则。此外，日本全国性的广告组织还有"日本广告业协会"（1950年成立，由日本广告公司、广告代理公司、广告媒体组成）、"日本广告主协会"（1952年成立，由广告客户组成）两家。它们分别于1960年12月16日、1960年9月13日制定了有关广告的自律原则及道德规范。1974年，日本还成立了"日本广告审查机构"（JARO）。除全国性自律机构外，各专业自律机构也十分健全，如日本新闻协会、日本杂志广告协会、全日本户外广告联合会、日本民间放送联盟等，都制定了本专业广告活动应当遵守的规则。

## 三、德、英、法国广告现状

除美国外，欧洲是世界第二大广告市场。近年来，该地区广告业呈现平稳发展的趋势。

欧洲广告市场主要集中在西欧发达国家，有关数据显示：德国、英国和法国在1998年世界十大广告市场排名中分列第三、第四、第五位。西班牙和意大利也是广告大国。北欧国家因为人口少，本身市场容量有限。俄罗斯及中欧、东欧地区由于经济不发达，广告市场规模相对比较小。但近几年来，中欧及东欧国家随着经济体制的改革及市场经济的逐步发展，其广告市场也正呈现出快速增长的趋势。美国、英国、法国的跨国广告公司也纷纷进入中欧、东欧地区及俄罗斯广告市场。而英、法两国的广告市场则逐渐饱和，开始走向成熟期，其广告增长率近年来有所下降。德国也由于前东德地区经济危机的影响，其1998年广告投入也比上年下降3.6%，为223亿美元。

欧洲的广告公司以美国、英国和法国的跨国广告集团为主要力量，以1997年为例，欧洲十大广告集团的广告营业总额有近340亿美元。

1995—1997年间欧洲主要国家广告费及各媒体的广告收入构成百分比、1997年欧洲十大广告集团总利润及营业额排名，详见表9-24和9-25。[①]

表9-24　　　　1995—1997年间欧洲主要国家广告费及其各媒体的广告收入构成百分比

| 国家 | 年广告费(亿美元) | 广告费占GNP比(%) | 人均广告费(美元) | 报纸(%) | 杂志(%) | 电视(%) | 广播(%) | 户外(%) | 电影(%) |
|---|---|---|---|---|---|---|---|---|---|
| 法国 | 281.78 | 2.02 | 472.63 | 合计 | 47.1 | 34.0 | 6.6 | 11.7 | 0.5 |
| 德国 | 231.32 | 1.07 | 282.06 | 38.4 | 14.7 | 19.2 | 3.0 | 2.6 | 0.8 |
| 英国 | 221.13 | 1.77 | 376.07 | 29.6 | 19.0 | 27.8 | 3.0 | 3.8 | 0.7 |
| 意大利 | 63.40 | 0.54 | 111.68 | 22.5 | 12.4 | 54.7 | 4.7 | 3.5 | 0.3 |

---

① 国际广告业纵览（三）. 广告导报（周刊），1999-06-08

(续上表)

| 国家 | 年广告费<br>(亿美元) | 广告费<br>占 GNP<br>比(%) | 人均广<br>告费<br>(美元) | 报纸<br>(%) | 杂志<br>(%) | 电视<br>(%) | 广播<br>(%) | 户外<br>(%) | 电影<br>(%) |
|---|---|---|---|---|---|---|---|---|---|
| 西班牙 | 41.85 | 0.79 | 106.79 | 32.4 | 12.9 | 38.1 | 9.7 | 4.6 | 0.8 |
| 荷兰＊＊ | 39.73 | 0.91 | 256.00 | 25.4 | 21.0 | 40.5 | 7.1 | 5.5 | 0.4 |
| 瑞士＊＊ | 31.95 | 1.00 | 456.00 | — | — | — | — | — | — |
| 瑞典＊ | 19.90 | 0.79 | 226.82 | 60.1 | 12.5 | 20.5 | 1.9 | 4.3 | 0.7 |
| 俄罗斯 | 18.00 | 0.57 | 12.23 | 合计 | 33.0 | 30.0 | 4.0 | 11.0 | — |
| 奥地利＊＊ | 16.97 | 0.68 | 212.00 | — | — | — | — | — | — |
| 希腊＊＊ | 15.87 | 1.14 | 153.00 | — | — | — | — | — | — |
| 比利时＊ | 15.27 | 0.57 | 151.66 | 18.7 | 22.5 | 35.9 | 9.2 | 12.2 | 1.5 |
| 丹麦＊ | 15.09 | 0.87 | 289.36 | 61.9 | 13.8 | 19.6 | 1.9 | 2.1 | 0.7 |
| 葡萄牙＊＊ | 12.54 | 1.16 | 127.00 | — | — | — | — | — | — |
| 挪威＊ | 11.40 | 0.72 | 260.87 | 60.1 | 11.4 | 17.5 | 8.7 | 1.9 | 0.4 |
| 芬兰 | 11.16 | 0.82 | 219.00 | — | — | — | — | — | — |
| 波兰＊ | 9.26 | 0.62 | 82.38 | 13.8 | 14.7 | 55.3 | 8.3 | 7.8 | 0.1 |
| 爱尔兰＊＊ | 5.13 | 0.71 | 143.00 | — | — | — | — | — | — |
| 匈牙利＊ | 4.65 | 0.99 | 45.63 | 25.0 | 15.7 | 41.3 | 8.9 | 8.7 | 0.4 |
| 捷克＊ | 3.80 | 0.73 | 36.82 | 17.9 | 22.2 | 52.1 | 7.8 | | |

资料来源:《1997—1998 年电通广告年鉴》《1998—1999 年电通广告年鉴》综合制表。表
中所列国家后面不带任何标志的是 1997 年实际统计数据,带有＊为 1996 年实
际统计数据,带有＊＊为 1995 年实际统计数据。为比较方便,根据各国货币汇
率全部换算为美元,仅供参考。

表 9 - 25　　　　　　　　1997 年欧洲十大广告集团总利润及营业额排名

单位：百万美元

| 排名 | 广告集团名称 | 总利润 | 经营额 |
|---|---|---|---|
| 1 | 欧洲 RSCG | 586.6 | 3 933.1 |
| 2 | 麦肯—埃里克森 | 539.8 | 4 425.2 |
| 3 | 扬—罗必凯 | 460.0 | 4 178.4 |
| 4 | 奥美 | 455.6 | 4 100.5 |
| 5 | DDB 尼德汉姆 | 445.6 | 3 275.8 |
| 6 | Publicis | 434.1 | 2 719.0 |
| 7 | 葛瑞 | 412.6 | 2 899.1 |
| 8 | 智·威·汤逊 | 396.6 | 2 838.7 |
| 9 | BBDO | 394.8 | 2 594.9 |
| 10 | DAMBB | 317.5 | 2 974.6 |

资料来源：《广告时代国际版》1998 年 6 月

### 1. 德国广告业

【广告概况和广告媒介】　　截至 1997 年，德国总广告额为 387 亿马克，约合 231.32 亿美元，在当年欧洲国家中排名第二，比上年增长 3.7%。广告主中占第一位的是汽车业，广告费为 27.36 亿马克。其次按顺序为：大众媒体、零售业、批发业、软硬件及电讯通信业、化妆品业、制果业等，年广告费也都在 10 亿马克以上。德国的广告公司几乎全是以美国等外国资本为主的跨国广告集团，其 1997 年排名前 10 名的广告公司中，纯德国资本的大广告公司就只有 Springer & Jacoby 一家（排名第七，年营业额为 6.48 亿马克）。近年来，德国与英、法等国一样，媒介购买专门公司势力大大扩张，最大的媒介购买公司 HMS Carat 年营业额为 31.16 亿马克，排名第 10 位的媒介购买公司年营业额也有 9 亿马克，大都经营良好。

报纸　德国发行的全国性报纸、地方性报纸合计有 1 400 多种，其中有 424 家在报纸发行量审计机构 IVW 登记过，每天总发行量在 3 000 万份以上。

德国各地方独立性较强，一般德国人喜欢看本地报纸，因而地方性报纸很多，几乎占总数的 70% 以上，而每份的发行量却很小，一般都在 5 万份以下。

杂志　德国发行的杂志约 9 400 种，其中 1 810 种在 IVW 机构登记过，是主要的广告媒体之一。杂志粗略划分，计为四类：一般新闻杂志、电视及电视指南杂志、妇女杂志和专门杂志等。新闻杂志中，鲁道夫·奥格施泰因主办的《明镜》周刊（1946 年 11 月 16 日创办）曾是新闻类期刊中出类拔萃的刊物，期发行量达 100 多万份。电视指南之类的杂志发行量也很大，大部分在 100 万份以上，一般德国家庭都会订阅。

广播　德国广播电台也分公营公共广播电台和民营地方广播电台两大类别。公共广播电台中，覆盖面达几个州的有 26 家；地方广播电台在 170 家以上。民营电台主要靠广告收入来维持，深受广告主欢迎。公共广播电台也播放广告，但星期天、节日则不能播放广告。

电视　德国电视台也可分为公共电视台和民间电视台两大类。公共电视台有三大系统：① "第一电视台"（Arbeitsgemsinschaft Rsndfunan Stalten Deutschlans，简称 ARD）。该台最早由联邦德国 9 个联邦于 1952 年创办。② "第二电视台"（Zweites Deutsches Fernsehen，简称 ZDF）。该台于 1961 年 12 月正式创办，在业务上与 ARD 相竞争。③ "第三电视台"（Drittes Fernsheh Programm）。该台于 1964 年成立，与 ARD、ZDF 鼎足而三。这三大电视台都创立于西德时期。1990 年 10 月以后，东、联邦德国统一，三大电视台仍是德国最大的 3 家电视台。公营电视台对广告的播放有严格控制，规定广告播出时间一天不得超过 20 分钟，逢星期天及节假日不准播放广告。最重要的民营电视台为 RTL 和 SAI，广告播放时间可占全部播放时间的 20%。德国有线电视发展也很快，加入有线电视的家庭达 1 850 万户（人）以上，家庭普及率达 50%。

户外广告及其他广告　德国的户外广告及其他广告也很发达，包括各类路牌、大型广告牌、霓虹灯广告等。交通广告也很发达，包括地铁、巴士、电车及车站广告等。此外，德国的会议及会场广告也颇有名气。德国的各种展览会和订货会在世界上非常有名，主要的城市都有订货会会场，一年要召开大约 90 次国际订货会，会场是很好的广告媒体。

1997 年德国各媒体广告收入情况及构成百分比详见表 9 – 26。①

---

　　① 国际广告业纵览（三）. 广告导报（周刊），1999 – 06 – 08

表 9 – 26　　　　　　　　　1997 年德国各媒体的广告收入情况

单位：百万马克

| 媒体类别 | 广告收入 | 构成比（%） | 前年比（%） |
|---|---|---|---|
| 报纸 | 14 833 | 38.4 | 103.5 |
| 日报 | 10 870 | 28.2 | 101.8 |
| 免费报纸 | 3 279 | 8.5 | 108.9 |
| 周刊一星期日报 | 472 | 1.2 | 107.5 |
| 报纸增刊 | 212 | 0.5 | 93.7 |
| 杂志 | 5 671 | 14.7 | 102.6 |
| 一般杂志 | 3 509 | 9.1 | 102.7 |
| 专业杂志 | 2 162 | 5.6 | 102.5 |
| 电视 | 7 438 | 19.2 | 107.8 |
| 广播 | 1 176 | 3.0 | 102.0 |
| DM | 5 926 | 15.3 | 103.7 |
| 户外广告 | 1 002 | 2.6 | 96.4 |
| 电话簿 | 2 302 | 6.0 | 100.1 |
| 电影广告 | 305 | 0.8 | 101.6 |
| 总计 | 38 654 | 100.00 | 103.7 |

【广告管理】　　德国最重要的广告管理法规之一是《反对不正当竞争法》。该法明确规定了哪些广告行为属于刑事犯罪行为和扰乱治安行为，以及上述行为应当承担的法律后果。依据该法的规定：制作虚假广告，属于刑事犯罪行为；凡制作虚假广告者，处以一年徒刑或罚金；在广告中制造或散布伤害他人营业或营业者信誉的不实信息者，属诽谤行为，处以一年以下徒刑或罚金。该法还规定：对扰乱社会治安的广告行为，处以 1 万马克以下的罚款。

2. 英国广告业

【广告概况和广告媒介】　　英国也是世界上广告业比较发达的国家之一，伦敦以其广告的创造性及规模，被称为世界三大广告中心之一（第一纽约、第二东京、第三伦敦）。据国际广告协会公布的资料，1989 年，英国广告费总额为 136.308 亿美元，占国民生产总值的 1.6%，人均广告费达 238 美元。截至1997年，英国广告费总额为131.39亿英镑，约合221.13亿美元，比上年增长9.5%，连续6年保持上升纪录。1997年度最大广告主为零售业，达9.56亿英镑。其次分别为食品业、汽车业、金融保险业、办公自动化仪器设备及用品行业等。

到20世纪80年代，英国有1 600家左右的广告公司，规模大小不一。最大的6家，每家雇员有500人左右。英国最大的广告公司是已经成立20年的Abbott Mead Vichkers BBDO，营业额为3.56亿英镑。以下依次为奥美、萨奇·萨奇、智·威·汤逊和BMP DDB。以上大广告公司除萨奇·萨奇外，几乎都是创办于美国的大型跨国广告公司的分支机构。萨奇·萨奇是1970年创办于英国伦敦的广告公司，由英国人莫里斯·萨奇（Maurice Saatchi，1946年—）和查尔斯·萨奇（Charles Saattchi，1943年—）两兄弟创办。1986年前后，萨奇兄弟广告公司进入美国，收购了一些广告公司，包括购并世界一流的贝茨公司，成为当时世界上最大跨国广告集团公司，它在世界各地拥有办事处和分公司。据电通年鉴记载：1988年，萨奇兄弟环球广告公司营业额为50.35亿美元，是当时世界三大广告公司之一。1995年，萨奇兄弟离开萨奇环球公司，两人随即在伦敦创办了M&C萨奇公司。

**报纸**　英国是世界上新闻事业最为发达的国家之一。它的报刊、广播电台和通讯社在世界上有广泛影响。据统计，1990年时就有日报130家，周报1 300家。其中，全国性报有10多种，如：全国性的高级日报有《每日电讯报》、《金融时报》、《卫报》、《泰晤士报》等，全国性的星期日报有《星期日电讯报》、《星期日泰晤士报》等。另外，全国性通俗日报有《每日快报》、《每日邮报》、《每日镜报》，全国性通俗星期日报有《星期日邮报》、《星期日镜报》、《世界新闻》等。以上这些报纸中，发行量大的报纸，大报中有《每日电讯报》（107.1万份）、《星期日泰晤士报》（118.2万份），小型报有《太阳报》（380.1万份）、《世界新闻》（*News of the World*，470多万份，是世界上销路最大的星期报）。除以上报纸之外，还有大约600多种免费赠送的报纸，大部分为周刊，内容以广告为主。各类报纸各有其不同的读者对象，如全国性报纸中，《每日快报》、《每日邮报》、《世界新闻》是一般读者阅读的；《泰晤士报》是政界人士、知识分子阅读的；《每日镜报》、《太阳报》的主要读者是蓝领工人。广告商往往有针对性地选择报纸进行广告宣传。

**杂志**　英国杂志数量惊人，多达七千多种，而且还在不断增加。根据内容可分为综合性、商业性、技术性、专门性以及娱乐性等多种类型。《广播周报》和《电视导报》（*Sky TV Guide*）发行量最大，达351万份。英国杂志主要销售方式是零售，事先订购率很低，只有9%（美国为73%，德国为

43%）。杂志总收入中，广告收入和杂志销售收入比例为 3∶2，到 1997 年则各占 50%。英国管理报刊广告的官方机构是广告标准局，广告商和报刊在刊登广告时必须遵守《广告业准则》。

广播、电视　英国的广播、电视分为公共事业和商业两大系统，主要有公营的英国广播公司（BBC）和商办的独立电视公司（ITV，早期只有电视而无广播）两系列。1922 年成立的英国广播公司（BBC）原为私营，1926 年改组为公共事业，1936 年播出黑白电视，1967 年播出彩色电视。不管是 BBC 的广播，还是它的电视，政府都不准其播广告。BBC 依靠收取收音机和电视机的执照费及收视费来维持其对国内广播电视业务，对国际广播经费则另由政府拨款开支。早在 1966 年，BBC 收视费收入即达 8 000 英镑，合美金约 2 亿美元。[①] 到 1989—1990 年度，其电视机执照费净收入高达 11.715 亿英镑。商办的英国独立电视公司（ITV）成立于 1955 年，是根据 1954 年 7 月英国议会下院通过的《电视法》（*The Television Act*）而创办起来的，起初叫"独立电视局"。ITV 完全依靠电视广告收入支撑，它在欧洲国家中是最早经营电视广告业务的。由于 ITV 早期没有广播，故不做广播广告，而 BBC 又不能做广播广告，所以，英国有很长一段时间没有广播广告。[②]1972 年，英国议会又通过法律，准许"独立电视局"开办商业广播电台，同时名称也改为"独立广播局"。此后，英国广播广告得以产生。现"独立广播局"管辖着 15 个地区的电视台、独立电视新闻公司（包括独立电视台）和其他几个电视台，以及 49 座商业广播电台。发展到现在，英国有商业广播电台 180 多个。有线电视和卫星电视也很发达。近年来，英国的有线电视市场经过多方面的整合，目前形成三大有线电视网，即总用户为 600 万的 Telewest、总用户为 500 万的 C&WC 以及拥有用户 300 万的 NTL。卫星电视中的龙头老大为 BSKYB，总用户有 353 万个，其中有一大部分与有线电视用户重叠。现英国的数字卫星电视设备几乎也准备完毕。

英国早年对电视广告有严格限制，根据《电视法》规定：所有电视节目不准由广告商"提供"或"赞助"；广告商也不得参与节目制作，更谈不上任何决定权；广告商只是向电视台购买时间，但不能削弱节目的传播价值；广告插播的时间，每小时不得超过 6 分钟，倘若前面 1 小时多播了 1 分钟广告，在后面的 1 小时内必须扣除 1 分钟。此外，《电视法》还规定下列节目不得插入广告：①宗教节目；②国家庆典实况转播节目；③英女王及其家属出现的节目；④专为学校收视的节目；⑤全国性及地方性新闻节目；⑥ITV（独立广播

---

①②　张慈涵. 广播电视广告. 台北：台北新闻记者公会，1967. 24

局）认为性质严肃而不宜插播广告的其他临时节目。

*户外广告* 户外广告由地方政府管理，并受《企业建筑广告准则》制约。户外广告招贴画按照规定标准规格制作，全国大约有 20 万个户外招贴点。户外广告几乎没有大的广告主，媒介和娱乐业在户外广告中占了最大比例。

**【广告管理】** 在欧洲各国中，英国的广告管理是比较成功的。英国管理广告的政府机构有"英国广告标准管理局"（ASA，1962 年建立），专门负责非广播电视广告的管理，还有"独立广播局"（IBA，1954 年建立），专门负责管理电视、广播广告。政府有关职能部门主要通过国家立法对广告的范围、内容和形式进行严格的限制，如约束、规范广告活动的成文法有《广告法》，于 1907 年颁布，以后不断进行修订。该法是以规范户外广告为主的法律，最早规定禁止广告妨碍娱乐场所、公园、风景地带的自然美。1925 年修订扩大到凡影响乡村风景、公路、铁路、水道、公共场所与任何有历史价值建筑物及场所者，均禁止设置广告。1927 年修订时，又增加了禁止车辆装饰成广告行驶于街头闹市，禁止任何人步行、骑马或乘车在闹市中做广告。另外，英国独立广播局制定的《广告标准和实践》也是很重要的专门广告法规。该法规"总则"部分对广告活动涉及的方方面面都作了全面、详细的规定。同时，该法规还制定了 3 个单项管理法规：《广告与儿童》、《财政金融广告》、《卫生和医疗广告》。其他有关广告管理的法规则散见于有关法律中，如《消费者保护法》、《公平贸易法》、《食品和药物法》、《商品供应法》、《商标法》、《版权法》、《诽谤法》等。据统计，英国有 40 多种法律、法规中都有涉及广告管理的内容。

除政府机构及法律、法规管理外，英国广告行业及媒体自我管理系统也比较完善。广告主、广告代理商及广播、电视公司、报刊出版业等专业、行业的团体组织，也都是各行业广告活动的自律组织。如英国广告协会（AA，1926年成立）、广告人联合会（ISBA，代表广告主）、广告商协会（IPA，代表广告代理公司）、独立电视公司协会（ITCA，代表电视业界）、报纸出版者协会（NPA）和期刊出版者协会（PPA，代表印刷媒介）等，也都分别对本专业的广告及广告活动进行管理工作，是英国广告管理中的重要组成部分。

3. 法国广告业

**【广告概况和广告媒介】** 法国也是世界上广告业发达国家之一。据国际广告协会公布的数据统计，1989 年，法国广告费总额为 86.693 亿美元，人均广告费 154.5 美元。截至 1997 年，法国的总广告费为 1 580 亿法郎，约合

281.78 亿美元，比上年增长 3.3%，在当年欧洲国家广告额排序中名列第一。当年最大的广告主为食品业、服务业和化妆品业。信息产业及媒介行业的广告费也急剧增长，移动电话、卫星数字电话等的广告投资也增大，带动了整个广告业的发展。

法国有 1 000 多家广告公司，专职广告人员 3 万多人。此外，还有为广告业提供各种特别服务的专业人员 4 000 多人，如摄影家、画师、化妆师等。1997 年经营额最大的广告公司为哈瓦斯广告公司（Havas），其利润为 19.45 亿法郎。以下依次为 Publicis 传播集团、法国 DDB、扬·罗必凯等世界知名的广告集团。1997 年以前，法国广告业界本土广告公司的力量占据压倒性优势，前三名一般被本土公司囊括。但是，近年来这个传统的广告业结构发生了变化。1997—1998 年以来，哈瓦斯广告公司为了提高效益，把市场开发的主要目标从饱和的国内市场转移到美国。法国主要广告集团欧洲 RSCG 集团总部也转移到美国了。常年排名第三的 BDDP 被美国的奥姆尼康集团收购，而 1997 年排名第三的 DDB 本来就是奥姆尼康的广告公司。因此，奥姆尼康集团在法国的总营业额已经超过了哈瓦斯广告，打破了法国广告业的平衡。

**报纸**　法国的新闻事业在欧洲国家中是较为发达的，其报纸可分为全国性报纸和地方性报纸两大类。全国性报纸又包括一般综合性报纸、体育报纸和经济报纸。在巴黎出版的面向全国的综合性报纸有 9 家，按发行量排列为《法兰西晚报》、《世界报》、《费加罗报》、《解放了的巴黎人报》、《巴黎晨报》、《人道报》、《解放报》、《十字架报》、《巴黎日报》；《回声报》则为权威性的经济日报。地方日报有 70 多种，其中，《法兰西西部报》发行量居全国之首。法国报纸有一个重要特征，即地方日报的发行量一般都超过全国性报纸。这些地方报纸之间在广告方面都互相协作、共同策划，使广告目标对象覆盖率大大提高。有的报纸还与其他媒体合作，如与电视媒体组合发布广告，也获得了成功。

**杂志**　法国期刊业也非常发达，约有 1.4 万种，包括新闻类杂志、综合性政治周刊、经济周刊、电视周刊、女性杂志、健康杂志、计算机杂志等。其中发行量比较大的是周刊类的电视杂志，发行量排名前 6 位的几乎都是电视杂志，都在 100 万份以上，主要内容为电视节目介绍。

**广播、电视**　法国同英国一样，也是欧洲第一批开办广播、电视的国家，早在 1922 年就开始开办官方和民办的广播电台。1933 年起实行广播收费制度。1935 年开始进行电视实验广播。第二次世界大战期间，占领当局禁止法国人经营广播。战后，法国政府吊销全部私营广播电台的营业许可证，宣布广播、电视全部由"法国广播电视台"独家经营，并于 1949 年起实行电视收费制度。1967 年 10 月，采用本国发明的 SECAM 制式播出彩色电视节目。1968 年 10 月，电视台才开始播出商业广告。

法国的广播、电视台曾多次改组。目前，法国的广播电台主要有法国广播电台（RF）、法国国际广播电台（RFI），以及大量的民间广播电台。主要电视网则有法国电视一台（TF1）、电视二台（A2）和电视三台（FR3）。电视一台（TF1）是法国开办最早的电视台，原为全国性公共电视网之一，1987 年转售给私人资本经营，成为商业电视台。电视二台（A2）又叫"法国第二无线电视台"，该台原为法国广播电视公司的第二套电视节目，1987 年电视一台售与私人资本经营后，该台与电视三台（FR3）同为法国全国性公共电视网，经费来源主要为电视用户的收视费。电视三台（FR3）又叫"法国地方电视台"，也是法国主要公共广播电视机构之一。该台节目中，既有全国性节目，也有具有地方色彩的地区性节目。地区性节目均由所属地方电视机构制作，从巴黎向全国广播。三大电视台中，最大的是 TF1，1997 年平均收视率为 34%，其广告费占全国电视广告收入的一半（49.9%）。

户外广告及其他类型的广告　法国的户外广告在欧洲是最好、最注重艺术性的，也是最发达的。它是法国除电视、报纸外的第三大媒体。其他类型广告则指五大媒体（报纸、杂志、广播、电视、户外广告）以外的各式广告。1997 年，法国总广告额中的 63.6% 属这类广告，其中包括直销、促销、现场活动、PR、电话簿广告等。特别是现场广告，在法国非常发达。

【广告管理】　法国的广告管理主要包括以下三个方面：一是对虚假广告的管理；二是对广播、电视及报刊广告的管理；三是对户外广告的管理。

法国 1973 年 12 月 27 日颁布的《商业、手工业引导法》第 44 条确定了虚假广告的定义。对虚假广告罪的处罚一般援用 1905 年 8 月 1 日《关于欺诈及假冒产品或服务》的法律条文，处 3 个月至 2 年的监禁，或罚金 1 000 ~ 25 万法郎。

有关广播电视方面的法规规定：国营电视台每天播放广告的时间，不得超过 24 分钟；广告节目不得影响固定节目，每一组广告节目开始前或结束后，要播放一个特殊的、易于辨认的电视广告标志；烟草及与烟草有关的产品和酒类，都禁止做电视广告；禁止广告中出现猥亵、有伤风化及易导致人心不安的内容。

有关报刊广告，《关于法国报刊组织的法令》第 12 条规定：报刊刊载的一切广告文字必须冠以"广告"字样。

关于户外广告，法国有关户外广告的法律规定：在名胜古迹地区禁止设置广告。

# 广告量统计探源

## 一、广告量——广告业的 GDP

广告量，或叫"广告营业额"、"广告经营额"，是衡量及评估一个国家及地区广告业发展水准的一个极其重要的指标，是广告业的 GDP，也是反映一个国家广告业发展、变化的晴雨表、温度计。广告量无论是对广告业界，还是广告学界，以及对广告主、广告监督机构、国际广告业界交流都有非常重要的意义。主要表现在以下五个方面：

（1）有利于广告业界总结经验，找出规律，促进广告业的健康发展；

（2）有利于广告主审时度势，理性地选择广告媒介及实行合理的广告投放；

（3）为广告业界及广告史学研究提供一系列翔实可靠的、可供科学量化分析的数据和主要资料；

（4）有助于国家工商行政管理部门及其广告行业管理机构更好地实施监督管理职能；

（5）有助于国家和地区间广告业界的信息交流。

广告量统计是现代广告业发展的产物，在古代是没有大规模的广告量统计的。因此，也可以说，广告量统计的出现、逐渐成熟，并形成一种制度，是一个国家广告业发展、成熟及高度发达的标志。

## 二、世界广告量统计缘起

美国、日本是世界上广告业最发达的国家，也是较早有广告量统计的国家。早年，美国每年的广告量统计均由 McCann Erickson 广告公司负责统计，日本每年的广告量统计则由电通社（DENT SV）负责统计。从全球范围看，世界广告量统计则始于 1953 年，由"国际广告协会"（International Advertising

Association 简称 IAA）牵头发起。

"国际广告协会"创立于 1938 年 4 月 8 日，总部设在美国纽约。最初名称为"出口广告协会"，是美国一个由广告公司、广告主和媒介三方面组成的广告行业组织。在成立 15 年后的 1953 年 12 月 15 日改为"国际广告协会"，发展成为国际性广告组织。会员可以是一个人、公司或组织。从 1953 年起，由该会发起、组织、策划世界广告量之统计，通过该会在世界各地的会员提供资料，然后编辑，而后出书公布。此后，每年（有时隔一年）都汇集出版一册世界及世界各地区广告量统计资料。到 1966 年，已出版 8 次。每次的内容不过是 30 多个国家的资料（如 1966 年为 36 个国家）。自 1967 年以后，由于"国际广告协会"与另一个颇负盛名的国际调查公司 International Research Association, Inc.（简称 INRA）联手合作，使每年的统计范围扩大，内容更加充实。如 1968 年（第 9 次）统计范围达 64 国（地区）；1979 年（第 15 次）多达 68 国（地区），1987 年（第 22 次）为 68 国（地区）。1988 年则降至 58 国①。到 20 世纪 90 年代，统计范围保持在 80 个国家左右，如 1996 年，全球广告费投入达 2 910 亿美元，比上年增长 7.8%；1997 年，全球 80 个国家和地区中，广告投入总额为 2 700 亿美元。

与此同时，著名的《广告时代》（*Advertising Age*）周刊也是美国及世界广告量统计资料的重要载体。该刊由美国克雷恩传播公司（Crain' Sinternational Newspaper of Marking）出版发行，于 1930 年 1 月 11 日在芝加哥创刊，是国际上影响最大的广告周刊。该刊专门报道、评析广告业界的各类信息及重大事件；从 1945 年起，逐年列表详细公布美国各大广告公司的营业额及税前收益额，后来扩大到世界范围。它对全美各大媒体的广告量，以及各类商品、各类产业的广告量的升降、涨落的详细记载和精确分析，使其成为美国广告业界的晴雨表，也是我们了解美国广告业经营、发展状况的窗口。它新公布的数据往往成为国际广告界、统计界乃至官方机构从事研究工作的重要依据。

我国台湾地区 1968 年广告营业总额（台湾地区的第 9 次资料发布）首次列入国际广告协会的统计资料中。其中，1970—1980 年间，历年有关台湾广告量资料均由资深广告学教授刘毅志提供。

我国大陆广告量数据，是从 1988 年前后才开始被列入国际广告协会的统计表中的。1984 年 10 月 2 日至 5 日，第 29 届世界广告会议在日本东京召开，我国广告代表团参加会议。1986 年 5 月 27 日至 30 日，第 30 届国际广告会议

① 刘毅志. 我国广告之国际地位——1988 年世界广告支出之总分析. 1989—1990 年·中华民国广告年鉴. 台北：台湾台北市广告代理商业同业公会，1990

在美国芝加哥召开，我国又派出代表团参加会议，并申请加入了国际广告协会。1987 年 5 月 12 日，国际广告协会中国分会在北京正式成立。此后，我国大陆每年的广告量统计便被列入世界广告量统计资料中。如：1988 年我国大陆首次列入世界广告量统计的广告营业额是 4.304 亿美元，在当年参与统计的世界 58 个国家（地区）中，名列第 28 位。与世界广告业高度发达的国家前 5 名相比，有非常大的差距。1988 年的 58 个国家（地区）广告总额为 2 285.336 0 亿美元，其中第一名美国独占 1 180.5 亿美元，占全世界广告总量的 51.7%，超过一半；第二名日本为 344.71 亿美元，占全世界广告总量的 14.65%；第三名英国为 120.76 亿美元，第四名德国为 117.5 亿美元，第五名法国为 69.365 亿美元。当年就是与我国台湾、香港地区相比，大陆也有明显的差距。1988 年台湾地区广告总额为 13.05 亿美元，占世界第 16 位；香港为 6.296 亿美元，占世界第 23 位。但中国大陆广告业后发力强，发展迅猛，广告营业总额历年一路攀升，到 1995 年达 273.3 亿元人民币（合 36.8 亿美元），占世界广告量排名的第 12 位；1996 年的广告营业总额为 366.6 亿元人民币（合 50.3 亿美元），比上年增长了 34.2%，在世界广告量排名中，也从 1995 年的 12 位跃升至第 9 位，进入前 10 名行列。①

进入 21 世纪后的这几年，我国大陆广告业发展更为迅猛，势头更加强劲。2000 年全国广告经营额为 713 亿元人民币，广告费占当年国内生产总值的 0.79%；2001 年全国广告经营额为 794.88 亿元人民币，广告费占国内生产总值的 0.83%；2002 年全国广告经营额为 903 亿元人民币，约占国内生产总值的 0.89%。截至 2003 年底，我国大陆广告业广告总额超过 1 000 亿元人民币大关，达 1 078.68 亿元人民币，占当年国内生产总值的 0.92%。2003 年底，全国共有广告经营单位 10.18 万户，广告从业人员 87.14 万人。② 从世界广告业的发展水平看，全球各国广告量占国内生产总值的平均数是 1.5%；美国的广告业最为发达，其广告量占国内生产总值（GDP）份额的 2.2%。我国尚不到 1%，还有很大的发展空间。

## 三、台湾地区广告量统计缘起

台湾地区广告量统计始于 1960 年。此前历年尚无广告量统计。

台湾地区广告量统计的起始与"亚洲广告大会"有密切关系。"亚洲广告

---

① 范鲁彬. 中国广告费已步入世界前十名. 现代广告, 1998（6）
② 晓叶. 2003 年大中华区广告分布回顾. 国际广告, 2004（3）

大会"首次会议于 1958 年 4 月 22 日至 24 日在日本东京举行，有 8 个国家和地区的 50 多位代表参加。① 会议约定：以后每两年在亚洲地区一个国家或地区举行一次会议。1960 年 10 月 24 日至 29 日的第二届大会仍在日本东京召开。台湾地区大众传播界首次应邀组团参加。为了在会上交流的需要，由资深报人、台湾"新生报"总经理颜伯勤，"联合报"副社长、总经理钱存棠两位负责，广泛搜集资料，再根据多年的经验，加以估算，得出台湾广告业界有史以来第一年的统计数据：1960 年全台湾地区广告总量为 1.65 亿元新台币，折合美金为 413 万美元。当时台湾广告媒体极为简单，主要是报纸的广告经营额统计，其次是广播。次年（1961 年），台湾地区开始建立广告代理制。1962 年 10 月，电视媒体诞生；同年，又成立了"台北广告人协会"这一广告学术研究团体。因组团参加第三届亚洲广告会议（1962 年 10 月 15 日至 19 日在菲律宾马尼拉举行）的需要，又开始做广告量统计，并增邀专家会商研讨，由颜伯勤负责作综合核计，提出统计分析报告。

以后，为使广告量统计更为准确、科学，从 1966 年起，开始每年邀请业界专家二十多位，成立"广告研究小组"，对当年的广告量进行综合统计审核，成为一种制度。

台湾地区广告量统计工作开始的前 10 年，基本由颜伯勤、钱存棠及赖东明（联广公司总经理）等 3 人牵头负责。从 1970 年到 1980 年 10 年间，以及后来一段时间，主要由刘毅志、黄奇锵先后负责。

在长期研究积累的基础上，台湾地区出现了第一部研究广告量的专著——颜伯勤的《二十五年来台湾广告量研究》（中央日报出版部，1987 年 9 月初版）。该书根据翔实的数据资料，对 1961 年至 1986 年共 25 年的台湾广告量作了全面、系统、深入的分析，是一部专门研究台湾地区广告量的开山之作。

近年来，台湾地区广告量统计出现了一些变化和波折。从 20 世纪 90 年代起，台湾地区广告总量一般都由台北《广告》杂志公布。《广告》杂志（月刊）于 1990 年 12 月出版试刊号，1991 年 2 月正式出版创刊号。从 1991 年开始，《广告》杂志每年在 3 月号上组织编辑广告量专刊，公布前一年的广告产业（包括广告代理商及媒体）经营实况，发表台湾地区广告业的各项经营统计数据，并且根据经营额及毛收入（即广告量）来列出排行榜。这些数据及有关经营资料，是由《广告》杂志发函给台湾地区各大广告代理商和媒体，再由广告代理商和媒体自行填写后交给《广告》杂志。《广告》杂志对这些统

---

① 颜伯勤. 对台湾广告事业萌芽与发展产生影响力的三届亚洲广告会议. 二十五年来台北：台湾广告量研究. 台湾中央日报社，1987. 62~72

计数据一般都不作"推估"和修改，便直接予以发布。

在 20 世纪 90 年代，台湾广告客户（广告主）选择广告及媒体代理商时，都要参考《广告》杂志公布的资讯。他们选择广告及媒体时，有两个标准，一个是"最大"，一个是"最好"。"最大"，是根据对广告代理商的排名，也就是看谁的广告量最大；"最好"，是看哪一家广告代理商在"时报广告金像奖"（由《中国时报》出资兴办）中赢得的奖项最多。于是，广告媒体及广告代理商都争排名、争得奖。所以，各自在报数字时，不免虚报、浮夸，"在报表的数字上灌水"，形成泡沫。统计者往往难以得到真实准确的数据。

2004 年元月，《广告》杂志按惯例发函给各大媒体及各广告代理商、媒体代理商，请求他们配合统计，提供确实的经营数据及运营资料，但结果却有 2/3 的在台国际性广告代理商没有提供数据。这就给广告业的统计带来了很大的困难。

有鉴于此，从 2004 年开始，《广告》杂志将取消"广告数字"专刊，也不做排行榜，得到多少数据就公布多少数据。截至 2003 年底，台湾五大媒体（包括无线电视、有线电视、报纸、杂志、电台）"有效广告量"为 587.831 04 亿元新台币，其中无线电视为 87.85 亿元新台币，有线电视为 246.27 亿元新台币，报纸为 151.20 亿元新台币，杂志为 75.57 亿元新台币，电台为 26.92 亿元新台币。至于全台地区广告总量则难以统计了。[①]

## 四、中国大陆广告量统计缘起

相对台湾地区而言，大陆广告量统计晚了整整 21 年，直至 1981 年才出现统计的全国当年广告营业总额（1.18 亿元人民币）。这是与我国当时广告业的恢复、发展紧密相关的。

1979 年初，我国天津、上海、广州等城市的一些报纸、电视、电台率先恢复刊登、播出广告，不久，全国新闻传媒都恢复了广告业务。

1980 年，根据当时的副总理姚依林同志的批示，国家工商行政管理总局着手制定广告管理法规，筹建广告管理机构。1981 年，国家工商行政管理总局管理处正式成立，并着手调查广告宣传、广告经营中的情况和问题，广告量统计也成为调查中的一项重要内容。当年 7 月 15 日，工商行政管理总局批准正式出版《中国广告》杂志。

1982 年 2 月 23 日，"中国广告学会"正式成立；5 月 1 日，由国务院颁布

---

① 2003 年台湾广告产业统计大调查. 广告（台北），2004（154）

的《广告管理暂行条例》正式实施；7 月 28 日，经国务院批准，"国家工商行政管理总局"改为"国家工商行政管理局"，下设的广告管理处升格为广告司。1983 年 9 月 21 日，经国家统计局同意，由国家工商行政管理局同意制定并印发《广告经营情况统计表》，对经批准的经营广告业的企业、单位和个人经营情况进行全面、系统的统计，这就进一步使广告量的统计制度化、规范化。

到 1988 年 8 月，在国家工商行政管理局指导下，由中国广告协会、新华社、中国环球广告公司及新华出版社联合编辑出版我国第一部《中国广告年鉴》。这是一部有丰富资料性和历史记录性的大型工具书、资料库。据其刊载的有关统计资料及《1983—1987 年各类广告统计表》记载："到 1981 年底，全国经营广告的公司已有 60 多家，报刊杂志 1 000 多家，广播电台和电视台 100 多家，共有广告从业人员 16 000 余人。全国广告总额达 1.18 亿元人民币，其中外汇人民币 1 100 万元。"① 1981 年是我国有广告量统计的第一年。1982 年全国广告总额为 1.5 亿元，1983 年全国广告总额为 2.34 亿元，1984 年为 3.65 亿元，1985 年为 6.05 亿元，1986 年为 8.45 亿元，1987 年为 11.12 亿元。以后，《中国广告年鉴》每年出版一部，除列表对上年的广告量予以综合、统计、发布以外，同时，发表文章对广告量的构成，对各媒体广告量及各地区广告量以及广告量占 GDP 的比例，进行深入的剖析和研究，将对广告量的统计与研究结合起来进行。《中国广告年鉴》（2002 卷）除载有《2001 年全国广告经营额统计表》外，还载有 1981 年至 2000 年 20 年间的广告量统计表②，为研究中国大陆改革开放历年来的广告量，提供了比较翔实、可靠的资料。

---

① 建国以来广告业发展概况. 中国广告年鉴·1988 年. 北京：新华出版社，1988. 13
② 中国广告业二十年（1981—2000 年）发展情况统计表. 中国广告年鉴·2002 年. 北京：新华出版社，2002. 27

# 1979—2010 年中国历年
# 年度广告营业额综述

　　1979 年，全国国内生产总值（GDP）4 038.2 亿元。全国广告营业额 1 000 万元（其中电视广告营业额 325 万元），占 GDP 的 0.002 5%。人均广告费 0.01 元。当年，除媒体外，全国广告经营单位仅有 13 户，均为国营企业；广告从业人员 1 000 人左右。

　　1980 年，全国 GDP 4 517.8 亿元。全国广告营业额 1 500 万元（外资企业广告费约占 30%），比 1979 年增长 50%，占当年 GDP 的 0.003 3%。人均广告费 0.015 元。

　　1981 年，全国 GDP 4 862.4 亿元。全国广告营业额突破 1 亿元，达到 1.18 亿元；比 1980 年增长 686.67%，占当年 GDP 的 0.024%。人均广告费 0.118 元。

　　1982 年，全国 GDP 5 294.7 亿元。全国广告营业额 1.5 亿元，比 1981 年增长 27.12%，占当年全国 GDP 的 0.028%。人均广告费 0.148 元。全国广告经营单位 1 633 户，从业人员 1.8 万人。

　　1983 年，全国 GDP 5 934.5 亿元。全国广告营业额 2.34 亿元，比 1982 年增长 56%，占当年全国 GDP 的 0.039%。人均广告费 0.227 元。

　　1984 年，全国 GDP 7 171 亿元，同比增长 15.2%。全国广告营业额 3.65 亿元，比 1983 年增长 55.98%，占当年全国 GDP 的 0.051%。人均广告费 0.35 元。

　　1985 年，全国 GDP 8 964.4 亿元，同比增长 13.5%。全国广告营业额 6.05 亿元，比 1984 年增长 67.75%，占当年全国 GDP 的 0.067%。人均广告费 0.572 元。

　　1986 年，国内生产总值 10 202.2 亿元。全国广告营业额 8.45 亿元，比 1985 年增长 39.67%，占 GDP 的 0.083%。人均广告费 0.786 元。

　　1987 年，全国 GDP 11 962.5 亿元。全国广告营业额突破 10 亿元的台阶，达到 11.12 亿元，比 1986 年增长 31.598%，占当年国内生产总值的 0.093%。

人均广告费 1.017 元。

1988 年，全国 GDP 14 928.3 亿元。全国广告营业额 14.93 亿元，比 1987 年增长 34.26%，占当年 GDP 的 0.1%。人均广告费 1.345 元。1988 年，全国广告经营单位首次突破万户大关，达到 1.07 万户。全国广告从业人员首次突破 10 万人，达到了 11.21 万人。

1989 年，全国 GDP 16 909.2 亿元。全国广告营业额 19.99 亿元，比 1988 年增长 33.89%，占当年 GDP 的 0.118%。人均广告费 1.774 元。

1990 年，全国 GDP 18 547.9 亿元。全国广告营业额 25.02 亿元，比 1989 年增长 25.16%，占当年 GDP 的 0.135%。人均广告费 2.188 元。

1991 年，全国 GDP 21 617.8 亿元。全国广告营业额 35.09 亿元，比 1990 年增长 40.25%，占当年 GDP 的 0.162%。人均广告费 3.03 元。

1992 年，全国 GDP 26 638.1 亿元。全国广告营业额 67.87 亿元，比 1991 年增长 93.42%，占当年国内生产总值的 0.255%。人均广告费 5.792 元。

1993 年，全国 GDP 34 634.4 亿元。全国广告营业额 134.09 亿元，比 1992 年增长近一倍，达 97.5%，占当年国内生产总值的 0.387%。人均广告费 11.314 元。

1994 年，全国 GDP 46 759.4 亿元。全国广告营业额 200.26 亿元，比 1993 年增长 49.35%，占当年国内生产总值的 0.428%。人均广告费 16.709 元。

1995 年，全国 GDP 57 494.9 亿元。全国广告营业额 273.27 亿元，比 1994 年增长 36.46%，占当年全国国内生产总值的 0.475%。人均广告费 22.562 元。

1996 年，全国 GDP 67 884.6 亿元。全国广告营业额 366.64 亿元，比 1995 年增长 34.17%，占当年国内生产总值的 0.54%。人均广告费 29.957 元。

1997 年，全国 GDP 74 462.6 亿元。全国广告营业额 461.96 亿元，比 1996 年增长 25.998%，占当年国内生产总值的 0.62%。人均广告费 37.368 元。

1998 年，全国 GDP 78 345.2 亿元。全国广告营业额 537.83 亿元，比 1997 年增长 16.42%，占当年国内生产总值的 0.686%。人均广告费 43.092 元。

1999 年，全国 GDP 82 067.5 亿元。全国广告营业额 622.05 亿元，比 1998 年增长 15.66%，占当年国内生产总值的 0.76%。人均广告花费 49.405 元。

2000 年，全国 GDP 89 442.2 亿元。全国广告营业额 712.66 亿元，比

1999 年增长 14.57%，占当年国内生产总值的 0.8%。人均广告花费 56.3 元。2000 年，全国广告从业人员由 1992 年的 18.54 万人，猛增到 64.11 万人；广告经营单位总数由 1991 年的 1.18 万户，激增到 7.07 万户。

2001 年，全国 GDP 97 314.8 亿元。全国广告营业额 794.89 亿元，比 2000 年增长 11.54%，占当年国内生产总值的 0.82%。人均广告花费 61.15 元。截至 2001 年底，全国广告经营单位 7.833 9 万户，广告从业人员 70.91 万人。

2002 年，全国 GDP 105 172.3 亿元，增长速度为 8%。全国广告营业额达到 903.14 亿元，同比增长 13.62%，占当年 GDP 的 0.86%。人均广告消费 69.47 元。

2003 年，全国 GDP 116 898.4 亿元，增长速度为 9.1%。全国年度广告营业额首次突破 1 000 亿元大关，达到 1 078.68 亿元；中国广告业的年度营业额首次进入世界前 10 名，成为世界广告市场发展速度最快、发展潜力最大的国家之一。2003 年的广告营业总额比 2002 年度增长 19.44%，占当年 GDP 的 0.92%。人均广告花费 82.98 元。

2004 年，全国 GDP 159 878.3 亿元。全国广告营业额 1 264.6 亿元，占当年 GDP 的 0.79%。人均广告花费 97.3 元（2004 年总人口 12.998 8 亿人）。当年，全国广告经营单位 11.35 万户，从业人员达 91.38 万人。

2005 年，全国 GDP 184 937.4 亿元。全国广告营业额 1 416.348 7 亿元，占当年国内生产总值的 0.77%。人均广告消费 108.3 元（2005 年总人口 13.075 6 亿人）。全国广告经营单位 12.54 万户，从业人员达 94.04 万人。

2006 年，全国 GDP 216 314.4 亿元。全国广告营业额 1 573 亿元，占当年国内生产总值的 0.73%。人均广告花费 119.67 元（2006 年总人口 13.144 8 亿人）。2006 年，全国广告经营单位达 14.31 万家；全国广告从业人员数首次突破 100 万人，达到 104.01 万人，比上年的 94.04 万人增加近 10 万人（99 684 人）。2006 年平均每个广告经营单位有 7.3 个从业人员。

2007 年，全国 GDP 265 810.3 亿元。全国广告营业额 1 740.96 亿元，占当年 GDP 的 0.706%。人均广告花费 131.76 元（2007 年总人口 13.212 9 亿人）。全国广告经营单位 17.26 万户，从业人员 111.25 万人。

2008 年是中国大悲大喜、悲喜交集的一年，也是取得辉煌成就的一年："在党中央、国务院的坚强领导下，全国各族人民团结奋进，全面夺取抗击春季冰冻灾害和（四川）汶川特大地震等自然灾害的重大胜利，妥善处置拉萨'3·14'打砸抢烧事件，成功举办北京奥运会、残奥会，圆满完成神舟七号载人航天飞行，积极应对国际金融危机，国民经济继续保持平稳较快增长。"

[《2008 年中国广告业发展综述》，载《中国广告年鉴》（2009 年卷）第 21 页]

2008 年全国 GDP 超过 30 万亿元大关，达到 31.404 54 万亿元。全国广告营业额 1 899.56 亿元，占当年国内生产总值的 0.60%。人均广告花费 143.03 元（2008 年总人口 13.280 2 亿人）。全国广告经营单位总计 18.58 万户，广告从业人员总数为 126.64 万人。

2009 年，全国 GDP 34.050 69 万亿元。全国广告营业额首次超过 2 000 亿元大关，达 2 041.032 2 亿元，占 GDP 的 0.599%。人均广告花费 152.92 元（2009 年总人口 13.347 4 亿人）。2009 年的广告营业总额比 2008 年增长 141.47 亿元，增长率为 7.45%，但占当年 GDP 的比例略有下降。而广告经营单位与广告从业人员继续稳步增长，全国共有广告经营单位 20.50 万户，广告从业人员达 133.31 万人。

2010 年，中国 GDP 39.798 3 万亿元（约合 6.04 万亿美元），超过日本，成为世界第二大经济体。2010 年，日本 GDP 5.47 万亿美元，比中国少 5 700 亿美元，排名第三。2010 年中国广告营业额达 2 340.507 6 亿元人民币，占当年 GDP 的 0.59%。人均广告花费 174.70 元（2010 年中国大陆人口 13.397 亿人）。广告经营单位与从业人员继续稳步增长：全国共有广告经营单位 24.344 5 万户，比 2009 年增长 18.76%；广告从业人员 148.052 5 万人，比 2009 年增长 10.91%（《2010 年中国广告业统计数据报告》，载《现代广告》双周刊 2011 年第 8 期第 22 页）。

2010 年中国全年广告营业额 2 340.507 6 亿元人民币，比 2009 年的 2 041.032 2 亿元增长 299.475 4 亿元，增长率为 14.67%，明显高于国内生产总值（GDP）10.3% 的增速。中国广告业已成为国民经济的重要产业，是创意产业、现代服务业和文化产业的重要组成部分。进入 21 世纪以来，我国广告业规模不断扩大，在世界广告业领域的排名不断前移。如在 2001 年，中国以 51.2 亿美元的年广告额进入"世界广告费前 10 名"排行榜，居第 7 位；2006 年以 124.52 亿美元的年广告额跃升至第 6 位；2007 年以 160.49 亿美元再升至第 5 位。到 2008 年，中国以 256.56 亿美元的年广告额，一举超过英国（245.39 亿美元），排名居美国（1 709.02 亿美元）、日本（390.90 亿美元）、德国之后，成为第四名〔见《1998—2007 年世界广告费前 10 名的国家排名表》，载《中国广告年鉴》（2009 年卷）第 361 页〕。广告业界资深人士认为，"2009 年美国广告花费是 1 470 亿美元，中国是 380 亿美元；2010 年美国是 1 450 亿美元，中国是 440 亿美元"，"我们做到美国的三分之一用了 10 到 15 年的时间"（李倩玲《行业面临的新挑战》，载《中国广告》2011 年第 5 期第

25 页）。又有专业人士认为，"2009 年美国广告花费是 1 475 亿美元，2010 年是 1 450 亿美元，广告总量有所下降"（陈荣勇《新媒体时代电视媒体的影响力》，载《中国广告》2011 年第 5 期第 40 页）。近几年来，美国的广告量整体呈下滑趋势：2004 年为 2 478. 64 亿美元，2005 年急剧下滑到 1 662. 35 亿美元；2006 年（1 748. 38 亿美元）、2007 年（1 792. 51 亿美元）略有回升，近年又开始下滑。而中国广告业尽管受到经济危机的影响，但仍充满生机与活力，广告量每年都有大幅度的增长，还有很大的潜力和发展空间。

附注：以上主要参阅《中国广告业二十年（1981—2000 年）发展情况统计表》，载《中国广告年鉴》（2002 年卷）第 27 页；刘立宾主编《中国广告猛进史（1979—2003）》第 284～290 页；《1981—2008 年全国广告经营情况统计表》，见仲辉、柏群《中国广告业 60 年发展研究》一文"附表 1"，载《中国广告年鉴》（2009 年卷）第 350 页；《中国广告年鉴》（2004 年卷、2005 年卷、2006 年卷、2007 年卷、2008 年卷、2009 年卷、2010 年卷）；《国内生产总值》表（1952—2000 年），载中华人民共和国国家统计局编《中国统计年鉴》（2001 年卷）第 49 页；《国内生产总值》表（1978—2009 年），载中华人民共和国国家统计局编《中国统计年鉴》（2010 年卷）第 38 页；《人口数及构成》（1949—2009 年），载中华人民共和国国家统计局编《中国统计年鉴》（2010 年卷）第 95 页；《1998—2007 年世界广告费前 10 名的国家排名表》，载《中国广告年鉴》（2009 年卷）第 361 页。